大衆の狂気

ジェンダー・人種・アイデンティティ

THE MADNESS OF CROWDS
GENDER, RACE AND IDENTITY

ダグラス・マレー
DOUGLAS MURRAY

山田美明 訳

徳間書店

『大衆の狂気』に寄せられた賛辞

「ダグラス・マレーは言論の自由のためによく闘っている。現代社会に分断をもたらす最大の問題に誠実な目を向けている」

――ジョーダン・B・ピーターソン（トロント大学の心理学教授）

「本書の内容を知らないでいられるだろうか？　実際、たったいま読み終えたところだ。こんな本の存在を知って、読まないでいられるわけがない」

――トム・ストッパード（イギリスの劇作家）

「マレーの最新刊は、すばらしいという言葉ではもの足りない。誰もが読むべきだし、誰もが読まなければならない。ウォーク（訳注／社会的不公正や差別に対する意識が高いこと）が流行するなかではびこっているあきれるほどあからさまな矛盾や偽善を、容赦なく暴き出している」

――リチャード・ドーキンス（イギリスの動物行動学者）

「著者は、誰もがすでに何となくわかっているが言い出しにくいことを言う術《すべ》に長《た》けている。

（中略）主張も、立証も、視点もいい」

——ライオネル・シュライヴァー（イギリス在住のアメリカ人作家）

「実にみごとだ。最後まで読んだ瞬間、数年ぶりに深呼吸をしたような気分になった。大衆が狂気に陥っているこの時代に、正気ほど気分をすっきりさせてくれるものはない。刺激的だ」

——サム・ハリス（アメリカの神経科学者）

「読者が本書の主張に同意するかどうかはともかく、ダグラス・マレーは学界にも一般社会にも認知された現代最高の知識人だ」

——ベルナール＝アンリ・レヴィ（フランスの哲学者）

「アイデンティティ・ポリティクスの狂気についてよくまとめられた、理路整然とした主張が展開されている。興味深い読みものだ」

——《タイムズ》紙

「マレーは、社会的公正運動が過激化するこの時代を案内する、洞察力に優れたガイドだ」

——《デイリー・テレグラフ》紙

「マレーの著書は多大な貢献をした」

――《フィナンシャル・タイムズ》紙

「おもしろい。（中略）マレーが書いていることの大半は妥当であり、賛成せずにはいられない」

――《サンデー・タイムズ》紙

「品位のある機知に富んだ筆致」

――《ガーディアン》紙

「マレーがまたしても勇気と才気を武器に、議論する必要のある刺激的なテーマに取り組んだ」

――《イブニング・スタンダード》紙

「すばらしいの一言」

――《ニューヨーク・マガジン》誌

「真に重要な、何度でも読み返せる、よくまとめられた著作」

――《ナショナル・レビュー》誌

「マレーは、疑念の種をまき散らす社会的公正運動の矛盾に切り込み、大衆の九五パーセントがそう思いながらも怖くて口に出せないでいたことを雄弁に語っている。必読書だ」

――《ナショナル・ポスト》紙（カナダ）

「ばかばかしいエピソードから悲劇的な逸話まで、マレーはアイデンティティ主義者が陥ったさまざまな病理を、冷静さを失うことなく描写している。この本は、政治闘争を呼びかける鬨《とき》の声ではなく、構造的特徴が転々と変わり矛盾が絶えず噴き出すこの奇妙な世界を案内する地図である」

――《コメンタリー》誌

「大胆不敵な熟練の筆致。（中略）マレーには敵を論破する能力が十二分にある」

――《オーストラリアン》紙

大衆の狂気

目次

第3章 人種 221

間奏　ゆるしについて

第4章　トランスジェンダー　333

結論　414

「現代社会の特徴は、懐疑的なところではなく、独断的でありながら、
それに気づいていないところにある」

——G・K・チェスタトン

「すごい、あのお尻を見てよ
すごい、あのお尻を見てよ
すごい、あのお尻を見てよ
(あのお尻を見てよ)
ほら、ほら、ほら、ほら
あのお尻を見てよ」

——ニッキー・ミナージュ

イントロダクション

私たちはいま、大衆の大いなる狂気を目の当たりにしている。公的な場でも私的な場でも、オンラインでもオフラインでも、世間の人々はますます、自制力を失った集団のように、非合理的で不愉快なだけの行動をとっている。毎日のニュースには、そんな行動の結果があふれている。だが私たちは、結果を見るばかりで、原因にはあまり目を向けない。

その原因については、さまざまな説明がなされてきた。たとえば、こうした狂乱状態はすべて、大統領選挙や国民投票の結果だといわれることがある。だが、そのような説明はいずれも、現状の根本的な原因にたどり着いていない。日常的な出来事の奥底には、もっと大きな動向や、もっと大きな出来事がある。いまこそ、問題の真の原因に目を向けるべきときである。

こうした状況がいつから始まったのかさえ、ほとんどの人が気づいていない。私たちはもはや四半世紀以上もの間、人生に意味や目的を与える壮大な物語が失われた世界を経験してきた。かつて存在したこうした物語は、その一つひとつが、論破されたり、人気を失ったり、支持できなくなったりして消えていった。最初は、宗教が人生に意味を与えてくれた。だがその宗教も、一九世紀以降になると次第に見捨てられていった。二〇世紀になると、政治的イデオロギーが提示する世俗的な希望が、宗教のあとを継いだ。しかし二〇世紀も後半になると、ポストモダン時代に入った。あらゆる壮大な物語に対する懐疑を特徴とする時代である（注1）。だが、小学生でも知っているように、人間の本性は空虚を嫌う。そのため、何らかの意味や目的を提供しようと、ポストモダン世界の空虚のなかに、新たな思想が忍び込んできた。

人間は、荒涼とした世界にも何らかの意味を与えようとする。現代の裕福な欧米民主主義国の国民も、人生に意味や目的を与える物語や説明をまったく持たない史上初めての人間であり続けることはできなかった。これまでは、何はなくとも過去の壮大な物語が、人生の意味だけは与えてくれた。何のために生きているのかという問いには、（できるかぎり裕福になる、提供されているあらゆる楽しみを手に入れる、といったこと以外の）何らかの答えが必要だった。

では、最近ではどんな答えが登場しているのか？　それは、新たな闘い、かつてないほど激化した運動、かつてないほどニッチな要求である。つまり、最近になって再考され、答えが変更された問題を取り上げ、それについて間違った考えを抱いていると思われる人々に対して、絶え間ない闘いをしかけることに意味を見出そうとする。このプロセスは信じられないほどのスピードで実現されるが、それを可能にしているのは主に、シリコンバレーのわずかばかりの企業（特にグーグル、ツイッター、フェイスブック〈現・メタ〉）だ。これらの企業はいまや、世界中の人々の知識・思考・発言を方向づけるとともに、「金を払ってでも他人の行動を改めさせたいと思う顧客」に頼るビジネスモデルを構築している（注2）。私たちの頭がついていけないほどのスピードで展開されるIT業界により、状況は深刻の度を増している。しかもその闘いは、やみくもに行なわれているわけではない。一貫してある方向に向かっている。そこには、広大な目的がある（それに気づいていない人もいれば、意図的に行動している人もいる）。その目的とは、この社会に新たな形而上学を組み込むことである。それを、新たな宗教と言い換えてもいい。

その基盤は数十年にわたって築かれてきたとはいえ、かつては学界のなかの傍流中の傍流でしかなかったその思想が主流へと躍り出てきたのは、二〇〇八年の世界金融危機以後のことである。この新たな思想の魅力がどこにあるのかは、いまさら言うまでもない。もはや資本を蓄積できなくなった世代がいまだに資本主義を支持している理由はよくわからないが、一生、家を持てないと思い込んでいる世代が、周囲の社会の不平等だけでなく世界のあらゆる不平等の解消を約束するイデオロギー的世界観に惹かれる理由は、容易に理解できる。つまり、先に述べた新たな形而上学とは、「社会的公正」や「アイデンティティ・ポリティクス」（訳注／性・人種・性的指向など、社会的不公正の犠牲になっている特定のアイデンティティ集団の社会的地位の向上を目指す政治活動）、「インターセクショナリティ」（訳注／性・人種・性的指向などのアイデンティティが複数重なることによって起こる特有の差別や抑圧に関する研究）を指す。これらのレンズを通して世界を解釈するこの思想は、冷戦終結後ではもっとも包括的かつ無謀な、新たなイデオロギーを生み出す試みといえるかもしれない。

そのなかでも「社会的公正」は、もっとも古くから存在する。それは、その言葉に魅力的な響きがあり、見方によっては実際に魅力的でもあるからだ。実際この言葉は、反対を許さないようにできている。「きみは社会的公正に反対なのか？　それなら何を望む？　社会的不公正か？」といった具合である。

「アイデンティティ・ポリティクス」は、こうした社会的公正を支持する人々が結集する場となっている。これは、性（あるいはジェンダー）・人種・性的指向などにより、社会をさまざまな利益集団に細分化する。そして、そのような特徴が、それを持つ人々の主な特質、あるいは唯一重要な特質であり、それには何らかのプラスの要素が伴うと考える。たとえば（アメリカの作家コールマン・ヒューズが指摘しているように）、黒人や女性やゲイは「道徳的意識が高い」といった思い込みである（注3）。それが、世間の人々がよく「〜の立場から言えば」という言葉で質問や発言を始めたがる原因になっている。アイデンティティ・ポリティクスはまた、いま生きている人ばかりでなくすでに死んだ人でさえ、正しい考え方に従って評価しなければならないと主張する。そのため、間違った考え方をしていると見なされた歴史上の人物の銅像の撤去を求めたり、歴史の暗闇のなかから救いあげたいと思う人物の過去を書き換えたりする。あるいは、一九八一年のアイルランド共和国軍（ＩＲＡ）メンバーのハンガーストライキ（訳注／イギリスの刑務所に入れられていたＩＲＡメンバーが、犯罪者としてではなく戦争捕虜としての待遇を求めて行なった抗議行動）はゲイの権利を守るためのものだった、とシン・フェイン党（訳注／ＩＲＡの政治部門）の上院議員が主張しても、それをまったく正常なことだと見なしたりする（注４）。アイデンティティ・ポリティクスは、マイノリティ集団を細分化すると同時に組織化し、彼らに声をあげるよう推奨する。

一方、「インターセクショナリティ」は、この三つの概念のなかではもっとも魅力的な響きに乏しいかもしれない。これは、私たち自身やほかの人のありとあらゆるアイデンティティが持つ弱みを解消し、絶えず変化する不平等の序列を乗り越えた、公正な制度を実現していくことを要請する。だがそのような制度は、達成不可能な目標に向けた無理な要求をするばかりで、非現実的なうえに常軌を逸している。ところが現在、インターセクショナリティは、その発祥の地であるリベラルアーツ・カレッジの社会学部を越えて広がり、若い世代にまじめに受け止められている。のちに見るように、雇用法（特に、そのなかの「多様性に対する責任」）を通じて、あらゆる大企業や政府に組み込まれるようにもなった。

こうした新たな信念を世間の人々に受け入れさせるためには、新たな思考パターンが必要になる。それでもこれらの信念は、信じがたいほどの速さで主流化した。数学者で著述家のエリック・ワインスタインが指摘しているように（あるいはグーグル・ブックスを検索すればわかるように）、「ＬＧＢＴＱ」や「白人の特権」、「トランスジェンダー嫌い」といった言葉は、まったく使われていなかった状態から、一気に主流と化した。ワインスタインはそれを証明するグラフを示しながら、こう述べている。ミレニアル世代をはじめとする人々が「数千年にわたる抑圧の文明を非難するために」現在使っている「ウォーク」(訳注/社会的不公正や差別に対する意識が高いこと)な言葉は、「どれもほんの二〇分前につくられたものだ」。そして、さらにこう続けている。新たな思想や言葉を試してみることには何の問題もないが、「親の世代が未検証の分野で提示した、五〇年の歴史さえなく、いまだその妥当性が立証されていない数多くの思考パターンにこれほど頼ってしまうのは、いくらなんでも無謀すぎる」(注5)。同様に、アメリカの憲法学者グレッグ・ルキアノフと社会心理学者のジョナサン・ハイトも、二〇一八年に発表した『The Coddling of the American Mind(甘やかされたアメリカ精神)』のなかで、これらの思考パターンが規制や強制の新たな手段になったのはつい最近のことだと指摘している。「腹が立つ」や「居心地の悪い思いをする」といった表現や、この新たな宗教になじまない言葉を「有害」と見なす主張が頻繁に表れるようになったのは、二〇一三年以降でしかないという(注6)。これではまるで、新たな形而上学が自分の野望に目覚め、それから数年をかけて支持者を脅《おど》し、自分を社会の主流とするよう働きかけてきたかのようだ。だが実際、これまでのところは、それが大成功を収めている。

その結果は、毎日のニュースを見ればわかる。たとえば、アメリカ心理学会(APA)が、「伝統的な男らしさ」という有害な意識を子どもや大人の男性の心から排除するための指針を、会員に提示した(注7)。それまでまったくの無名だったグーグルのプログラマー、ジェームズ・ダモアが、ＩＴ業界の一部の仕事では女性よりも男性のほうが求められている、というメモを書いたために解雇された。人種差別を「重大な問題」と見なすアメリカ人が、二〇一一年から二〇一七年までの間に二倍に増えたというニュースもある（注8）。

何から何までこの新たなレンズを通して見るようになると、ありとあらゆるものが武器になる。それが、常軌を逸したかのような、あるいは精神が錯乱したかのような結果を生み出している。たとえば《ニューヨーク・タイムズ》紙は、黒人のライターによる「わが子は白人と仲良くなれるのか？」と題する記事を掲載している（注9）。ロンドンで起きた自転車の死亡事故について女性のライターが執筆した記事には、「男性用に設計された道路が女性の命を奪う」との見出しがつけられている（注10）。このような表現は、既存の分断をさらに広げ、そのたびに新たな分断を無数に生み出す。何のためにそんなことをするのか？　過去一〇年の経験からいえば、私たちは互いに仲良く暮らしていけるという感覚よりもむしろ、私たちは互いに仲良く暮らしていくのが苦手だという感覚を助長しているかのように見える。

この新たな価値体系に対する認識は、何らかの試験や審理よりもむしろ、公の場での過失により明らかになる場合が多い。最近では誰もがそう感じているように、文化全体に地雷がしかけられているからだ。個人、組織、天才的な皮肉屋など、誰がしかけたものであれ、こうした地雷はそこで、誰かが近づいてくるのを待っている。そして、誰かの足が無意識にその地雷に触れると、即座に爆発する。ときには勇敢な愚か者が、そこに地雷がしかけられていることを知りながら、足を踏み入れることもある。こうして爆発が起きるたびに、そのあとで（ときに賛嘆の声を含む）何らかの議論があり、この奇妙な、即興的につくられたらしい現代の価値体系に対する犠牲者がまた一人増えたことを受け入れながら、世界は進んでいく。

この地雷が敷かれている範囲が明らかになるまでにしばらく時間がかかったが、いまではそれもはっきりしている。この地雷が狙っている対象の一つが、同性愛に関する事柄である。二〇世紀後半には、同性愛者の権利を求める運動が起きた。そしてそれは、歴史的に見られたひどい不公正を正し、大きな成功を収めた。だが、この闘いに勝利しても、運動は止まらなかった。というより、運動はその姿を変えた。レズビアンが目立たなくなるのを防ごうと、それまでGLB（ゲイ、レズビアン、バイセクシャル）と呼ばれていたものが、LGBと呼ばれるようになった。やがて、そのあとにT（トランスジェンダー）が付加された（トランスジェンダーについてはのちに詳しく取り上げる）。さらにそのあとにQ（クエスチョニング）（訳注／性的指向や性自認が定まっていない人）や＋（訳注／前記以外の性的マイノリティを指す）が付加された。こうして性的マイノリティを指すアルファベットが増えていくにつれ、運動のなかの何かが変わった。運動家たちは、勝利を手にすると、かつての敵と同じような行動をとり始めた。いったん形勢が逆転すると、醜い事態が発生した。一〇年前には、ゲイの結婚を支持する人などほとんどいなかった。《ストーンウォール》など、ゲイの人権団体でさえ賛成していなかった。ところが、それから数年が過ぎると、同性婚を支持することが現代リベラリズムの基本的な価値観となった。かつては（ゲイの人権団体を含め）ほとんどの人がゲイの結婚問題を取り上げることなどなかったのに、わずか数年後には、それを考慮しないのは常識外れと見なされるようになった。この権利の主張に同意するにせよ同意しないにせよ、本来であれば、これほど急速な道徳観の変化には、細心の注意や熟慮が必要である。だがこの世界は、細心の注意や熟慮もなく、ただ突っ走っていくことに満足しているようだ。

ほかの問題も、同様のパターンをたどっている。女性の権利も、ゲイの権利と同じように、二〇世紀の間に着実に向上してきた。そしてやはり、ある程度の合意に達したかに見えた。するとこの列車は、所定の目的地に到着するかと思ったとたん、突如として加速し、線路上をはるか彼方へと突進していった。昨日までほとんど論じられてこなかったようなことが、誰かの人生を破壊する原因になっているといわれるようになった。それにより、これまでの経歴をふいにした人もいる。

たとえば、ノーベル生理学・医学賞を受賞したティモシー・ハント教授は、七二歳のとき、あるつまらない冗談のために、輝かしい経歴を台なしにしてしまった。二〇一五年に韓国で開催された会議の席で、女性が研究室にいると男性が恋をして困ると述べたのである（注11）。また、「男らしさの弊害」といった言葉も、普通に使われるようになった。人類の半数を占める男性をがんのように扱い、男女の関係を緊張感のはらんだものにして、何の得があるのか？男性には女性の話をする権利がないという思想を発展させて、どんな利点があるのか？　女性はすでに、歴史上のいかなる時代よりも多くの「ガラスの天井」を打ち破ってきた。そんなときに、「男権社会」や「マンスプレイニング」（訳注／男性が女性に見下すような横柄な態度で話をすること）といった話題がフェミニズムの傍流から脱け出し、オーストラリア連邦議会上院などの場にまで入り込んでいったのはなぜなのか？（注12）

アメリカの公民権運動についても、同じことがいえる。この運動は、史上最悪の不正を正すために始まり、期待されていた解決に向けて着実に進んでいるように見えた。だがやはり、勝利を目前にして、何もかもがおかしな方向へ進んでいるように思われる。かつてないほどの事態の改善が見られるようになったとたん、これほど事態が悪化したことはないといった主張が飛び交うようになった。大半の人々が公民権問題はもはや取るに足りない問題になったと思ったやさきに、ありとあらゆることが人種にまつわる問題と見なされるようになった。地雷にまつわるほかの問題同様、愚か者か狂人でもなければ、こんな事態になることなど、議論の俎《そ》上《じょう》に載せることはおろか、予想することさえできなかったことだろう。

そしてさらにこの世界は、公認する人々のもっとも少ない領域に足を踏み入れることになった。その領域とは、私たちのなかには、間違った体を持って生まれた人が相当数暮らしており、そこから導き出される結論として、この社会に存在する確実なもの（科学的あるいは言語的に確実とされているものも含め）も、それが本当に確実なのかどうかを、徹底的に再考する必要がある、と主張する領域である。いろいろな意味でそれをもっとも象徴しているのが、トランスジェンダーをめぐる議論だ。最近になって登場したこの人権問題は、ごく少数の人々に影響を与えるに過ぎない。それなのに、ほかに例を見ないほどの怒りや狂暴性に満ちた運動が展開されている。いまでは、「間違った考え方をしている」とされる女性たちが、かつて男性だった人々から非難されている。昨日まで共通認識とされていたことを口にする親が、親としての適性に疑問符をつけられている。イギリスなどの国では、男性が女性にもなりうること（あるいはその逆）を認めようとしない人々の家を、警察が訪問することもある（注13）。

これらの問題すべてに共通しているのは、いずれもまっとうな人権運動として始まったことだ。だからこそ、ここまで成功を収めることができた。だがある時点で、そのいずれもがガードレールを突き破ってしまった。平等であるだけでは満足できず、「さらなる向上」といった、とても擁護できない立場に居座ろうとするようになった。これについては、「さらなる向上」に一定の時間を費やすのは、歴史的に生み出された不利な競争条件を公平化するためだという反論があるかもしれない。《#MeToo》運動（訳注／性的被害を受けていた人々がSNS〈ソーシャルネットワーキングサービス〉などで被害を告白することで、世の中を変えていこうとする運動）のあとにも、同様の意見をよく耳にした。CNN放送のある司会者もこう述べている。「過剰な是正があるかもしれないが、それでいい。私たちは是正に向かっている」（注14）。だがこれまでのところ、どこからが過剰な是正なのか、誰にその判断を任せればいいのか、という疑問に答えた人はいない。

しかけられたばかりのこれらの地雷に足が少しでも触れたときに、その人が何と言われるかは誰もが知っている。まずは手始めに、「偏見持ち」「同性愛嫌い」「性差別」「女嫌い」「人種差別」「トランスジェンダー嫌い」と言われることだろう。現代の人権運動は、こうした一触即発の有害な問題を中心に展開されてきた。そしてその過程で、これらの人権問題は、ある制度の産物から、新たな制度の基盤へと姿を変えた。この制度に所属するためには、自分にその資格があること、自分がそれに身を捧げていることを証明しなければならない。この新たな世界の価値観に従うことを証明するためには、どうすればいいのか？　どこからどう見ても「人種差別反対主義者」になる。ＬＧＢＴの紛《まご》うかたなき「味方」になる。男性であれ女性であれ、男権社会を打ち倒す切実な願いを抱いていることを訴える。そうすれば、この制度への所属を認められる。

これはいわば、オーディションである。要求されていようがいまいが、この新制度への忠誠を公の場でまくしたてなければならない。こうした問題は、かつての崇高な闘いに従事してきた人々でさえ認識していた、リベラリズムの有名な問題の延長線上にある。いまは亡きオーストラリアの政治哲学者ケネス・ミノーグは、そのような傾向を、「隠居後の聖ゲオルギウス」症候群と呼んだ。勇敢な戦士だった聖ゲオルギウスは、ドラゴンを退治すると、さらなる栄光を獲得できる戦いを求め、荒野をさまよう。彼にはドラゴンが必要なのだ。だが、立派なドラゴンをどんどん退治していけば、残るドラゴンは次第に小さくなっていく。そしてしまいには、ますます小さくなるドラゴンを追うのにも疲れ果て、かすみに剣を振るうようになる。そこにドラゴンが隠れていると思い込んでいるのだ（注15）。聖ゲオルギウスでさえそんな誘惑に駆られるのなら、聖人でもなく、馬や槍も持っておらず、誰の目にも留まらないような人間はどうなるだろう？　自分も、歴史的なチャンスさえ与えられれば間違いなくそのドラゴンを退治しただろうと吹聴して、どんな行動を起こそうとするだろう？

本書のなかに引用した主張や表現のなかには、それを確認できる事例が無数にある。現代社会には、革命が終わったあともずっとバリケードから離れようとしない人々があふれている。バリケードを自宅と思い込んでいるからか、帰るべき家がほかにないからだろう。いずれにせよ、自分の価値を証明するためには、問題を誇張しなければならず、それが結果的に問題の増幅をもたらす。

だが、混乱はそれだけにとどまらない。私が本書で、この新たな形而上学の複数の基盤それぞれを真剣に受け止め、その一つひとつを考察の対象にしたのは、そのためである。いまではますます多くの人々が、法を味方につけ、自分たちの問題はおろか、これらの問題すべてがもはや議論を終え、意見の一致に達しているようなふりをしている。だが、実際はその正反対だ。意見が一致しているとされているものでも、実際には意見が一致することなどありえない。これらの問題はいずれも、現在の社会が認識しているよりもはるかに複雑で不安定である。だからこそ、新たな倫理観や形而上学の基礎を成すそれらの問題が、全体的な狂気の基盤ともなっているのだ。実際、社会的調和の基盤として、これほど不安定なものはない。人種間の平等、マイノリティの権利、女性の権利は、リベラリズムが生み出した最良の産物ではあるが、基盤としてはこのうえなく安定性に欠けている。それらを基盤にするのはいわば、バーのスツールを上下にひっくり返し、その上でバランスを取ろうとするようなものだ。リベラリズムの産物が、それを生み出したリベラリズムの安定性を再生産することなどできない。そもそも、これらの問題それぞれが、きわめて不安定な要素をはらんでいるのだ。いまでは、それぞれの問題が決着ずみであり、意見が一致しているものとされている。そのなかに果てしない矛盾や嘘、幻想があるのは誰の目にも明らかなのに、それを指摘することが推奨されていないどころか、監視・規制されている。つまり、自分が信じられないことに同意するよう求められているのである。

オンラインでも現実世界でも不愉快な議論が展開されている中心的な理由は、そこにある。私たちはいま、自分にはとうていできそうにない思考の飛躍を求められている。あるいは、軽率にもすでにそれを受け入れているかもしれない。信じられないことを信じるよう求められ、大半の人々が強い抵抗を感じること（子どもが思春期に入るのを防ぐために薬を与える、など）に反対しないよう命じられている。重要なことについては沈黙を、それ以外のことについては思考の飛躍を無理強いされ、それに起因する苦しみは計り知れない。そこに（内在する矛盾も含め）問題があるのは明らかなのだから、なおさらだ。全体主義政権下で暮らしてきた誰もが証言しているように、真実だとは思えない主張に従うよう求められるのは、魂を破滅に導きかねないような屈辱的なことである。その主張が、あらゆる人間は同等の価値を持っていると見なされるべきであり、一人ひとりに同等の尊厳を与えるべきだというものなら、まだ受け入れられるかもしれない。だが、同性愛と異性愛との間、男性と女性との間、ある人種とほかの人種との間に違いはないという主張を受け入れるよう求められるのであれば、大衆はいずれ狂気に陥る。私たちはいま、その狂気、すなわち大衆の狂気のただなかにいる。どうにかして、その狂気から脱け出す方法を見つけなければならない。

それに失敗すれば、行き着く先はすでにはっきりしている。ますます社会が細分化され、怒りや暴力に満ちていくばかりか、あらゆる権利の向上（評価すべき向上も含め）に対する反動の可能性がますます高まっていく。人種差別に人種差別で対抗し、性に基づく中傷に、性に基づく中傷で対抗する未来が待っている。屈辱感がある段階に達すれば、多数派を構成するグループが、これまで自分たちのためにもなってきた歴史を逆転させないともかぎらない。

本書では、そこから脱け出す方法をいくつか提案する。だが、手始めとしていちばんいいのは、現在このような状況になっている理由を理解するとともに、それについて自由に議論することだ。本書を執筆していたころ、イギリス軍が地雷除去装置を開発した。設計段階では「ジャイアント・バイパー（巨大マムシ）」と呼ばれていたが、最終的には「パイソン（ニシキヘビ）」と命名された装置である。トレーラーに装備したこの装置を地雷原に向けて作動させると、ロケットが発射される。このロケットには、数百メートルに達するホースのような長い尻尾がついており、その全体に爆発物が装塡されている。このロケットの尻尾は、伸びた状態で地雷原に落下し、そこで「殉爆（訳注／爆薬の爆轟《ばくごう》が地面などの媒体を隔てたほかの爆薬の爆轟を誘うこと）」を引き起こす（この模様の動画はオンラインで閲覧できる）。つまり、その尻尾の爆発により、ロケットや尻尾が落下した付近にある地雷を爆発させるのである。もちろん、これにより地雷原全域の地雷を除去できるわけではない。だが、それまで通行不可能だった地雷原に、人間やトラック、戦車が安全に通行できる道をつくることはできる。

あえて言わせてもらえば、私は本書を、この「パイソン」と同じようなものだと考えている。本書は、地雷原全域の地雷の除去を目的とはしていない。そうしたくても、そこまではできない。だが、その地雷原をほかの人たちが安全に通行できるような道をつくることはできる。本書がその一助になることを願っている。

第1章

ゲイ

Gay

二〇一八年二月のある寒い日、ロンドンのピカデリー・サーカスのすぐそばにある映画館の前で、小規模なデモが行なわれていた。分厚い衣服を着込んだデモ参加者たちが、無言のまま、「沈黙させられた」と大文字で書かれたプラカードを掲げている。バス停やソーホーのバーに向かうロンドン市民の大半は、それに気づくことなく通り過ぎていくが、ある通りすがりのカップルがふと、デモ参加者たちのほとんどが中年や高齢の人であることに気づき、「イギリス独立党（訳注／EU懐疑主義を掲げるイギリスの右翼政党）の抗議運動かな」とつぶやく。だが、そうではない。映画館の前に集まった百数十名は、『Voices of Silenced（沈黙させられた人々の声）』という映画を見に来たのだが、プラカードが示しているように、この映画自体が「沈黙させられ」てしまったのだ。

映画の鑑賞会を計画した主催者は、三カ月前にこの映画館の貸し切りを予約していた。映画館が定めたプライベート上映会のルール（映画を事前に映画館に送るなど）にもすべて従ったという。ところが上映の前日になって、イギリスのゲイ向けのオンライン新聞《ピンク・ニューズ》がそれに気づき、即時中止を求めてきた。すると、その申し出が受け入れられた。「ビュー」という映画館は速やかに、上映される映画が自社の「価値観」に「完全に反している」場合には、プライベート上映を拒否する権利があるとの告知を出し、悪評が立つのを回避した。また、映画館の貸し切りを申し出た団体には、上映会を実施すれば、「公共の秩序」や「安全保障」に対する脅威になりかねないと通告した。

当日の夜には、一二六人もの人々が上映会に参加するために集まっていた（なかにはオランダからやって来た人もいた）。そのため主催者は、その人たちが映画を見られるほかの会場を探そうと奔走していた。この主催者のリーダーを務めていたのが、《コア・イシューズ・トラスト》という団体のマイケル・デヴィッドソンである。デヴィッドソンには「ドクター」という肩書（訳注／この肩書には「医師」と「博士」という二つの意味がある）がついていたが、それは教育学の博士号を取得していたからであって、医師だったわけではない。だが、この肩書を持つ一部の著名人と同じように、「ドクター」の意味を誤解されたとしても、デヴィッドソンはそれを不愉快には思わないに違いない。

デヴィッドソンはその六カ月前、イギリスで国民的な注目を集めた。ピアーズ・モーガンが司会を務めるＩＴＶ放送の番組『グッド・モーニング・ブリテン』にゲスト出演し、同性愛と「コンバージョン・セラピー」（訳注／転向療法。主に同性愛者の性的指向を異性愛に転向させる心理療法）について話をしたのだ。デヴィッドソンの話によれば、彼自身かつてはゲイであり、「同性愛の経験」もあった。だがある時点で、それが自分のためにはならないと思い、転向を決意した。いまでは、三五年にわたって妻と結婚生活を送り、二人の子どももいる。そのため、ほかの人も自分と同じ人生をたどれるのではないかと思い、団体を設立して、自分のように同性愛から異性愛に転向したいという人に、自由意思に基づいてカウンセリングを行なっている。彼自身は転向に成功しており、いまだに（行為にまでは及ばないが）異性にある程度の「性衝動」を感じるという。

全国放送のテレビ番組に出演した際には、これらの点について説明を求められ、穏やかかつ丁寧に、同性愛は「異常」であり、経験や学習による習得的行動だと思っていると述べた。生得的な場合もあるのではないかと尋ねられても、「異性愛の人生を望んでいるのであれば、転向できる場合もある」と主張した。すると、デヴィッドソンが言い終わるやいなや、話を聞いていたモーガンが、スタジオにいるほかの出演者の前で、相手をこう非難した。「ドクター・マイケル、あなたのような人を私たちが何と呼んでいるか知っていますか？　現代では、そういう人を心の狭い最低の偏見持ちと言うんです。私に言わせれば、そんなくだらない話をする偏狭な人は、社会にとって有害であり危険です。いったいどうお考えなんです？　生まれつきのゲイはいない、ゲイはみなどこかがおかしい、ゲイは誰でも治療できるなどと、本気でお思いですか？　なぜそこまで言えるんです？」

比較的落ち着いていたデヴィッドソンは、アメリカ心理学会もイギリス王立精神科医学会（ＲＣＰ）も同性愛が変更できない生得的なものとは考えていないと主張し、ゲイは生まれつきのものだという証拠があるのかとモーガンに尋ねた。だがモーガンは、「もう口を閉じろ」とか「くどくどとマリファナ中毒のアメリカ人科学者の話などするな」と命令するばかりだった。その後も、「そのいまいましい偏見をやめろ」などとゲストに怒鳴り続け、しまいには「もうこんな話はうんざりだ。ドクター・マイケル、もういい」と言ってトークを打ち切ってしまった（注1）。こうして番組は終了した。ＩＴＶ放送はその日の早朝、わざわざ車でゲストを自宅からスタジオまで連れてきたのに、そのゲストは結局、トークの間「黙れ」と言われ続けただけだった。

それから六カ月がたったいまも、デヴィッドソンは世間の注目を集めたあの大騒動にまるで動じていなかった。上映会が中止になった映画館の前で携帯電話を使ってあちこちに連絡をとり、上映を認めてくれる会場を見つけると、ようやく一安心して会衆にそれを伝えた。そこに集まっていた男女は、新たな会場となるウェストミンスターのエマヌエル・センターに向かった。国会議事堂のすぐ近くである。

その会場の扉は固く閉ざされていたが、通用口で名前を告げ、参加者リストとの照合が終わると、夜会が幕を開けた。いったんなかへ入ってしまえば、そこは楽しい社交の場だった。参加者はみな、一杯のプロセッコ（訳注／イタリアのスパークリングワイン）と一袋のポップコーンを受け取り、上映が行なわれる部屋に入っていく。そのなかに私もいた。ある老齢の女性がそばに来て、この上映会に参加してくれたことに感謝を述べた。「あなたのことはよく存じあげております」。それが、私の生まれや育ちのことを言っているわけではないことは、ほのめかすような次の言葉でわかった。「よくこの話をされていますからね」。この女性がそれほど喜んでいたのは、この場にいる私に会えたからだという。確かに、ゲイの治療をテーマとするこの映画の上映会場で、ゲイであることを公表している人間は私だけだったかもしれない。だがこの部屋に、ゲイはほかにもいたのではないかと思う。

映画『沈黙させられた人々の声』は、期待していたほど一貫性のある内容ではなかった。映画の冒頭でデヴィッドソンが説明しているところによれば、この映画のテーマは「古代のイデオロギーと現代のイデオロギーが一体化しつつある」点にあるという。どうしてそうなったのかはよくわからないが、映画は全体として、編集作業の後半になって急遽《きゅうきょ》、二つの異なる映画を不器用に一つにまとめたかのような印象を与えた。二つの映画のうちの一つは、古代世界をテーマにしており、怖ろしい黙示録的なイメージが描写されていた。もう一つは、かつてゲイだったがもはやゲイではなくなった患者や医師の具体的な証言で構成されていた。証言者のなかには、デヴィッドソン博士のほか、スティーヴン・バスカヴィルという博士や、デヴィッド・ピックアップ（この名前を見るとつい声をあげて笑ってしまう）（訳注／「ピックアップ」には「ナンパ」や「その相手」といった意味がある）というアメリカ・テキサス州出身の専門家もいた。

たとえば、西暦七〇年に起きたエルサレム神殿の破壊や、それを指揮したティトゥスの凱旋に関する映像が流れると、そのたびに画面が切り替わり、ゲイや元ゲイの映像になる。そして、「新たな正統派の見解では同性愛が賛美されている」と語られる。次いで、主にアメリカの「専門家」数名が登場し、それぞれ証言をする。それがティトゥスの凱旋とどんな関係があるのかは、いま一つよくわからない。同性愛がこの文明の崩壊を引き起こしているということとなのか？　そうだとしても、はっきり非難しているわけではない。やがて、現在は結婚して五人の子どもがいる「元レズビアン」が登場し、一〇年前に再び自分の「弱さ」が表れたが、宗教の力に助けられたと述べた。ほかにも数名の証言者が、自殺を考えたとか、アルコールを乱用したとか、「自己中心的」だったという話をした。ジョンという人物は、母親がユダヤ人だったと語り、その際に現在ではあまり使わない「Jewess（ユダヤ女性）」という単語を使った。マルセルという端正な顔立ちの二九歳のドイツ人は、自身の痛ましい歴史を証言した。子どものころ、妹の前で、母親に裸にされてぶたれたという。以前の自分が男性に惹かれていた原因の一端がそこにあるのではないか、ということなのだろう。証言者のなかには、親が離婚している人もいれば、離婚していない人もいた。また、母親ときわめて親しい関係にある人もいれば、そうでない人もいた。

そのほか、この映画には著名人も登場している。その一人であるジョセフ・ニコロージ医師（訳注／心理学者。《アメリカ同性愛研究・治療協会》の創設者）は、実際には「患者」の多くが母親を嫌っており、男性とのつきあい方もわからないため、男性にある種の幻想を抱くようになるのではないかとの説を提示していた。そして、同性愛的な誘惑に悩む人への一つの治療法として、「ジムに行く」など、健康的な趣味を始めるといいかもしれないと述べていた。おそらくこの医師は、ジムに行ったことがないのだろう。

言うまでもなく、こうした話はいずれも冷笑されがちだ。激怒する人もいるかもしれない。

だがこの映画には、人間的な物語もあった。たとえば、ジョンとリンジーは、二人とも同性愛に苦しんでいたが、その克服に一緒になって取り組むうちに、転向に成功して異性愛の夫婦になり、いまでは五人の子宝にも恵まれた。リンジーは観客を安心させるように言う。「私たちだけじゃない。かつて同性愛者だった人たちが何人も結婚して幸せになっている。そこに至るまでが大変だけど」。ややきまり悪そうに座っているジョンの隣で、さらにこう続ける。「だから、意気地のない人には難しい。でも、やるしかないと思う。いまの時代はなおさらそう。あらゆるメディアや文化が反対の圧力をかけてくるから」。

この夫婦よりも肩身が狭い思いをしているのは、映画に顔を隠して登場している元ゲイの証言者たちだ。つい最近まで、顔を隠したり後頭部から撮影したりする配慮が、あくまでもゲイの立場を貫く人になされていたのが嘘のようだ。

映画の終盤では、アイルランドの牧師が、この映画の要点の一つをこう要約している。「同性愛が変更できない生得的なものであるという見解を抱いている人がいてもいい。だが、自分と同じような見解を抱くことも可能だと認めてもらいたい。バスカヴィル博士も繰り返し述べているように、学界やメディアは、この問題に関する立場は一つしかないと思い込んでいるかのようだ。それは、「同性愛の促進」という立場である、と。映画はその後、「性的指向は政治化しつつある」と訴え、またしてもよくわからない古代ユダヤの描写があったのち、以下のような劇的だが慎重な一言で終わる。「いまこそ相違を受け入れるべきときだ」。

当然ながら観客は、きわめて温かい態度でこの映画を歓迎した。だがそのあとで、いたたまれない出来事があった。観客のなかには、映画に登場した証言者が数名いた。その人たちがステージ上に呼ばれ、さらなる拍手喝采を受けたのだ。そのなかに一人、マイケルというイギリスの若者がいた。この男性は不安のあまりおどおどし、まるで苦行を受けているかのようだった。額には、その年齢にしては異常なほどしわが寄っている。マイケルは、映画のなかで詳しく説明されていたさまざまな理由により、ゲイとして生きるのが嫌になり、デヴィッドソン博士と同じように異性愛者として生き、いずれは妻や子どもを持つ喜びを手に入れようと、内的葛藤の多いこの道を選んだのだった。この夜会は、祈りの言葉とともに終わった。

私は、帰宅する道すがらのみならず、それから数日にわたり、コンバージョン・セラピーを自発的に行なっている人たちと過ごしたこの夜のことを考えた。とりわけ考えたのが、なぜ私がこの出来事にさほど悩まされなかったのか、ということだった。

まず述べておきたいのは、私がこの人たちに怖れを抱いていないということだ。実際、私はあの上映会に参加して、ゲイ関連の出版業界がかつてゲイの認知を求めて活動していたころに抱いていたほどの怒りを抱くことはなかった。その理由があるとすれば、それは、あの夜にエマヌエル・センターに集まった人々が望む方向へ事態が進んでいるとは思えないからだ。現段階においても近い将来においても、彼らは負け組である。

彼らがテレビに登場すれば、軽蔑の目で見られるに違いない。しかも、並たいていの軽蔑ではない。そんな彼らが、見る価値があるほどのドキュメンタリー映画を製作するのは難しく、それを上映するのはなおさら難しい。そのため、人目につかない会場でひっそりと上映するしかなく、近い将来にどこかでそれが人気を博する可能性もないだろう。

もちろん、私がアメリカやイギリスの田舎で育った若いゲイだったら、この時代であっても、考え方は違っていたかもしれない。アメリカのバイブル・ベルト（訳注／キリスト教信仰が強い南部や中西部を指す）のどこかで育ったり、その地で強制的に行なわれていた（現在でも行なわれているところは世界中にある）コンバージョン・セラピーを経験していたり（あるいは、その危険にさらされたり）していれば、マイケル・デヴィッドソン博士やその仲間たちを見る目も、まったく変わっていただろう。

だが、その夜、このロンドンでは、彼らは負け組だった。逆の立場の人間が感じる興奮や感動を知っている私としては、彼らを勝者として扱う気にはなれない。もっと以前に、いまとは異なる状況下で会っていれば、彼らと同じイデオロギーを持つ仲間も私に対して、同じような態度をとるかもしれない。いずれにせよ、運動に携わる人々が勝利したときにどうふるまうかで、その人たちの本質が明らかになる場合がある。その人たちは、自分たちに都合がいい論拠を、ほかの人にもあてはめることを認めるだろうか？　互恵や寛容といった言葉は普遍的な原則なのか、それとも自分たちの主張を通すための隠れみのに過ぎないのか？　これまで検閲されてきた人々は、検閲の権利を手に入れたら、ほかの人を検閲するようになるのか？　現在、映画館「ビュー」は、ある一方の側についている。だが数十年前には、反対の側についていたかもしれない。あの金曜日の夜、映画『沈黙させられた人々の声』を数キロメートル先まで追い払うことに成功した《ピンク・ニューズ》やその仲間たちは、プライベートな催しに対しても、そのような権利を行使するつもりでいるらしい。しかし、そのような姿勢は、ゲイの平等を求める闘争の当初からゲイの人権活動家が主張していた内容と矛盾している。その主張とは、プライベートの場で大人が同意のうえでしていることに他人が口をはさむな、というものだった。それをゲイの権利と主張するのなら、その権利を、同性愛に反対するキリスト教原理主義者などにも適用すべきである。

あの上映会に参加して考えたことは、ほかにもある。それは、あの夜の出来事に怖れを抱くには、さまざまな憶測が必要だということだ。たとえば、デヴィッドソンは、助けを求めてやって来た人にのみセラピーを行なうと述べていたが、あれは単なる建前なのではないかと疑うことが必要になる。あれは見せかけに過ぎず、やがては自発的な取り組みを強制的な取り組みに、そして一部に対する強制を全体に対する強制に変えていく広大な計画の序章に過ぎないのではないのかと考える必要がある。もしそれが本当なら、政治的寛容の基盤の一つが徹底的に踏みにじられることになるだろう。こうして裏切られた私たちは、それにより、他人について自分なりの結論を下す権利を手に入れるとともに、他人の言う動機をそのまま受け取るのではなく、その信憑性《しんぴょうせい》を疑う権利を手に入れる。こうして、真に多様で多元的な社会に暮らす誰もがどこかの時点で必ず抱く疑問へと至る。「私たちは、他人の言うことを額面どおりに受け取っていいのか、それとも、他人の言葉や行動の裏を読み、その本心をのぞき込み、言動や行動には表れない真の動機を探り当てるようにしなければならないのか?」。

もしこのような状況になったら、私たちはどうすればいいのだろう? 相手側が私たちの疑惑を十分に晴らしてくれないかぎり、相手側には最悪の動機があると主張すべきなのか? それとも、ある程度辛抱したり、相手の言葉を信用したりしたほうがいいのか? この疑問については、明確な答えがあるわけではない。その答えは、時期や場所、状況、巡りあわせによって変わる。たとえば、コンバージョン・セラピーを強制された現在七〇代の元ゲイであれば、そのあとに生まれた幸運な世代の誰よりも、相手の言葉に疑念を抱いているに違いない(なかでも、同性に嫌悪感を抱かせるような療法を経験した人はなおさらだ)。以前の時代に、あるいはゲイにとって厳しい時代に警報サイレンを設置された人は、それ以外の人よりも早く警報サイレンが作動する。

それでは、これからはどうなるのだろうか? こうした世代的な相違や地理的な相違は、時間がたつにつれて薄れ、これからはソーシャルメディアがもたらすフラット化により、誰もが同じように楽観的になっていくのかもしれない。あるいは、こうしたツールがまったく反対の効果を及ぼすおそれもある。実際、アムステルダムのあるゲイは二〇一九年、ゲイは一九五〇年代のアラバマ州で経験したような危険から永久に逃れられないと述べている(訳注/アラバマ州は保守的で差別の激しいアメリカ南部にある)。どちらになるのかは、誰にもわからない。この世界ではいつでも、想像しうるあらゆる不安、脅威、希望を手に入れられる。

それでも、こうした永遠の対立を回避したければ、他人の言葉に耳を傾け、それをある程度信頼する能力が欠かせない。確かに、相手が信頼できるかどうかわからない場合、何かおかしなことが起きているおそれがあるとの警戒感を抱いたときには、それを確認するために、言葉の裏を探る必要はあるかもしれない。だが、裏を探って何も見つからなかった場合には、その言葉を信頼する必要がある。実際のところ、映画『沈黙させられた人々の声』の上映会を拒否したメディアの誰も、デヴィッドソンらが参加者に異性愛への転向を強要するような行為があったとは証明できていない。映画にどんな内容が含まれているのか、デヴィッドソンの「カウンセリング」がどのように行なわれているのか、といったことさえ調査していない。つまり、デヴィッドソンの団体に対して一連の思い込みがあり、その代表者がデヴィッドソンであったがために、その言葉に別の解釈が施されたのだ。それにより、「自発的」は実際には「強制的」であり、「カウンセリング」は実際には「迫害」であり、デヴィッドソンのもとにやって来る人はみな、異性愛者になることに否定的なゲイばかりであると思い込んだ。

こうした思い込みは、大きな問題をはらんでいる。それこそが、デヴィッドソンらが提示した問題だといえる。ジョン・スチュアート・ミルは、一八五九年に初版が出版された『自由論』(訳注/邦訳は関口正司訳、岩波書店、二〇二〇年)のなかで、自由な社会に言論の自由が欠かせない理由を四つ挙げている。第一と第二の理由としては、反論が全面的あるいは部分的に正しいこともあるかもしれないため、自分の間違った見解を正すためにも、反論に耳を傾ける必要があるから、第三と第四の理由としては、反論に誤りがあったとしても、それを公表すれば、ほかの人が真実に気づく一助となり、異議を唱えられることがなければいずれは混乱を招くことになりかねない独断に、知らないうちに陥る危険を防ぐことができるからである（注2）。

だが現代には、このミルの原則に従えない人が多いらしい。実際、独断的な考え方を変えるよりも、こちらのほうが難しい。近年になって、アメリカやイギリスなど、ほとんどの欧米民主主義国において、ゲイの人権に関する一般世論が、想像を絶するほど変化した。もちろん、いい方向へである。だが、その変化があまりに急速だったために、ある独断が別の独断に置き換わるという結果をもたらした。ゲイを道徳的に非難する立場から、新たに採用された考え方から少しでもはみ出る見解を持つ人々を非難する立場への変化である。そうなると、間違った立場の意見を聞けなくなるおそれがあるばかりか、部分的に正しい主張にさえ耳を傾けられなくなるおそれもある。

デヴィッドソンらの映画はつくり方が混沌《こんとん》としており、その世界観の大部分には同意できないが、それでも彼らは、性的指向の問題についてある事実を提示している。確かにそこは、底なしの有害な海域なのかもしれない。だが、そのような海域を見つけても、そこに飛び込まないのでは意味がない。

　性的指向の問題については、一連の思い込みが採用されている。だがそれは、こうした思い込みが支配する前の考え方と同じように、独断的なものでしかない。たとえば二〇一五年六月、当時の教育大臣ニッキー・モーガン（保守党）が、同性愛を嫌悪する傾向があるのは、イギリスの学校生徒の間に「過激主義」が潜在しているからだと訴えている。BBC放送の報道によると、モーガンは、「イギリスの中核的な価値観への攻撃や、同性愛を断じて許さない態度は、警鐘を鳴らすべき行動の好例である」と述べ、それこそが、生徒が「過激主義者」に「教育」されているおそれがあることを示す証拠であり、同性愛を「悪」と見なす生徒は警察に通報する必要があるかもしれない、と語ったという（注3）。だが、この問題について興味深いのは、モーガンのそれまでの言動である。モーガンは二〇一三年五月には、同性婚をイギリスに導入する法律に反対票を投じていた。しかし、翌二〇一四年になると、いまでは同性婚を支持しており、すでに法制化されているのでなければ、同性婚導入法に賛成票を投じただろうと述べた。そして、その一年後の二〇一五年には、前述のように、二年前であれば「過激主義」的であるだけでなく根本的に非イギリス的だと見なされていたと思われる見解を表明するに至っている。

　アメリカのヒラリー・クリントンも同様である。ヒラリーは一九九〇年代、夫のクリントン大統領がアメリカでの同性婚を阻止しようとして提示した「結婚防衛法」を支持していた。アメリカ軍に所属するゲイに対する「聞かざる・言わざる」政策をクリントン大統領が支持したときも、それを容認していた。これはいわば、ほかの誰かに自分がゲイであることを告白した兵士を、速やかに軍隊から解雇することを認める政策である。当時、《ワシントン・ポスト》紙の記者ロバート・サミュエルズはこう記している。「ヒラリー・クリントンには、ゲイの人権の歴史を切り開くチャンスがあったのに、それをふいにした」(注4)。ところが、二〇一六年に二度目の大統領選に出馬した際には、社会全体の考え方が一変していたため、精力的な選挙運動の対象とするグループの一つに、LGBTコミュニティ(ゲイはいまではそう呼ばれる)を加えている。このように、政治家が立場を変えるのは珍しいことではない。だが今回は、時勢が変わるのがあまりに速かったために、政界でも立場の急変を迫られたのである。

それ以上に迅速かつ派手に転向を果たした人や国もある。たとえば、ドイツで同性婚が合法化されるとまもなく、バーデン＝ヴュルテンベルク州では、同性婚を受け入れるかどうかが市民の条件となった。昨日まで支配していた独断が、いまでは別の独断に置き換わっている。

近年になってこのような不意打ちを食らったのは、一部の政治家だけではない。つい最近まで同性愛にあからさまな不快感を表明していた新聞も、いまではほかの社会ニュースと同じように、同性間の結婚を報じている。つい数年前まで、同性愛にも同等の性交同意年齢を求める運動に反対していたコラムニストも、いまでは同性婚の波に乗り遅れている人を批判している。二〇一八年には、アメリカのMSNBC放送の司会者ジョイ・リードが、一〇年前に同性婚に批判的な発言をしていた事実を指摘され、謝罪に追い込まれる醜態をさらした。当時は、ほとんどの人が同性婚を支持していなかった。だが、変化があまりに急激だったため、過去を償うために大変な苦労を強いられている。ぐずぐずしていると見なされた人には、一かけらの同情も寄せられない。

あらゆることがゲイの問題になる

そんな事態により、一部の個人、政府、企業は、過去を償うのが自分たちの仕事だと思い込んでいるかのようだ。このような人々や組織は、ほとんど受け入れられないような形で、ゲイの問題に関する議論を強要してくる。「それがあなたのためになる」と言わんばかりだ。

二〇一八年になるとBBC放送は、ゲイのニュースをただ報道するだけでなく、主要ニュースとして扱うべきだと判断するに至ったらしい。その年の九月には、同社のウェブサイトに、ある日のトップ記事の一つとして、高跳び込み選手のトム・デイリーに関する記事が掲載された。自分の性的指向について抱いていたコンプレックスが、いつか成功してやるという意欲につながった、という内容の記事である（注5）。この記事は、デイリーがカミングアウトしてから五年後に発表されている。その間の期間も、デイリーは自分の私生活について発信しており、決して沈黙を貫いてきたわけではない。それなのにこの人情物語が、BBC放送のウェブサイトで、八〇〇人以上の犠牲者を出したインドネシアの地震や津波のニュースに次ぐ、第一級のトピックとして扱われた。その翌日には、同じBBC放送のウェブサイトに、やはりトップニュースの一つとして、以下のような記事が掲載された。リアリティ番組に出演していたさほど有名でもないタレント、オリー・ロックが、婚約者のガレス・ロックと同性結婚したあかつきには、二人の姓を組み合わせ、ロック゠ロック家という家庭をつくることを発表した、という記事である（注6）。ほかのトップ記事には、インドネシアの地震による死者が一晩で急増したとある。

ゲイである誰かが言わなければならないから言わせてもらうが、こうした「ニュース」報道は、まるでニュース報道とは思えない。むしろ、大衆に対して、あるいは権力を有する立場にあるとメディアから思われている人々に対して、ある種のメッセージを送っているように見える。これはもはや、「それがあなたのためになる」という領域を超え、「こういうのを好きになれ、この偏屈者」という領域に近づいている。実際、異性愛の人たちは、ゲイの記事があらゆる分野のニュースにますます力ずくで入り込んでくるのを見てどう感じているのだろうか、と思う日がある。

その一例として、《ニューヨーク・タイムズ》紙のごく平均的な日の紙面を見てみよう。二〇一七年一〇月一六日、同紙の国際版を見ていた読者は、論説ページを読むのをやめ、何かおもしろい記事はないかと物色を始める。ふと経済欄を見ると、そのトップに「もう隠さない日本のゲイ」という記事がある。おそらく、《ニューヨーク・タイムズ》紙の経済欄の平均的読者は、日本のゲイがゲイであることを隠しているかどうかなど、さほど考えたこともなかったに違いない。したがってそこには、彼らが知らない事実を学ぶチャンスがある。それは、保険会社に勤めるナカムラ・シュンスケという人物が最近、朝礼の時間を利用して、自分がゲイであることを仕事仲間に告白した、という記事だった。日本では、同性愛に対して（この記事で引用されている東京大学のある教授の言葉を借りれば）「憎悪を抱くよりも無関心」な態度をとる傾向がある。そのため、ゲイにまつわる特別な問題がなく、その男性が会社でカミングアウトしても、何ら悪影響はなかった。その経緯を《ニューヨーク・タイムズ》紙は、経済面の主要記事として、二ページにわたり掲載したのだ。通常であれば、市況が異常なほど閑散としていた日でもないかぎり、このようなニュースがその日の「経済」面のいちばん重要な記事になることはないだろう。

一ページ目をめくると、さらにその記事が続き、今度は「ゲイを受け入れつつある日本の企業」という見出しがある。読者もそのあたりまで読むと、日本の企業におけるゲイの立場について抱いていた関心も満たされ、後ろめたそうに、その目を反対側のページの「文化」欄に向ける。そこには、どんなトップ記事があり、どんな大見出しがあるのか？　実際にあった見出しは、「いっそう広がる愛のステージ」である。

この記事のテーマは、ページの半面に掲載された写真を見れば予想できる。そこには、二人の男性バレエダンサーが、脚や腕を絡め合っている姿がある。記事にはこうある。「バレエはほかの芸術形式に比べ、変化が遅い」。そしてさらに、興奮気味にこう続く。「だが、ここ二週間ばかりの間に、世界有数のバレエ団であるニューヨーク・シティ・バレエが、魅力的な同性のデュエットを含む二つの公演を行なった」。

この大々的な記事で取り上げられているのは、『The Times Are Racing（時代は走り去る）』という演目である。同バレエ団がその最新の公演の際に、もともと女性のためにつくられた役に男性をキャスティングしたのだ。記事によれば、これまでバレエの世界は圧倒的に異性愛が優勢だったが、ようやく「現代世界に対応し、その姿をバレエのステージで演じる」ようになったという。この公演を担当した男性振付師も、この作品に関するインスタグラムへの投稿のなかで、「性的中立性の探求」を公言している（この投稿には、「愛は愛」「性的中立」「平等」「多様性」「美」「プライド」「誇り」といったハッシュタグがついている）。そのような内容に批判的な外部の振付師の見解も記載されているが、それは批判の対象として選ばれたに過ぎない。この振付師は、「伝統的なバレエには性に役割があり」、「男性と女性は同等の価値を担っている」ものの、それぞれ「役割は異なる」と訴えるが、ニューヨーク・シティ・バレエの花形ダンサーたちや《ニューヨーク・タイムズ》紙は、そうは考えない。

誰もが想像しているように、同バレエ団の男性リードダンサーにはゲイが数名いる。その一人が同紙に語っているところによれば、リハーサルの最初のころ、ダンスのパートナーを務める男性からこう言われたという。「王子が王女に恋をしているふりをするのとは違って、ダンスの相手と本当に恋に落ちる可能性があると思える役を演じられるのは、とてもうれしい」。この言葉に対しては、王子と王女が恋をするシーンを演じるのをつまらないと感じているダンサーは、バレエが自分たちの表現手段であることに気づいていないのではないかとの意見があるかもしれない。記事はその一方で、これだけではバレエのステージでの多様性の表現が不十分なのではないかとの指摘に備えるかのように、その公演が「同性間の関係だけでなく人種の問題も探求」しており、現代では必須の道徳的要素をさらに追加していると伝えている。そして最後に、同バレエ団の別の振付師の以下のような言葉を紹介している。二人の男性によるダンスの全体的効果に「つくづく感動した。一瞬にして彼らは、本来の彼らになれた」。ここまで読んだ読者は次いで、「文化」欄のもう一つのメイン記事に目を移す。そこには、妊娠や出産・育児をおもしろおかしく描写する女性コメディアンがようやく成長してきたという記事がある（注7）。

一般紙が、経済面や文化面だけでなく、論説面やほかの面の大半をゲイ関連の記事に割くことにしたとしても、それ自体に問題はない。だがそこには、何かほかの目論見があるような気がしないでもない。ゲイに特別な関心を寄せる記事を載せるのは、ほかのニュースを載せるのとは違う目的がある。それはおそらく、過去を償うため、あるいは、この時代の道徳観の変化にいまだついてこられない人々の眼前に、こうした事実を突きつけるためだろう。いずれにせよそこには、どこか普通とは違う、何となく報復的な雰囲気がただよっている。

もちろん、考え方を変え、新たな考え方を学び、自分の立場を変えることは誰にでもある。たいていは、ほかの人が苦労の末に立場を改めたあとに、自分もこっそりと立場を改める。だが、これほど急速に社会的な立場が変わると、そのあとになっても、まだ探求されていない、あるいはまだ論破されていない問題や議論が残ってしまう。ピアーズ・モーガンが、「生まれつきのゲイはいないと本気でお思いですか？」とゲストに尋ねたとき、彼はいまだ未確定の問題について、いかにも確信ありげに語っていた。それに、生まれつきのゲイがいるかどうか、ゲイはみな生まれついてのゲイなのかどうかという問題の答えがどうであろうと、ゲイの人生が、ゲイのままの一方通行で終わるとはかぎらない。

ゲイの人生は一方通行なのか？

それを一方通行だとする考え方は、私たちの文化がたどり着いた奇妙な到達点の一つに過ぎない。この社会では一般的に、ゲイがカミングアウトすれば、当然、至るべき終点にたどり着いたことを称えられる。大半の人が本来の自分であることに何の問題もない社会では、それは妥当な認識といえる。それは、自分が当然いるべき場所、自分にとって正しい場所にたどり着いたことを意味する。だがこうした立場は、奇妙な結果をもたらす。ゲイであった人物がのちにストレートになろうとした場合、その人は、何らかの排斥や疑念の対象となるだけでなく、本当の自分に正直ではないのではないかとの不信を抱かれることになる。ストレートからゲイになった場合には、こうした問題は起こらない。ゲイからストレートになった場合にのみ、恒久的な疑惑の対象になってしまう。このように、ストレートの方向に大きく傾いていたかつての文化は、ゲイの方向へやや傾いた文化へと移行している。

脚本家のラッセル・T・デイヴィスは、一九九〇年代後半にゲイを扱った画期的なテレビドラマ『クィア・アズ・フォーク』を書きあげたのち、二〇〇一年に『Bob and Rose（ボブとローズ）』というテレビドラマを発表している。これは、ゲイの男が女性と恋に落ちる物語だ。デイヴィスが当時メディアに語っていたところによると、この作品が生まれたのは、ストレートからゲイになった人に比べ、ゲイからストレートになった人は友人からの怒りを買いやすいことを知ったのがきっかけだったという（注8）。

ゲイの全方位通行への認知が進まないのは、そこに原因があるのかもしれない。同性愛の男性や女性は、性的指向は流動的であり、ある方向に向かっていた人が別の方向へ向かうこともある（登る人はいずれ降りる）と言われると、それを自分の個性に対する攻撃だと見なす傾向がある。こうした不安には、根拠がないわけではない。ゲイの多くは、そう指摘されると、「同性愛など一時的なものに過ぎない」というあの怖ろしい言葉の残響を聞いているような気になる。そのため、そのような考え方を、きわめて侮辱的であり、両親や家族らとの関係を不安定化させるものととらえる。このように、一部の人々にとっては「一時的なものに過ぎない」という言葉が侮辱的に聞こえるため、ほかの人々にとっては真実であるかもしれないそのような考えを、口に出せなくなってしまう。

ミレニアル世代や「Z世代」（訳注／それぞれ、一九八〇～一九九五年に生まれたＩＴに親和性を持つ世代、一九九六～二〇一五年に生まれたデジタルが当たり前の世代を指す）は、性的指向は流動的だと強調することで、この問題を回避しようとしている。複数の世論調査によれば、現在一〇代後半のZ世代は、性的指向は一定不変であるという考え方から距離を置いているという。二〇一八年に行なわれたある調査の結果を見ると、「完全に異性愛者である」と答えたZ世代は、全体の三分の二しかいない（注9）。異性愛者だと断言している人がいまだ過半数を占めるが、これは、以前の世代の考え方とは明らかに異なる。

ミレニアル世代より前の世代にとっては、性的指向の「流動性」はいまだに、痛みを伴うことも多い難しい問題である。この世代の場合、いったんあるグループに入ったのちにそこから抜けた者は、どのグループにも入らなかった者に比べ、非難される可能性がきわめて高い。そのような実態は、調査には表れていないかもしれない。また、そう主張する国民的な代弁者も「コミュニティ指導者」もいないかもしれない。だが多くのゲイは、そのような実例をいくつも知っている。ゲイの世界になじめず、その世界を嫌いながらも、ほかの世界を見つけられなかった仲間がいる。その世界にしばらく浸かったのちに、そこから抜け出た人もいる。あるいは、ほかの何かを追い求める人もいる。たとえば、子どもや結婚などを求めて、ゲイをやめたりあきらめたりする。あるいは（そんな人がどれくらいの割合いたのかわからないが）、人生の大半を同性のパートナーと過ごしたのち、『ボブとローズ』の主人公のように、突如として異性との恋に目覚める人もいる。

だが、今後はどうなるのだろう？　いまでは、同性市民のパートナーシップや同性婚が認められ、ゲイも養子縁組をして育児をすることも可能になったため、こうした行動は減っていくのだろうか？　それとも、Z世代のように性的指向の流動性を認める傾向が、今後ますます高まっていくのだろうか？　そうかもしれない。あるいは、そうでないかもしれない。というのは、誰もが知っているように、そのような考え方の範疇《はんちゆう》に含まれない人もいるからだ。ときどきゲイとキスをしたり、それ以上の行為に及んだりするが、そのあとはストレートに戻る、という人もいる。この場合、つい最近までなら、ゲイ同士のキスのほうが異常（規範からの逸脱）だと見なされただろうが、現在では、ゲイ同士のキスのほうこそ貴重な真実の瞬間と見なされている。

現在、かつてゲイだったがもうゲイでなくなった人は、偽りの生活を送っていると思われている。というのは、かつてゲイだったときは真に自然な状態にあったが、以後ずっとストレートでいるのはそれに反している、という認識があるからだ。これは、バイセクシャルになったと主張するのとは訳が違う。こうした認識では、性的指向のシーソーが均等にバランスをとっているのではなく、実際にはゲイのほうに傾いていると推測される。なぜなら、かつてはこのシーソーがストレート側に傾いていたため、いまではそれを反対側に傾けることにしたからだ。それは、これまでの誤りを正すためかもしれない（シーソーがいつか均衡に達することを望んでのことである）。だが、シーソーが正しい場所に収まったかどうかを判断する方法は、誰にもわからない。私たちはいつも、気まぐれでそのような判断をしているに過ぎない。

ミレニアル世代より前の世代は、これからも当分は、ミレニアル世代のなかにまだいる多数派と同じように、性的指向は少なくともある程度は不変であるという考えを抱き続けるに違いない。他人の立場を知るには、その実際の人間関係や潜在的な人間関係について、少なくともある程度の明快さが求められるため、なおさらそうだろう。だが、ある確固たるアイデンティティが別の確固たるアイデンティティに変わったり、固定的なアイデンティティが流動化したりすることがありうるというのは、ある独断から別の独断への飛躍とは訳が違う。これは、めったに言及されることのない、ある根本的な事実がまるで明らかになっていないことを示唆している。つまり、私たちはいまだ、一部の人間がゲイになる理由について、ほとんど何も知らないということだ。私たちの価値観とされるものの最前面に躍り出てきたアイデンティティの問題については、数十年にわたり研究が行なわれているものの、いまだ解決していないこの巨大な問題がある。それは、社会の安定性を損ないかねない問題でもある。

このテーマ全体については、多少過敏に反応してしまうのも理解できなくはない。何といっても、アメリカ精神医学会（ＡＰＡ）が、同性愛を疾患として扱う科学的根拠はないと判断したのは、ついこの前の一九七三年のことだった。その年になってようやく、ＡＰＡの精神疾患の用語辞典から、同性愛が削除されたのだ（日増しに厚くなっていくこの辞典から項目が削除された珍しい事例である）。一九九二年には、世界保健機関（ＷＨＯ）も同様の行動に出たが、いずれにせよ、それほど前のことではない。そのため、いまでも同性愛の議論には、精神医学的な用語や医療行為が入り込んでくる。こうした用語や医療行為への疑念がいまだにあるのは当然だろう。

だが、ゲイが精神疾患でないことを受け入れたからといって、ゲイは生来のものであって変更はできない、ということにはならない。二〇一四年、イギリス王立精神科医学会（ＲＣＰ）は、興味深い「性的指向に関する声明」を発表した。称賛すべきことに、ＲＣＰはそのなかで、ゲイを自認する人を侮蔑しようとするあらゆる行為を、断固として非難している。さらに、いかなる場合であれ、性的指向を改める療法に効果があるとは思えないとも述べている。つまり、異性愛者をゲイにすることも、同性愛者をストレートにすることもできない、ということだ。ただし、この声明には、きわめて重要な認識を示す以下のような一文がある。「王立精神科医学会の考察によれば、性的指向は生物学的要因と出生後の環境的要因の組み合わせにより決まる」。そして、それを裏づける一連の情報を挙げたのちに（注10）、繰り返しこう主張している。「これに勝る、性的指向の起源は何らかの選択にあるとする証拠はいっさいない」（注11）。

だがＲＣＰは、「偏見と差別が蔓延《まんえん》する」環境を生み出す「コンバージョン・セラピー」は

「全面的に非倫理的」であり、「疾患ではない」状態に対処しようとしているとして懸念を表明する一方で、こう述べている。

性的指向は不変であり、人生の間に少しも変わることはない、とはいえない。それでも、大半の人々の性的指向は、たいていは異性愛か同性愛を中心にして定められていると思われる。両性愛者は、異性愛側にも同性愛側にも焦点を絞ることができるため、性表現という点では、ある程度選択の幅があるといえる。

また、異性愛者、同性愛者、両性愛者のいずれであれ、自分の性的指向に不満を抱いている場合には、さまざまな治療の選択肢を検討することで、自分の性的指向をより受け入れられるようにして苦悩を軽減し、より快適に暮らしていけるようになる可能性がある（注12）。

これには、アメリカ心理学会（ＡＰＡ）も同意している。この問題に関する最新の同学会の提言には、こう記されている。

異性愛、バイセクシャル、ゲイ、レズビアンといった性的指向を持つようになる正確な理由については、科学者の間で意見が一致していない。遺伝、ホルモン、発達、社会、文化が性的指向に及ぼす影響を検証する無数の研究が行なわれているが、性的指向が何らかの具体的な要因により決定されると結論できるような発見は、いまのところまだない。それでも多くの科学者は、生まれと育ちの双方が複雑な役割を果たしていると考えている。大半の人々には、自分の性的指向を選択したという意識はほとんどない（注13）。

これはいずれも、「性的指向を正そう」とする、成功しそうもないよこしまな姿勢や差別を排除しようとする観点から見れば、きわめて称賛すべきものである。だが、その内容を読めば読むほど、なぜ一部の人間がゲイになるのかという問題がいまだ解決していない事実が浮かび上がってくる。確かに、法律は変わったかもしれない。だが、なぜ同性愛者になるのか、先天的に同性愛者なのか後天的に同性愛者になるのか、といった問題については、以前より知識が増えているわけではない。

とはいえ、これまで有益な発見が何もなかったわけではない。一九四〇年代には、性科学者のアルフレッド・キンゼイが、人間の性的嗜好について、当時としてはきわめて緻密かつ広範囲にわたる実地調査を実施した。その調査結果は、方法論に関する無数の問題があったにもかかわらず、それから数年にわたり、おおよそ正確なものと見なされた。その調査結果をまとめた著書（一九四八年発表の『人間における男性の性行為』（訳注／邦訳は永井潜・安藤画一共訳、コスモポリタン社、一九五〇年）と一九五三年発表の『人間女性における性行動』（訳注／邦訳は朝山新一ほか訳、コスモポリタン社、一九五四年）によれば、一六歳から五五歳までの少なくとも三年にわたり「主に同性愛」だった男性は一三パーセント、何らかの同性愛の経験がある女性はおよそ二〇パーセントだったという。キンゼイが提示したことで有名な、この人間の性経験の「尺度」はのちに、全人口のおよそ一〇パーセントが同性愛者であるという重要な主張を生み出した。するとこの数字が、それから数年にわたり論争の的になった（これは、この分野のあらゆる点に見られる現象である）。宗教団体は、同性愛者の割合がもっと少ないと主張する調査結果であれば、どんなものでも歓迎した。たとえば、一九九一年に実施されたアメリカ男性全国調査では、「完全に同性愛」だという男性はわずか一・一パーセントだった。それから二〇年後には、イギリスの国家統計局（ONS）も同様の数字を提示している。一九九三年には、アメリカのアラン・ガットマッハー研究所が対面での面談調査を行ない、ゲイは全人口のわずか一パーセントに過ぎないという結果を導き出した。これまででいちばん少ないこの数字は、宗教団体に喜んで受け入れられた。伝統的価値観連合の議長はこの結果を受けて、「とうとう真実が明るみに出た」と快哉《かいさい》を叫んだ。右派のあるラジオ・パーソナリティも「私たちの見解が正しいことが証明された」と述べている（注14）。

だが、全人口に占めるゲイの割合を小さく見積もる統計を歓迎する人々がいれば、その割合を大きく見積もろうとする人々も当然ながらいる。ゲイの人権団体である《ストーンウォール》は、全人口の五～七パーセントがゲイであるとする統計こそが「適正な数値」だと述べている。だがこれでも、キンゼイの数字に比べればかなり少ない。最近では、新たなテクノロジーにより、この問題にまつわる議論を部分的に解決したり、明確化したりすることが可能になっている。これにも、方法論的な問題がないわけではない（ONSが最近行なった家庭への質問では、正体を隠しているゲイを考慮に入れる方法などで問題が生じている）。それでも、検索エンジンに一貫して嘘を入力し続ける人はほとんどいない。そのため、ビッグデータから得られる同性愛に関する情報は、十分注目に値するものと思われる。グーグルのデータ・サイエンティストだったセス・スティーヴンズ＝ダヴィドウィッツは、それを利用し、フェイスブックを利用している男性のおよそ二・五パーセントが、同性の会員に関心を示していることを明らかにした。

スティーヴンズ＝ダヴィドウィッツはさらに、インターネット・ポルノの検索情報を使い、自分の性的指向をあまり公にしていない人々を含む数字にまで迫っている。この数字については、ある特徴がある。アメリカのどの州でも、数値がほぼ一定しているのだ。たとえば、フェイスブックを利用しているゲイは、ミシシッピ州よりロードアイランド州のほうが二倍も多いが（これは、差別が激しい南部から北部へゲイが移住したことが一因だと思われる）、インターネット・ポルノを検索する割合にはほとんど違いがない。実際、ポルノ画像を検索した人のうち、ゲイ・ポルノを検索した人の割合は、ミシシッピ州がおよそ四・八パーセント、ロードアイランド州が五・二パーセントである。そこからスティーヴンズ＝ダヴィドウィッツは、あらゆる可能性を考慮し（たとえば興味本位で検索している人もいる）、アメリカのゲイ人口を客観的に見積もると、全人口のおよそ五パーセントになると結論づけた（注15）。

だが、これらの数字はいまも、ほかのあらゆる統計と同じように、さまざまな論争の種になっている。二〇一七年にはONSが、イギリスにおけるゲイやレズビアン、バイセクシャル、トランスジェンダーの数が初めて一〇〇万人を超えたと発表した（訳注／全人口のおよそ一・五パーセントに相当する）。すると、イギリスの《ピンク・ニューズ》はこれを、「コミュニティにとって画期的な数字」としながらも、この数字は「多いが、まだ十分に多くはない」と述べた（注16）。だがこれでは、論点を巧みに避けているとしかいえない。いったいどれだけ多ければいいというのか？

こうした問題はあるものの、ここ数十年の間に大衆は、このテーマについて自分なりの見解にたどり着きつつある。その見解は、きわめて大きな変化を見せている。一九七七年には、ゲイは生まれつきのものであると考えるアメリカ人は、一〇パーセント余りしかいなかった。ところが二〇一五年には、およそ半数がそう考えている。その一方で、ゲイになる原因は「養育や環境にある」と考えるアメリカ人の割合は、同じ期間の間に、六〇パーセントからその半分に減った。この時期に、同性愛に対するアメリカ人の道徳的姿勢が大幅に変わったのは、決して偶然ではない。二〇〇一年から二〇一五年まで実施されたギャラップの調査を見ると、ゲイやレズビアンの関係を「道徳的に受け入れられる」というアメリカ人は、二〇〇一年には四〇パーセントだったが、二〇一五年には六三パーセントに増えている。逆に、「道徳的に間違っている」と考えるアメリカ人は、同時期に五三パーセントから三四パーセントまで減少している（注17）。世論調査によれば、このテーマに関する世論が変わった一つの要因は、家族や友人、同僚など、ゲイの人が身近にいる点にあるという。この要因は、ほかの人権運動にも重大な影響を及ぼしている。もう一つ明らかな要因としては、社会でゲイがますます認知されるようになった点が挙げられる。

だが、同性愛に対する姿勢を変えるのにもっとも貢献した道徳的要因は、同性愛は後天的な学習行動であるという考え方から、同性愛は生得的なものであるという考え方への変化にあった。ゲイにおいてこの問題がいかに重要かがわかれば、それは、ほかのあらゆる人権運動にも重大な影響を及ぼさずにはおかない。そこには、現代の道徳規範を構成するもっとも重要な要素の一つが垣間《かいま》見える。その要素とは、自分の力ではどうしようもない特徴を持っている人をおとしめたり、見下したり、罰したりしてはいけないという根本的認識である。これは、道徳規範を構成する当然の要素と思うかもしれないが、人間の歴史を見ると、そのような要素がない時代がほとんどだった。むしろ、変えようのない特徴は、それを持つ人々を否定する根拠として頻繁に利用された。

ハードウェア対ソフトウェア——「生まれつきこう」であってほしいという欲求

それにもかかわらず、現代世界は前述の考え方に根差した道徳規範を採用するようになった。これは、ハードウェア対ソフトウェアの問題だと考えてもいい。

この場合、ハードウェアとは、自分では変えられないものを指す。そのため（この論法の帰結として）、それをもとに人を判断すべきではない。一方、ソフトウェアは、自分の意思で変えることができるものを指す。そのため、それをもとに人を判断することができる（そこには道徳的な判断も含まれる）。このような仕組みのなかでは必然的に、ソフトウェアの問題かもしれない問題を、ハードウェアの問題にしようとする衝動が生まれる。本当はソフトウェアの問題だったとしても、そうしておいたほうが共感を得やすいからだ。

たとえば、アルコール中毒や薬物中毒の人がいたとしよう。この場合、たいていは、その人が持つ欠点（依存する体質）は、自分である程度コントロールすることができるはずだと見なされる。それができないのは、自分の弱さ、意思決定のつたなさ、道徳的怠慢の結果だということになる。だが、先天的にその行動を抑制できないとなると、中毒者はとたんに非難されなくなり、むしろ境遇の犠牲者と見なされ、そのような人間として理解されるようになる。絶えず酔っぱらっている人は、周囲のあらゆる人に迷惑をかけている。それでも、その人には生まれつきアルコール中毒への傾向があるとなると（「アルコール依存症の遺伝子」を持っていれば、なおいい）、その人を見る周囲の人々の目が一変する。程度の差こそあれ、その人は非難を受けるどころか、共感を得られるようになる。だが、そのアルコール中毒が後天的な学習行動の結果であれば、意思が弱いとか自分が悪いと見なされる。一般的に私たち現代人は、自分では変えようがない行動には同情的だが、単なる選択の問題だと見なされる行動には、いまだに批判的あるいは懐疑的だ。その行動がほかの人に負担をかける場合はなおさらだ。同性愛も、とりわけ生殖という観点から見れば、社会に負担をかけているといえなくもない。そのため、同性愛は実際に変えられるものなのかという問題が、社会がかかわるべき至極正当な問題となる。

同性愛に関する欧米の世論を変えるのに貢献した最大の要因は、同性愛は「ソフトウェア」の問題ではなく「ハードウェア」の問題だとする判断にある。ただし、この問題については、相変わらずそれとは反対の見解を持ち込もうとする人々もいる（主に信仰心の篤い保守派である）。こうした人々はいまでも、同性愛は「選択されたライフスタイル」だという言い方を好む。同性愛者は自分をそうプログラミングすることを選んだとほのめかす表現である。

このような考え方が支配的な国は、同性愛行為を抑圧する法律が支配していたかつての時代を彷彿《ほうふつ》とさせる。そのため、「選択されたライフスタイル」という主張を拒み、同性愛はハードウェアの問題だとの認識を推進しようとする衝動が生まれるのも無理はない。レディー・ガガの歌にあるように、「ボーン・ディス・ウェイ（生まれつきこう）」というわけだ。

だが実際のところ、同性愛はあまりに短期間のうちに、あまりに限られた場所で道徳的に受け入れられたため、同性愛にまつわる道徳理論を打ち立てるどころか、同性愛にまつわるさまざまな長期的結論を導き出すことさえできていない。確実にいえるのは、生得的なものか選択的なものか（ハードウェアかソフトウェアか）という問題が、大衆がこの問題に注ぎ込もうとしている共感に深甚な影響を与えている、ということだ。ゲイが「選択」したものであり、後天的な「学習行動」であるなら、同性愛を捨てることも、誰も同性愛を選びたがらないような操作をすることも、ある程度は可能だということになる。

最近では間違いなく、「選択されたライフスタイル」ではなく「生まれつきこう」だという考え方が、非科学的な追い風を受けている。ゲイの存在が日増しに目にとまるようになったのは、ゲイを「隠す」という選択肢が以前ほどの効果を発揮できなくなってきたからだ。するとゲイの著名人たちは、それまで多くのゲイが経験してきた不安やいじめ、差別を語り、誰も好き好んでゲイを選んでいるわけではないと訴えるようになった。わざわざいじめの種を増やしてまで、ゲイになろうとする子どもがいるだろうか？　ただでさえ複雑な生活をいっそう複雑にしてまで、ゲイになろうとする大人がいるだろうか？

こうして現代の時代精神は、「生まれつきこう」だとする理論に落ち着いたようだ。しかしその一方で、この時代精神は、社会の安定を損なう事実に目を向けるのを避けている。それは、科学がいまだに、レディー・ガガの理論の裏づけにほとんど貢献していないという事実である。

エピジェネティクス（訳注／DNA塩基配列を変えずに、後から加わった修飾により遺伝子機能を制御するシステムおよびその研究）の分野では、同性愛の原因となる遺伝子変異を特定しようとする興味深い研究が行なわれている。最近の研究では、遺伝子分子に付加されるメチル基が注目を集めている。二〇一五年にはカリフォルニア大学ロサンゼルス校の研究者が、ゲイとストレートの兄弟のゲノムを解析し、両者の間で形式が異なるDNA修飾を発見したと発表した。ところが、この研究のもとになったサンプルがわずかだったため、期待や話題を生み出す一方で、猛烈な反論の的にもなった。同様の研究はいくつもあるが、いずれも決定的な結論には至っていない。

「ゲイの遺伝子」は、まだしばらくは見つからないだろう。とはいえ、どこかの時点で見つからないともかぎらない。いずれにせよ、この遺伝子をめぐる論争は、それぞれの立場の本音を明らかにしている。一般的にキリスト教原理主義者たちは、「ゲイの遺伝子」が見つからないことを望んでいる。そんな遺伝子が発見されれば、彼らの世界観を支える基盤が深刻なダメージを受け（「神がゲイを生み出すのか？」）、ゲイに関する彼らの立場も、その影響を受けないわけにはいかなくなる。一方、ゲイの人たちには明らかに、ゲイの遺伝子の発見に好意的な傾向が見て取れる。それが見つかれば、ゲイをソフトウェア視する批判から永遠に解放される可能性があるからだ。こうした事情から、男性の一卵性双生児を中心に、いまも研究が進められている。興味深いことに、一卵性双生児であれば、その性的指向は一致するらしい。

だが、「ゲイの遺伝子」の発見に積極的な人々にこのまま研究を続けさせていくとどうなるかという問題にも、もっと注意を払ったほうがいいかもしれない。「ゲイの遺伝子」の存在を示す兆候が、常に喜ばしいものとはかぎらない。二〇一〇年代の初め、オレゴン健康科学大学の神経科学者チャック・ロゼリが、メスよりもオスとの性交を好んでいるように見えるオスのヒツジの研究を始めた。だが、この研究が公に知られるようになると（たまたま動物の権利擁護団体が、ゲイの活動家をあおって一緒に反対運動を起こそうとしたことに感謝したい）、先天的なゲイが生まれないようにする優生学的な取り組みにロゼリの研究が利用されるのではないか、という疑念が広がった。やがてロゼリの雇用主のもとに、ロゼリの解雇や不満を訴える何万通ものメールや手紙が殺到した。テニス選手のマルチナ・ナブラチロワなど、ゲイやレズビアンの著名人が、メディアを通じてロゼリやその雇用主を攻撃した。そもそもこのヒツジの研究は、そのような取り組みの促進を意図したものではない（注18）。だが、ヒツジの同性愛の研究にこれほどの反応があるのなら、人間のゲノムのなかに「ゲイの遺伝子」が発見されたら、どんな反応が起きるだろう？　「ゲイの遺伝子」が発見されたら、いずれは親に、子どもがゲイになる原因となるDNAのパターンを編集する権利が認められるようになるのだろうか？　親にそうさせないようにすることに、正当性はあるのだろうか？

この問題については、遺伝学のあらゆる分野が熱心に取り組んでいる。だがそれこそが、同性愛のほかの側面に関する研究がさほど行なわれていない一因になっている。たとえば、進化という観点から見て同性愛は何らかの役割を果たしてきたのか、果たしてきたとするならどんな役割を果たしてきたのか、といった研究は、ほとんどなされていない。一九九五年から一九九六年にかけて、ニューヨーク州立大学オールバニ校のゴードン・G・ギャラップと、セントラル・ランカシャー大学のジョン・アーチャーが、このテーマに関して意見交換を行ない（注19）、その内容をある学術誌に発表した。この意見交換は、同性愛に対する否定的な態度は、自然淘汰《とうた》の一環として受け継がれてきたものなのか、文化を通じて伝達される偏見の一環として受け継がれてきたものなのか、という問題に焦点を絞っている。興味深い議論の中心になったのは、ギャラップの以下のような主張である。「きわめて単純化して言えば、子どもの性的指向に関心を示す親は、無関心な親よりも多くの子孫を残してきた可能性がある」。ギャラップはさらに、「同性愛嫌い」が生まれる原因は、子どもに表れる性的指向が同性愛者の影響を受けるのではないかという親の懸念にあると主張し、その証拠として以下の二点を挙げている。第一に、子どもと定期的に接する仕事をしている同性愛者に対する関心が高い点、第二に、こうした子どもは大人になると、そばにゲイがいることに抵抗を感じなくなる点である。

この主張が全面的に正しいのか、部分的にのみ正しいのか、全面的に正しくないのかはわからない。そもそもギャラップが研究のもとにした世論データは、いまから数十年前に収集したものであり、すでに見たように、そのころの同性愛に対する考え方は、現在の考え方とは大きく異なっている。だが、ここで指摘しておきたいのは、進化において同性愛がどんな役割を果たしてきたのか、進化のなかで同性愛を正当化するどんな理由があったのか、あるいは、進化のなかで同性愛者への不信感を正当化するどんな理由があったのか、といった研究が、まともな生物学的議論の対象になってこなかったことだ。プライベートな場では、それを生物学界の怠慢と潔《いさぎよ》く認める学者もいる。だが現代において、このテーマ全体を覆う水域は深く危険であり、終身在職権（訳注／大学が優れた教員に与える終身雇用の権利）を求める学者は誰も、そこに飛び込もうとはしたがらない。しかし、こんな答えはありえない、こんな答えには対応できないと最初から決めてしまっていたら、真実を求める気持ち以外に、質問をする意味などなくなってしまうのではないだろうか？

哲学上の混乱

科学に同性愛の起源に関する問いに答える意思も能力もないのであれば、ほかの分野がこの問題をめぐる議論の責任を負うしかない。こういう場合、たいていは哲学がその責任を担う。だが哲学の歴史を振り返っても、この問題に関する進歩はほとんど見られない。実際、どうひいき目に見ても数千年にわたり進歩していないのだ。

アリストテレスは、その著書『ニコマコス倫理学』（訳注／邦訳は渡辺邦夫・立花幸司訳、光文社、二〇一五年など）のなかで、同性愛に少しだけ触れているが、現在では多くの人が眉をひそめるようなグループに同性愛を含めている。『ニコマコス倫理学』第七巻の「病的」状態に関する論考のなかで、ほかの妊婦の腹を裂いて胎児を食べた女性や、自分の母親を殺して食べた男性、ほかの奴隷の肝臓を食べた奴隷に共通する状態を考察し、これらを「狂気」などの「病気」の産物と見なす一方で、髪をむしる、爪をかむ、同性愛といったほかの状態を、「習慣」に由来するとしているのである。ただし、この同性愛とは肛門性交のことかもしれないし、少年愛のことかもしれない。また、この問題については、アリストテレス自身のなかで多少の見解の相違が見られる（同性関係は生まれつきだとする異なる見解を示している部分もあり、混乱が見られる）。だが、ここでアリストテレスが同性愛を問題にしているとすれば、驚くべきことにアリストテレスは事実上、紀元前四世紀の段階で、二一世紀のアメリカ心理学会やイギリス王立精神科医学会と同じ立場にある。つまり同性愛は、生まれつきそういう性質が見られる人もいれば、「育ち」によりそうなる人もいると考えている。両者の間で唯一異なるのは、そのような性質を引き起こす「育ち」について、二一世紀の立派な団体が何の事例も挙げようとしないのに対し、アリストテレスが事例を挙げている点である。アリストテレスはその一例として、「幼年時代に虐待された人によく見られる」と述べている（注20）。

アリストテレスより最近の哲学者を見ても、この問題の根本に迫るのにはあまり役には立たない。現在、西欧の社会科学で頻繁に引用されている学者に、ミシェル・フーコーがいる（注

21)。確かにフーコーの著作は、信頼できるものとして神聖視されている。だが、多大な影響力を及ぼした有名な作品『性の歴史』(一九七六年)(訳注/邦訳は渡辺守章ほか訳、新潮社、一九八六年)だけをとってみても、同性愛に関する見解は混乱をきわめている。フーコーはそのなかで、あたかも明確に定義されたグループであるかのように同性愛を語るのは、何よりもまず歴史を知らなすぎると指摘している。かつて同性愛行為により非難された人々は、一つのグループとは見なされていなかった。大衆がそう考えるようになったのは、一九世紀に入ってからである。一九世紀後半にそのような変化が起こり、「それまで肛門性交は一時的な精神異常だったが、それ以降は同性愛が一つの人種になった」という(注22)。

しかしここでは、このまま権力と性に関するフーコーの理論を推し進めていくよりもむしろ、同性愛に関するフーコーの見解には議論の余地が大いにあることを指摘しておきたい。というのは、同性愛をアイデンティティの絶対的な中核と見なしているように見える場合もあれば、同性愛をさほど重視していない場合もあるからだ(同一の著作のなかでさえそうである)。フーコーのあとを追い、その著作を引用し、フーコーの門弟を自称してきた人々は、性的指向もまたほかのあらゆるものと同じように、異性愛という規範に対立するグループのアイデンティティを確立する手段として利用してきた。たとえば、マサチューセッツ工科大学のフーコー信奉者デヴィッド・ハルペリンは、「イデオロギーがなければオーガズムは存在しない」と発言したことで有名である(注23)。だが、こうした主張は、当人が性交に退屈していることを示すと同時に、このようなプリズムを通して同性愛を理解しようとしても、不安定な土台の上に不安定な土台を重ねるだけだということを示してもいる。

このフーコーの著作のなかには、わずかながら明確だと思える記述もある。それは、フーコー自身でさえ、性的アイデンティティを正式なアイデンティティの基盤にするのは賢明ではないと認識していたらしい点だ。実際、『性の歴史』第一巻の終盤に、こんな記述がある。数世紀にわたり「狂気」の一種と考えられていた性的指向こそが、われわれを「理解」するための中核となるべきであり、「名づけようのないあいまいな衝動」はその「アイデンティティ」によるものだ、という見解には驚かざるを得ない。性はいまや、「魂より重要なもの、生よりも重要なもの」になった。「私たちの心には」あるファウスト的な契約への「誘惑が刻まれている」。それは、「生全体を、性そのもの、性の真実や性の支配と交換する」契約である。「性はもはや、そのために死んでもいいほどの価値があるものになっている」と（注24）。確かに門弟たちは、別の判断を下したのかもしれない。フーコーもこの問題については、これ以上掘り下げようとはしなかった。だが、こうした文章を見ると、そんなフーコーでさえ、性や性的指向は、アイデンティティの基盤にするにはあまりに不安定なことに気づいていたように思われる。

ゲイとクィア

こうした主張にもかかわらず、現在ではゲイであることが、アイデンティティや政治、および「アイデンティティ・ポリティクス」に欠かせない中核的要素になっている。ＬＧＢＴはいまでは、主要政治家が定期的に話題にするグループ、定期的に訴えかけるグループの一つとなっている。まるで民族グループや宗教グループのように、そんなグループが実際に存在しているかのようだ。ところが、そう考えるのはまったく現実的ではない。というのは、そのグループ内の人々でさえ、このグループ構成には無理があり、とても維持できないと思っているからだ。実際、同性愛の男性と同性愛の女性の間には、共通点がほとんどない。あまりにもありきたりすぎて口にするのもはばかられるほどだが、同性愛の男性と同性愛の女性は、必ずしも仲睦まじい関係を築いているわけではない。同性愛の男性はたいてい同性愛の女性を、野暮な身なりをしていてつまらない存在だと考えている。一方、同性愛の女性はたいてい同性愛の男性を、大人になりそこなった姿をさらしているくだらない存在だと考えている。どちらもさほど互いを必要としておらず、「共有」スペースで会うこともほとんどない。同性愛の男性同士が出会う場所や、同性愛の女性同士が出会う場所はあるが、同性愛者解放運動から数十年がたつうちに、同性愛の男性と女性が定期的に集まるような場所はほとんどなくなってしまった。

また、よく知られているように、同性愛の男性や女性は、「バイセクシャル」を自称する人々に不信感を抱いている。ＬＧＢＴの「Ｂ」にあたるバイセクシャルは、ゲイのメディアでもその問題が取り上げられることがよくある。だが、それでもバイセクシャルはいまだに、同性愛者と同じ「コミュニティ」の一員というよりは、そのコミュニティのなかの裏切り者のような存在と見なされている。同性愛の男性は、「バイセクシャル」を自称する男性のことを、本当は同性愛者なのにそれを否定しているだけだと考える傾向があるからだ（「いまはバイかもしれないが、いずれゲイになる」）。実際、ときどき女性とも寝る女性は、異性愛の男性から声をかけられることも多いが、ときどき男性とも寝る男性に好意的な反応を示す女性はほとんどいない。これら同性愛の男性・女性やバイセクシャルそれぞれが、性転換を決意する人々とどんな関係にあるのかという問題については、のちの章で取り上げる。

ＬＧＢＴを話題にしたり、政治的な目的のためにＬＧＢＴに取り入ろうとしたりする際には、こうした内部の軋轢《あつれき》や対立を念頭に置いておいたほうがいい。ＬＧＢＴコミュニティなどというものは、それを構成する四文字のどこにも存在しない。それぞれのグループに、ほとんど共通点がないのである。一九六〇年代に同性愛が犯罪と見なされなくなる前であれば、現在とは状況がやや異なっていたかもしれない。だが現在では、ＬはもうＧを必要としておらず、Ｇもさほどしに関心を寄せてはおらず、そのどちらもが同じようにＢに不信感を抱いている。さらに、ＴはほかのＬＧＢと同じなのか、それともその存在はＬＧＢへの侮辱にほかならないのか、という議論もある。そして、これらＬＧＢＴがどうして生まれたのかという疑問には、誰も答えられない。それなのに大衆はいまだに、こうした性的指向により、大多数の人間のアイデンティティを確立し、自由社会を正当化する決定的な基盤を構築しようとしている。

このように相対立する立場や出自の人々が集まっている場合、その運動を構成する各グループのなかで激しい対立が起こるのは、珍しいことではない。同性愛者解放運動でも、何を要求するかをめぐっては、その運動が始まったころから現在に至るまで、ありとあらゆる対立があった。それは結局、ある未解決の問題がもとになっている。ゲイはあの一つの性質を除けば、ほかの人とまったく変わらないのか、あるいは、その性質によりゲイは、社会のほかの人々とはまったく違う存在なのか、という問題である。この問題に対する考え方は、大きく二つのグループに分類される。

第一のグループは、ゲイはほかの人とまったく同じである（はずだ）と考える。そのため、異性愛の友人や隣人と何も変わらないことを証明することで、残る人権闘争に勝利しようとする。ゲイもストレートの人たちと同じように、白い柵に囲まれた家で暮らし、一対一の恋愛関係を築き、結婚し、子どもを産み育てることができると主張する。つまり、ゲイもきちんとした社会人になれる、というわけだ。これは、少なくとも一つの選択肢ではある。ハンター・マドセンとマーシャル・カークの共著『After the Ball: How America Will Conquer its Fear and Hatred of Gays in the '90s（舞踏会のあとで――九〇年代のアメリカはいかにしてゲイに対する不安や憎しみを克服するのか』（一九八九年）にも、この選択肢が提示されている（注25）。だが、ほかの人々との関係の正常化を通じて、ゲイを受け入れる道を説くというこの試みはいつも、同じコミュニティ内のほかのグループの反対に直面してきた。

そのグループは、「ゲイ」ではなく「クィア」と呼ばれる（そう自称してもいる）。つまり、同性に惹かれるというのは、同性に惹かれるだけにとどまらない意味を持つと考えるグループである。同性愛に惹かれるのは、それ以上に奔放な旅路への最初の一歩に過ぎない。それは、この人生と折り合いをつけるための一歩ではなく、通常モードの生活を超越するための一歩である。ゲイは、ほかの人たちと同じように受け入れられることを望んでいるが、クィアは、ほかの人たちとは根本的に違うのだと認識されること、その相違を利用して、ゲイが入り込もうと努力している社会の秩序を破壊することを望んでいる。ほとんど認知されてはいないが、「ゲイ」がアイデンティティとして認識されるかぎり、このような重大な亀裂はどうしても生まれる。

同性愛者解放運動が始まったころには、「同性愛者解放戦線」をほかの運動と連携させた統一「解放戦線」を推進する人々がいた。アメリカのゲイ人権活動家ジム・フラットらの努力によりこの連携は、ブラック・パンサー党のような国内の組織や、ベトナムのベトコン、中国の毛沢東政権、キューバのカストロ政権といった海外の組織にまで拡大した（連携したのはこれだけにかぎらない）。これらの組織のなかには、さまざまな形で同性愛に反対しているところもあった（たとえば中国の毛沢東政権は、「性倒錯者」を公の場で去勢することもいとわなかった）が、それは克服が必要な問題の一つとしか見なされなかった（注26）。こうしてゲイの権利運動は、社会に反対する革命的な運動と同一視され続けた。だが、ゲイが求めていたのはむしろ、その社会に受け入れられることだった。そのため一九六〇年代以降、ゲイの世界では絶えずこの分断が再生産されることになった。

一九八〇年代にエイズが流行すると、ヨーロッパやアメリカのゲイの運動が一気に急進化した（当時の状況を考えれば無理もない）。《アクト・アップ》などの組織のメンバーは、組織の代表たちは「疫病」の流行によるこの信じられないような苦しみを十分に認識していないとの声をあげると、直接行動に出た。だがその一方で、ほかの「ゲイ」は、過激な行動に出れば運動全体がその犠牲になってしまうのではないかと懸念していた。アメリカのゲイの作家ブルース・バウアーは、一九九〇年代前半に発表した『A Place at the Table（食卓に占める場所）』のなかで、《アクト・アップ》のような組織の「強硬な」態度を取り上げ、ゲイの権利闘争を乗っ取った「クィア」の活動に異議を唱えている。それによれば、すでに廃刊となったゲイ向けの週刊紙《QW》が、この《アクト・アップ》の活動を批判する投書に対し、以下のような返答を掲載していたという。「あなたがたは、偽善的で自分が大嫌いな、偽情報に踊らされているごみであり、クィア民族の恥だ」（注27）。では、いったい「クィア民族」とは何なのか？それは、一種類の声、一種類の目標しか持っていないのか？ それが求めているのは、ほかの

人たちとは別の生活なのか、それともほかの人たちと同じような生活なのか？　その当時もい

まも、この問題が取り上げられることもなければ、解消されることもない。ゲイはほかの人た

ちと変わらないのか、それとも、ほかの人たちとは違う集団であり、ゲイ民族の独立とはいわ

ないまでも、都市国家として社会を分離することを望んでいるのか？

一九九〇年代に入っても、「ゲイ」と「クィア」の対立は続いた。イギリスでは《アウトレイジ》などの組織の活動に、社会への受け入れや敬意を求めるゲイは震えあがった。一九九八年のイースターの日には、《アウトレイジ》のピーター・タッチェルらがカンタベリー大聖堂に乱入し、大主教の説教を妨害すると、ゲイの権利に対する英国国教会の態度を批判するプラカードを振りかざした。これは、ゲイの権利を主張する正しい方法といえるのか？　結果的に、こうしたゲイの「原理主義」的行動に怖れをなした人々を遠ざけることになりはしないか？　同じような議論は、ほかでも起きた（これほどの規模ではないにせよ、同様の議論はいまも続いている）。アメリカのニューヨーク州では、ゲイ差別に反対する法案が、二一年にわたり議会の承認を得られなかった。一九九二年にはある関係者がこう記している。「多くの議員がゲイの組織と接するのは、怒りに任せた衝突があるときだ」。たとえば、急進派グループの《クィア・ネーション》は「上院多数党院内総務のラルフ・J・マリーノの肖像を掲げてデモ行進を行なった」のちに、それを焼きはらっている。ほかのグループは「丁重」ともいえるアプローチで、もっと効果的な活動を展開している、と（注28）。

それでも急進的な活動は続き、平等を望むゲイと、ゲイであることを利用して既存の秩序を解体して新たな社会を形成しようとする人々との溝が埋まることはなかった。それが公然と明らかになったのが、一九九三年四月二五日に実施された「ワシントン大行進」である。この大行進は、マーティン・ルーサー・キングが三〇年前に公民権運動の一環として実施した同名のデモ行進にちなみ、ゲイの権利運動を推進するために企画された。だが、一九九三年のこの行進は、「ひわいな喜劇を演じる人々」や「ゲイ人口のごく一部を代弁しているに過ぎない攻撃的な過激主義者」により、大変な混乱に陥った。バウアーはその模様をこう描写している。「行進の主催者はまるで、同性愛者に関するありとあらゆる固定観念を確認したい衝動に駆られていたかのようだ」。

私は絶えずこのイベントを、一九六三年に黒人の公民権を求めて実施されたワシントン大行進と比較していた。前回の大行進では、マーティン・ルーサー・キング・ジュニアが一世一代の演説を行ない、その支持者だけでなく良心的なアメリカ人すべてに、キングの使命の重大さ、キングの運動の正しさを認識させた。キングは、革命を求めることも、アメリカの民主主義を否定することも、喜劇的な人物に演壇を明け渡すこともなかった。（中略）一九六三年のその日、キングは人種間の平等というビジョンを表明してアメリカの良心に訴え、支持者の長所を引き出すとともに、敵対者の高潔な本能に語りかけたのだ（注29）。

だが、ゲイの権利運動の一部は悪化を続けた。やはりゲイの作家であるアンドリュー・サリヴァンは、一九九〇年代にこう記している。「ゲイの権利を求めるデモ行進を見れば、ゲイを一貫性のある組織にまとめあげることなどできないことがわかる。そのような試みは、皮肉や自己顕示癖、無責任により絶えず阻害される」（注30）。

現在も、ゲイの権利を求めるデモ行進はよく見かける（もっとも有名なのが、世界中で実施されている「プライド」パレードである）。だが、こうしたデモではたいてい、法的平等を求める声に（これは大半の欧米諸国で実現されている）、異性愛者どころか同性愛者さえ赤面させるような要素が混じっている。自宅のようなプライベート空間でそのような要素を楽しむのなら、何の問題もない。だが、さほど潔癖な人間でなくても、フェティシズムに満ちた衣装や革ズボンなどを身につけた人々が密集して抗議すれば、それがどんな運動であれ不快感を覚えるに違いない。黒人の公民権運動にこうしたフェティシズムの要素が含まれていたとしたら、その道義的な意味はいとも簡単に無視されていたことだろう。

だがゲイは、それをやめようとしない。自制することもなければ、ほかの人の言うことに耳を貸そうともしない。平等を求める人々のなかには常に、自己顕示癖を運動と勘違いしている部隊がいる。そんな部隊のメンバーは、子犬のような衣装を着て、「主人」に連れられて公道を四つ足で歩く権利が認められるまでは、誰も自由でも平等でもないと思っている。リベラルな思想家ポール・バーマンは、「記念すべき」ストーンウォールの反乱（訳注／一九六九年、ゲイバー「ストーンウォール・イン」が警察の踏み込み捜査を受けた際に、居合わせたゲイが警官に立ち向かい、暴動となった事件）が一九九〇年代にどう変貌したかをこうつづっている。「難しい顔をした同性愛の政治活動家」が公民権を求めながら通り過ぎていったあとには、扇情的なダンスを踊る「上半身裸の若い男性」、胸をさらけ出した女性、革の衣装をまとったフェティシズム愛好者、公道で互いをむち打つサディストやマゾヒストが続き、「直腸のプライド」や「ヴァギナのプライド」を訴えている、と。こうした人たちは、ゲイがほかの人と同じような身なりをしていたら目立たなくなってしまうと言って、これを正当化する（その代表格が、インターセクショナリティを専門とする社会学者アーリーン・スタインである）。目に余るような姿をすることによって目立つようにしているのだという。スタインはそんな自分を「セクスパート」（訳注／性の専門家）と呼ぶ。「一日二四時間とはいわないまでも、誰もがセクスパートになりたがっている」とバーマンも指摘しているように（注31）、「クィア」的なゲイ観を追求する人々は、ゲイをフルタイムの仕事と見なしている。だが「ゲイ」は、そんなふうには考えない。

平等かそれ以上か？

ゲイの権利運動に見られるもっと保守的な要求のなかにさえ、いまだに取り上げられることのない、リスクをはらんだ問題がある。たとえば、ゲイはほかの人たちと同等の権利を獲得したら、ほかの人たちと同じ規範に従うのか、それとも、何らかの例外を設けるべきだと考えているのか、といった問題である。ゲイの結婚が認められている現在、ゲイのカップルは異性愛の夫婦と同じように、一対一の関係を維持すべきなのか？　二人を結びつける子どもがいないのであれば、二〇代前半で出会った二人の男性あるいは二人の女性が結婚したのち、続く六〇年以上もの間その相手としかセックスをしないのは、当然だといえるのか？　同性愛者はそれを望んでいるのか？　そうでないのなら、それによりどんな社会的影響があるのか？　何らかの影響があることは間違いない。アメリカで同性婚を実現した最初期のカップルのなかには、結婚してすぐに、二人が性的にオープンな関係にいることを認めたカップルもいる。異性愛の人も含め、ほかの人たちは、ゲイの人たちがそのような立場で結婚することをどう思うだろう？　まったく語られることはないが、この問題はいまも尾を引いている。イギリスで結婚を果たしたある著名なゲイのカップルは、二人が性的にオープンな関係でいる事実を隠すために途方もない努力をしていた。それはおそらく、人口の大半を占める異性愛の人々が、結婚した有名なゲイのカップルの「不貞」を知れば、それがどんな害を及ぼすことになるのかを理解していたからだろう。

「平等」をめぐる議論において注意すべきは、大半のゲイが、本当に完璧な平等を求めているわけではないという点である。完璧な平等のほかに、ゲイならではの、ちょっとしたおまけを望んでいるのではないかと思われる人は、けっこういる。たとえば、アメリカのテレビタレントのエレン・デジェネレスは、一九九七年にかなりのリスクを覚悟で、レズビアンであることをカミングアウトした。すると、そんなリスクを冒したおかげでレズビアンの認知度が著しく高まったとして、デジェネレスは尊敬の的になった。つまりこれは、カミングアウトという行為により社会関係資本が生まれた、といえないだろうか？　あるいは、カミングアウトにより、レズビアンだからこそ持てる自由という利点を手に入れたとはいえないだろうか？　異性愛の人に、そのような自由はない。実際、デジェネレス自身の番組の「どちらがいい？」ゲームがいい例だ。その番組に登場したゲスト（男性の場合も女性の場合もある）は、二人の異性の有名人の写真を同時に見せられ、そのどちらとつきあいたいかを選ばなければならず、「どちらも」という選択肢は認められない。

また、二〇一七年に《#MeToo》運動が始まると、これまでに女性に不適切な接触を重ねてきた男性たちばかりか、女性をモノ扱いしてきた男性たちも窮地に陥った。だが、デジェネレスはそのような批判にさらされることはなかったようだ。同運動により映画プロデューサーのハーヴェイ・ワインスタインが信用を失った一〇月下旬、デジェネレスはツイッターの公式アカウントに、ポップスターのケイティ・ペリーと一緒に撮った写真を投稿した。ペリーはそのとき、胸を最大限に強調した、ボディラインを引き立てるドレスを身にまとっていた。デジェネレスはその隣で、ペリーに片手をまわし、口をぽかんと開けてその胸をじろじろ見つめている。この写真には、以下のようなコメントが付されていた。「ケイティ・ペリー、誕生日おめでとう！　とうとう巨大風船の存在が明らかに！」（注32）。そのころにはすでに、男性は女性をモノ扱いすべきでないという点でかなりの世論の合意があったが、レズビアンの有名人は例外だったようだ。

ゲイの育児

欧米の自由民主主義諸国では、ゲイの権利運動の成功が大いに称賛されている。それは当然のことなのかもしれないが、この祝賀的な雰囲気には裏面がある。この運動がほかの問題にまで道徳的な脅迫を振りかざすようになったのだ。たとえば、いま振り返ってみると同性愛を犯罪と見なしていた時代が恥ずかしく思えるように、未来のいつかに現代を振り返ってみて恥ずかしくなるような問題はないだろうか？　その候補は無数にある。たとえば、ゲイに関するほかの権利である。ゲイが獲得した権利には、ほかの権利を促す波及効果がある。ゲイを犯罪視していたのが誤解だったのであれば、ゲイに関するほかのことも、ほとんど議論することもなく受け入れられるのではないか、というわけだ。

実際、アメリカやイギリスでゲイの結婚が認められるようになると、それに続く権利の要求が急増した。その権利とは、ゲイの育児である。それには、ゲイが養子を迎える権利だけでなく、自分たち自身の子どもを持つ権利も含まれる。ミュージシャンのエルトン・ジョンと映画監督デヴィッド・ファーニッシュ、高飛び込み選手トム・デイリーと脚本家ダスティン・ランス・ブラックといった著名なゲイのカップルはよく、それが当たり前だとでもいうように「私たちは子どもをもうけることにした」と言う。実際、二〇一八年二月にはデイリーとブラックが、胎児の超音波検査の写真を掲げる二人の写真を公開し、「トム・デイリー、まもなく子どもが生まれることを公表」と各紙で報じられた(注33)。ゲイの古いジョークに、「私たちにはまだ子どもがいないけど、挑戦し続けられないわけじゃない」というのがあるが、このゲイのカップルの物語は、その問題をみごとに乗り越えたことを示唆している。するとまもなくして、「男二人で子どもがつくれるのか?」と疑問に思う人はみな、「できるよ、この偏屈者」という返事を受け取るようになった。

《デイリー・メール》紙のコラムニストが、「だが、実際にどうやって?」と疑問を述べ、地雷が待っている場所に踏み込んだのも無理はない。この疑問に、正当性がないわけではないからだ。第一に、数年前までは何であれ、女性を排除することは重大な無作法にあたるとの世論の合意があった。だが、このゲイのカップルは、どこかで絶対に一人はかかわっているはずの女性を、この物語から完全に排除してしまった。おそらくは誰にとっても生涯でもっとも重要と思われる出来事から、一人の女性が排除されたのだ。第二に、デイリーとブラックの子どもに関する物語は入念に美化されており、若い世代のゲイに嘘を伝えている。実際のところ、生物学的に血のつながった子どもをつくるのは、同性愛の女性には比較的簡単かもしれないが、同性愛の男性には並外れて難しい。しかも、たとえそれができたとしても、子どもは一方の親の遺伝子しか担えない。そのため、近い将来にその子どもに関する問題や対立が発生しないともかぎらない。さらに、それ以上にあからさまな嘘もある。ほとんどのゲイのカップルは、一方のＤＮＡを持つ子どもをつくるという段階にさえ至ることはできない。それができるのは、きわめて裕福なゲイだけだ。卵子や代理母を確保するには、多額の費用がかかる。とはいえ、こうした子どもをつくる枠組みに対して《デイリー・メール》紙がきわめて穏健な問題提起をするまで、これについては何も議論された形跡がなかった。それどころか、《ストップ・ファンディング・ヘイト（ヘイト新聞への資金提供をやめよう）》という団体が、《デイリー・メール》紙に広告を出した企業のリストを作成し、「イギリスの主流社会の見解からますます乖離《かいり》する」同紙に広告を出さないよう企業に圧力をかける運動を展開さえした（注34）。それもこれも、ゲイのカップルでも子どもを持てるという主張に「待った」をかけたからにほかならない。

「単なる平等ではなく多少の優遇を」という態度は、ほかのさまざまな議論同様に、ゲイの議論のなかにいまも見られる。二〇一四年にはメルボルン大学の研究者が、同性愛のカップルの子どもは異性愛の夫婦の子どもより健康かつ幸福であるという調査結果を発表した。この調査を指揮したサイモン・クラウチ博士によれば、幸福度が高い一因は、同性のカップルの場合、伝統的な「男女をめぐる固定観念」に陥ることもないため、「より調和のとれた家族」になるからだという（注35）。こうした主張は、さほど珍しいものではない。二〇一〇年にはBBC放送が、シャロン・ファーガソン師（レズビアン・ゲイ・キリスト教運動の代表を務める）が製作した短編映画を放映した。そのなかで彼女はこう訴えている。自分のようなレズビアンは、異性愛の夫婦と同程度に育児ができるどころか、むしろ異性愛の夫婦より親として優れている、と（注36）。同様の主張は、かなりの頻度で表れるが、いずれも疑わしい統計に基づいており、分析というよりは宣伝に近い。

たとえば、二〇一八年三月には、カリフォルニア大学ロサンゼルス校法科大学院のウィリアムズ研究所が、一二年にわたりバーモント州の五一五組の夫婦（同性愛のカップルを含む）を調査した結果を発表した。それによれば、同性愛の男性のカップルは、同性愛の女性のカップルや異性愛の夫婦よりも別れない可能性が高いという（注37）。この結果はすぐさま、ゲイのメディアなどでこう報じられた。「ゲイの結婚はストレートの結婚より破綻しにくいことが明らかに」（注38）。

ゲイの育児の問題は、ゲイとクィアの区分でいえば、ゲイ側のみに関係していると思われるかもしれないが、こうした報道の背後には、クィアの権利運動の片隅にいつも存在するきわめて醜い雑音が鳴り響いている。それは、ある意味ではゲイはストレートより「優れて」いるため、単なる平等だけでは不十分だとする主張である。実際、アメリカの過激なゲイ活動家ロバート・ラフスキーは、かつて撮影された映像のなかで、異性愛者について「われわれはあいつらより重要だ！」と仲間のゲイ活動家に怒鳴っている。だが、前出のブルース・バウアーも述べているように、このような態度は、「自分たちのほうが同性愛者よりも重要だと当然のように思っている異性愛者の態度と同じように醜い」（注39）。とはいえ、ほかのさまざまな問題同様、この問題についてもさまざまな議論がある。

ここで取り上げる最後の問題は、これまで挙げたなかでいちばん大きな問題といえるかもしれない。それは、ゲイであるというのは、ただ単に同性の人間に惹かれるだけのことなのか、それとも、壮大な政治プロジェクトの一員になることなのか、という問題である。

ゲイは政治的なのか？

二〇一六年にイギリスでEU（欧州連合）離脱の是非を問う国民投票が行なわれる前、俳優のサー・イアン・マッケランが取材を受け、どちらに投票するつもりかと尋ねられた。その記事が掲載された新聞の見出しには、「ゲイにはＥＵからの離脱など考えられない」とのイアンの言葉が引用されている。その記事を見ると、長年ゲイの基本的人権の向上に尽力してきたイアンは、こう答えたという。ゲイの観点からこの投票を見れば、「選択肢は一つしかない。ＥＵに残留するべきだ。ゲイは国際主義者だからね」（注40）。となると、自分はゲイであると思いながら「脱退」に投票するつもりでいた人は、これまでそのどちらかを間違えていたことになる。よくあることだが、アメリカでは同じ問題について、それ以上にひどい論争が繰り広げられていた。

二〇一六年七月二一日は、アメリカに暮らすゲイの権利の擁護者にとって最高の一日になるはずだった。その日、ペイパルの共同創業者でありフェイスブック（現・メタ）の初期出資者でもあったピーター・ティールが、オハイオ州クリーブランドで開催される共和党全国大会のステージに立ち、メインホールの聴衆に向けてスピーチしたのだ（訳注／共和党は保守的であり、同性婚にも否定的な傾向が強い）。それまでに、ゲイの男性が共和党大会の演壇に登場したこともないわけではないが、一人で登壇したわけでもなければ、ゲイであることを公然と表明したわけでもなかった。だが、ティールは対照的に、自分の性的指向を堂々と明らかにしたうえで、共和党の大統領候補であるドナルド・トランプへの支持を表明した。そのスピーチのなかで、こう述べている。「自分がゲイであることを誇りに思う。また、共和党支持者であることを誇りに思う。だが何よりも、アメリカ人であることを誇りに思う」。このスピーチは、満場の拍手で迎えられた。数回前の選挙でさえ、こんな事態は想像できなかった。主流メディアのNBC放送も、これを好意的に報じた。「ピーター・ティールが共和党全国大会で歴史をつくった」と。

だが、ゲイのメディアはそれほど好意的ではなかった。アメリカの有力ゲイ雑誌《アドボケイト》は、長く興味深い記事のなかでティールを攻撃し、ゲイコミュニティからの破門を宣告した。その記事のタイトルには、「ピーター・ティール、ゲイのセックスとゲイとの間に相違があることを証明」とある。ジム・ダウンズ（コネティカット大学の歴史学准教授）が執筆した一三〇〇語に及ぶこの記事には、以下のような副題もついている。「クィアのアイデンティティのさまざまな側面を捨てたとしても、まだLGBTといえるのか？」。

ダウンズはこの記事のなかで、ティールが「ほかの男性とセックスをする男性」であることは認めているが、それ以外の点で本当に「ゲイ」といえるのかを疑問視し、こう述べている。「そんな疑問はごく細かいことのように思えるかもしれないが、それは、性的指向やアイデンティティ、コミュニティといった概念において、幅広い重大な差異を引き起こす」。そして、ティールのスピーチが重大な分岐点になったと称賛した人々や、それを偉大なる「進歩」とさえ述べた人々を嘲笑したのち、ティールに破門を言いわたした。「ティールは、男性とセックスする男性の一例ではあるが、ゲイの男性とはいえない。というのは、この独自のアイデンティティを受け入れようとしてきたゲイのこれまでの努力を受け入れようとしていないからだ」。

この人物が破門に値する人物だとする根拠は、以下の点にある。ティールは共和党全国大会でのスピーチで、その当時注目を集めていたトランスジェンダーのトイレ使用に関する激しい論争を一笑に付したのだ。誰がどちらのトイレを使うべきか、どこにどのような設備を配置すべきか、といった問題に関する論争である。ティールは、「共和党の綱領のあらゆる項目」に賛成しているわけではないとしつつも、「偽の文化論争よりも、もっと重要な経済の衰退に目を向けるべきだ」と主張し、こう述べている。「私が子どものころの大論争のテーマは、どうやってソ連に勝つかだった。そして私たちは、その勝負に勝った。だがいまの大論争のテーマは、誰がどちらのトイレを使うようにするかだ。そんなことよりも重要な問題がある。第一、誰がそんなことを気にする?」。このスピーチは、クリーブランドでは受けがよかった。それどころか、世論調査から判断すれば、アメリカ全土で受けがよかったと思われる。明らかに、トランスジェンダーのトイレ使用よりも経済を心配する人のほうが多かったからだ。だが《アドボケイト》誌には、このスピーチがあまりにひどい裏切りに見えた。

同誌の記事は、こう述べている。ティールは、自分の「性的選択」を明確にしておきながら、「ゲイというアイデンティティから自分を切り離す」罪を犯している。より幅広い文化にとってはトランスジェンダーのトイレなど些末《さまつ》な問題に過ぎないと述べることで、「LGBTは政治的闘争を通じて擁護する必要のある文化的アイデンティティだとする考え方を、事実上否定している」。ティールはある運動組織の一員だったといわれているが、その組織は一九七〇年代以来、「先人たちほど文化的アイデンティティの創出に尽力」してこなかった。ゲイの解放が進んだせいで、こうした「文化的活動」をやめてしまったようなのだ。だが、そのような事態は危険である。一見無関係に見えるが、最近発生したゲイのナイトクラブでの虐殺事件がそれを証明している、と。記事にはさらに、以下のような力強いメッセージも添えられている。

「ゲイの解放運動は私たちに、数多くの遺産を残してくれた。その遺産を守っていくためには、『ゲイ』という言葉の意味を理解する必要がある。それは、同性への欲望や愛情だけを意味するものではない」（注41）。

　実際のところ、二〇一六年六月にフロリダ州オーランドのナイトクラブ《パルス》で起こった虐殺事件は、イスラム国（ＩＳＩＳ）に忠誠を誓う若いイスラム教徒によるものだった。だが《アドボケイト》誌は、そのような情報に関心を寄せなかった。同月下旬にニューヨークで開催されたゲイの「プライド」パレードも同様である。このパレードの先頭を歩いていた人々が持っていた巨大な虹色の横断幕には、「同性愛嫌いの共和党支持者のせいでゲイが殺される！」と記されていた。犯人のオマー・マティーンが共和党員でないことは、いっさい考慮されていない。

「ゲイ・コミュニティ」のまとめ役を自認する人々は、特定の政治的見解を持っているだけではない。ゲイでいることには責任が伴うという独特の見解も持っている。二〇一三年、作家のブレット・イーストン・エリスがゲイ団体の《ＧＬＡＡＤ《グラード》》から非難を受け、同団体が毎年開催しているGLAADメディア賞の授賞式への参加を拒否される事件があった。《GLAAD》は、テレビに登場するゲイのキャラクターに問題があると、いちいち「ゲイのコミュニティが否定的な反応を示している」と指摘していた。エリスは、その行為が愚かだとツイッターに投稿したために、《GLAAD》の逆鱗《げきりん》に触れたのだ（注42）。《GLAAD》のこの検閲官のような態度、堅苦しい校長のような態度は、《ピンク・ニューズ》紙にも見られる。同紙は二〇一八年、しごく真面目な態度で、「ゲイ・バーでどのようにふるまうべきか、どのようにふるまってはいけないか」をストレートの人々に示す一〇カ条のリストを発表している（注43）。このような場合、普通の人なら本能的に、「いったい何様のつもりなのか？」と思うことだろう。エリスも、自分の考えが間違っていると叱責されると、新たなゲイの問題として浮上してきたことすべてをまとめ、以下のように言い返した。私たちはいまや、「ゲイという魔法の妖精の支配」のもとに暮らしている。「ゲイが姿を見せるときには必ず、聖なる地球外生物ででもあるかのように私たちの前に現れる。その唯一の目的は、『寛容』と『私たちの偏見』と『私たちの自己満足』を指摘するだけの立場に身を置き、自分がそのシンボルとなることである」。

ゲイという魔法の妖精の支配は、社会が同性愛と和解する無難な方法の一つとして、しばらくは受け入れられてきた。いまではゲイは、ほかの人たちと同じように結婚することも、ほかの人たちと同じように子どもを持つふりをすることもできる。また、トム・デイリーとダステイン・ランス・ブラックがユーチューブ・チャンネルで公開しているように、自分たちがかわいらしくカップケーキをつくったりして過ごしているだけの害のない人間だと証明することもできる。それでも、エリスはこう記している。「優しく、性的に害がなく、このうえない成功を果たしたゲイは、異性愛者を、ゲイを愛する高貴な保護者に変える運命を担っているらしい。だがそれも、当のゲイが厄介な存在、性的な存在、気難しい存在でなければの話だ」（注44）。アメリカ小説界のかつての寵児は、まさにそんなゲイを経験していたのである。

なぜ「同性愛嫌い」が生まれるのか？

こうした問題は、ゲイ全体はおろか、ゲイ一人ひとりへの憎しみや暴力を正当化する理由にはならない。だが、ゲイのそばにいてもまったく平静でいられる状態から、ゲイを攻撃せずにはいられないという状態までの間には、さまざまな段階がある。実際、一部の異性愛者は、ゲイがそばにいると心の底から狼狽《ろうばい》する。おそらくは、異性愛者の多く、あるいはそのほとんどが、同じような感覚を抱くのではないだろうか？　嫌悪というほどではないが、何か落ち着きがなくなるような感覚である。ところが、いわゆる「同性愛嫌い」に関する著作や研究は、間違った根拠に重点を置いているものが多く、妥当と思われる理由は無視されてきた。同性愛嫌いは、女性の同性愛よりも男性の同性愛によくあてはまる。というのは、歴史的・社会的なさまざまな理由から、女性の同性愛は男性の同性愛ほど、社会秩序への根本的攻撃と見なされることがなかったからだ。それは、男性の同性愛が持つ性質のなかに、一部の人々の性的指向だけでなく、あらゆる人々の性的指向のもっとも重要な側面の根源に触れるものがあるからなのかもしれない。

ほとんどの女性や男性は、異性に惹かれる。その根底には、いまだ答えのない（おそらくは今後も答えられない）さまざまな疑問がある。デートのような段階でさえ、さまざまな謎や混乱が発生する。これらは、太古の時代から現在に至るまで、あらゆる喜劇や悲劇の定番となっている。だが、いつの時代にもあるもっとも大きな問題は、この求愛やデートの段階では陰に隠れており、たいていは性交の段階でその姿を現す。女性はそのとき、男性が何を欲しがっているのか、何を求めているのか、性行為の間に何を感じているのかを知りたがる。これらの疑問は、友人同士の会話でも頻繁に見られ、大半の人々にとっては、思春期以降のある時期（ときにはあらゆる時期）において、信じられないほどの心配や不安の種になる。

女性が男性に対して抱くこうした混乱や不安に匹敵するものが社会にあるとすれば、それは言うまでもなく、男性が女性に対して抱く同様の疑問である。実際、ほとんどの演劇は、女性を理解できない男性がテーマになっている。女性は何を考えているのか？　何を望んでいるのか？　なぜ女性の行為はこんなに読みづらいのか？　どうして男性も女性も、異性の誰からも異性の解読マニュアルをもらったわけでもないのに、相手が自分の言葉や行為、沈黙の意味を理解できるものと思っているのか？

異性愛の男性の不安や疑問の根底には、女性が男性について抱いているのと同じ疑問がある。性交とはどんなものなのか？　相手はどう感じているのか？　それで何がわかるのか？　相手との相性はどうなのか？　これらの疑問には当然、古代の人々も頭を悩ませた。プラトンもその一人であり、有名なところでは、『饗宴《きようえん》』のアリストパネスの言葉にもそれが見て取れる。だが、それに答えを与えた者は一人もいない。謎はいまも続いており、今後も解決される見込みはまずない。

そこにこそ、とりわけ同性愛の男性の存在がほかの人たちを狼狽させる原因がある。間違った性に生まれたと思う人々が性転換手術を受けられるようになるまでの間（この問題についてはのちの章で扱う）、性を横断する人々のなかで、ほかの人たちをもっとも動揺させていたのが、同性愛の男性たちだった。それは、その性質のなかにきわめて女性的な部分があるからではなく、女性が性交の際に抱く秘密を知っているからだ。まさに、男性が何千年もの長きにわたり抱いてきた疑問であり、不安である。

ここで、古代ローマの詩人オウィディウスの作品『変身物語』（訳注／邦訳は中村善也訳、岩波書店、一九九〇年）に描かれたテイレシアスの伝説を見てみよう。それは、ユピテルとユーノーの物語のなかに登場する。ある日、二人が性行為についてたわいもない話をしていると、やがてユピテルがユーノーにこう言った。「私たち男性よりもあなたがた女性のほうが、性行為から得られる喜びは大きいのではないか」。するとユーノーがそれに異議を唱えたため、二人は「性行為の両面を知る男」テイレシアスの意見を聞くことにした。テイレシアスは、複雑な身の上を経験していた。作者の語るところによれば、テイレシアスはかつて、雑木林で巨大なヘビのつがいが交尾をしているところに出くわし、そのヘビをこん棒でなぐった。すると突然、テイレシアスは男性から女性に変わった。そのまま女性として七年間を過ごしたが、八年目にまた同じヘビに出くわしたので、「おまえに、なぐった者の性を変える不思議な力があるのなら、ここでもう一度なぐるまでだ」と言って、またヘビをこん棒でなぐった。すると、そのとおり男性に戻ったという。

ユピテルとユーノーはテイレシアスを呼び出し、男性と女性のどちらのほうが性行為から得られる喜びが大きいのかという疑問への解答を求めた。すると、性を横断した経験のあるテイレシアスは、ユピテルが正しいと答えた。つまり、性行為から得られる喜びは女性のほうが大きい、ということだ。ユーノーはこの答えに腹を立て、テイレシアスを盲目にしてしまった。そこでゼウスはその代償に（神々の行為はほかの誰にも取り消せないため）、テイレシアスに予言の力を与えた。テイレシアスはこの力を使い、のちにナルキッソスの運命を予言することになる（注45）。神々やヘビ、こん棒はともかく、このテイレシアスの伝説は、もっとも深遠な疑問を提起するとともに、その答えを示唆している。それは、ゲイの男性にも関係する疑問である。

意外なことに、この問題を取り上げている人はほとんどいない。最近では、この疑問を考察した数少ない人物の一人に、作家で古典学者でもあるダニエル・メンデルスゾーンがいる（古典学者だというのも偶然ではないだろう）。メンデルスゾーンは、一九九九年に発表した家族史とも回想録ともいえる著書『The Elusive Embrace: Desire and the Riddle of Identity（つかみどころのない性行為——欲求とアイデンティティの謎）』のなかでこのテーマを取り上げ、男性同士がセックスをするとどうなるかという問題について、こう記している。

それはある意味では、テイレシアスのような経験である。だからこそ、ゲイの男性は不可思議なのであり、ゲイの男性という存在が混乱や不快感をもたらすのだ。性行為を経験したことのあるストレートの男性はみな、性交中に相手に挿入し、相手のなかに入るのがどんなことかを知っている。性行為を経験したことのある女性はみな、相手に挿入され、相手が自分のなかに入ってくるのがどんなことかを知っている。だがゲイの男性は、相手に挿入しているその瞬間、あるいは相手に挿入されているその瞬間に、相手が何を感じ、何を経験しているかをすべて知っている。たとえ自分が、相手とはまったく正反対の行為をしていたとしてもである。男性同士のセックスでは、異質性が溶けて同質性へと変わる。完全に一つに溶け合う。どちら側も、相手についてわからないことがない。性交の心理的目的が、相手を完全に知ることにあるのなら、ゲイのセックスは、そういう意味では完璧なのかもしれない。相手の経験を完全に知ることが可能だからだ。しかしその一方で、当事者双方がすでに相手を完全に理解しているのなら、性行為はもはや必要ないともいえる。これほど多くの人々が、その深みに耐えられないかのように性交の反復を求めるのは、そこに理由があるのかもしれない。

メンデルスゾーンは次いで、友人が書いたある詩を引用している。その詩には、若いゲイの男性が、ひそかに恋い焦がれている男性たちがサッカーをしている姿を見ている様子が描かれている。その最後に、この選手たちがガールフレンドとセックスをしているみだらな姿を夢想する場面がある。そのなかで、ある選手が「相手の女性を通じて自分の感情に気づく」。それは、メンデルスゾーン自身の若いころの異性愛体験を表現している。メンデルスゾーンはその体験に、何ら不快感を覚えなかったことは認めているものの、「自分の体格にふさわしくないスポーツに参加しているよう」だったという。そしてさらに、こうつづっている。

この無関心な性行為については、こう思った記憶がある。男性は女性とセックスをする際に、女性にはまり込む。男性は、女性を求める。ときには女性を怖れる場合もあるが、いずれにせよ、女性は終点であり、男性が向かう場であり、目的地である。だがゲイの男性は、性交の間に、その相手を通じて、何度も繰り返し自分に舞い戻る。

さらにこうも述べている。

私は数多くの男性とセックスを経験した。その男性の多くは、見た目が似ている。背は中くらいで、身だしなみに気をつけている。目が青く、街路や部屋の端から見ると、ややいかめしく見える。彼らを抱くと、自分の欲求や自分の本質、自我が反射してくるような感じがする（注46）。

これは、注目すべき見解であると同時に、動揺をもたらす見解でもある。というのはこれは、同性愛の人々（特に同性愛の男性）には常に、何か理解できないもの、威嚇的とさえいえるものがあることを示唆しているからだ。それは、ゲイという要素が、個人のアイデンティティの基盤にするにも、グループのアイデンティティの基盤にするにもあまりに不安定だから、というだけではない。ゲイは常に、社会の多数派を構成するグループが持って生まれたものに挑戦状を突きつけているからでもある。

女性はみな、異性愛の男性が求めるものを持っている。ある種の魔力を持ち、それを行使する。だがゲイは、ある意味では、その秘密を握っているように見える。それは、一部の人の役には立つかもしれない。女性のなかには、男性に関する問題（性的な問題も含め）について、ゲイの男性の意見を聞きたがる人がいる。ストレートの男性のなかにも、このバイリンガルのような男性を友人にして、女性の言語の解読を教えてもらいたいと思っている人がいる。だが、それ以外の人々は、そのような存在に狼狽しないではいられない。彼らにとって同性愛者（特に同性愛の男性）は、知りすぎている人なのである。

間奏　マルクス主義的な基盤

「不条理なるがゆえにわれ信ず」

——伝テルトゥリアヌス

一九一一年、「世界の産業労働者」と題する有名なポスターが登場した。「資本主義制度のピラミッド」を表現したポスターである。ピラミッドの底辺には、労働者階級の勇敢な男性・女性・子どもが描かれている。彼らは、苦しみながらも力強い肩で誇らしげに、このピラミッド全体を担いでいる。資本主義制度の基盤となるこの底辺層には、「われわれがみなのために働く」「われわれがみなを養う」との説明書きがある。その上の階層では、黒ネクタイやイブニングドレスを身につけた裕福な資本家階級が、飲食を楽しんでいる。彼らは労働者に支えられており、その労働のおかげで安楽な生活を送ることができる。その説明書きには、「われわれがおまえたちの分も食べる」とある。さらにその上には軍人がおり（「われわれはおまえたちを撃つ」）、その上には聖職者がおり（「われわれはおまえたちをだます」）、その上には君主がいる（「われわれがおまえたちを支配する」）。そして最後に、そのピラミッドの頂点に鎮座するように、ドル記号を記した大きなお金の袋がある。この最上階層には「資本主義」という説明書きがある。

現在では、この昔の図の別バージョンが、社会的公正というイデオロギーの中心を占めるようになっている。この新たな構造図のうち、それがマルクス主義を土台にしていることを示唆するものは一つしかない。いまだ圧制と搾取を象徴するピラミッドの頂点に、資本主義が鎮座している点だけである。この階層ピラミッドのほかの上層には、以前とは異なる人々が暮らしている。そこには、白人であり男性であり異性愛者である人々がいる。この場合、彼らが裕福であるかどうかは問題ではないが、裕福であれば事態はいっそう悪化する。これらの専制的な男性権力者の下には、あらゆるマイノリティがいる。そのなかでも目立つのが、ゲイ、白人でない人々、女性、トランスジェンダーである。これらの人々は、白人・男性・異性愛者・シスジェンダー（訳注／生まれ持った性と心の性が一致している人）優位の制度により、抑えつけられ、虐げられ、脇に追いやられ、軽視されている。マルクス主義が労働者を解放し、富を共有することを目的としていたように、新たな構造図もまた、男権的な白人男性から権力を奪い去り、それをマイノリティ・グループと公平に分かち合うべきことを示唆している。

この新たなイデオロギーは当初、敵対者から真剣に受け止めてもらえなかった。その主張がいかにもばかばかしく、矛盾が内在しているのが明らかであり、一貫した批判がほとんど見られなかったからだ。だが、それは間違いだった。確かに、イデオロギーの萌芽という程度のものでしかなかったが、なんと言われようともそれは、世界を理解するレンズを提供してくれるイデオロギーであり、その世界での個人の行動や生活に目的を与えてくれるイデオロギーでもあった。

当然のことながら、数年前からこの思想に取り組み、特定利益集団を横断する理論へと進化させてきた研究者たちはみな、同じような歴史的関心を共有している。アイデンティティ・ポリティクスやインターセクショナリティの推進に関与している研究者のなかに、保守系右派は一人もいない。それが当然だというのには、いくつもの理由がある。第一に、学界にはそのようなイデオロギー的傾向が存在する。二〇〇六年にアメリカの大学を対象に行なわれた調査によれば、社会科学の教授の一八パーセントが「マルクス主義者」だった。なかには比較的マルクス主義者が少ない学部もあるが、（控えめに言っても）大変な物議をかもしているこの教義を信奉している教授が明らかに五分の一以上いる学術分野の人々は、この数字を少なすぎると思うかもしれない。実際、同じ調査によれば、社会科学の教授のうち、「活動家」を自認する教授が二一パーセント、急進派を自称する教授が二四パーセントを占める（注1）。この数字は、どの分野であれ、「共和党支持者」を自認する教授の割合をはるかに超えている。

自分ではそのような傾向があるとは認めていないとしても、政治的左派の学者にマルクス主義的あるいはポストマルクス主義的傾向があるかどうかは、その学者がどのような思想家を崇拝・参照しているか、どのような思想家の理論をあらゆる分野や階層にあてはめようとしているかで判別できる。たとえば、これらの学者は、社会に対する考え方を、ミシェル・フーコーから学んでいる。つまり社会を見る際に、時代とともに進化してきた信頼と伝統から成るきわめて複雑なシステムと考えるのではなく、「権力」というプリズムを通してすべてを見るような、不寛容な視点でとらえようとする。そんな視点からあらゆる人的交流を見れば、その姿が明確になるどころか歪んでしまい、真実味のない社会解釈になる。もちろん、権力はこの世界の一勢力として存在するが、同じように慈悲や寛容、愛も存在する。社会において何が重要かを尋ねられて、「権力」と答える人はほとんどいないだろう。それは、その人たちがフーコーを学んでいないからではなく、そのような偏執的なレンズを通じて社会全体を見るのは、ひねくれた見方だからだ。

それでも、この世界から寛容よりも非難を見出すことに熱心な人たちから見れば、フーコーの思想はあらゆるものを説明するヒントになる。だから、フーコーやその支持者が個人的な関係において説明していることを、壮大な政治レベルにまで敷衍《ふえん》しようとする。そういう人たちにとっては、社会のすべてが政治的選択であり、政治的行為なのだ。

周囲の世界の説明を試みる現代のポストマルクス主義者たちは、フーコーやマルクスの歪んだプリズムを受け入れているだけではない。たとえば、イタリアのマルクス主義思想家アントニオ・グラムシから、文化に対する考え方を学んでいる。文化を「ヘゲモニー（訳注／支配集団による知的・道徳的・政治的な指導権）」としてとらえ、その制御を、労働者階級と同じように、あるいはそれ以上に重視する思想である。また、フーコーと同世代のフランスの哲学者ジル・ドゥルーズから、個人の役割に対する考え方を学んでいる。個人の役割は、生まれつき自分のまわりに張りめぐらされている文化というクモの巣の向こう側に目を向け、それを取り払うことにあるとする思想である。そのため、フランスの文学理論から採用されたこの思想に影響を受けた人々は、いつでもどこでも、あらゆるものを「脱構築（解体）」しようとする。学界で何かを「脱構築」するのは、ほかの社会で何かを「構築」するのと同じように意味があることだと思い込んでいる。実際、ここ数十年の学界で、彼らが脱構築しようとしなかったものはほとんどない。ただし、彼ら自身の思想は例外である。

この解体プロセスは数多くの分野で見られたが、それをもっとも迅速に、もっとも幅広いレベルで経験したのが、発展著しい社会学の下位分野である。「同性愛研究」「女性研究」「黒人研究」といった分野はいずれも、いつでもどこでも、同じ目標を達成しようとしてきた。それらに携わる人々は、まるで絶対に欠かせないとでもいうかのように、いつも同じ思想家を参照・引用している。そして、まず「解体」すべき最優先事項として、ここ数十年にわたり、生物学的に確かなことも含め、これまで確かだと思われていたあらゆるものを攻撃し、その権威を損ない、破壊してきた。その結果、生物学的に異なる二つの性（セックス）があるという認識は、社会的・文化的に異なる二つの性（ジェンダー）があるという主張に変わり、その主張がさらに、少なくとも学界では大人気の結論へと、丁重に導かれていった。つまり、実際にはジェンダーなど存在しない、ジェンダーとは実在するものではなく「社会的構成概念」に過ぎない、という結論である。こうした思想を代表する存在が、カリフォルニア大学バークレー校のジュディス・バトラーだ。バトラーは、一九九〇年に発表した『ジェンダー・トラブル――フェミニズムとアイデンティティの攪乱《かくらん》』(訳注/邦訳は竹村和子訳、青土社、二〇一八年)のなかで、こう述べている。フェミニズムは、男性と女性という区分があると考える過ちを犯している。男性も女性も、「文化によりそう仮定されている」に過ぎない。実際のところジェンダーは、「社会的成果の反復」以外の何ものでもなく、「より重要な現実」の結果では絶対にない、と。これと同じような思考は、黒人研究でも見られる。そこでも、同じような思想家を引き合いに出し、ジェンダーと同様に、人種もまた社会的構成概念であり、「文化によりそう仮定されている」に過ぎず、「社会的成果の反復」以外の何ものでもないと主張するに至っている。

こうして「解体」が行なわれたあとには、新たな構築が始まった。するとそこに、社会的公正やインターセクショナリティの基盤となる思想が割り込んできた。結果的に彼らは、解体により、自分たちの思想を詰め込むスペースをつくったのだ。

一九八八年、ウェルズリー大学で「女性研究」を専門とするペギー・マッキントッシュが、『White Privilege: Unpacking the Invisible Knapsack(白人の特権――目に見えないリュックサックを開く)』を発表した。これは、論文というよりは、数ページにわたる主張のリストといったほうがいい。そのなかでマッキントッシュは、「白人の特権が日々の生活に与える影響」を五〇件リストアップしている。たとえば、「白人は、望みさえすればだいたいいつでも、同じ白人の仲間と一緒にいられる」とか、「白人はだいたいいつでも一人で買い物に行くことができ、誰かに追われたり悩まされたりすることはほぼない」といったことである(注2)。マッキントッシュが一九八八年に行なったこの主張の多くは、現代の目から見ればすでに時代遅れで、ばかばかしいものに思える。その大半は白人のみにあてはまるものではなく、マッキントッシュが主張しているらしい体系的な論点のようなものもまるで見当たらない。それでもこの著書は、驚くほど明確な筆致で、こう主張している。白人たちは、特権を受けていることを認めなければならない。それは、日々の生活のなかで確認できる。だが、既存の権力構造から利益を得ているこの人たちは、その特権を何かの報償として「手に入れた」わけではない、と。そして、マッキントッシュの主張のなかで何よりも重要なのが、多種多様なグループ(性的指向や人種が異なる人々など)が「複雑に絡み合った圧制」に苦しんでいると主張している点だ。まるで、不平不満を研究するあらゆる学問分野が、一つの大きな枠組みに統合されたかのようである。

マッキントッシュやアメリカの人権活動家キンバリー・クレンショーなど、同様の主張をする人々は、この複雑に絡み合った圧制の性質を解明する必要があると考える。そこには常に、それが解明されれば、すばらしい出来事が起きるに違いないという意識がある。だが、ユートピアを夢想する人々によく見られるように、その計画には、ユートピアの設計図が含まれていない。それでもマッキントッシュは大衆に、特権の性質に対する「日常的な意識を高め」、「それぞれに与えられた力を利用して、より幅広い基盤に基づく権力システムを再構築する」よう訴えている。これはつまり、マッキントッシュが権力を否定しているのではなく、これまでとは別の方針による権力の再分配を望んでいることを示している。こうした主張の内容は、いずれもあまりにあいまいなため、普通の時代であれば、その主張が大学の壁を越えて広がることはなかっただろう。実際、それからしばらくは、おおむね大学の壁を越えることはなかった。だが、マッキントッシュのこの著書は、きわめて異常な時代まで生き延びた。人々が改めて現状にいろいろな説明をつけようとする時代である。あまりに短絡的ではあるが、この知的混乱の時代には、そのような自意識や再分配を求める単純な呼びかけが、多大な効果を発揮することになった。

同時期には、やや異なる視点から同じような活動をしていた人物もいる。たとえば、ポストマルクス主義を代表する存在である、アルゼンチン出身の政治理論家エルネスト・ラクラウがそうだ（二〇一四年に死去している）。ラクラウは一九八〇年代、自身の認識ではそのころから表れてきたと思われる問題の解明に取り組んだ。そして、公私ともにパートナーだった政治学者シャンタル・ムフとともに、のちのアイデンティティ・ポリティクスの最初期の土台を築きあげた。その土台の一画を占めるのが、一九八五年に二人が発表した著書『民主主義の革命――ヘゲモニーとポスト・マルクス主義』（訳注／邦訳は西永亮・千葉眞訳、筑摩書房、二〇一二年）である。その冒頭で二人は、社会主義が「新たな問題の出現」という挑戦を受けていることを潔く認め、こう述べている。「マルクス主義のこれまでの議論」は「階級闘争」と「資本主義の矛盾に集中」していた。だがいまでは、「階級闘争」の概念を修正する必要がある、と。そして、こんな疑問を提起している。

女性、民族、人種、性的マイノリティのための運動、反核・反体制運動などは、明らかに反資本主義的な性格を持ってはいるが、そのアイデンティティが特定の「階級的利害」を中心に構成されているわけではない。こうした新たな政治課題に対処するには、階級闘争の概念をどの程度修正する必要があるのか？（注3）

ここで指摘しておかなければならないのは、これが無名の著書ではなく、定期的に学者に引用されている著書だという点である。実際、グーグルスカラー（訳注／学術文献検索サイト）で確認してみると、一万六〇〇〇回以上引用されている。ラクラウとムフは、この著書でも、『Socialist Strategy: Where Next?（社会主義の戦略――今後の方向性）』などほかの論文でも、何をどのように成し遂げればいいのかを、きわめて率直に語っている。

資本主義がいまだ崩壊していないからといって、それが今後も崩壊しない証拠にはならない。ラクラウとムフにとっては、これまでそれに失敗してきたのは、克服しなければならない問題がまだほかにあるということでしかない。その問題の一つが、「資本主義が成熟した段階における政治闘争の条件は、一九世紀のモデルから次第に遠ざかっている」という事実である（注4）。そのため現代の政治闘争は、ほかのグループを巻き込まなければならない。

言うまでもなく二人は、こうした新たな運動がまた別の問題を生み出すおそれがあることを理解している。たとえば、「白人労働者の階級政治に関する主観」は、「移民労働者の闘争にとって間違いなく重要」な意味を持つ「人種差別的態度あるいは反人種差別的態度により過剰に規定されている」場合がある（注5）。だが著者二人は、このような問題を解決する方法をどのように見つけていくのかという点において、ことのほか饒舌《じょうぜつ》でありながら、その内容はきわめてあいまいである。「何らかの行動」や「組織的な形態」といった記述が目立ち、あらゆる文章に「ある程度は」と記されているところもある（注6）。結論もまた全体的にきわめてあいまいだが、明確な部分が一つある。社会主義闘争には、女性解放運動のような「新たな社会運動」が役に立つということだ。

そのようなグループの運動が役に立つことは明らかだ。「都市、生態系、反権威、反体制、フェミニズム、反人種差別、民族、地域、性的マイノリティなど、きわめて多岐にわたる闘争」は、新たなエネルギーを必要とする社会主義運動に、目的と意欲をもたらす。それに、これらのグループは、一つにまとまらなければ、それぞれの課題やニーズだけを追求するようになるかもしれない。重要なのは、これらの運動すべてを、社会主義闘争の傘下にまとめることである。ラクラウとムフは、「この新たな社会運動のどこに関心を寄せているのか」を述べ、こう説明している。「私たちはいまでは、この新たな運動を、まったく新しい社会関係を目指す民主主義革命の延長と見なしている。これらの運動は、新たな従属関係に疑問を投げかけているところに目新しさがある」（注7）。

二人が『民主主義の革命』の前に《マルキシズム・トゥデイ》誌に寄稿した論文「社会主義の戦略」には、これらの運動の有用性がもっと明確に述べられている。こうした「新たな政治課題」（「女性、学生、若者、人種的・性的・地域的マイノリティの運動、およびさまざまな反体制エコロジー闘争」）には、反対しているものが社会主義と同じという共通点があるが、それ以外にも直接的な利点があるという。その主要な利点とは、以下のようなものである。

これらの運動の敵には、搾取機能があるという特徴ではなく、何らかの権力を行使するという特徴がある。この権力もまた、生産関係の場から生まれたものではなく、現代社会に特徴的な社会組織形態から生まれたものである。この社会は資本主義的ではあるが、それだけではない。性差別的でもあり、男権主義的でもある。人種差別的なのは言うまでもない（注8）。

ラクラウとムフは明らかに、新たな「被搾取」階級を見つけようとしているか、つくりだそうとしている。労働者階級はこれまで搾取されてきたかもしれないが、その事実を認識できなかった。そのためたいていは、自分たちのために提示された進歩の道筋をたどることができず、理論家たちを失望させてきた。この二人にとっては、第二インターナショナル、レーニン主義者の離反、コミンテルン、アントニオ・グラムシ、パルミーロ・トリアッティ（訳注／一九二六年から一九六四年までイタリア共産党の最高指導者を務めた政治家）、ユーロコミュニズムと進んできた歴史を見れば、進歩しているのは明らかだったが、誰もがそれに従ったわけではなかった。いずれにせよ、いまでは期待に反する労働者たちが大勢を占めるようになったとは言わないまでも、これからさらに増えていくおそれがある。

ラクラウとムフは、この論文を執筆しているころにはもう、左派の大半が士気を喪失していることに気づいていた。ハンガリー動乱、チェコ事件、第三次インドシナ戦争、カンボジア大虐殺などの出来事に、多くの社会主義者が動揺していた（ここに挙げたのは、数多くの事例のごく一部に過ぎない）。だが、この「新たな積極的現象」を巻き込めば、新たなエネルギーを利用できる。ただし、そうするためにはまず、以下のような「理論的再検討」を早急に行なう必要があった。

新たなフェミニズム、民族的・性的マイノリティの抗議運動、社会の主流から取り残された人口層が起こす反体制的エコロジー闘争、反核運動、および資本主義国の周辺の国々で起こっている変則的な社会闘争が台頭しているが、これらはすべて、社会的な葛藤が幅広い領域にまで拡大していることを示している。それは、潜在的ではあるが、より自由で、民主的で、平等な社会に向かって前進していく可能性を生み出している（注9）。

つまり、これらの新たな運動グループは役に立つということだ。

もちろん、このアドバイスを受け入れ、これらの運動グループを一つにまとめようとした人々は、さまざまな問題に直面した。労働者階級が人種差別主義に染まっていただけではない。一九八〇年代から一九九〇年代にかけての脱構築により、内部に新たな問題が生まれていた。たとえば、これまでの理論に批判的な人種理論やジェンダー研究が進んだ結果、不変だと思われていたもの（特に生物学的な性や人種）が社会的構成概念になる一方で、流動的だと思われていたもの（特に性的指向）が紛れもなく不変なものと見なされるようになった理由を説明するのが困難になった。

だが、こうした問題についてふと考えてみた人もいたかもしれないものの、それが長期にわたり悩みの種になることはなかった。マルクス主義の思想家には、決まってある特徴がある。真実を目指す誰もがそうであるように、矛盾に直面しても、そこでつまずいたり自問したりすることがない。マルクス主義者は、いつも矛盾に突進していく。ヘーゲルの弁証法によれば、矛盾があってこそ前進するからだ。そのため、途中で出合う矛盾（不合理といえるものでさえ）はすべて、大義を阻むものではなく、大義に役立つものとして歓迎され、受け入れられる。インターセクショナリティの問題は内在する矛盾を抱えながらもいずれ解消されていくと思っている人はみな、マルクス主義者が常に無数の矛盾を頭に抱え込んでいることに気づいていないに違いない。

マルクス主義のイデオロギー上の子どもともいえるアイデンティティ・ポリティクスやインターセクショナリティは、矛盾や不合理、偽善が散乱しているイデオロギー空間を住《す》み処《か》とすることに満足しているように見える。たとえば、女性研究やフェミニズム研究の基本的な考え方の一つに、性的虐待については犠牲者の言い分を信じるべきだ、というものがある。レイプ、虐待、家庭内暴力、不適切な権力関係に関する考察は、あらゆる女性研究やフェミニズム研究の基盤になっている。ところが、ニューヨーク大学の教授アヴィタル・ロネルの指導を受けていた男子学生が二〇一七年、教授をセクシャル・ハラスメントで告発した事件ではどうだっただろう？　ハラスメントを行なったとされるロネルと親しい関係にある学者たちはみな、ロネルへの支持を表明した。ロネルの調査を非難する書簡には、スロベニアの哲学者スラヴォイ・ジジェクらとともに、ジュディス・バトラーの署名もある。バトラーは、ロネルの人格（「気品があり、機知に富んでいる」）について証言するとともに、まるで走行中の車から発砲でもするかのように、告発した男子学生の評判をおとしめようとした。そしてはっきりと、ロネルに「国際的な名声を博する人物にふさわしい品格を与える」よう要請したという（注10）。これはつまり、虐待の申し立てがまともに受け入れられるのは、犠牲者が男性ではない場合、あるいは被告人がフェミニズム文学理論の教授ではない場合に限られる、ということだ。それなら、あらゆる問題において、こうした矛盾を指摘・克服していけばいいのではないか、と思う人もいるかもしれない。

だが、そのような形で運動の邪魔をする人は、驚くほどの勢いで圧殺されていった。運動家の手元には、きわめて扱いやすい武器がある（人種差別、性差別、同性愛嫌い、トランスジェンダー嫌いなどと告発すればいい）。それを不正もしくは不当に（実際には勝手気ままにと言ったほうがいいかもしれない）振りまわしても、何の代償を支払う必要もない。この新たに登場した正統思想を批判する者は、科学者であれ、きわめて卑劣な動機に突き動かされていると非難された。アメリカの言語学者・認知科学者スティーヴン・ピンカーは、二〇〇二年にこう記している。「多くの著述家は、生まれ持った人間の性質を示唆するあらゆるものを攻撃するのに熱心なあまり、論理や礼節をかなぐり捨ててしまった。（中略）いまでは思想の分析が、政治的な中傷や個人的な攻撃に乗っ取られている。（中略）人間の本性を否定する思想が学界を超えて広がり、知識社会と常識との間に齟齬《そご》が生まれている」（注11）

言うまでもなく、そのとおりの事態になっている。学界の大部分は、真実の探求・発見・普及を目的とすることをやめ、その代わりに、ある特異な政治活動の創出・育成・宣伝を目的とするようになった。それはもはや、学問ではなく運動である。

この事実は、さまざまな形で明らかになっている。第一に、こうした学界の政治的主張も科学に相違ないと見せかけていること自体が、それを証明している。社会科学がインターセクショナリティの基盤を生み出してきたこの数十年にわたり、社会科学者は一貫して、自分たちの肩書に「社会」などという言葉はなく、「科学」しかないとでも言わんばかりの主張を展開してきた。ここでもまた彼らは、ニコライ・ブハーリン（訳注／ロシアの革命家、ソ連共産党の理論家）、ゲオルギー・プレハーノフ（訳注／ロシア・マルクス主義の父と呼ばれるロシアの革命家）、第二インターナショナルを通じてマルクスへと帰着する口調を採用している。だがいずれの場合も、実際には政治でさえなく、むしろ奇術に近いものを、さも科学であるかのように主張しているに過ぎない。これは見せかけであり、科学のふりをしているだけなのだ。

第二に、インターセクショナリティ運動が珍妙なカモフラージュを採用している点を指摘したい。マッキントッシュのきわめて人気の高い論文を除き、社会的公正やインターセクショナリティといったイデオロギーの伝道者には、ある共通点がある。彼らの著作は、読んでもよくわからない。何も語るべきことがない人や、語ろうとする内容が事実ではないことを隠さなければならない人がよく用いるような、意図的に理解を妨げるような文体を使うのである。ジュディス・バトラーがとうとうとまくしたてている以下のような文章を見れば、それがよくわかるだろう。

資本は比較的同じような形で社会関係を構造化すると考える構造主義的説明から、権力関係が反復・収斂《しゅうれん》・再分節化に依存するというヘゲモニー観への移行は、構造の考え方に一時性の問題を持ち込むとともに、構造的全体を理論的客体ととらえる一種のアルチュセール的な理論から、構造の偶発的可能性に関する洞察により、偶発的な場や権力の再分節化の戦略と結びついたヘゲモニーの新たな考え方が生まれる理論への転換をもたらした（注12）。

このようなひどい文章は、著者が何かを隠そうとしている場合にのみ生まれる。シェルドン・リー・グラショーのような理論物理学者の場合、社会科学に見られるような読んでもわからない文章を書くわけにはいかない。ことのほか複雑な真実を、できるだけ簡単かつ明快な言葉で伝える必要があるからだ。グラショーは実際、ひも理論の最新の主張を評価する際に、その理論は「われわれの問題に何一つ対処するものではなく、何の予測を提示するものでもなく、その理論の誤りを証明できるものでもない」と明言している。アメリカの理論物理学者ピーター・ウォイトも、やや辛辣にこう述べている。「ある理論から何も予測できないのであれば、その理論は間違っているのであり、ほかの理論を探すべきである」（注13）。科学にはまだ、こうした明晰《めいせき》さや誠実さがあるのかもしれない。だが社会科学には、そういうものがかつては存在していたのかもしれないが、もはや存在しない。それに、女性や同性愛、人種に関する理論が何の予測も提示しない場合、あるいはそれが間違っていたと証明された場合、その研究者たちがほかの理論を探しても、その分野に残っているものは、ほかに何もない。

それでも、社会的公正理論の伝道者たちはその役目を果たし、そのような政治的立場や政治色の強い主張の土台となる知的枠組みを提供する（読んでもわからない）著作を、図書館を満たすほど提供してきた。そのため、ジェンダーや人種を社会的構成概念だと主張することが何かの役に立つと思っている人々は、自分の主張を強化するために、こうした図書館いっぱいの文献を参照することもできれば、それを「証明」している無数の大学教授の言葉を引用することもできる。神がXでつくられており、Yがそれを研究テーマにしていると、やがてZがやって来て、それらの研究のアルチュセール的な比較により証明された一時的な権力の再分節化について研究を始める。そして、世界の仕組みが本当にそのようになっているのかと疑問に思う学生には即座に、その学生が難解な言葉を理解できないのは学生自身のせいであり、難解な言葉を書いた研究者のせいではないという証拠を、山のように突きつけて威嚇する。

だがもちろん、述べられていることがよくわからない著作のなかには、その著者がありとあらゆる言葉を並べて難しく見せかけ、そこにまるでいいかげんな主張を紛れ込ませている場合もある。バトラーらの文章があれほどひどいのは、そのためでもある。それをわかりやすく書けば、これまで以上の憤りや冷笑を引き起こすに違いない。また、この分野では、何が誠実な意見で、何が皮肉なのかを区別するのが難しいが、その理由もこの点にある。近年の社会科学分野からの主張は、現実からあまりに遊離している。そのため、いつか誠実な人々がこの分野にやって来てその壁を攻撃しても、撃退することはおろか、それに気づくこともできないかもしれない。

この問題については最近、実に溜飲の下がる出来事があった。二〇一七年に、「社会的構成概念としてのペニス」という学術論文が発表された。それにはこう記されている。

男らしさにおけるペニスは、一貫性のない構成概念である。ペニスは概念上、臓器としてではなく、見せかけのジェンダーを提示するだけの、きわめて流動的な社会的構成概念として理解したほうがいい（注14）。

この論文は、同業者の審査を受け、《コジェント・ソーシャル・サイエンシズ》という学術雑誌上に掲載された。だがこれは、現代の学術文献に精通していた二人の学者、ポートランド州立大学の哲学助教授ピーター・ボゴシアンと数学者ジェームズ・リンジーの単なるいたずらだった。二人がいたずらを認めると、当の学術雑誌は論文の掲載を取り止めた。だが二人は、それから数年の間にほかの学術雑誌で同様のいたずらを繰り返し、みごとそれに成功した。

二〇一八年にはオンライン雑誌《アレオ》の編集長ヘレン・プラックローズを加え、《フェミニスト・ジオグラフィ》誌に「オレゴン州ポートランドの都市公園におけるイヌのレイプ文化やいかがわしいパフォーマンスに対する人間の反応」という論文を発表した。当時は多くの学者や学生が、「レイプ文化」というレンズを通してこの社会を理解するべきだと主張するようになっていたが、ポートランドの公園におけるイヌの性交は、その「レイプ文化」のさらなる証拠であると主張する論文である。次いで二人は、《フェミニスト・ソーシャル・ワーク》誌に「われわれの闘争はわが闘争である」という論文を発表した。こちらは、ヒトラーの『わが闘争』の言葉と、フェミニズムの社会的公正理論の専門用語を混ぜ合わせ、それを学術的研究に見せかけた内容である。そしてさらには、《セックス・ロールズ》誌に、「テーブル・トークの主題分析」を利用した論文を発表した。異性愛の男性はなぜ「フーターズ」（訳注／白のタンクトップとオレンジのホットパンツ姿のウェイトレスが有名なレストラン）で食事をしたがるのかを、二年にわたり調査した成果をまとめたものだ（注15）。こうした論文が虚偽だったことが明らかになると、同業者たちは即座に掲載を取り止めるとともに、犯人を攻撃し、ボゴシアンを大学から追放しようとした。

ボゴシアンらが実行したいたずらは、死活的に重要な論点を提示している。それは、この分野の学術研究が詐欺の温床になっていることを指摘しているだけではない。関連分野の既存の理論や前提を採用し、理解しようのない言葉を利用しているかぎり、何を調べ、何を訴え、何を主張しても学術的に認められることを指摘してもいる。つまり、この分野では、男権社会や「レイプ文化」、同性愛嫌いやトランスジェンダー嫌いの文化、人種差別的な文化のなかで私たちは暮らしているとか訴えているかぎり、あるいはこの社会を批判し、（承認されたリストに含まれる）ほかの社会を称賛する言葉を多少なりともばらまいているかぎり、どんなことでも主張できる。ピラミッド構成の抑圧が存在していると信じ、それを他人に広めているかぎり、学術研究にあらゆる主張を加えることができる。こうして、読んでもわからず、ほとんど誰からも引用されることのない研究書が無数に生まれている。

だが最大の問題は、公的な資金援助を受けている学術機関で数十年にわたり、こうした事態が容認されてきたことではない。本当に憂慮すべきは、いずれその影響が社会のほかの部分にまで及ぶことに気づいていない点にある。二〇一八年にはアメリカ心理学会が、少年や成人男性における「伝統的な男らしさ」問題への対処の指針として、以下のような見解を発表している。

男性が享受している特権を知り、男権的権力を維持する思想や行動が及ぼす有害な影響を知れば、男性の性差別的態度が緩和され、社会的公正運動への参加にもつながることが証明されている（注16）。

そのとおりだろう。自分のジェンダーが生まれながらのものではなく「見せかけ」に過ぎないことを知った少年が成長すれば、社会的公正運動においてより重要な役割を担うようになるに違いない。それこそが、ラクラウやムフをはじめとする急進派世代が常に追い求めている目標なのである。

第2章

女性

Women

スティーヴン・ピンカーは、二〇〇二年に発表した著書『人間の本性を考える――心は「空白の石版」か』（訳注／邦訳は山下篤子訳、日本放送出版協会、二〇〇四年）のなかで、いまやジェンダーは「強い関心を呼ぶ」問題の一つになったと述べている。だが、それにもかかわらずピンカーは、いずれは科学的見解が勝利を収めると確信しているようだ。実際、この著書には数ページにわたり、男性と女性の間に存在する生物学的相違がリストアップされている。たとえば、男性は女性より「（体のサイズで補正しても）脳が大きく、ニューロンも多い」が、女性は男性より「灰白質の割合が多い」といった事実や、男性と女性の心理学的相違の多くは、進化生物学者の予想と正確に一致しているといった事実である（平均して男性のほうが女性より体格が大きいのも、進化の歴史を通じて男性が、交尾の相手を獲得するために激しい競争にさらされてきたからである）（注1）。さらにピンカーは、まもなく別の問題として登場することになる問題をも取り上げ、少年と少女の脳の発達に違いがあることや、テストステロンなどの男性ホルモンが脳に影響を及ぼすことも指摘している。これは、男性と女性の生物学的相違は存在しないと主張する人々を刺激しかねない科学的反論である。ピンカーは言う。「性器を除けば男性と女性は生まれつき同じであり、そのほかの相違はすべて社会が生み出す、という理論が発展する見込みがあるとは思えない」（注2）

だが、それから二〇年もたっていないとはいえ、この理論は発展するばかりである。確かに、事実はピンカーに味方しているかもしれないが、それ以上に目立つ意見がピンカーの側につこうとしない。その結果、ピンカーのこの著書が発表されて以来、私たちの社会は、（能力の相違を含め）生物学的相違を否定あるいは無視するという誤った見解を強化してきた。同様のプロセスは、社会的相違にも見られる。親ならば、自分の息子と娘の違いに気づいているかもしれないが、現代の文化はそんな親にこう告げる。そんな違いは何一つない、違いがあったとしても、それは単なる「見せかけ」に過ぎない、と。

これにかぎらず、同様の考え方は、有害な副次的影響をもたらす。大半の人間は同性愛者ではない。男性と女性は、仲良くつきあっていく何らかの方法を見つけなければならない。だが、生物学的現実に対するこの自己妄想は、社会が抱くさまざまな自己妄想の一つに過ぎない。それよりもひどいのは、私たちが、科学から得た事実に従ってではなく、社会科学の活動家が主張する政治的虚偽に基づいて、社会を再編しようとしている点である。社会を混乱させているあらゆるもののなかで、もっとも大きな力を振るっているのは、性に関するすべての問題、とりわけ男性と女性の関係に関する問題だろう。というのは、事実はいつでも、私たちの目の前にあるからだ。それなのに私たちは、それに気づくことを求められていないか、それに気づいたとしても黙っているよう求められているのである。

＊＊＊

二〇一一年、優れたインディペンデント映画を表彰するインディペンデント・スピリット賞の授賞式がサンタモニカで開催された。自画自賛が延々と繰り返される夜もかなり過ぎたころ、俳優のポール・ラッド（当時四一歳）とエヴァ・メンデス（当時三六歳）が、最優秀脚本賞の紹介のため登壇した。その場でメンデスは、こんな話を始めた。自分はラッドと、このステージ上でちょっとした余興をするつもりだったが、授賞式の進行が予定より遅れている、と。メンデスは、その余興の内容を観衆にこう説明している。「ポールがいきなり私の胸をつかむの。するとみなさんが、あっけにとられ、あきれ、大笑いする。でも、時間がないから、もうできないみたい。だから……」。

ラッドはそれまで、意味ありげにメンデスの胸をじろじろ見ていたが、そのとき、彼女の右の乳房に手を押しつけると、それをしっかりつかみながら、無表情に「最優秀脚本賞にノミネートされたのは……」と語り始めた。観衆はあっけにとられ、笑い、歓声をあげ、喝采を送った。メンデスは驚いたふりをしている。だが、ラッドがいまだ彼女の右の乳房をつかんでいたのに、メンデスは空いた手で髪を後ろに振り払ったりしている。結局は、見栄えが大事なのだ。

このような状態がしばらく続いたあと、その場にもう一人、女優のロザリオ・ドーソン（当時三一歳）が加わった。ドーソンは二人がいる演壇までやって来ると、いきなりラッドの股間を力強く握りしめた。観衆はさらに笑い、歓声をあげ、喝采を送った。メンデスは、自分も一枚かんでいるこの場面にわざとらしく困惑しながら、「これ何？　どういうこと？」と言っている。メンデスはやがて、受賞者が記された紙が入った封筒を開ける。その間ドーソンは、片手でラッドの股間を思いきりつかみながら、権力や勝利を誇示するかのように、もう一方の手を振っている。ラッドはもうメンデスの胸をつかんではいなかったが、ドーソンはそれでもラッドの股間から手を離さない。観衆は相変わらず笑い、楽しそうな声をあげている。というのは、それが二〇一一年だったからであり、当時はまだ性的ないたずらが受けたからだ。

のちに舞台裏のインタビューで、ドーソンは痴漢行為の「機会均等」を実践したときのことをこう説明している。

ポールが大好きなの。『クルーレス』のころからポールの大ファンだった。あんなふうに彼女の胸をつかんだときも、最初は「ハハハ、笑える」と思っただけ。でも、それがずっと続いて、照明が消えて映像が流れ始めても、まだつかんでいるものだから、（中略）こう思ったの。「それなら私が、あのいちもつをつかんでやる」ってね。いいじゃない？　けっこうよかったな。悪くなかった。実際、かなり立派ないちもつだったから。『クルーレス』を見た一〇代のころから興味があったの。でも、そのおかげでポールは手を離した。（中略）私は女性の権利の活動をしているから、ポールがステージ上で三〇分も胸をつかんでいるのに、ちょっとうんざりしていたの。悪くないアイデアでしょ。おもしろいし。

男性のインタビュアーが彼女を安心させるように、「その……観衆の反応もよかったですね」と言うと、ドーソンは「そう、よかった」と応え、さらにこう続けた。

ステージ上でポールのいちもちを握ったけど、けっこう立派だった。どうして男は、いつも女性に触ろうとするの？　それなら女性も触らないと。言っている意味わかるでしょ。男女の機会は均等でないと、ってこと（注3）。

当時はこんな感じだった。インディペンデント・スピリット賞の授賞式におけるこうした痴漢行為は珍しいものではなく、とりたてて話題になることもなかった。異性に自分の体を触らせたりさらしたりする行為は、幅広い社会で長年にわたり蔑視されてきたかもしれないが、ハリウッドではいまだ一種の余興でしかなかった。裸が普通であり、「枕営業」といった言葉さえある職業では、そこに一線を引くのは難しい。そのためハリウッドは、理想的な倫理観の基準となるような場所ではない。その倫理観は、娯楽産業を超えたあらゆる社会を象徴していると見なされるべきものではない。

ハリウッドは常に、別の基準で動いている。二一世紀のいま、子どもをレイプした罪で逃げまわっている人間が、その仕事仲間から称賛され、尊敬され、まるで何かの犠牲者のように思われているようなところは、この業界だけだ。ハリウッドなら、四〇代の会計士や民生委員、あるいは司祭が一三歳の少女をレイプしたとしても、処罰を逃れられるかもしれない。映画監督のロマン・ポランスキーがいい例だ（訳注／一三歳の子役モデルをレイプした罪で有罪判決を受けたが、国外に逃亡して映画製作を続けている）。あるいは、自分をかくまってくれる友人さえいるかもしれない。性犯罪を犯した人間が、いまだ法律による処罰を免れているというのに、ゴールデンタイムのテレビ番組でこの世界の頂点に立つ人物として称賛を浴びているという状況は、ほかでは（カトリック教会においてさえ）考えられない。二〇〇三年のアカデミー賞でポランスキーの監督賞受賞を支持した観衆を見ればわかるように、ハリウッドはそのような態度を控えようともしなかった。

いつの時代もそこは、ほかの世界とは少し違っていた。芸術や娯楽の中心地は常にそうである。そのため、社会規範を見出すには最悪の場所だといえる。男女間の関係といった複雑な社会規範となると、なおさらだ。有名監督のウディ・アレンは、パートナーが養子にしていた娘との肉体関係が発覚して、そのパートナーと別れたが、このような事件はハリウッドならではである。ハリウッドは、以前からそのような街であり、そのような業界だった。実際、一九四〇年代にはグロリア・グレアムがいた。この女優は、四度の結婚歴があるが、四番目の夫（トニー・レイ）は、二番目の夫（映画監督のニコラス・レイ）が最初の妻との間にもうけた息子だった。グレアムとトニー・レイとの関係が最初に暴露されたのは、グレアムが二〇代後半、レイがわずか一三歳のときだった。グレアムがレイとベッドをともにしているところを見つけられたのだという。

つまり、ハリウッドや映画人の行為を道徳的現実の一例ととらえるのは、どの時代においても間違いだと思われる。それなのに、二〇一七年に映画プロデューサーのハーヴェイ・ワインスタインのスキャンダルが発覚し（訳注／アメリカ映画界の実力者として多大な影響力を持ち、長年にわたり女優などにセクシャルハラスメントや性的暴行を繰り返していた）、《#MeToo》運動が勃発した際には、まさにその間違いが現実になった。とはいえ、この一見奇妙な娯楽業界は、鏡でもある。それは、どう行動すべきかを示す模範にはなりえないが、この時代の混乱を映し出す鏡の役割を間違いなく果たしている。その混乱のなかでも特筆すべきなのが、中庸のバランスを見出すことができず、放蕩と貞淑の間で揺れ動いているように見える時代のなかで、女性がどんな役割を演じる場合があるのか、女性ならどんな役割を演じられると思われているのか、といった問題に関する混乱である。

ではここで、一九九五年四月一二日に女優ドリュー・バリモアが出演し、大衆が好意的に評価した《デヴィッド・レターマン・ショー》（訳注／正式名称は《レイト・ナイト・ウィズ・デヴィッド・レターマン》）について考えてみよう。その日は、この番組の司会を務めるレターマンの誕生日だった。当時二〇歳だったバリモアは、その番組のなかで、最近は何よりもヌードダンスにはまっていると語り、自信に満ちたセクシーな女性といたずらな女子学生の役柄を交互に演じながら、インタビューを受けていた。

やがてバリモアは、レターマンにダンスは好きかと尋ねた。誕生日のお祝いに、観客の前でダンスを披露しようというのだ（観客は始終笑ったり大声をあげたりしていた）。そして、レターマンの返事を待つことなく、スタジオのバンドに演奏を始めるよう指示すると、司会者の机の上にあがり、自分より二倍も年上の既婚男性を相手に、テーブルダンスを始めた。しばらくは、腰をくねらせて体を上下させたり、手に髪をからませたり、へそを見せたりしていたが、ダンスが佳境に入ってくると、バリモアは短いトップスをまくり上げ、乳房をあらわにした。レターマンはあっけにとられているようだった。観客からは乳房は見えず、《メール・オンライン》紙が芸能記事で「横乳」とでも呼びそうなものをカメラがとらえていただけだったが、それでも観客は大喜びだった。バリモアが司会者に自分の胸をさらしている間、ずっと笑いや喝采を送り、大声をあげて応援していた。

それが終わると、バリモアは振り返り、観客の応援を吸い上げるかのように両手を差し出したのち、また四つんばいになって机の上によじ登ると、レターマンにはい寄って、その後頭部を優しくなでながら、ほおにキスをした。そして自分の席に戻ると、積極的な女性の役柄を捨てて、また少女のような役柄に戻り、椅子の上に足を引き寄せ、膝を抱え込んでその上に頭を乗せ、まるで自分が悪いことをしたと自覚している少女のようなしぐさをしてみせた。

もちろん、一九九五年は時代が違ったといえば、もっともらしく聞こえるかもしれない。だが、実際のところバリモアは、二〇一八年三月になってもなお、このエピソードを好意的にとらえている。スティーヴン・コルベアが司会を務める《レイト・ショー》で、そう語っているのである。その番組のなかで、以前より賢明になったとは言わないまでも年齢を重ねたバリモアが、その当時の自分は「正真正銘の変わり者」だったと述べると、やがて話題は、あの《デヴィッド・レターマン・ショー》でのエピソードに移っていった。「その番組のなかで、私はレターマン氏に対して特別なことをしたの」。彼女がそう言うと、観客もそれを思い出し、懐かしさに満ちた優しげな笑い声をあげた。コルベアは、数カ月前に発生してさらに広がりつつあった《#MeToo》運動とは一線を画していたため、バリモアの記憶を促すようにこう言った。「あれは氏の誕生日でしたね。有名な話です」。

バリモアは記憶というテーマを取り上げ、「私はほんとに『どういうつもり』だったんだろう?」と言うと、こう続けた。

ときどき思うの。あれは私じゃないみたいって。自分のこととは思えない遠い昔の記憶のよう。でも、あれは私なの。なかなかいけてた。いまでも、あれでよかったと思ってる。もう二児の母だし、あのころとは……わかるでしょ。あのころとは全然違うから、自分がしたことのような気がしないいんだけど、ああいうの、嫌いじゃない。

これらの言葉に対し、観客は笑いと称賛を、コルベアは激励の言葉を送った。その後、話題は途切れることなく、バリモアがハリウッドの有名女優としては初めて自身の映画製作会社を設立したことに移った。コルベアはそれを機に、ハリウッドにおける女性の権利の拡大について、あるいは「私たちがいま置かれている状況」について、私たちに学べることはないかと尋ねた（注４）。だがその間もずっと、一九九五年のエピソードが、好意以外の感情とともに語られることはなかった。

それはなぜなのか？　以前は、女性が男性に自分の体をさらしたり、男性に不快な思いをさせたり、自分は男性の体をまさぐって相手を困らせる「フェミニスト」だというイメージを売り込んだりすることを、妨げるような風潮はなかった。スティーヴン・コルベアも、数年前にそれをじかに経験している。

コルベアがまだ駆け出しのテレビタレントだった二〇〇七年五月、女優のジェーン・フォンダがコルベアの番組《コルベア・レポー》に出演したことがある。フォンダはその数年前、大ヒットした映画『ウエディング宣言』でジェニファー・ロペスの義理の母を演じ、女優業に復帰していた。そのコルベアの番組に出演したのも、まもなく興行的に大失敗する映画『幸せのルールはママが教えてくれた』の宣伝が目的だった。当時六九歳だったフォンダは明らかに、自分がいまだ「性的魅力」に満ちているところを観客に見せたがっていた。そのためトークの間も、コルベアに色っぽくつきまとった。宣伝すべき映画のテーマは性的虐待だったが、自分のそのような行為がこの映画の宣伝にふさわしくないことには気づかなかったようだ。

実際フォンダは、トークの最初からいきなりコルベアの膝の上に座ると、ずっとそこに座りっぱなしだった。あるときにはコルベアの唇に濃厚なキスをし、あなたが私のことを妄想しているのを知っていると語った。コルベアも、「こんなふうにトークが進むとは思わなかった」と述べている。反戦活動などへと何度も話題を変えようとしたが（訳注／ジェーン・フォンダは反戦活動家としても有名で、ベトナム戦争当時は「ハノイ・ジェーン」と呼ばれていた）、それでもフォンダの気をそらすことはできなかった。フォンダは絶えず、コルベアを愛撫したり、そのほおにキスしたり、抱き締めたりした。やがて早漏の話を始めると、それを延々と続けた。

それでも当時のマスコミは、この場面が不適切だとか奇異だとはまったく思わなかったようだ。それどころか、こうした場面をいまだお盛んと大喜びで受け入れた。たとえば、《ハフィントン・ポスト》紙は、「ジェーン・フォンダはいまだお盛ん」との見出しを掲げ、こう記している。「水曜日の《コルベア・レポー》には、大受けする（官能的と言ってもいい）一コマがあった。ジェーン・フォンダが、スティーヴン・コルベアの官能的な部分を刺激することに没頭しているかのようだったのだ（「その官能的な部分をどこに隠しているの？　それとも、私に会えたのがうれしくないの？」）」。同紙はこうした流れに沿った記事をつづるとともに、「フォンダのすばらしさを説明している」《サロン》紙の記事を「完璧だ」と記し、その記事へのリンクまでつけている（注5）。というのは、二〇〇七年当時は、求められていない性的な誘惑は、愉快なことであり、官能的なことだったからだ。いや、それどころか、すばらしいことでさえあった。

それから数年後の二〇一四年、コルベアはこのエピソードについて、あのトークの間は「ひどく気まずかった」と述べている。それでも、それに妻があからさまな不満を示したことなどを語るコルベアの話を、観客はみな、かつて以上に笑い、喝采を送りながら聞いていた（注6）。これも、二〇一四年当時はまだ、求められていない性的な誘惑がかわいらしいものと思われていたことを示している。

だが言うまでもなく、二〇一七年にハーヴェイ・ワインスタインに対する最初の《#MeToo》運動が起こると、事態は一変した。その段階で、他人に対する性的誘惑はいかなる形であれ許しがたいものであり、それにはどんな言い訳も認められないとする合意がたちまち形成されたらしい。この新たな方針は瞬く間に、きわめて深くまで浸透したようだが、その結果、ごく最近起こったような不愉快な事態が無数に生まれた。たとえば、ワインスタインの事件後、マスコミはハリウッドでもそれ以外の世界でも、男女間の交際に関するあらゆることを、きわめて単純で明快なこととして取り上げるようになった。だが、ハリウッドであれ、ほかのどこであれ、男女間の交際はそれほど単純でも明快でもない。

ハリウッドにも、この新たな方針からややはみ出している人がいないわけではない。その一人が、女優のメイム・ビアリクである。《#MeToo》運動が勃発した二〇一七年一〇月、ビアリクは《ニューヨーク・タイムズ》紙に掲載した意見記事のために、かなりのバッシングを受けた。その記事のなかで、ビアリクは「鼻が高いだけの、不器用でおたくっぽい一一歳のユダヤ人」として入ったこの業界について、率直にこう語っている。「女性をモノとして扱うことで利益を得ている業界に雇われていることを、いつも気づまりに思っていた」。そこで、若い女優だった自分は「保守的」な選択をした。アメリカで育った第一世代の両親の言うことを聞き、この業界の人々に対して常に用心することにしたのだ。その結果、ユダヤ教の教えに忠実だったことも相まって、ハリウッドの女性のなかでは珍しい存在になったという。

ビアリクは確かに、珍しい道のりをたどった。実際、数年間、俳優業を離れ、神経科学の博士号を取得したのち、またこの業界に戻り、テレビドラマ《ビッグバン★セオリー》に出演している。二〇一七年の記事は、さらにこう続く。「私はいまでも、四一歳の女優として、自分を守るために賢明だと思える選択をしている。性的な部分は、親密な関係にある人たちとのプライベートな時間のためにとっておくことにした。だから、控えめなドレスしか着ない。ポリシーとして、男性の気を引くようなふるまいはしない」（注7）。

こうした発言のため、ビアリクはハリウッドのほかの女性とのトラブルに巻き込まれることになった。ほかの女性たちから見ればビアリクは、男性の気を引くような服を着ている女性を非難し、「被害者に責任を転嫁している」という。ビアリクはその結果、この記事に対する一部の解釈に対して謝罪を強いられた。だが、それより奇妙なのは、ビアリクが記事で語っている内容の大半が、わずか一年前の彼女の行動と完全に矛盾している点である。

二〇一六年二月、ビアリクはジェームズ・コーデンが司会を務める《レイト・レイト・ショー》に出演した。その日のゲストにはもう一人、イギリスでテレビ番組の司会を務めるピアーズ・モーガンもいた。その番組のなかでコーデンが、最近よく見る《#Cleavagegate（谷間の道）》というハッシュタグの意味をモーガンに尋ねると、モーガンはこんな話を始めた。モーガンは最近、自分が投稿したツイートをめぐって、女優のスーザン・サランドンとけんかをした。この前の全米映画俳優組合賞の授賞式の際、六九歳のサランドンが、胸の谷間をあらわにした服装で「追悼」コーナーの紹介をしていた。それを見たモーガンが、故人となった友人や仕事仲間への弔辞を、そのような露出度の高い衣装で伝えるのは不適切ではないか、と訴えるツイートを投稿したのだ。するとモーガンは、思ってもみなかったようなバッシングを受けた（そんな形で注目を浴びるのはとてもつらかったに違いない）。たとえばサランドンは、そのツイートへの返信として、ブラジャー姿の自分がミケランジェロのダビデ像の小さなペニスを指差している写真を、モーガンに送りつけてきた。そのほか、数千もの自称「フェミニスト」が抗議の意を示そうと、自分の胸の谷間を撮った写真を送ってきたという。

この話をしている間、ビアリクはさほど胸元の開いていない緑のドレス姿で、コーデンとモーガンの間に座っていた。ところが、話がそこまで来ると、ビアリクはモーガンの腕を押さえるように手を伸ばし、話に割って入った。「ご存じでしょうけど、私もフェミニストを自称しているの。それならこうしないと」。そう言うとビアリクは立ち上がり、観客に背を向けると、ドレスの胸元を開き、モーガンに胸をさらした。スタジオの観客は狂喜して、笑い声や歓声をあげた。コーデンもモーガンも、手を打って大笑いした。とはいえモーガンは一瞬赤面し、ややとまどっていたように見えなくもない。モーガンはその後、自分も谷間は好きだが、死んだ仕事仲間に弔辞を述べる際にそれを見せびらかすべきではないと思うと述べ、それから改めてまた谷間は好きだと主張すると、ビアリクは苛立ったように「また見せないといけないの？」と言い、またしてもモーガンに（今回は先ほどよりも短く）ドレスの胸元を開いて見せた（注8）。

この日の放送では、そこがいちばん受けた場面だったかもしれない。スタジオの観客も家庭で放送を見ていた人々も、そのすべてを受け入れていた。二〇一六年には、胸をさらすことが「フェミニズム的」な行為だった。とりわけ、それを求めてもいない男性に胸をさらすのが、「フェミニズム的」な行為だった。宗教的・社会的な理由から「控えめ」な行動を心がけていると主張する女性でさえ、求めてもいない男性に胸を見せることによって、スタジオの観客を進んで喜ばせるようなことがあったのだ。

これはなにも、女性はその体を使って好きなことをしていいわけではない、と言いたいのではない。有名人が胸をさらして笑いや注目を浴びてはいけない、と言いたいわけでもなければ、男性に胸を見せる女性は女性にペニスを見せる男性と同じだ、と言いたいわけでもない。そうではなく、女性（有名な女性は特にそうかもしれない）が、実に混乱したメッセージを送っている、と言いたいのである。これは、「複雑」と言ってすむ問題ではない。さらに、矛盾や混乱を抱えるこれらのメッセージは、ビアリクのように同一人物のなかにさえ存在する。ビアリクは実際、ほかの場面では、《#MeToo》運動が引き起こした大混乱のなかでも、自分を見失っていないようだった。

「LOVE　YOU」

現在、娯楽産業が世界中に大量供給しているメッセージに、とまどいを覚えている人もいるに違いない。その一つの理由は、現状の認識について、そのメッセージ自体がひどく混乱している点にある。ほんの数十年前までは、男女関係は複雑なものだという認識があった。その一例として、一九八九年に公開された映画『インディ・ジョーンズ　最後の聖戦』の有名なシーンを見てみよう。この映画の最初のほうで、ハリソン・フォード演じるインディ・ジョーンズ教授が、若い女性ばかりの教室で、考古学の基礎を教えている場面がある。学生の大半は、なかば夢見るようにジョーンズを見つめている。そのうちの一人を見て、ジョーンズは思考の流れを断ち切られる。というのは、その一方のまぶたに「ＬＯＶＥ」という文字が、もう一方のまぶたに「ＹＯＵ」という文字が書かれていたからだ（訳注／つまり、両方の文字をつなげると「あなたが好き」という意味になる）。その女子学生は、教授がその文字を読んで意味を理解できるように、意図的にゆっくりと瞬きを繰り返していた。

このシーンには、最近まで誰もがよく知っていた二つのテーマがある（最近では、それを知らないかのようなふりをしている）。第一のテーマは、学習の場における教師と生徒の関係は、内に秘めた性を刺激する場合があるということだ。古代ギリシャ人はこれをよく知っていたが、現在と同じように当時も、そのような性的関係はどのようなものであれ抑制しなければならないという認識があった。それでも、そのような関係がないわけではない。第二のテーマは、自己の欲求のために他人を食いものにする類のものである（本書では、こちらのほうが重要である）。つまり、若い女性であっても妖婦となり、弱く無力でさえあるかもしれない年上の男性を食いものにする場合がある。これは、歴史を通じて知られてきたテーマであり、前記の映画を見れば、少なくとも一九八九年にはそのような認識があったといえる。言い換えれば、男性は女性にハラスメントを行なうだけでなく、女性からのハラスメントの対象にもなりうる、ということだ。男性であれば誰もが、実際に経験していなかったとしても、そんな場合があることを知っている（大半の男性はいずれ経験するだろうが）。そのおとなしめのバージョンが、ドリュー・バリモアが《デヴィッド・レターマン・ショー》で演じていた、いたずらな少女のような行為である。そうして「いたずら好きなかわいい女」だと自分を売り込む。だが、もっと激しいバージョンになると、自分が望む結果を引き出そうと、男性に積極的につきまとうことになる。

女性がそのような行為に熟達しているわけではないと言う人には、男性に対して女性を普段よりもはるかにセクシーに見せる衣服やアクセサリーの市場について考えてみてほしい。ここではその一例として、つけ乳首の流行を取り上げよう。ジャスト・ニップスなどの企業はよく、ウェブサイト上でつけ乳首を提供している。これは一見すると、乳腺切除手術を受けた女性を対象としているようだが、この流行に対する社会の認識や宣伝広告を見ると、その実態は違う。その背後には、男性が女性の「ノーブラ」姿に異常に興奮するという事実がある。一九九〇年代に放送されたテレビドラマ《セックス・アンド・ザ・シティ》に、ミランダがつけ乳首をつけてパーティに参加し、望みどおりの注目を集めるシーンがある。その場にいた男性たちが、パーティドレスに浮いて見える乳首を見て、その姿に惹きつけられるのだ。最近では、有名人たちの「ノーブラ」姿を見て、それを魅力的だとする見方がさらに高まっており、企業も手ごろな値段のつけ乳首の開発に乗り出している。二〇一七年には前述のジャスト・ニップスが、「元気のない」乳首を「完璧に生き返らせる」、「小さめ」サイズと「大きめ」サイズのつけ乳首の販売を始めた。同社のウェブサイトにはこう記されている。「自分の姿がどこかもの足りないと感じている人は、この製品をお試しください！　わが社の製品には、あなたがつけ乳首に求めている以上の効果があります！　それは、どんな効果でしょうか？　さりげなくセクシーになり、驚くほど魅力的になります！」。

もちろん、この製品は女性自身のために提供されているのかもしれない。これは、女性の自己満足のためのものであって、男性とは何の関係もない、男性がいなくても、女性はつけ乳首をつけて出かけるだろう、と言う人もいるだろう。だが、これらの製品の宣伝文句を見れば、それが何（誰）を目的としているかは、一目瞭然である。たとえば、「大きめ」サイズのつけ乳首について、メーカーはこう宣伝している。

この優れものは、間違いなくインプラントよりも安価です！　これをあえて表現すれば、つけ乳首界の「大量破壊兵器」です。強力かつ決定的な破壊力を備えています。ガラス、鋼鉄、テフロンなど、何でも突き破り、パーティでの話題を独占できます。もちろん、いい意味で（女性に妬まれるかもしれませんが）。お気に入りのTシャツと合わせれば、いつでも簡単にセクシーな雰囲気を演出できますが、本気を出したいときには、ぴちぴちのセーターの下につけることをお勧めします。誰よりも魅力的な姿を披露できること間違いなしです（注9）。

そうだろう。自己満足を除けば、女性がそんな「大量破壊兵器」を求める理由はそこにある。ほかにどんな理由があるというのか？

同様の製品は、男性からの注目を集めることも求めることもないが、市場にあふれ返っている。より一般的な例が、アップリフト型のブラジャーである。だが、女性は望みさえすればどこまでも行くため、市場の潜在能力には限界がない。最近では、「女性器を強調する下着」まで開発されている。ある女性ジャーナリストはこう記している。

ファッション業界の大手企業は、あらゆる女性が、自分の性器にはふくらみが足りないのではないかという不安を抱えていることを懸念している。確かにそれは、世間の目には見えない。だが、いくらすばらしい尻や胸を持っていたとしても、あるいは頭がよかったとしても、陰唇がふくらんでいなければ、何の意味がある？　そんな陰唇の薄い女性に朗報だ。ショーツやヨガパンツに浮き出る自分の性器が貧弱なのではないかと悩んでいる人も、もう悩む必要はない。

実際、二〇一七年には「女性器のための上げ底ショーツ」が発売された。これは、「大陰唇が盛り上がっているように見える下着」で、さまざまな肌の色から選べるという（注10）。この場合もやはり、これは男性とは何の関係もなく、家庭で部屋着の下に、あるいは職場でだぶだぶのズボンやスカートの下に身に着けたいだけだと主張する人がいるかもしれない。女性が自己満足のために身に着けるだけだ、と。だが、大陰唇が盛り上がっているように見えるショーツをはきたがる女性のなかには、それ以外のもっと露骨な理由からそうしたがる女性もいる。

最近では、こんなことを少しでも主張すると、その人のキャリアが完全崩壊の瀬戸際にまで追いやられる。二〇一八年二月、カナダの研究者・著述家・精神科医のジョーダン・ピーターソン博士が《VICEニューズ》に出演し、ジェイ・カスピアン・カンのインタビューを受けた。そのインタビューのなかで、カンが男女の問題について一連の主張を展開すると、ピーターソンはそれに、難しい問題が棚上げになっていると言って反論した。たとえば、ピーターソンはまず、「職場で男女は一緒に働けるのか?」との問題を提起した。するとカンは、そんな質問がなされたことに驚き、自分にはその答えがわかりきっていると言い返した。「私自身、大勢の女性と一緒に働いている」から、その答えはイエスだ、と。だがピーターソンは、そのような状況は、たかだか四〇年ほどの歴史しかないきわめて新しい現象であり、われわれはまだ、そのルールを策定しようとしている段階にあると指摘し、こう訴えた。「職場にセクハラは存在するか? 存在する。では、セクハラはやめるべきか? そのほうがいい。では、セクハラはなくなるのか? いまのところはなくならない。というのは、どんなルールをつくればいいのかわからないからだ」。こうしてピーターソンは、きわめて危険な領域へと足を踏み入れた。

「たとえば、職場でメイクを禁止にしてはどうだろう?」とピーターソンは提案した。するとカンは笑いながら、「どうしてそんなルールをつくるんです?」と尋ねた。ピーターソンはそれにこう尋ね返した。「なぜ職場でメイクをするのか? それは性的な刺激を与えるためではないのかな?」。カンはそれに同意しなかった。ピーターソンがさらに「それなら、メイクの目的は何だ?」と尋ねると、カンはこう答えた。「なかにはメイクをしたいというだけの人もいるのでは。よくわかりませんが」。するとピーターソンは、口紅や頬紅をつけるのは、異性を刺激するためだとの説明を繰り返し、なお悪いことに、ハイヒールは性的魅力を誇張する道具だと指摘した。ピーターソンの説明によれば、自分は決して、女性は職場でハイヒールをはいたりメイクをしたりするべきではないと言っているわけではない。むしろわれわれは、女性が誘い出そうとしている反応について、いかなる思い違いもするべきではない。これは、メイクをしたりハイヒールをはいたりする女性がしかけているゲームなのだ、と（注11）。このインタビューの間、カンはときに困惑し、ときにうんざりしているように見えた。まるで、ピーターソンの問いに対する答えなど疑う余地もないほどわかりきったことだ、と言わんばかりの態度を続け、ゲストが開いた恐るべきパンドラの箱に最後まで取り組もうとはしなかった。

　カンがこの問題をかわしたのは正解だったのかもしれない。大衆はこのインタビューに対し、ピーターソンにインタビューしたときにいつも見られる反応さえはるかにしのぐほどの拒否反応を示した。オンラインチャットのフォーラムでは、ピーターソンの発言は、職場でメイクをしたりハイヒールをはいたりする女性は性的暴行を求めていると言っているのと同じだとの主張が飛び交った。一部のメディアもこれにならった。こうした瞬間には気をつけなければならない。ピーターソン当人が「そのような議論を始めたのは、女性が好きなように身を飾るべきではないと言うためではない」と主張しているのに、「ピーターソンはまさに女性が好きなように身を飾るべきではないと言ったのだ」という真逆の主張や、「そのうえ性的暴行さえ容認している」という主張が外部から多く聞こえてくるようなときには、明らかに何かがひどく間違った方向に進んでいる。それは、聞き間違いや誤解といった問題ではない。むしろ、本来行なわれるべき難しい議論を避けるため、他人が言っている内容を不正確に単純化してとらえ、無精にもそれを意図的に受け入れている可能性が高い。

この問題をめぐって行なわれるべき難しい議論に終わりはない。性的暴行を受けた場合だけでなく、求められてもいない性的誘惑をしてきた場合でも、常に女性の言い分を信用しなければならない、ということになれば、社会は間違いなく混乱する。そんな女性的なふるまいをする女性に直面した場合に、どう考え、どう反応すればいいのか？　常に女性側の言い分を信用しなければならないという情報と、女性が男性を惑わす（もっと積極的な言い方をすれば、誘惑する）のを助長している業界があるという現実とを、どう調和させればいいのか？　結局のところ、女性に「この夏の注目を集める」よう促す、あの毎年開催される夏の広告キャンペーンは何のためなのか？　あれは女性たちに、誰の注目を集めるよう誘いかけているのか？　それは、自分と同じような衣服やビキニを買いたいと望んでいる通りすがりのあらゆる女性なのか、それとも男性なのか？

男性をとりこにする

女性に対する宣伝広告を見ると、男性が見ていないところで女性がどんな考えに従って行動しているかがよくわかる。たとえば、女性向けの宣伝広告や女性雑誌の記事には、「男性をとりこにする」というテーマを掲げたものがやたらと多い。その一方で、男性をターゲットとする車やひげそりを、それを手に入れれば女性がとりこになるという文句で宣伝すれば、非難を受けるだけでなく、男性へのアピールにも失敗するだろう。これを確かめるのに大いに役立つのが、グーグルである。実際、「男性をとりこにする」で検索すると、それに関する大量の記事・広告・考察が表示されるが、「女性をとりこにする」で検索しても、睡眠中に女性のよだれを止める方法や、ネコがよだれを垂らす理由などの記事がたくさん表示されるだけである（訳注／「とりこになる」を意味する「drool」には「よだれを垂らす」という意味もある）。

これは、私たちの社会が外見上、強引な否定の段階に入ったことを示唆している。おとといまで確かだと認識されていたことを、忘れるか完全に排除することにしたのだ。つまり、実際には男女の間だけでなく、男性同士の間、女性同士の間にも複雑な問題があるのに、それらすべての問題を克服したと単純に思い込むことにしたようなのである。

だが、こうした見せかけはすべて、とてつもなく大きな地雷の上に築かれていると言っていい。結局のところ、女性が望んでいることを理解しようとする男性は、混乱に悩まされるだけだ。現在、異性を理解しようと試みる若い男性はまず、学校などで性的合意に関する授業を受けることになる。その授業では、どれが不適切な行為にあたり、どれが不適切な行為にあたらないかを、ことのほか詳しく教えてくれる。だがその一方で男性は、インターネットや地元の書店などで、最近では女性のレイプ願望をテーマにした本が、女性（その男性の母親の世代も含まれる）に大人気だという事実に直面する。そのような願望は、議論されることも理解されることもないかもしれないが、世間的には知られている。実際、これらの本はのちに映画化もされ、これまでに五億ドルもの興行成績をあげている（訳注／これは、ベストセラーとなり映画化もされた『フィフティ・シェイズ・オブ・グレイ』およびその続編の作品を指す）。クリスチャン・グレイが恋人を縛りあげてセックスを行ない、それにより救済される映画を見に行ったのは男性なのか？　それとも、その観客層には女性のほうが多かったのか？

現代の社会的合意に見られる深い混乱を意図せずしてみごとに表現しているのが、ニッキー・ミナージュが二〇一四年に発表した『アナコンダ』という歌である。そのミュージックビデオを見たことがないという人は、インターネット上で何億回も再生されたこのビデオを一度は見ておいたほうがいい。その歌詞が平凡という表現をはるかに超えているように、そのビデオも性的という表現をはるかに超えている。ミュージックビデオはこんな言葉で始まる。「おれのアナコンダ、おれのアナコンダ、おれのアナコンダは、おまえのじゃなきゃ見向きもしねえ」。「おまえの」何を望んでいるのかと疑問に思った人は、ビデオの最初の三分間を見て、それを理解する。その間ほぼずっと、ビキニを着たニッキー・ミナージュが、ジャングルのセットのなかでカメラに向けて尻を振っているのだ。ときにはほかの女性も現れるが、その女性たちも同じような衣装を着て、やはり視聴者に向けて尻を振っている。それが延々と続くのである。それでもよくわからないという人も、以下のコーラスを聞けば、意味を理解できるに違いない。

すごい、あのお尻を見てよ
すごい、あのお尻を見てよ
すごい、あのお尻を見てよ
（あのお尻を見てよ）
ほら、ほら、ほら、ほら
あのお尻を見てよ

このビデオの最初の三分間は、尻を振る女性たちのそばでミナージュが腰を振るか、お互いの尻をもてあそぶシーンがほとんどを占める。それ以外には、ミナージュが思わせぶりにバナナを食べ、胸の谷間にスプレーのクリームを吹きつけ、それをふきとった指をなめるという、ほかに解釈しようのないシーンがあるだけだ。

だが、この『アナコンダ』のビデオでもっとも重要なポイントはそこではない。これらはすべて、ポップスのミュージックビデオの世界ではきわめてありきたりな、普通の映像である。女性のポップスターたちはたいてい、ストリッパーのような衣装で踊っている。このビデオのいちばん重要な部分は、最後の一分半にある。そのなかでミナージュは、照明を暗くしたセクシーな雰囲気の部屋を、四つんばいではっていく。その先には、ハンサムな若い男性が椅子に座っている。このシーンの歌詞は、以下のように始まる。「これは、クソみたいなクラブででかいケツを振っている私みたいなアバズレに向けた歌／クラブででかいケツを振っている私みたいなアバズレにね」。上半身にはブラジャーだけ、下半身には穴の開いたレース状のレギンスを身に着けたミナージュは、男性を中心に旋回するように移動する。それから男性の肩に一方の脚をかけて寄りかかり、男性の目の前にあの尻を突き出して上下に揺らす。あるいは、ポールダンサーのような姿勢になって、体を上下に滑らせる。その間、男性はずっと、ラップダンスのクラブでショーを楽しんでいる行儀のいい客のように、じっと座っている。だがやがて、目の前で何度も尻を振られているうちに、徐々に欲情していく。そしてしまいには、手で口をぬぐうと、一瞬ためらったのちに、一方の手でそっとミナージュの尻に触れる。するとその瞬間、すべてが終わる。「ちょっと」という歌詞とともに、ミナージュはその手を払いのけると、髪を後ろに振り払いながら、部屋を出ていく。男性は、自分の許しがたい行為を恥ずかしく思っているかのように、椅子の上で前かがみになり、手で顔を覆う。

ニッキー・ミナージュがここで演じている態度は、この社会に見られる多くのことを象徴している。そこには、解決不可能な課題や無理な要求がある。女性は先に、好みの男性を相手にラップダンスを行ない、体をからめ、尻を振り、その男性をとりこにすることができる。だが、その男性が女性の体に手をかけてこようものなら、そのゲームをすっかり終わらせてしまうこともできる。つまり、一瞬にしてストリッパーから女子修道院長に早変わりする。「あなたの目の前で振っているこの尻を見て」が、「目の前の尻に触ろうなんてよくも思えたものね」に変わる。自分が間違っていたと思い知らされるのは、男性のほうなのである。だが、この一連の流れのなかで何が求められているのかを考えてみてほしい。現代の道徳規範には、このような応じることのできない無理な要求が書き込まれている。女性が好きなだけセクシーにふるまうことを認めなければならない一方で、女性を性の対象として見ることは認めない。セクシーなのはいいが、性の対象として見てはいけないのである。

これは無理な要求である。理不尽なだけでなく、男性を混乱させる。だが、誰もその点を追求しようとしない。それを追求すれば、解決することも改善することもできない無数の複雑な問題を明らかにすることになるからだ。

男性と同じなのか、より優れているのか？

　セクシーなのはいいが性の対象として見てはいけないという見解は、私たちが到達した社会的合意に見られる矛盾の一つに過ぎない。現在、世の中に広まっている見解のなかには、ほかにも矛盾がたくさんある。たとえば、女性はあらゆる有意義な点において、男性とまったく同じであり、同じ特徴や能力を持ち、いつでも同じ土俵で男性に対峙できるという主張がある。だが、こうした主張をする人々は不思議なことに、それと同時に、女性は男性よりも優れている、あるいは特定の分野では男性よりも優れているとも主張する。矛盾しているにもかかわらず、そのどちらもが、同じ頭のなかで完全に共存しているように見えるのだ。その結果、現在では、女性についてはこう受け止められている。基本的には男性と同じだが、役に立つ分野や魅力が引き立つ分野は異なる、と。

　この矛盾をよく体現しているのが、二〇一〇年代に国際通貨基金（ＩＭＦ）の専務理事を務めていたクリスティーヌ・ラガルドである。世界金融危機から一〇年が過ぎた二〇一八年、ラガルドはＩＭＦのウェブサイト上で、二〇〇八年の金融危機から学んだ教訓を述べるとともに、その後の一〇年間で改善されたこと、改善されなかったことを考察している。そのなかで、金融機関を監視する機関や銀行の役員にもっと女性を登用するべきだと説き、過去一〇年間にわたり頻繁に訴えてきたお気に入りの持説を、ここでも繰り返した。「何度も言ってきたように、リーマン・ブラザーズがリーマン・シスターズだったら、現在の世界はずいぶん違うものになっていたかもしれない」（注12）。これは、二〇〇八年の金融危機の原因となった集団思考の問題を改めて取り上げているわけではない。ラガルドは、もっと大きな論点を提示している。金融機関には女性が必要だというだけではない。それについては、ほとんどの人に疑問の余地はないはずだ。それだけでなく、女性のスタッフがもっと重視されていれば（あるいは、女性がスタッフを率いていればそれ以上に）、結果は変わっていただろう、と述べているのである。そう主張しているのは、ラガルドだけではない。実際、そのような類の主張は、金融危機後の一〇年間にわたり絶えずなされていた。しかもそれは、社会のほかの問題と同じように、財政分野に集中している。

金融危機の直後には、昼間のテレビ番組で司会を務めるファーン・ブリトンが、ＢＢＣ放送の主要政治討論番組《クエスチョン・タイム》に出演し、金融危機についてこう発言して観客の拍手喝采を受けた。「金融産業には男性が多すぎるし、男性はその運営がまるで下手なのではないか？　昔ながらの家事をしている女性がいれば、こうはならなかったはずだ。女性は伝統的に、電気やガスや電話や食料のためにお金をとっておくようなことがきわめて得意なのだから。女性はお金を略奪したり強奪したりはしなかった。そのすべてを馬に賭けて、来週お金が入ってくるのを待つようなこともしなかった」（注13）。イギリスの連立政権で二〇一〇年から二〇一五年まで女性・平等担当大臣を務めた自由民主党のリン・フェザーストーンも、同様の見解を支持している。二〇一一年には同党の大会で、男性は世界経済に対して「恐るべき判断」を下してきたと非難し、「この混乱した世界」の主たる原因は男性全体にあると述べている。

だが、男性に対する女性の立場に関する現在のこのような考え方には、先に述べた矛盾がある。女性は男性とまったく同じであり、同じ能力があり、同じように有能であり、同じ仕事に適していると言いながら、男性よりも優れていると主張している。しかも、どのように優れているのかという点については、明確な主張がない。それは、その点を十分に考え抜いていないからだ。それにもかかわらず私たちは、まさにその不十分な思考を、社会の奥深くにまで埋め込んでしまっている。

女性は本気である

ある晴れた日、ロンドンのテムズ川のすぐ南にある高級ホテルに、洗練された四〇〇人余りの女性が集まった。もっと明確に言うなら、あらゆる面で洗練をきわめた女性たちである。あらゆる業界のリーダーや、あらゆる職業のトップというだけではない。扉が開いて参加者が会場に入ってくるたびに、まるでファッションショーに登場するような女性が現れた。ハイヒール、衣ずれの音を立てるスカーフ、国際的なビジネスエリートにふさわしいスーツなど、一人として周囲の期待を裏切る者はいない。その場が間違いなく一面的な思想に支配されていることは、最初から明らかだった。

《女性は本気である》と銘打たれたこの会議は、《デイリー・テレグラフ》紙が企画したものだった。主要スポンサーには、ナショナル・ウェストミンスター銀行や、大手電気通信事業者のBTグループが名を連ねている。会議は女性・平等担当大臣の挨拶で始まり、それに続き、「仕事を女性に合わせるには」と題した討論会が開かれた。それには、ビジネスの世界で大成功を収めた有名な女性たちのほか、イギリスの名だたる女性アナウンサーも参加していた。また、ナショナル・ウェストミンスター銀行の事業部長と、庶民院の護衛官に初めて選ばれた女性との「炉辺談話」もあった。そのほか、「女性の成功を妨げる真の障害とは何か？」「ジェンダー・ギャップを縮めるには」「男性が支配する投資の世界では女性は不利なのか？」といった討論会もあった。人間の半分を占める男性について論じる討論会には、「#MenToo（訳注／「男性も」を意味し、「#MeToo」運動とかけている）女性の味方としての男性の重要な役割」とのタイトルが冠されていた。

これらあらゆるテーマが女性を対象としているうえに、その会場にいるのはごくわずかな男性を除いてほとんどが女性だったため、女性が重視されたのは当然である。討論の大半が、育児の問題など、職場での女性の問題が中心となったのはいうまでもない。だが、この会場にはそのほかにも、独特な協調の雰囲気があった。社会でひどい扱いを受けた女性たちの協調である。観衆から温かい同意や称賛を受けたいときには誰もが、「自信に満ちた女性」がどれほど必要とされているかを強調した。会場中を舌打ちで埋め尽くしたければ、「組織や企業を支配する男性」のひどい行為を語りさえすればよかった。その一例が、何ごとも言葉で支配しようとする男性の物語である。会場には、「自信に満ちた女性」を求める一方で、「自信に欠ける男性」をも求める明確な合意があった。そうすることで、男性と女性はいずれその中間のどこかで出会えると思っているかのようである。

聴衆を確実に味方につける方法は、ほかにもあった。ステージ上で、不安や懸念、あるいは「インポスター症候群」（訳注／外部から高い評価を得ても自分ではそれを肯定できず、自分は詐欺師なのではないかと感じる心理状態を指す）に陥っていることを表明するのである。実際、ある新興企業を経営している容姿にも才能にも恵まれた若い女性が、発言する機会を与えられると、まずそのようなことを述べた。自分は、多大な業績を残してきた立派な女性たちと同席できるような人間ではないのではないかと不安を感じている、と。すると聴衆は、そう言った彼女の勇気を称え、温かい拍手を送った。つまり、女性は自信を持つ必要があるといいながら、ほかの女性を味方につけるには、自分にはまったく自信がないことを示したほうがいいらしい。あたかも、ほかの女性に攻撃されるのを怖れているかのようにしていたほうがいいのである。やがて質疑応答の時間になると、ある女性が、職場での最大の問題はほかの女性にあると思っている人はこの会場にいないのか、と尋ねたが、この参加者は自ら進んで名乗ろうとはしなかった。

この会議では、参加を求められた数少ない男性の一人として、私も「女性の昇進を重視すれば男性の出世を妨げることになるのか？」というタイトルの討論会に参加した。その司会を務めたのは、《デイリー・テレグラフ》紙の記者だった。ほかのパネリストには、女性を支持する議員グループの代表を務めるイギリスの下院議員クレイグ・トレイシーや、《デイリー・テレグラフ》紙の「最高人材活用責任者」を務める女性、ＪＰモルガンの「女性顧客戦略イギリス担当部長」がいた。この討論会でも、会場の総意は、ほとんどの公開討論で見られる総意と変わらなかったが、私としては、こうした総意はぜひとも破壊しておく必要があった。

なかでも指摘しておきたかったのが、「権力」の問題を中心に混乱が見られる点である。これまでの議論はみな、職場などでの関係が権力の行使を中心に構成されているという思い込みを軸としている。こうした主張をする女性はみな、知ってか知らずか、フーコーの世界観を受け入れている。人間関係を理解するうえでもっとも重要な視点が権力である、とする世界観である。だが、ここで注目すべきなのは、誰もがそれに同意しているように見える点だけでなく、これらの女性が、ある一種類の権力にのみ目を向けている点である。その権力とは、歴史的に見て、主に高齢の裕福な白人男性のみが担ってきたとされる権力である。「組織や企業を支配する男性」の行為を非難したり揶揄《やゆ》したりすると受けがいいのはそのためだ。そこには、社会的公正という壮大なジューサーを使って、支配的な男性を押しつぶしてしまえば、その日、会場にいたような女性たちが、そこから絞り出された権力を飲み干すことができる、という思い込みがある。つまり、社会的公正という思想を利用して、もっと権力を持つにふさわしい人々を養い育てるべきだ、という発想である。

これは深刻な状況である。私は、自分が発言する機会を与えられると、こうした誤解により議論が制限されていると主張した。人間関係を支配する最大の力は（愛などではなく）権力であることを（本来なら認めるべきではないが）認めたとしても、なぜ一種類の権力だけにしか目を向けないのか？　確かに、男性が女性に対して行使できる権力は、レイプなど、いくつもある。主に白人の高齢男性が、成功できない人々（そこには成功できない女性も含まれる）に対して行使できる権力もある。だがこの世には、それ以外の権力もある。歴史的に見れば、高齢の白人男性が持つ権力だけが、人間関係を支配してきたわけではない。たとえば、女性のみが行使できる権力というのもあるのではないか？　私がそこまで言うと、「どんな？」と尋ね返された。ここまで来たら、もう引き返せない。

女性のみが行使する権力のなかで、もっとも疑う余地がないのは以下のようなものである。すべての女性とは言わないまでも、多くの女性には、男性にはない能力がある。異性を夢中にさせる能力、あるいは異性を混乱させる能力である。男性を破滅させるだけでなく、男性を自滅に追い込む能力もある。一〇代後半から二〇代の若い女性には、ほとんど何をすることもなく、この世のあらゆるものを手に入れ絶頂の極みにある男性をとりこにし、苦しめ、そんな男性に愚かなふるまいをさせ、ほんの一瞬でその一生を台なしにしてしまう力がある。

この会議ではその前に、新興企業を経営している若い魅力的な女性が、出資者を探しているときに、出資をしてくれそうな男性から言い寄られたことが何度かあったという話があった。そのときの会場は当然のごとく、舌打ちに満たされた。それが権力の乱用にあたるからだ。だがそこには、舌打ちの陰に隠れて語られることのなかった事実、語られることのなかった偽善がある。舌打ちをした人も含め、会場にいた人はみな、当の女性が何らかの権力を行使しなかったと断言できるのか？　彼女が国際的なモデルに匹敵するほどの美貌を備えておらず、（同じように才能や機転に恵まれていたとしても）ジャバ・ザ・ハット（訳注／映画『スターウォーズ』に出てくるナメクジの姿をしたキャラクター）にそっくりな容姿だったとしたら、あるいはみすぼらしい姿の高齢の白人男性だったとしたら、それでもそれほど多くの資金を集められたと断言できるのか？　私は何も、彼女の実務能力をおとしめたいわけではない。確かに、今後もそのような出資者に近づかなければならない可能性があるのに、それに挫折することもなかったと言えば、当の女性の能力をおとしめることにはならないかもしれない（言い寄った男性が罪を免れることもない）。だが、ほかの条件が同じであれば、魅力的な人物のほうが魅力的でない人物よりも出世や成功に恵まれることは、調査により繰り返し証明されている。身体的魅力に、若い女性という要素が加われば、その効果は取るに足りないものと言えるのか？

彼女に出資した男性のなかには、たとえ彼女との間に何も起こらなかったとしても、彼女との投資面談を、高齢の白人男性との投資面談より多少は楽しみにしていた、という人もいたのではないのか？　これは、あまり認めたくはないが、一種の権力なのではないか？　現在、言及できる範囲内では否定されることも利用されることもないが、それでも世界に存在する権力なのではないか？

だが、そんな主張がこの会場で温かく受け入れられることはなかった。それは、参加者が聞きたがっている内容とはまったく違う。私がこの会場では評判がよくない主張をさらに展開しようとすると、《デイリー・テレグラフ》紙の最高人材活用責任者が、私が触れようとしていた問題についてこう述べた。職場での不適切な行為は、重視すべき問題である。多くの女性が、そのようなひどい経験をしている。この会場にいる女性のなかにも、そんな経験をした人がたくさんいるに違いない。だが、男女の関係に関する問題の解決は、いずれもきわめて簡単である。《#MeToo》運動の結果、あらゆる問題が明らかになった。男性は、適切な行為と不適切な行為があることを理解する必要がある。この両行為の区分が最近になって変わったのは事実だが、道徳観はある意味では、時代とは関係のないものであり、常に自明である、と。

私は常々、職場で働いている人たちは誰でも、この問題がそれほど単純ではないことを知っているのではないかと思っている。そこで、「同僚をコーヒーに誘ってはいけないのですか？」と疑問を口にしてみた。すると最高人材活用責任者は、これはどちらともいえない事例だが、二回以上コーヒーに誘うのは明らかな問題だという。「男性は、『ノー』と言われたら『ノー』なのだと理解すべきだ」。そしてさらに、道徳規範の一つのよりどころとして、こう主張した。「母親の前でしないようなことはしない」。だが、大人が普段の生活のなかでしている行為のなかには、母親の前ではしないだろうが社会的には容認されている、完璧に合法的で楽しいことがたくさんある。ささいなことにこだわりすぎなのではないだろうか？　だが、最高人材活用責任者はこう繰り返した。「さほど難しいことではない」。

果たして本当にそうだろうか？　この会場にいる女性も、そこにいない大多数の女性も、それほど単純ではないことをよく知っているはずだ。たとえば、かなりの割合の男女が、将来の伴侶と職場で出会っている。インターネットの登場により男女の交際は大きく様変わりしたが、最近の調査を見ても、男女の一〇～二〇パーセントはいまだに、職場で結婚相手を見つけている。この会場にいるような成功した女性たちは、仕事に偏ったワークライフバランスを持っていると思われる。それを考えれば、そのほかの社交の場よりも職場で過ごす時間のほうが多くなる。それなら、人生の伴侶の候補を提供してくれるこの重要な場を利用したほうが賢明なのではないか？　それとも、職場の最高人材活用責任者が認めるごくわずかな可能性に賭けるほうが賢明なのか？　後者を選べば、以下のようになる。あらゆる男性は、職場でたった一人の女性を追い求める。その女性のことは、一度しかコーヒーやお茶に誘えない。そのため、その一度きりの機会を一〇〇パーセント確実にものにしなければならない。それが、男女の関係をまとめる賢明な方法、適切な方法、あるいは本当に人間味のある方法といえるのか？　私がそう指摘すると、言うまでもなく会場の大半の女性は笑った。というのは、それがばかばかしいからだ。笑える話だからだ。それでも、それが現代の職場の決まりなのである。

二〇一八年一二月、経済・金融情報を配信している《ブルームバーグ》が、金融業界の上級管理者に聞き取り調査を行なった。金融業界は紛れもなく、男性が支配する分野である。顧客サポートのスタッフを除けば、どの主要分野でも男性が大半を占めている（注14）。だが、上級管理者の男性の考え方にはきわだった特徴が見られた。金融業界の上級管理者三〇人以上に調査を実施したところ、男性はもはや、女性の同僚と一緒に食事をしようとは思わなくなっていた。また、飛行機で女性の同僚の隣に座るのを嫌った。さらに、ホテルの部屋を予約する際には、女性の同僚とは違う階の部屋を選び、女性との一対一の会談は避けているという（注15）。

職場での男性の態度が本当にこうだったとしても、こうした職場でのあらゆる礼儀作法が、誰にとっても明らかだとか納得できるということにはならない。それは、確立されるべきとされるルールが、つい最近になって入り込んできたからに過ぎない。おとといまでは、普遍的とされる規範になど従ってはいなかったのだ。こうした事態の背後には、《ブルームバーグ》の調査に見られるような意識がある。それは、自分が信用できないのではなく（自分が信用できない場合もあるかもしれないが）、他人の主張（女性が男性の同僚と二人きりでいたときの女性側の言い分など）が信用できないという意識である。職場の礼儀作法を理解するのが簡単だというなら、どうしてこれほど問題が複雑化することになるのか？

ロンドンでの会議に話を戻そう。その会議で注目すべき出来事の一つが、最後の討論で、つい最近までリベラルアーツ・カレッジのキャンパス内に限られていたテーマが取り上げられた点である。《女性は本気である》会議はお決まりのように、「特権」に関する議論で締めくくられた。特権を持っているのは誰か？　特権を持つべきなのは誰か？　特権を公正に割り当てるにはどうすればいいのか？

現在ではこうした討論がよく行なわれているが、それを見聞きするたびに納得できないことがいくつもある。そのなかでも特筆すべきなのが、特権は信じられないほど定義が難しいという事実である。数値化することもできないと言っていい。たとえば、ある人は、多額の遺産を相続することで「特権」を手に入れるかもしれない。だがほかの人は、その同じ特権を厄介なものと思うかもしれない。あまりに早い時期に大金を手に入れ、成功や出世への意欲をそがれてしまった、ということもあるからだ。あるいは、多額の遺産を相続してはいるが生まれつき障害を持っている人と、何の相続遺産もない健常な人とでは、どちらが特権を持っているといえるのか？　誰がそれを判断できるのか？　それを判断する際には誰を信用すればいいのか？

このように、特権についてはさまざまな序列や階層を考えることが可能であり、そこにあらゆる人々を含められるだけでなく、その人たちの今後の人生にあらゆる解釈を施せる余地さえある。

特権に関しては、ほかにも問題がある。他人の特権には気づくが、自分の特権には気づかない、あるいは気づこうとしないという問題である。この会場の女性たちは、どう見ても大衆の最上層を構成している。歴史的に見て最上層にいるだけでなく、彼女たちが現在暮らしている国、都市、地域にいる人々のなかの最上層でもある。この女性たちは、多額の俸給を稼ぎ、無数のコネを持ち、大半の白人男性が一生の間に手に入れるよりも多くのチャンスを、わずか一カ月ほどで手に入れている。それでも、特権が問題として繰り返し取り上げられている。そこには、特権は自分以外の人が持っているものという思い込みがある。

アンコンシャス・バイアス研修＋インターセクショナリティ

この問題は必然的に、果てしない階層化と自己免責という手に負えないプロセスの最終目的地へと至る。つまり、「インターセクショナリティ」の問題である。《デイリー・テレグラフ》紙の最高人材活用責任者は、私がそれを取り上げる前にこの話題に踏み込み、以下のように主張した。――あらゆる面において、アイデンティティの重なりを考慮すべきだ。というのは、現行の序列のなかで、権利を与えられ、支援を受ける必要があるのは、女性だけではないからだ。援助を受けるべき社会的弱者はほかにもいる。会場にいるある参加者が、難民の存在を教えてくれた。どんな場合であれ、こうした人たちの声を埋もれさせてはいけない。このような主張は、無限に幅を広げていくことができる。たとえば、障害を持っている人がいる。鬱《うつ》状態に苦しんでいる人がいる。容姿が美しくない人がいる。ゲイの人がいる――。

するとＪＰモルガンの女性が、自社が無意識の偏見を矯正する「アンコンシャス・バイアス研修」を義務化した理由も、まさにその点にあると述べ、こう続けた。現在では、それをより幅広く制度化すべきだという点で、おおむね見解の一致が見られる。私たちの脳はあまりに複雑なため、その奥深くに眠っている性向や偏見に気づかない場合がある。こうした根深い偏見により、女性より男性のほうが好き（あるいはその逆）、ある肌の色よりほかの肌の色のほうが好き、というようなことが起こる。宗教や性的指向により、求職者を不採用にしたという人もいるだろう。そのためＪＰモルガンでは、「アンコンシャス・バイアス研修」を利用している。私たちの考え方を変えるため、これまで無意識に従ってきた偏見を改め、払拭し、矯正するために、そのような研修を利用する銀行や金融機関、民間企業や公営企業は増加しつつある、と。

この議論には、驚くほど奇妙な点が一つある。それは、まず間違いなく、《デイリー・テレグラフ》紙の読者は、こうした議論すべてを嫌っているはずだ、という点である。イギリスでは同紙は、保守系右派の新聞と見なされている。その読者は、変化を好まず、何ごともおおむね同じ状態が続くことを好むと言っていい。一方、アンコンシャス・バイアス研修は、同じ状態が続くことを妨げようとする事柄の最上位に位置する。そこが重要なポイントである。この研修は、あらゆる事態を変えようとしている。それが、保守系の新聞や、ウォール街やロンドン金融街の一流企業だけでなく、政府の心臓部においても、中心的な位置を占めるようになった。二〇一六年にはアメリカ政府の人事局が、従業員全員にアンコンシャス・バイアス研修を受けさせる計画を発表した。対象となる人数は、二八〇万人に及ぶ（注16）。イギリス政府も、全員を対象に、偏見を矯正し「多様性を育む」同様のプロセスを導入すると表明している。

これらの研修の内容はそれぞれ多少異なるが、いずれも、ハーバード大学が作成した潜在連合テスト（ＩＡＴ）に準拠している。このＩＡＴは、一九九八年にインターネット上に公開されて以来、無意識の偏見の有無を確かめるため、三〇〇〇万人以上に利用されている（注17）。当人が自分の「内集団」としてどのような人を考え、自分の「外集団」としてどのような人を考えているかを判断するのである。これまでに学術論文に何千回も引用され、いまでは間違いなく「無意識の偏見」を判断するもっとも有力な手段と見なされている。

それは、一つの事業と化しつつある。二〇一五年にはロンドンの王立技芸協会が、無意識の偏見に対処するため、選考・任命委員会のメンバーに研修を行なうことを発表し、その内容を説明する動画を公開した。そのなかでは、主に四つの行為が推奨されている。意思決定に意識的に時間をかける、意思決定の理由を再検討する、文化的な固定概念を疑問視する、無意識の偏見を相互に監視する、の四つである。だが、これはすべて、特定の結果をあらかじめ仮定しているともいえる。たとえば、ある文化的な固定概念が疑問視された場合、それでもその固定概念を固持できるだろうか？　おそらくはできない。無意識の偏見を相互に監視して何も見つからなかった場合、それは失敗なのか成功なのか？　それは、全員がすばらしい美徳の持ち主だということなのか、誰も偏見の兆候を見きわめられなかったということなのか、それとも、全員が詐欺師だということなのか？　アンコンシャス・バイアス研修の支持者は、それを通じて従来の考え方を「疑問視」すると主張しているが、実際には「疑問視」するのでなく、従来の考え方を「変える」ことを意味している。

どんな職業であれ、これまでに多くの求職者の面接をしてきた人なら誰でも知っているように、面接で重要なのは「第一印象」である。「第一印象を与えるチャンスは二度とない」といった標語が巷《ちまた》にあふれているのは、そのとおりだと幅広く認識されているからにほかならない。第一印象を生み出すのは、容姿や服装、握手の際の手の握り方だけではない。その人が発しているあらゆるシグナルや雰囲気が、それに影響を及ぼす。そして、その第一印象に対して、私たちはときに、偏見に基づいて即座に判断を下す。だが、その偏見がすべて悪いわけではない。たとえば、大半の人は、目をきょろきょろさせている落ち着きのない人に対して嫌悪感を抱く。そのような思い込みは「偏見」といえるのか、それとも、それは進化の過程で本能により組み込まれた正当なものであり、排除すべきではないものなのか？　もっとわかりやすい事例を挙げよう。小規模な企業の経営者が、三〇代後半の女性の面接を行ない、この女性は今後数年以内に妊娠するかもしれないと思ったとする。そのとき、経営者はどう考えるだろう？　もちろん雇用法に従えば、経営者はそのような点を考慮すべきではない。だが、経営者には、そのような求職者に対する直感的な偏見があるかもしれない。雇用法は、そのような考え方を変えようとしているのだろう。だが、この女性を雇えば、わずかな期間働いただけで産休に入ってしまい、戻ってくるかどうかもわからない女性のために産休手当を会社が負担する、といった事態にもなりかねない。そう考えると、経営者がこの女性に対して抱いた偏見は、まったく不合理なものとはいえない。

既存の偏見について自分をテストすれば、特定の背景を持つ人物や力強く権利を訴える女性などへの根深い不信感を払拭できるかもしれない。だがその一方で、自分のあらゆる本能に不信感を抱くことにもなる。本能は、間違った方向へ自分を導く場合もないわけではないが、たいていは、自分に正しい道を示してくれる唯一のよりどころでもある。

それに、人間の感じ方は日によって変わることもあり、ＩＡＴを受けた人々もそれに気づいている。それどころか、無意識の偏見という考え方そのものも、批判にさらされている。実際、ＩＡＴの開発に携わった人々でさえ、それが基準として利用されている事態に懸念を表明しているのである。企業や政府、学術機関、そのほか無数の場所でＩＡＴが活用されるようになると、ハーバード大学でこのテストを開発した三人のうちの二人が、このテストでは所期の目的を十分な精度で達成することはできない、と公の場で認める発言をした。また、残りの一人であるバージニア大学のブライアン・ノセックも、このテストでどれほど有意義な測定ができるのかといった点に誤解がある、と公の場で語り、さらにこう指摘している。このテストに対する「不正確な解釈」がまかり通っているが、個人の偏見については、「ある程度の不変性はあるが、高い不変性があるというわけではない。私たちの心はそれほど安定したものではない」(注18)。さらに言えば、こうした試みが何の役にも立たないことを示す証拠は山のようにある。たとえば、選考委員会に女性を増やしたとしても、女性が職を得る機会が増えるわけでない(注19)。

つまりこの分野は、十分な研究が行なわれていないにもかかわらず、すでに政府や企業で本格的に展開されているのだ。そのような状況でも大した害はなく、この未熟な分野への案内役となる専門家を雇うのに高額の費用がかかる程度の損害ですむのだろうか？　それとも、あらゆる政府職員やビジネスマンの考え方を改めようとする試みにより、いまだ誰も想像しないような影響があるのか？　その答えは誰にもわからない。

このようにアンコンシャス・バイアス研修は、中途半端な理論が確固たる事業計画に採用された一例と言えるが、それが土台にしている理念は、それどころの騒ぎではない。《女性は本気である》会議では、《デイリー・テレグラフ》紙の最高人材活用責任者が、企業だけでなくもっと幅広い社会でも、インターセクショナリティを考慮したアプローチを採用することが重要だと熱心に訴えていた。これは、会場の女性たちのある疑問に応える形で発言されたものだった。その疑問とは、少数民族や難民、亡命希望者などは、権力を持つ人々から何かを奪われているグループのリストのどこに位置づけるべきか、というものである。

最初に断っておかなければならないが、インターセクショナリティには「アンコンシャス・バイアス研修」と同じように、確固たる科学というイメージがあるが、実際には科学などではない。学者兼フェミニズム作家のベル・フックス（本名はグロリア・ジーン・ワトキンス）やペギー・マッキントッシュなど、インターセクショナリティの創始者たちは、欧米の民主主義国には、「支配のマトリックス（訳注／社会のなかでさまざまな不平等が交差する構図）」のなかで構造的に抑圧されているさまざまなグループ（女性、少数民族、性的マイノリティなど）もいる、と主張したに過ぎない。それをもとにインターセクショナリティ支持者が推進しているのは、学術といえるものではなく、むしろ政治プロジェクトである。そのなかでは、一グループの利害が、これらのグループすべての利害として表現される。そして、権力を握っているとされるピラミッド最上層の共通の敵に団結して対抗すれば、未来はよくなると主張する。また、インターセクショナリティは熟慮された思想ではない、というだけではない。数々の過ちを含んでいるうえに、どこかで有意義な期間にわたり有意義な方法で検証されたこともない。この哲学の分野のなかではもっとも薄っぺらな土台しかなく、それを支える主要著作もない。この問題については、いまだ検証されておらず、その土台に確固たる思想構造を持っていない思想はいくらでもあるではないか、と反論する人がいるかもしれない。だが、そのような場合、あらゆる教育機関やビジネスの場など、社会全体にその概念を展開しようとすれば、厚かましいと見なされ、愚かだといわれるのが普通だ。

いままでは、重要な地位にいて多額の報酬を受けている多くの人々がこの理論を支持しているが、この「インターセクショナリティ」を考慮したアプローチはどこで、どのように機能するというのか？　実際、《女性は本気である》会議の会場のなかでさえ、インターセクショナリティは解決不可能な問題を投げかけている。この会場にいる女性はすべて、出世や昇進による恩恵を受けている。このうえなく楽しい生活を送っている女性も多い。そのうちのどれだけに、肌の色、性的指向、階級の違う人にその地位を提供するつもりがあるのか？　またその女性たちは、いつ、どのようにそうするつもりなのか？　この女性たちが一歩退き、ほかの人を前に押し出すことで優遇される人の多くは、実際には、その女性たちと同じように安楽な生活を送っている人だというのに、女性たちはいつ、どこでその事実に気づくのか？

近年、インターセクショナリティが人気を博するにつれ、それを考慮したアプローチを導入している職場では、きわめて奇妙な状況がいくつも生まれている。それらが展開される順序にはそれぞれ違いがあるかもしれないが、内容そのものに違いはない。今後は、あらゆる主要都市の企業で、女性や有色人種の従業員を高い地位に昇進させようとする協調的な取り組みが行なわれることになるだろう。だが、男女間や人種間の賃金格差を明らかにしなければならない企業や政府機関がますます増えると、興味深い新たな問題が発生する。現在イギリスでは、二五〇人以上の従業員を抱える組織はすべて、男女間の平均賃金格差を公表しなければならない。二〇一八年には複数の国会議員が、五〇人以上の従業員を抱える企業にまで同様の規定を拡大すべきだと提案している（注20）。そうなると、新たな問題を調べるための官僚組織を創設しなければならなくなる。

たとえば、新たな問題を示すこんな事例がある（登場人物の身元は明かせないが）。私の知人のイギリス人がつい最近、ある大企業に就職した。その会社の給料は、最初からきわめて高額だった。だが、仕事を始めてまもなく、上司から当惑するような申し出があった。以前提示した額より多い給料を受け取ることになってもいいか、というのである。その当時は会計年度末が迫っており、会社は、人種割当やジェンダー割当に関する無数の数値や統計の基準を満たそうと努力していた。だが困ったことに、多数派の人種と少数派の人種との給与格差が基準を満たしていないことが明らかになった。そのため、年度末の給与格差の基準を満たすために、その人の給料を大幅に上げてもいいか、と尋ねてきたのだ。その人は、思慮分別のある賢明な人物だったため、この厄介な事態から雇用主を救うため、給料を上げることに快く同意したという。

これは、割当へのこだわりが生んだ、実に滑稽な事例だといえる。だが、これほどばかげてはいないにせよ、同様の事例はどの会社でも見られる。たとえば、有色人種や女性、性的マイノリティの従業員の昇進に一丸となって取り組んでいる会社は、どこでも必ず、以下のような展開を経験する。そのような会社で昇進する人たちというのは、比較的優遇されている可能性が高い。たいていの場合、こうした人々はすでに、制度による恩恵を受けている。あるいは、そのなかには、裕福な家庭に生まれ、私立の学校に通い、最高の大学を卒業した女性がいるかもしれない。そんな人たちにも支援が必要なのか？　そうかもしれない。だが、そのために犠牲になるのは誰なのか？

同様の事例はほかにもある。たとえば、職場環境を「多様化」するため、性的マイノリティや少数民族の従業員は「差別をなくすための優遇措置」を受けたが、それにより最初に恩恵を受けたのは、社会でもっともひどい扱いを受けている人たちではなかった。これは、政党内で起こったことと同じ現象である。イギリスの保守党は、少数民族の国会議員の数を増やそうと、きわめて才能に恵まれた人物を数名迎え入れたが、その一人は、イギリスの名門イートン校に通っていた黒人であり、もう一人は、ナイジェリアの副大統領のおいだった。労働党もやはり、バングラデシュの首相のめいを議員候補に選んでいる。

政治の世界で起こることは、民間企業や公営企業でも起こる。多様性を性急に推進すれば、その目標を手っ取り早く達成できる立場にいる人々を雇用・昇進させることになる。このような場合、その恩恵を受けるのはたいてい、自身のマイノリティ・グループのなかだけでなく、あらゆるグループのなかでももっとも優遇されているような人々である。こうした雇用アプローチを採用しているヨーロッパやアメリカの企業では、どこでもそんな話を聞く（ただし、そのような話が大声で語られることはない）。というのは、こうした企業は徐々に、インターセクショナリティを考慮したアプローチにはコストがつきものであることに気づきつつあるからだ。そのため企業では、男女や民族の多様性は高まっているが、階級の多様性はこのうえなく低い。つまり企業は、新たな序列を生み出しているだけなのだ。

序列は絶えず変化する。現在の序列は必ずしも過去と同じではなく、この序列が将来も変わらないとはかぎらない。インターセクショナリティの支持者は、異常なほど迅速に、アンコンシャス・バイアス研修などを社会に浸透させた。この思想は、そのままビジネスの世界にまで流れ込み、新たな序列を確立した。その序列には、これまでのあらゆる序列と同じように、抑圧する階級と抑圧される階級がいる。あるいは、高潔であろうと努める人々と、高潔でない人々を啓蒙する地位にある人々（「最高人材活用責任者」）がいる。この新たな司祭階級は、いまのところは、自分たちが思う社会の仕組みを広めるのに、みごと成功している。

だがそこには、巨大な落とし穴がある。この理論は、十分な検証も成功の実績もないまま社会に組み込まれている。それだけではない。この新たな制度は、私たちがいまだ理解に至っていないグループ・アイデンティティをもとに構築されている。つまり、意見の一致にはほど遠いものを土台にしているのだ。これは、男女間の関係の問題全般にも、私たちがかつて「フェミニズム」と呼んでいた問題にもあてはまる。

フェミニズム運動の波

こうした混乱が生まれた原因の一つは、フェミニズム運動の第一波と第二波が驚異的な成功を収め、その後の運動が重度の「隠居後の聖ゲオルギウス」症候群に陥ったことにある。

フェミニズム運動のどの波がいつ起こったかという問題については、さまざまな場所でさまざまな時代に起こったと認識されているため、明確な答えはない。だが一般的には、フェミニズム運動の第一波は一八世紀に始まり、女性の参政権が認められるまで、あるいは一九六〇年代まで（学者の見解により異なる）続いたと考えられている。第一波は、目的が明確であり、主張もはっきりしていた。メアリ・ウルストンクラフト（訳注／一八世紀後半のイギリスの社会思想家、フェミニズムの先駆者）の活動から婦人参政権運動に至るまで、いずれも平等な法的権利の要求を特徴としている。男女異なる権利ではなく、平等な権利である。そこには、参政権はもちろん、離婚を申請する権利、子どもに対する平等な親権、平等に遺産を相続する権利などが含まれる。これらの権利を獲得するための闘いは長きにわたったが、最終的には成功した。

一方、一九六〇年代に始まったフェミニズム運動の波は、これら基本的な権利の陰に隠れていまだ解決されていなかった重要事項に対処するものだった。女性が望みの職業につく権利や、そのための支援を受けられる権利などである。アメリカではベティ・フリーダン（訳注／一九六〇年代後半からのアメリカのウーマンリブ運動を牽引《けんいん》した作家）らが、女性が教育を受ける権利とともに、職場で産休や育児支援を受ける権利を主張した。これらのフェミニストはまた、避妊や中絶に関する生殖権や、結婚後および離婚後の女性の安全も要求した。その目的は、生活の場や職場において、女性に男性と同等の機会を与えることにあった。

こうして数世紀の間に二つか三つの波（どの地域でどのように数えるかによって異なる）を生み出してきたフェミニズム運動は、一九八〇年代になると、ポルノグラフィに対する立場など、ニッチな問題をめぐって内部分裂を起こした。すると、その後に現れたフェミニスト（一般的には第三波と呼ばれる）も、二〇一〇年代にそのあとを継いだ第四波のフェミニストも、ひときわ目を引く言辞を弄するようになった。だがむしろ、平等を求める主要な闘いが終わったいま、あとは残りの問題を一掃するだけであり、もはや事態はこのうえなく好転している。そんな現実に主張のトーンを合わせることが求められていたのではなかったか？

ところが、そんな方向には進まなかった。ここ数十年間のフェミニズム運動はまるで、駅に停車した直後に蒸気圧を高め、線路を一気に爆走していく機関車のようだった。一九七〇年代以降、フェミニズム運動に新たなテーマが組み込まれ、いくつもの独特なスローガンが提示された。その最たるものが、フェミニズム運動は勝利の寸前で敗北しようとしている、というものだ。

一九九一年には、スーザン・ファルーディが『バックラッシュ――逆襲される女たち』（訳注／邦訳は伊藤由紀子・加藤真樹子訳、新潮社、一九九四年）を刊行した。その一年後には、一九七七年にベストセラーとなった『背く女――女の生き方を変える本』（訳注／邦訳は松岡和子訳、パシフィカ、一九七九年）の著者マリリン・フレンチが、『The War Against Women（女性に対する闘い）』を発表した。ベストセラーとなったこの二つの著書はいずれも、女性の権利を勝ち取りはしたものの、その前進を押し戻そうとする組織的活動が進行しているという主張をテーマにしている。平等はいまだ達成されていないが、男性たちはそれが達成されることに怖れを抱き、すでに女性が勝ち取った権利さえ奪い去ろうとしている、というのだ。四半世紀ぶりにこれらの著書を再検討してみれば、その主張がいまや完全に受け入れられている一方で、その内容は明らかに混乱していることが見て取れる。

ファルーディは、世界中でベストセラーとなったその著書のなかで、こう指摘している。欧米社会のほとんどの領域で、「女性に対する宣戦布告なき戦争」が行なわれている。それは、メディアや映画、テレビや衣服、学界や政界、経済学や大衆心理学など、どこにでも見られる。これはつまり、「平等」の追求を「やめさせ、それを逆転さえさせようとする圧力が高まっている」ことを意味する。この反動は、明らかな矛盾をいくつも抱えている。たとえばそれは、組織的でありながら「組織されていない運動」である。「組織化されていない」ために「気づきにくく、よりいっそう効果を発揮している」。イギリスなどで公的支出が削減されてきた過去一〇年にわたり（言うまでもなく、イギリスでそれを実施したのは女性の首相である）、「反動は追従や不安という通路をたどり、文化の秘密の部屋を通り抜けていった」（注21）。そのため、あらゆる人々の目の前で女性に対する闘いが繰り広げられているのに、指摘されなければ誰もそれに気づかない。

一方フレンチは、前述した著書の冒頭でこう断言している。「証明されている事実」によれば、人類はおよそ三五〇万年もの間、男女が平等の社会に暮らしてきた。実際には、当時は平等どころか、男性よりも女性のほうが地位が高かったらしい。一万年ほど前からは、「平等主義的な調和と物質的な幸福」の社会になったというが、やはり男女は仲よく暮らしていた。ところが、紀元前四〇〇〇年紀以降、男性が「男権社会」を確立した。「力による男性優位社会」である。女性の立場は「それ以来ずっと下り坂である」。女性は「おそらく」最初の奴隷であり、それ以降「徐々に権力を奪われ、おとしめられ、従属させられてきた」。過去四世紀の間に、このような事態が手に負えなくなるほど悪化し、男性（「主に西洋の男性」）が「自然やそれを連想させる人々、つまり有色人種や女性の支配を強化」することになったのだ（注22）、と。

フレンチは、フェミニズムを「女性の団結や女性の視点を通じてあらゆるグループの女性の運命を改善する試み」と定義し、こう主張している。男性は「一つの社会階層として（中略）フェミニズムを打倒する方法を模索し続けている」。また、フェミニズムの勝利の証《あかし》を奪い取ろうとしている（フレンチはその一例として「合法的中絶」を挙げている）。さらに、働く女性の上に「ガラスの天井」を設け、女性を「完全に従属的な地位」に戻す運動を生み出そうとしている。それらが、「女性に対する世界規模の闘い」を引き起こしている（注23）。

そしてフレンチは、それらの主張に反する証拠がいくらでもあるというのに、何の良心の呵《か》責《しゃく》もなく男性を過度に単純化・一般化し、「男性が団結する地盤は、女性に対する抵抗しかない」と断言する（注24）。その一方で、フェミニストの要求も同様に単純なものだと考え、こう続けている。フェミニストが「男権社会」に異議を唱えるのは、「女性も権利を持つ人間として扱われるべきだ」と要求しているからに過ぎない。「男性は自由に女性を殴打・強姦・切断・殺害するべきでない」という要求もその一つだ、と（注25）。だが、それに反対するどんなモンスターがいるというのだろう？　そもそも、女性を自由に殴打・強姦・切断・殺害する男権社会の一員というのは、誰のことなのか？

フレンチの主張に従えば、問題があるのはどこからどう見ても男性ということになる。女性が何らかの前進を果たすたびに、男性は「力を総動員してそれを後退させようとする」。女性に対する男性の暴力は、偶然でもなければ、ほかの何らかの要素（その可能性があるものは無数にある）の副産物でもない。むしろ「女性に対する男性の暴力はすべて、殴打・監禁・切断・拷問・窮乏・強姦・殺人」などを推進する「組織的活動の一環」なのである（注26）。

男性は、女性を打ち負かす幅広い継続的な活動の一環として、そのような行為に駆りたてられる。それだけでも十分にひどい話だが、フレンチはこうも述べている。さらに悪いことに、男性はやはり組織的に、「生活のあらゆる領域で女性が不利な条件下に置かれる」ようにしている。つまり男性は、教育・労働・医療・法律・性・科学など、想像しうるあらゆる分野で、女性に対する組織的闘争を展開している。そこには、「母親としての女性に対する闘争」も含まれる（注27）。

続いてフレンチは、こう論を進める。このような男権社会では女性は、女性に対する闘争だけでなく、戦争についても憂慮しなければならない。比喩的な意味ではない、文字どおりの戦争である。戦争はそれ自体が、反女性的だ（注28）。それに関する言葉から行動まで、戦争は男性的な行為であり、そういうものとして女性と対立する。というのは、フレンチの著書の末尾で述べられているように、女性は平和を体現する存在だからだ。男性が戦争をするのに対し、女性は平和運動を展開する。アメリカでは一九八〇年、女性がペンタゴンを取り囲んで《女性ペンタゴン行動》を実施し、「軍国主義は性差別だ」と訴えた。イギリスでも、女性がグリーナム・コモン空軍基地で《女性平和キャンプ》を展開している。これはいいニュースだ。そしてフレンチは最後に、読者を奮起させるようにこう述べる。「女性はあらゆる戦線で反撃に出る」（注29）。

フレンチが著書に記している主張の多くは、扇動的であり、歴史的事実を反映していない。自分で枠組みを設定し、あらゆるものをそれにあてはめて解釈している。そのなかでも特に際立っているのが、フレンチが全編を通して主張している二分法である。つまり、いいのはすべて女性、悪いのはすべて男性、という構図である。

フレンチやファルーディらフェミニストは、こうした思想を植えつけるのに大成功しただけでなく、ある行動様式を確立した。フェミニズムの成功は、いかに主張を歪め、誇大に表現するかにかかっている、という見解に基づく行動様式である。こうして次第に、極端きわまりない主張が標準となった。それには、男性に対する主張だけでなく、女性に対する主張も含まれる。そのような極端きわまりない主張が、新たな世代のフェミニストが行なうあらゆる主張に紛れ込むようになった。たとえばナオミ・ウルフは、一九九〇年に出版されてベストセラーとなった著書『美の陰謀――女たちの見えない敵』（訳注／邦訳は曽田和子訳、ＴＢＳブリタニカ、一九九四年）のなかで、こう述べている。フェミニズム運動が果たした成果や分析により、女性が以前より幸せになったのは事実だが、別の意味では、文字どおり死に瀕しているともいえる。アメリカだけでも年間およそ一五万人の女性が、拒食症関連の摂食障害により死亡している、と。だが、クリスティーナ・ホフ・ソマーズら無数の学者がのちに証明しているように、ウルフが提示した数字は、実際の数字を数百倍も上まわっている（注30）。誇張や悲劇化が、フェミニストがいつでも自由に利用できる手段と化しているのである。

これらのフェミニズム運動が植えつけたものとしては、そのほかに男性憎悪がある。男性憎悪は、初期のフェミニズム運動に携わった人々のなかにも見られたが、それほど優勢だったわけではなく、支配的というほどではなかった。だが、二〇一〇年代のどこかの時点で、ソーシャルメディアの登場により、フェミニズム運動が第三波から第四波へと進化した。フェミニズム運動の第四波は、アプリを備えた第三波フェミニズム運動といえる。この第四波は図らずも、ソーシャルメディアが議論だけでなく運動をも混乱させる効果があることを証明してみせた。

たとえば、二〇一八年二月の状況を見てみよう。そのころ、自称「フェミニスト」たちがまたしても、自分たちのお気に入りのスローガンをツイッターで広めた。より多くの大衆を味方につけるためにこの人たちが考え出した最新の言葉とは、「男はくず」である。第四波のフェミニストたちは、「男はみんなくず」あるいは「男はくず」という言葉を、ソーシャルメディア上ではやらせようとしている。それをあおっている人物の一人が、『Bitch Doctrine（アバズレの信条）』（二〇一七年）という魅力的なタイトルの本や、ブログをまとめた書籍を複数出版しているイギリスのフェミニズム作家ローリー・ペニーである。ペニーは二〇一八年二月、ツイッターでこう発信した。「『男はくず』って大好きな表現。男なんて害にしかならないから」（注31）。そしてさらに、この表現がすばらしいのは以下の点にあると説明している。「男らしさという弊害のせいで、人間の潜在能力がかなり損なわれている。（中略）くずの大規模な再生プログラムが始まることを願う」。このメッセージには、《#MeToo》というハッシュタグと、複数の手を挙げている絵文字が添えられている。

ご多分にもれず、これを見た一般市民がすぐに反応し、あなたは父親との間に問題を抱えているから、そのような表現を使うようになったのではないか、と尋ねた。するとペニーは、やはりよくあるように、考え方を急旋回させた。「父はすばらしい人だった。何度も助けられたの。数年前に死んだけど、いまでも父に会いたいと思う」。それを受け、先ほどの一般市民が、「その父親は有害だったの？」と問い詰めると、ペニーはそんな質問は「不愉快」だと非難し、さらに「故人となった誰かの父親をからかうなんてよくない」と叱責した。この時点で、先のメッセージの意味は、すでに以下のようなものに変わっている。「男はみんなくず。でも、死んだ父親は例外。あなたに父親のことをとやかく言う権利はない」。そしてそれから一時間もしないうちに、さらに被害者意識を高めていく。ペニーはツイッターにこう返信している。「私はいま、虐待、脅迫、反ユダヤ主義、私が死ぬ空想、家族に対する不愉快な言動にさらされている。急に怖くなった。それもこれも『男はくずっていう表現が好き』と言ったから。世の中を変えられる可能性があるって言いたかっただけなのに」。だが実際のところ、それは最初にペニーが言った内容とは違う。ペニーは、人類の半分を「くず」呼ばわりする表現を、楽しそうに使っていた。こうしていじめの加害者のようにふるまっておきながら、いじめの被害者であると主張して身を守っている。まるで、人類の半分を無価値と切り捨てたことに対して、いかなる反論も認めないような態度である。

しかしいずれにせよ、ペニーがしばらく待っていれば、仲間のフェミニストがすぐに助け舟を出し、ペニーがその言葉を正当化したいと思っているかどうかはともかく、そんな正当化をする必要などないことを教えてくれたに違いない。というのは、その言葉は、言葉どおりの内容を意味していない魔法の言葉の一つに過ぎないからだ。そのような言葉は、日を追うごとに増えている。

男性に対する闘い

《ハフィントン・ポスト》紙の記者サルマ・エル＝ワーダニーは、署名欄に自分のことをこう記している。「エジプト人とアイルランド人のハーフのイスラム教徒。世界中を飛びまわってケーキを食べながら、男権主義の破壊に勤《いそ》しんでいる」。この記述からもわかるように、彼女もまた「男はみんなくず」という表現を好んでいる。だが、同紙に執筆した「『男性はくず』という言葉で女性は何を表現しているのか?」というタイトルの記事のなかで、こう説明している。「この言葉は、実際にはこう翻訳できる。『男らしさは過渡期にあるが、その変化の進み方がとんでもなく遅い』」。

エル＝ワーダニーはさらにこう続ける。「男はくず」という表現は、「世界中で奏でられている昆虫の優しい羽音のように」どこでも耳にする。「これは賛歌であり、(中略)戦闘ラッパであり、鬨《とき》の声である」。「社交行事、ディナー・パーティ、創作関連の集まりなど、どんなイベントであろうと、その会場に」ひとたび足を踏み入れれば、「必ずどこかからその表現が聞こえてくる。すると、そのグループの女性たちのもとへ自然と引き寄せられていく。そこに自分の仲間がいることがすぐにわかるからだ。要するにその表現は、『男性にむかついている』クラブに入るための合言葉なのである」。その言葉には、「怒り、不満、痛み、苦しみ」が凝縮されている。その痛みや苦しみは、以下の事実から生まれる。女性は絶えず理想的な女性になるよう求められるが、男性は理想的な男性になるよう求められることがない。その必要がないからだ。女性は絶えずさまざまな要求にさらされるが、「男らしさは父親から息子へと自然に受け継がれ、保護者や大黒柱といった典型的な役割から逸脱することがほとんどない」。

つまり、女性が「男はくず」と言うとき、実際にはこういう意味で使っているのだという。「あなたがたが考える男らしさは、もはや目的に合致していない。あなたがたが考え方を改めなければ、私たち全員が苦しむことになる」。学校でいえば、男性はのろまな生徒であり、「もっとさっさと行動」しろ、と言いたいのである（注32）。

とはいえ、「男はみんなくず」や「男はくず」といった言葉は、第四波のフェミニストの表現のなかでは、むしろ軽いほうである。以前は、「男をみな殺しにしろ」というハッシュタグがツイッター上で流行していた。幸いなことにその意味についても、男性のジャーナリスト兼評論家エズラ・クラインが、《ボックス》というウェブサイトで解読してくれている。それによればクラインは、このハッシュタグを目にしたり、この表現がインターネットの世界を超えて現実世界で使われたりするのを快く思っていないことを認めながらも、この表現は言葉どおりの内容を意味していないと述べ、こう説明している。当初は、自分が知っている人や「好意さえ抱いている」人が何気ない会話でこの表現を使うと、それにたじろぎ、守りの姿勢に入っていた。だがまもなく、「それが言葉どおりの意味ではない」ことに気づいた。そう主張する人たちは、目の前にいる私を殺したいとも、あらゆる男性を殺したいとも思っていない。実際には、それ以上にいい感情を抱いていた。「その人たちは、私を嫌ってもいなかったし、男性を嫌ってもいなかった」。「男をみな殺しにしろ」というのは単に、『女性にとって世界がもっとよくなればいいのに』という言葉を言い換えたもの」に過ぎない。確かに最悪の表現ではあるが、「蔓延する性差別に対する不満を表現したもの」だったのだ、と（注33）。

女性がまだ参政権を持っていなかった時代に、婦人参政権を求めて「男をみな殺しにしろ」と言えば、過激すぎると思われたことだろう。平等を求める第一波のフェミニストたちが、大衆を味方につけようとして「男をみな殺しにしろ」と言えば、精神が錯乱していると思われたに違いない。だが、その一世紀後には、先人たちが勝ち取ったあらゆる権利を持って生まれた女性たちが、運動の重要度がいまよりはるかに高かった時代よりも暴力的な言葉を採用するのが容認され、それが普通になってしまったらしい。

こうした動きは、ツイッターのハッシュタグに見られるだけではない。過去一〇年の間に、大衆の日常的な議論のなかにさまざまなスローガンが入り込んできた。その一つが「男性の特権」である。ほかのスローガン同様、これも口に出すのはたやすいが、それを明確に示すのは難しい。たとえば、「男性の特権」の一例として、最高経営責任者の地位についているのは男性のほうが多い、とよくいわれる。だがその一方で、自殺者、危険な仕事で死亡する人、ホームレスなども、男性のほうが多い（自殺志願者支援団体の《サマリタンズ》によれば、イギリスでの自殺は、女性より男性のほうが三倍も多い）。それは何を意味しているのだろうか？　これは、男性が特権を与えられていることへの反証ではないのか？　一方が他方を相殺《そうさい》しているのではないか？　そうでないなら、それぞれの問題を相殺するためにどんな制度・測定基準・期間を採用すればいいのか？　その答えは誰にもわからないだろう。

最近の男性憎悪には、もっと軽いタイプのものもある。たとえば、「マンスプレイニング」という言葉がある。これは、男性が女性に対し、見下すような横柄な態度で話をすることを意味する。確かに、男性がまさにそんな調子で話をするのを、誰もが目にしたことがあるかもしれない。だがその一方で、女性が男性にそんな調子で話をするところ、あるいは、男性がほかの男性に横柄な態度で話をするところもまた、大半の人が目にしているに違いない。それなのになぜ、これらの状況のなかの一つだけを取り上げて、それを表す言葉を生み出す必要があるのか？　「ウーマンスプレイニング」という言葉が生み出されることも、幅広く利用されることもないのはなぜなのか？　あるいは、男性が男性に「マンスプレイニング」する可能性をまったく考慮していないのはなぜなのか？　なぜ相手が女性の場合だけ、男性は女性を見下していると言われなければならないのか？　女性が男性を見下しているから、男性が女性を見下すようになる場合もあるのではないか？　現段階では、これらの問題を解決する仕組みはなく、女性だけがいつでも攻撃的な言葉を発信できる立場にある。

さらに、「男権社会」という言葉もある。これは、（主に欧米の資本主義国の）大衆は、女性やその能力を抑圧し、男性を優遇するよう不正に操作された社会に暮らしているという考え方を指す。この言葉は、もはやすっかり社会に定着しているため、現代の欧米社会が男性を中心に、男性の安楽のためにのみ運営されているという思想は、わざわざ議論する必要さえないものと見なされている。イギリスの三〇歳以上の女性が参政権を獲得してからちょうど一〇〇年となる二〇一八年には、女性向けの人気雑誌《グラツィア》が、それを記念する記事のなかでこう述べている。「私たちは男権社会に暮らしている。それだけは確かだ」。そしてその証拠として、「女性がモノとして見られている」点と「非現実的な美の基準」を挙げている。だがこれでは、男性はモノとして見られたことがなく、容姿に対していかなる基準も課されたことがないかのようだ（男性も、列車内で見知らぬ乗客にこっそり写真を撮られ、その写真を「セクシーな男性が読書」というコメントつきでインスタグラムにアップロードされることがある）。同誌の記事はさらにこう続く。「男権社会は隠蔽されている」が、「女性に対する敬意が欠けている」のは明らかだ。「それにより、男女の給与格差が生まれ、女性の就業や出世の機会が奪われている」（注34）。男性雑誌も、同様の思い込みを嬉々として採用しているようだ。たとえば、男性雑誌の《GQ》は、二〇一八年の婦人参政権獲得一〇〇周年を取り上げ、男権社会を是認する以下のような記事を掲載している。「私たちは史上初めて、男権社会の罪の責任を問われている」（注35）。

新たに生み出された反男性的スローガンのなかでも最悪なのが、「男らしさの弊害」というものだ。ほかのあらゆる表現同様、この表現も、当初は学界やソーシャルメディアのごく片隅を占めていたに過ぎなかった。ところが二〇一九年になると、それが学術機関や公共団体の内部にまで浸透してきた。同年一月には、アメリカ心理学会（ＡＰＡ）が史上初めて、会員が男性を具体的にどう扱えばいいのかを示す指針を公表した。そのなかで、ＡＰＡはこう主張している。四〇年に及ぶ研究により、「冷静・競争・支配・攻撃を特徴とする伝統的な男らしさが、男性の福利を損なっている」ことが証明された。開業医が「この男性の問題を認識」し、その「伝統的」側面に対処できるように、新たな指針を提示することにした、と。ＡＰＡはさらに、伝統的な男らしさを以下のように定義している。「人口の大半を支配してきた特定の基準の集まりを指す。具体的には、女性的な面を嫌う、業績を重視する、弱さを見せたがらない、冒険やリスク、暴力を好む、といった基準である」（注36）。これは、「男らしさの弊害」という考え方が主流にまで入り込んだ一例に過ぎない。

だがここでもやはり、そのような問題が女性側にもあることにいっさい触れられていない。たとえば、「女らしさの弊害」というものも存在するのではないか？　そうだとしたら、それはどんなものであり、それを女性から完全に排除するにはどうすればいいのか？　それに、「男らしさの弊害」という考え方が前提になければ、それが文字どおり弊害になるのかどうか、それがどんな弊害を及ぼすのか、という疑問には答えようがない。たとえば、ＡＰＡが指摘しているように、競争心が本当に男性特有の特徴なのだとしたら、その競争心はどんな場合に弊害になり、どんな場合に役に立つのか？　男性アスリートは、トラックであればその競争本能を発揮するのを認められるのか？　もしそうなら、トラック以外でそのアスリートをなるべくおとなしくさせておくためには、どうすればいいのか？　手術不可能ながんに冷静に対処している男性は、そのために非難され、この有害な状況から、より冷静さを発揮しない状況へと導かれることになるのか？「冒険」や「リスク」が本当に男性の特徴であるのなら、男性はいつ、どこでそれを捨てるべきなのか？　男性探検家は冒険を控えるよう推奨され、男性消防士はなるべく危険を冒さないよう訓練を受けるべきなのか？　男性の兵士は、できるだけ「暴力」を避け、弱さを見せるようにすべきなのか？　もしそうなら、いつそうするのか？　そもそも、社会が兵士をぜひとも必要としている危険な状況ではその有益な特徴や能力を発揮し、それ以外のときにはその特徴や能力を控えるように、男性の兵士を再訓練する方法などあるのか？

もちろん、男らしさのなかに有害な特徴があるのなら、それはあまりに深く根づいている（つまり、状況の相違を問わず、あらゆる文化にわたって存在する）ため、根絶できない可能性はある。あるいは、男性の行為のなかに、時や場所によっては望ましくない側面がある、ということはいえるかもしれない。後者の場合であれば、その問題を解決する具体的な方法が、ほぼ間違いなく存在する。いずれにせよ、「男性の特権」「男権社会」「マンスプレイニング」「男らしさの弊害」といった表現を生み出しても、この問題の解決にはたどり着けない。現状の分析にしては、問題を小さくとらえすぎているか、大きくとらえすぎている。フェミニズム運動の外側から、この現象をわかりやすく分析・説明してみると、以下のようになる。こうした動きは、男性を改善しようとしているのではなく、むしろ男性を去勢し、そのありとあらゆる美徳に背を向けさせ、男性を自己嫌悪に満ちた自信のない哀れな存在に仕立てあげようとしているように思われる。要するに、女性が何らかの復讐をしているように見えるということだ。なぜ、こんなことになってしまったのか？　平等な規範がこれほど確立されているのに、なぜ闘争を促すような表現がこれほど加熱しているのか？　それは、運動の重要度が低下しているからなのか？　比較的安全で安楽な生活のなかで退屈した人々が、英雄のまねをしたいと思っているからなのか？　それとも単に、全世界に向けて独り言を言うソーシャルメディアが登場したために、率直な議論ができなくなっているだけなのか？

理由はどうあれ、それはフェミニズムの評判に明らかな悪影響を及ぼしている。とりわけ、男性憎悪の評判はよくない。二〇一六年、イギリスの女性解放団体である《フォーセット協会》が八〇〇〇人を対象に、自分を「フェミニスト」だと認識している人がどれくらいいるかを調査した。その結果を見ると、「フェミニスト」を自称しているイギリスの女性はわずか九パーセントだった。男性は四パーセントである。その一方で、調査対象者の大半は、男女の平等を支持していた。しかも、男女の平等を支持しているのは、女性より男性のほうが多い（男性は八六パーセント、女性は七四パーセント）。それでもその大多数が、「フェミニスト」を自称するのに抵抗を感じているのである。だがフォーセット協会は、フェミニズム団体を失望させたに違いないこの結果を、前向きに解釈した。同協会の報道担当の女性は、こう述べている。イギリスは「隠れフェミニスト」の国である。大衆の大多数はフェミニストを自称していないが、「男女が平等な社会を望んでいるのであれば、その人は事実上フェミニストである」（注37）。しかしながら、「フェミニスト」という言葉を聞いて最初に思い浮かべる言葉を尋ねる調査で、もっとも回答が多かったのは「あばずれ」だった。実に、回答者の四分の一以上がそう答えている（注38）。

アメリカでも同様の結果が見られる。二〇一三年の調査では、男女は「社会的・政治的・経済的に平等」であるべきかとの質問に対し、アメリカ人の大多数（八二パーセント）が「イエス」と答えた。ところが、自分を「フェミニスト」と認識しているかとの質問になると、やはり「イエス」と答える人の割合は大幅に減少した。女性は二三パーセント、男性は一六パーセントである。過半数を優に超える六三パーセントの人々が、自分はフェミニストでもアンチフェミニストでもないと回答している（注39）。

その理由が何であれ、男性が女性にどう対応すべきかという問題の答えがそれで明らかになるわけではない。あらゆる男性、あらゆる女性の生まれながらの本能を再教育できる見込みはまずない。二〇一四年から二〇一七年までの三年にわたり、イギリスの学術機関が、女性が魅力的だと思う男性のイメージに関する調査を実施した。《フェミニスト・メディア・スタディーズ》誌に発表されたその結果は、憂慮すべき傾向を示している。《ニューズウィーク》誌は、その衝撃的な結果を、以下のような見出しに要約している。「ストレートの女性やゲイの男性にとって魅力的なのは筋肉隆々で裕福な男性――男女の役割分担に進歩が見られないことが明らかに」（注40）。そのとおりである。つまり、女性が魅力的だとは思わない男性に魅力を感じるようにならなければ、「進歩」は達成されない。それができないのはなぜなのだろう？

ソフトウェア化するハードウェア

男性と女性の相違、および男女関係を安定させる方法については、いまだにわからないことがたくさんある。だが、わかっていることもたくさんある。いや、わかっていたことと言ったほうがいいだろう。前述したテレビ番組のいくつかの場面が証明しているように、それはかつてはニッチな知識などではなく、このうえなく幅広く受け入れられていた知識だった。だが、どこかの時点で何かが起こった。男女関係に関するあらゆる問題に、何らかのスクランブルをかける装置が組み込まれた。そのせいで、この問題が意見の一致や解決に達しようとしていたまさにそのときに、怒りと否定の大波が押し寄せてきた。

男女の問題に組み込まれたこのスクランブル装置が、最悪の元凶であるのは間違いない。この装置は、信じられないような思考の飛躍を生み出し、同調を促す。そして、それを試しに使ってみるだけで、個人にも社会にも信じられないほどの痛みをもたらす。

その結果は見てのとおりである。ゲイの活動家は一九九〇年代以降、同性愛はハードウェアの問題だと主張してきた。前述したように、それはハードウェアの問題かもしれないし、そうでないかもしれない。だが、同性愛をハードウェアの問題だと主張する流れがあったのは間違いない。ハードウェアのせいにすれば自分の立場が守られるため、そう考えるほうがよかったのだ。ところが、ゲイの権利を求める闘争が行なわれているそのときに、驚くべきことが起こった。ちょうど同じ時期に、無数の人々（そこには、フェミニズム支持者だと誤解されている人々もいた）の尽力により、女性運動がゲイの権利運動とは正反対の方向へ向かったのだ。

一〇年ほど前まで、性（あるいはジェンダー）や染色体は、人類という種のなかでもっとも基本的なハードウェアだと認識されていた。男性として生まれるか女性として生まれるかは、私たちの生活において変えることのできない主要ハードウェア要素の一つだった。男性であれ女性であれ、私たちはみな、このハードウェアを受け入れ、それに関連するさまざまな場面に対応する方法を学んできた。そのため、もっとも基本的なハードウェアがソフトウェアの問題に過ぎないという主張が定着するようになると、男女それぞれに関することも男女関係に関することも、何もかもが混乱をきたした。この主張が表れ、数十年をかけてそれが社会に組み込まれると、突如として誰もが、性は生物学的に固定されたものではなく、「社会的成果の反復」に過ぎないと考えなければならなくなった。

この主張により、フェミニズム運動は過激化した（それは予想されていたとおり、ほかの問題にも影響を及ぼした。これについては「トランスジェンダー」の章で取り上げる）。その結果、フェミニズムは、男性も女性になれると主張する男性に対して無防備になったかもしれない。だが、ハードウェアをソフトウェア化しようとする試みは、男性にも女性にも、ほかのどんな問題よりも多くの苦しみをもたらした。それはいまも続いている。現代の狂気の基盤はここにある。現代の思潮は、女性はもはやこれまでのような存在ではないと考えるよう求めている。昨日まで女性や男性が目にしていたこと、理解していたことすべてがまぼろしであり、男女の相違（および男女が仲良く暮らしていく方法）について私たちが受け継いできた知識はみな間違っていると訴えている。破壊的なほど激しい男性憎悪、二重思考、自己妄想なども含め、あらゆる怒りは、そのような思潮から生まれている。つまり私たちは、本能が教えてくれることは正しくないかもしれないという主張に基づいて、生活や社会を根本的に変革していくよう求められているだけでなく、そう期待されてもいるのである。

間奏　テクノロジーの衝撃

この新たな形而上学の基盤があてにならないものであり、私たちが従うよう求められている前提がどこか間違っているように思えるのなら、そこへ通信革命が加わることによって、大衆の狂気が引き起こされたといえる。私たちがすでに間違った方向へ歩みつつある場合、テクノロジーはその歩みを飛躍的に加速させる。私たちが走れる速度よりも速くルームランナーが動いているかのような感覚を引き起こしているのは、このテクノロジーである。

作家のジェームズ・サーバーは一九三三年、一九一三年三月一二日の出来事を振り返り、「ダムが決壊した日」というエッセイを執筆している。その日、ダムが決壊したという噂が流れ、サーバーが暮らすオハイオ州の町の住民全員がいっせいに避難する事件があったのだ。サーバーは、その噂が始まった経緯を以下のように伝えている。正午ごろ、「突然、誰かが走り始めた。それは、たまたまその人が突然、妻と会う約束を思い出し、もうその時間がだいぶ過ぎていることに気づいただけなのかもしれない」。まもなく、ほかの誰かがまた走り始めた。「それも、元気旺盛な新聞配達の少年だったのかもしれない。さらに今度は、恰幅《かっぷく》のいい実業家の紳士が急に速足になった」。

一〇分もしないうちに、ユニオン駅から裁判所に至るハイ・ストリートの誰もが走っていた。はっきりしない怒鳴り声のなかから、やがて「ダム」という怖ろしい言葉が聞こえてきた。「ダムが決壊した！」。電気自動車に乗っている老婦人、交通警官、幼い少年が恐怖を口にした。相手かまわず話をしていたが、そんなことは問題ではない。いまでは二〇〇〇人の住民が一目散に逃げだしていた。「東へ行け！」と叫ぶ声がする。東は川から離れていて安全だからだ。「東だ！　東！　東へ行け！」。

町の住民全員が東へ殺到している間、ふと立ち止まってこう考える者は一人もいなかった。ダムは町からずいぶん離れたところにあるため、ダムが決壊しても、ハイ・ストリートには水一滴流れ込むこともないのではないか、と。また、ダムが空っぽだったことに気づく者もいなかった。やがて、町から数キロメートル先まで逃げた足の速い住民たちも、ほかの住民と同じように帰ってきた。その後について、サーバーはこう記している。

翌日、住民は何ごともなかったかのように普段の生活を始めたが、前日の出来事について冗談を言う者は一人もいなかった。ダムの決壊騒ぎについて軽口を叩けるようになるのは、それから二年以上あとのことである。それから二〇年がたったいまでも、あの「大逃走の午後」の話題になると口を閉ざす人が（中略）わずかながらいる（注1）。

私たちが暮らす現代社会の住民もまた、自分の行動に気をつけながら、他人をおとしめる行為へと殺到しているように見える。まるで、常に誰かに大恥をかかせてやろうとしているかのようだ。毎日のように、憎悪や道徳的判断の新たな対象が生まれている。それは、不適切な時間に、不適切な場所で、不適切な役柄を演じている男子学生かもしれない（注2）。そんな例はほかにいくらでもある。「パブリック・シェイミング」（訳注／公の場で特定の人物を吊るし上げる行為）に関するジョン・ロンソンらの著書が証明しているように（注3）、インターネットの登場により、新たな形態の運動、すなわち社会運動のふりをしたいじめが、時代の主流になっている。「誤った考え方をしている」と糾弾できる人々を見つけようとする衝動が、幅を利かせている。それが、いじめる側の利益になるからだ（注4）。ソーシャルメディア各社は、それを自社のビジネスモデルの一環としているため、むしろそのような行為を奨励している。だが、暴走している人たちは、自分たちがなぜその方向に走っているのかを考えようとはしない。

失われた私的な言語

デンマークのコンピュータ科学者モーテン・キンの言葉とも、アメリカの未来学者ロイ・アマラの言葉ともいわれている、こんな警句がある。「新たに登場したテクノロジーについては、確実にいえることが一つある。それは、短期的な影響は過大評価され、長期的な影響は過小評価されるということだ」。当初の興奮が冷めたいま考えてみると、インターネットやソーシャルメディアが社会に及ぼす影響を誰もがかなり過小評価していたことに、疑いの余地はない。

かつては予見されていなかったが、いまなら認識できることはいくつもある。その一つが、インターネット（特にソーシャルメディア）は、公的な言語と私的な言語の間にかつて存在していた境界を奪い去った、ということだ。ソーシャルメディアは、新たな独断を社会に埋め込み、反対する意見を、それに耳を傾けることが何よりも求められているときに押しつぶす、という点では最高の手段である。

二一世紀の最初の数年間にわたり、私たちは未曽有《みぞう》の通信革命に対応しようとしてきた。それは、かつての印刷機の発明が歴史の補足記事かと思えるほど大規模な革命だった。そのなかで私たちは、世界中の数百万もの人々を相手にいつでも独り言を言える世界でどう生きていけばいいのかを学ぶ必要に迫られた。その結果、私的空間や公的空間といった概念が徐々に失われていった。いつ、どこにいようと、ある場所で言ったことが、ほかの場所にも投稿される。そのためインターネット上では、まるで世界中の人々の前にいるかのようなつもりで話や行動をしなければならない。そこで過ちを犯せば、いつでもどこでも、誰もがその過ちを目にするようになったのだ。

このような事態は、ある大惨事をもたらした。公の場で原則を維持することがほぼできなくなったのだ。原則は、いつでも誰にでも同じように作用するものでなければ、その恩恵を受けられる人と受けられない人を生み出す。かつては、こうした恩恵を受けられない人は、無視できるほど遠くのどこかにいるだけだった。ところが現代では、そんな人が、いつでもすぐ目の前にいる。公の場で話をする際には、考えうるあらゆる主張（さまざまな権利の主張など）を持つ、ありとあらゆる種類の人々を念頭において、話をしなければならない。特定の人々の存在を忘れたり、一部の人々を傷つけたり、侮辱したり、否定したりすれば、なぜそんなことをしたのかと、いつ何時、問い詰められるかもわからない。それを考えれば、この高度につながり合った社会のなかで育った世代が、自分の発言に気をつけ、他人も同じように発言に気をつけてくれることを期待するのも当然である。また、全世界から批判を受ける可能性を考えれば、自分自身の「特権」や権利などについていくら内省しても、誰からも批判を受けない結論にたどり着く見込みはほぼ間違いなくないのではないかと思うのも当然である。

物議をかもす難しい問題には、それ相応の熟慮が必要である。熟慮するためには、たいていは自分の考えを試してみる必要がある（その過程で過ちを犯すことは避けられない）。だがいまでは、きわめて異論の多い問題について自分の考えを口にするのが、きわめてリスクの高い行為になってしまったため、単純に損益比の観点から見ても、誰もそんな方法を採用しようとはしない。たとえば、男性の体を持つある人物が、自分は女性だと訴え、女性と見なしてほしいとあなたに言ってきた場合、あなたには二つの選択肢がある。その人物の言うとおりにすれば、あなたはテストに合格し、これからも無事に人生を歩んでいける。だが、その人物の言うとおりにしなければ、「トランスジェンダー嫌い」というレッテルを貼られ、これまでの評判や経歴をふいにすることになるかもしれない。あなたはどちらを選ぶだろう?

社会に何らかの嵐をもたらす思想家はさまざまいるが、現在吹き荒れている猛烈な嵐は、哲学や社会学の分野から生まれたものではない。それは、ソーシャルメディアを起点としている。ソーシャルメディアには、ある前提が埋め込まれている。事実を評価しようとしているだけなのに、それに道徳的犯罪、あるいは暴力行為というレッテルを貼りつける。社会的公正やインターセクショナリティを求める声は、この環境にぴったり適合する。というのは、どんなに珍しい要求や主張であれ、その問題に取り組んでいると主張できるからだ。ソーシャルメディアは、ありとあらゆる不平不満など、どんなことにでも取り組むことが可能だと主張する思想体系なのである。一人ひとりに無限の内省を促すのはそのためだ（ユーザーはなかば自発的にそうせざるを得ない）。それだけではない。ソーシャルメディアは、自分の生活や環境に一〇〇パーセント満足していない自分に気づいたときに、その理由をすべて教えてくれる全体主義的な体系でもある。そこには、自分を抑圧しているものに関する説明がいくらでもある。

シリコンバレーは道徳的に中立ではない

シリコンバレーで働いたことがある人なら誰でも知っているように、シリコンバレーの政治的雰囲気は、リベラルアーツ・カレッジのように左寄りである。主要企業の従業員は、社会的公正運動への参加がデフォルトとなっており、グーグルなど大半の企業は、求職者にテストを実施し、間違ったイデオロギー的傾向を持つ人間を排除している。このテストを経験した人によれば、性・人種・文化など、多様性に関する質問が無数にあり、これらの質問に「正しく」答えることが、そこで仕事を得る必須条件となる。

シリコンバレーの職場には、どこかやましい気持ちがあるのかもしれない。というのは、これらのＩＴ企業は、自身が積極的に推奨していることをほとんど実践できていないからだ。たとえば、グーグルの従業員に占めるヒスパニックの割合はわずか四パーセント、アフリカ系アメリカ人の割合は二パーセントである。白人は五六パーセントを占めるが、これはアメリカの人口と比較すれば、決して多すぎる数字ではない。むしろ、アメリカの人口の五パーセントしかいないアジア系が三五パーセントを占め、白人の割合を徐々に圧迫している（注５）。

こうした理想と実践の不一致が原因で、シリコンバレーの企業は、自身の進路を矯正できない代わりに、世界の進路を矯正しようと思っているのかもしれない。現在、大手IT企業はそれぞれ、六ケタに及ぶ給与で数千人もの人材を雇い、歴史学の学生になじみの方法で、コンテンツを監視・規制している。コンテンツ・モデレーション（訳注／インターネット上の書き込みや投稿などのコンテンツを監視する業務）に関する最近の会議での説明によれば、グーグルではおよそ一万人、フェイスブック（現・メタ）では三万人をコンテンツの監視業務にあたらせているという（注6）。しかもその数は、そこでとどまるどころか、さらに増える傾向にある。もちろん、ツイッターもグーグルもフェイスブックも、起業当初はそんな業務をすることになるとは思ってもいなかったに違いない。だが、いったんそのような業務をこなさなければならなくなると、当然のことながら、インターネットを通じてほかの地域や国々にもシリコンバレーの価値観を押しつけるようになった（ただし、シリコンバレーの命令が意味を持たない中国などは例外である）。これはつまり、議論を呼ぶ現代の重要問題それぞれにおいて、現地の習慣や既存の社会の基本的価値観が推進されているのではなく、社会的公正にとりつかれた界隈に存在する特定の見解が推進されていることを意味する。

シリコンバレーの企業はいわば、性・性的指向・人種・トランスジェンダーなど、現代の腹立たしい問題のいずれについても、どのような意見が正しいかを知っていると主張し、大衆にそれを受け入れるよう促している。ツイッターが、「男性は女性になれない」「男性の体を持つ女性と男性とは何が違うのか」といったツイートを投稿する女性のアカウントを停止できるのは、そのためである（注7）。シリコンバレーの企業は、トランスジェンダーの問題についてこのような「間違った」意見を言う人がいたら、その人が自社のプラットフォームで意見を表明するのを阻止できる。ツイッターは実際、前記のツイートは「ヘイト行為」にあたると主張している。だがその一方で、「ターフ」（トランスジェンダーを排除しようとする急進的フェミニスト）を攻撃するアカウントは、存続を認められている。フェミニズム活動家のメーガン・マーフィが投稿した前記二つのツイートがツイッターから削除を命じられる一方で、《エスクワイア》誌編集者のタイラー・コーツが投稿した「ターフくたばれ！」というツイートが何千件とリツイートされても、いっさい問題視されない（注8）。二〇一八年後半には、ツイッターの「ヘイト行為に対する方針」が改訂され、トランスジェンダーの人に「デッドネーム」（訳注／名前を変更したトランスジェンダーの人の過去の名前）を使ったり、「ミスジェンダリング」（訳注／トランスジェンダーの人に対して、本人の性自認とは異なる扱いをすること）したりしたことが確認された場合には、その人を永久にツイッターから追放できるようになった（注9）。つまり、ある人が、自分はトランスジェンダーだと告白し、名前の変更を公表した瞬間から、その人を以前の名前で呼んだり、以前の性の代名詞を使ったりした人は誰であれ、アカウントを停止させられるということだ。ツイッターは、何がヘイト行為にあたり、何がヘイト行為にあたらないかを決め、フェミニストをトランスジェンダー活動家から保護するよりも、トランスジェンダーをフェミニストから保護する必要があると判断したのである。

ＩＴ企業は、繰り返し専門用語を生み出しては、政治的に見て常に一方向に偏った意思決定を擁護してきた。たとえば、クラウドファンディング・サイトを運営する《パトレオン》は、「信頼・安全チーム」を設置し、「クリエイター」が同サイトを利用するにふさわしい人物かどうかを追跡・監視している。同社の最高経営責任者（ＣＥＯ）であるジャック・コンティは言う。

コンテンツ・ポリシーや、クリエイターのページを削除する判断は、政治やイデオロギーとはまったく関係がなく、むしろ「目に見える明白な挙動」という考え方に従っている。「目に見える明白な挙動」を利用するのは、チームがコンテンツの内容を検討する際に、個人的な価値観や信念が入り込む余地を排除するためだ。この方法はすべて、目に見える事実に基づいている。カメラに写ったもの、オーディオ機器に記録されたものである。そのため、個人の意思、動機、本性、アイデンティティ、イデオロギーは問題にならない。信頼・安全チームは、「目に見える明白な挙動」だけを見る（注10）。

コンティによれば、このチームには「粛然たる責任」があるという。ユーザーを《パトレオン》のサイトから追放すれば、その人の所得を奪うことになるからだ。それでも同社は、そのような行為を何度も繰り返してきた。いずれの場合も、そのユーザーが、現代の新たな問題のいずれかにおいてシリコンバレーとは反対の立場にあり、「間違った」目に見える明白な挙動があったと見なされたためである。ＩＴ企業は絶えず、たいていはこのうえなく奇妙な方法で、そのような独断を発揮している。

機械学習の公平性

近年のシリコンバレーは、インターセクショナリティや社会的公正を訴える活動家が信じているイデオロギーを採用しているだけにとどまらない。それを奥深いレベルにまで浸透させ、それを受け入れる社会にまったく新たなタイプの狂気を提供している。

偏見や先入観を矯正するには、「女性」の章で取り上げたような研修を受けるだけでは足りない。確かに、アンコンシャス・バイアス研修を受ければ、自身の直感に疑問を抱くことが可能になり、これまでの行動や態度、考え方を改める方法さえわかるようになるかもしれない。あるいは、自分が持つ特権に注意を払い、それを他人が持つ特権や不利な条件と比較し、既存のあらゆる序列のどこに自分をあてはめるのが妥当なのかを考えられるようになるかもしれない。また、インターセクショナリティに注意を向けるようになれば、どんなときに黙っている必要があるのか、どんなときに発言してもいいのかがわかるようになるかもしれない。だが、これらはすべて、事後の是正措置に過ぎない。つまり、最初からもっと公平な立場に身を置くことはできない。過ちがごろごろしているところで、それを矯正してくれるだけである。

そのためＩＴ企業は、「機械学習の公平性」（ＭＬＦ）に多大な信頼を置いている。機械学習したシステムは、あらゆる判断プロセスにおいて、偏見に凝り固まった、欠点のある、不公平な人間の肩代わりをしてくれる。なぜなら、判断を委ねられるコンピュータは、人間の偏見を学習しないようになっているからだ。どのようにそうするのかといえば、どんな人間もいまだかつて抱いたことがない考え方や見解を、そのコンピュータに組み込むのである。その結果、どんな人間も手に入れられなかった公平性を持ったコンピュータになるという。だがやがて、機械学習を使った検索エンジンの結果がおかしいことに、ユーザーが気づくようになった。そこでＩＴ企業は、機械学習の公平性について説明を行なうことにした。その際には当然、まるで機械学習の公平性など大したことではないかのように、あたりさわりのない説明をしてきた。だがこれは、それほど軽視できる内容ではない。むしろ、きわめて重大な問題である。

たとえばグーグルは、できるだけわかりやすく機械学習の公平性を説明しようと、その解説動画を投稿・削除・更新する作業を繰り返している。ここではそのなかでも、グーグルの取り組みをもっともわかりやすく説明した動画の内容を取り上げよう。その動画ではまず、親しげな若い女性の声が「ゲームをしましょう」と言い、目を閉じて靴を思い浮かべるよう語りかける。やがて画面に、スニーカーや紳士靴、ハイヒールなどの靴が現れる。そして、ナレーションはこう説明する。人間はみな、なぜかはわからないが先入観や偏見を持っており、靴といって思い浮かべるものもそれに影響される。靴についてコンピュータに教えるときには、それが問題となる。コンピュータを教育する人が靴について抱く先入観が、コンピュータに持ち込まれるおそれがあるからだ。たとえば、自分にとって靴とはハイヒールのことだと思い込んでいる人は、靴といえばハイヒールだとコンピュータに教えることになる、と。そこで動画の画面上に複雑な網目状の図が現れ、そのような先入観や偏見がいかに複雑に絡み合っているかを視聴者に伝える。

機械学習は、インターネット上で私たちが「望みをかなえる」のを支援してくれるシステムだ。インターネットで検索すれば、おすすめを紹介してくれたり、特定の場所への行き方を教えてくれたりするばかりか、外国語さえ翻訳してくれる。かつては、そのような情報を得ようとすれば、求められている課題を解決するコードを手入力しなければならなかった。だがいまでは、機械学習のおかげで、コンピュータが「データのパターンを見つけ」、自分で問題を解決できるようになった。ナレーションはさらにこう続く。

人間は先入観や偏見など持っていないと思いがちです。しかし、たとえデータに基づいていたとしても、中立な判断ができるとはかぎりません。悪意などなくても、私たちは先入観や偏見から逃れられません。そのため、私たちが生み出すテクノロジーにも、そのような先入観や偏見が入り込むことになります。

ここでまた、靴について考えてみよう。最近、コンピュータに教えるための靴を描いてもらう調査を行なったところ、大半の人が、さまざまな種類のスニーカーを描いた。そのため、これが靴だと教えられたコンピュータは、ハイヒールを靴だと認識さえしなかったという。この問題は「相互作用バイアス」と呼ばれる。

グーグルが懸念している先入観や偏見は、この「相互作用バイアス」だけではない。「潜在バイアス」というものもある。たとえば、物理学者がどんな姿をしているかをコンピュータに教えるため、過去の物理学者の絵や写真をコンピュータに見せたとしよう。動画の画面には、アイザック・ニュートンをはじめ、白人男性の物理学者八名が映し出され、最後にマリー・キュリーが現れる。この場合、コンピュータのアルゴリズムは、物理学者は「男性に偏っている」と考えるため、物理学者の検索結果に潜在バイアスがかかることになる。

さらにもう一つ、「選択バイアス」がある（いまのところは、重大なバイアスはこの三種だと考えられている）。たとえば、人間の顔を認識できるようコンピュータを訓練しているとしよう。動画のナレーションはこう告げる。「顔の画像をインターネットから収集しても、自身のピクチャフォルダから収集してもいいのですが、あらゆる人々をきちんと網羅するように画像を選択していますか？」。そしてその一例として、スカーフを頭に巻いている人や巻いていない人、さまざまな肌の色の人、さまざまな年齢の人の写真が画面上に現れる。こうしてバイアスがいくつもあることを知ると、最新のIT製品の多くが機械学習を利用しているため、視聴者は不安に思うかもしれない。だが、ナレーションの声が視聴者を安心させるように、こう言う。「わが社では、こうした人間の負のバイアスがテクノロジーに永遠に組み込まれることのないような取り組みをしています」。その一環として、「不快な情報や誤解を与えかねない情報」が検索結果の上位に現れないようにするとともに、オートコンプリート機能により提示された「不愉快あるいは不適切」な言葉を報告できるフィードバックツールを提供しているという。

視聴者を安心させるナレーションはさらに続く。「これは複雑な問題」であり、「特効薬」はない。「それでも、誰もがそれを認識していると考え、あらゆる人がこの取り組みに参加できるようにしています。テクノロジーはあらゆる人の役に立つべきですから」（注11）。確かに、そうあるべきではある。だがこのような取り組みはまた、予想されるとおり、シリコンバレーのIT企業が抱く先入観や偏見を機械学習に組み込む結果をもたらしつつある。

たとえば、グーグルの動画で使われていた事例（「物理学者」）を使って画像検索をしてみるといい。確かに、検索結果に女性物理学者が少ない点については、手の打ちようがないのかもしれない。だが検索エンジンは、ほかの多様性を強調することによって、この問題を回避しているように見える。そのためなのか、グーグルで「物理学者」を検索して最初に現れるのは、ドイツのザールラント大学でチョークを持って黒板に向かう白人男性の物理学者の画像なのだが、それに続いて現れるのは、ヨハネスブルグで博士課程の勉強をしている黒人学生の画像だ。ちなみに、アインシュタインの画像は四番目、スティーヴン・ホーキングの画像は五番目である。

もちろん、これにはさまざまな言い分があるのだろう。若い女性がバイアスのかかった検索結果を見たら、物理学は歴史的に男性が優位を占めてきた分野だから女性は物理学者になれない、と思うかもしれない。同様に、ある人種の若い男性や女性がバイアスのかかった検索結果を見たら、これまである分野にはその人種の人間がほとんどいなかったからその分野には進めそうもない、と思うかもしれない。そんなふうに考えるのが望ましいと思う人はほとんどいないだろう。だが、検索を繰り返しているうちに見えてくるのは、「公平」な視点などではない。むしろ、歴史を大いに歪め、現代の先入観や偏見に彩られた歴史を提示する視点である。

たとえば、「ヨーロッパ絵画」の検索結果を見てみよう。グーグルでこのような単語を使って画像検索をかけると、膨大な量の画像が現れる。その最初に現れるのは、『モナ・リザ』かゴッホの『ひまわり』くらいの名作だろうと思うかもしれない。ところが、実際に最初に現れるのは、ディエゴ・ベラスケスの作品である。それくらいなら、大して驚くべきことではないかもしれないが、ベラスケスのどの作品が選ばれたのかを知れば、きっと驚くに違いない。「ヨーロッパ絵画」で検索して最初に登場するのは、ベラスケスの代表作である『ラス・メニーナス』でも『教皇インノケンティウス一〇世』でもない。ベラスケスの助手を務めていた黒人ファン・デ・パレーハの肖像画なのである。

確かに、その肖像画も傑作ではあるが、最初に登場する作品としては意外である。現れた画像の最初の列をざっと見ると、残りの五つは、この言葉で検索するときに誰もが期待するような作品ばかりだった（『モナ・リザ』もそのなかにある）。さらに見ていくと、『聖母子像』や黒い聖母像に次いで、「ヨーロッパ絵画史における有色人種」というサイトに掲載されていた黒人女性の肖像画がある。その肖像画がある列の最後には、黒人男性三人の肖像画もある。また別の列には、黒人の肖像画がさらに二つある。そのあとになってようやく、フィンセント・ファン・ゴッホの作品が登場する。こうして表示された画像を見ていると、ヨーロッパ絵画の歴史は主に黒人の肖像画で構成されているような印象を受ける。もちろん、これはこれで興味深く、現代の誰かが見たいと思うものを「表現」したものに違いないが、過去を表現したものではまったくない。ヨーロッパ絵画の歴史において、黒人を描いた絵画は半分どころか、五分の一もない。数十年前にヨーロッパの人口構成が変化し始めるまで、黒人画家による肖像画や黒人を描いた肖像画はきわめてまれだった。こうした過去の表現は、奇妙なばかりか、薄気味悪くもある。「公平」であることを教えられたコンピュータは、これがさまざまなグループを適切に表現することだと思っているのだろう。しかしこれは、歴史、ヨーロッパ、絵画いずれの真実を表現したものとも言えない。

グーグル検索の問題は、この言葉だけにかぎらない。「西洋人の絵画」に関連する画像を検索すると、「ヨーロッパの西洋絵画における黒人」というサイトに掲載されている黒人の絵が最初に現れる。そのあとには、ネイティブアメリカンを描いた絵が多数並んでいる。

また、グーグルで「黒人男性」の画像を検索すると、その結果表示される画像は、黒人男性のポートレート写真ばかりだ。実際、一〇列以上画像をスクロールしたのちになってようやく、黒人でない人物の画像が現れる。ところがそれとは対照的に、「白人男性」で検索すると、最初にデヴィッド・ベッカム（確かに白人である）の画像が現れるが、二番目には黒人のモデルが登場する。さらに見ていくと、どの列を見ても、五枚のうちの一、二枚は必ず黒人である。しかも、白人男性の画像の多くは、有罪を宣告された人物の写真であり、「平均的な白人男性に気をつけろ」「白人男性は悪人」といったタグがついている。

この超現実的な状況をさらに深く探っていくと、検索結果はますます訳のわからないものになっていく。検索により自分が望む結果を期待している人は、なおさらそうだろう。だが、この誤解を招きかねない検索結果がどこへ向かっているのかは、すぐにわかる。

グーグルの画像検索で「ゲイのカップル（Gay couple）」を検索してみると、幸せそうなゲイのカップルの写真が続々と現れる。いずれも、見栄えのいいゲイの人たちである。ところが、「ストレートのカップル（Straight couple）」で検索してみると、各列に並ぶ五枚の画像のうち、最低でも一枚か二枚は、同性愛の女性のカップルや、同性愛の男性のカップルの写真が混じっている。いやむしろ、表示された検索結果を数列分見てみると、実際にはストレートのカップルの写真よりも同性愛のカップルの写真のほうが多いくらいである。「ストレートのカップル」を検索しているにもかかわらず、である。

検索する単語を複数形にすると、検索結果はさらに奇妙なものになる。「ストレートのカップル（Straight couples）」で検索すると、一枚目に異性愛の黒人のカップル、二枚目に子どもを連れた同性愛の女性のカップル、四枚目に同性愛の黒人男性のカップル、五枚目に同性愛の女性のカップルの写真が現れる。これが一列目である。三列目になると、もはや同性愛のカップルの写真しかない。そのなかには、「ゲイの関係はカップルの手本」というタグがついた、人種が違う（黒人と白人）男性同士のカップルの写真や、「ストレートのカップルはゲイのカップルを見習うべき」というタグがついた写真がある。養子の赤ん坊を連れた同性愛の男性のカップルの写真もあれば、ゲイのぜいたくなライフスタイルを紹介する雑誌《ウィンク》に掲載された、男性同士の微笑ましいカップルの写真もある。「ストレートのカップル」の画像を検索しているのに、わずか三列目で、なぜ画像すべてが同性愛者の写真になってしまうのか？

予想していたとおり、事態はますます奇妙な方向へ進んでいく。「ストレートの白人カップル（Straight white couple）」で検索すると、二枚目に、「ヘイト」と書かれたこぶしのクローズアップ写真が登場する。三枚目は、黒人カップルの写真である。この検索語を複数形（「Straight white couples」）にしてさらに検索してみると、何かが起こっているとしか思えないほど奇妙な検索結果が表示される。二枚目には、人種が違う男女のカップルの写真が現れる。

四枚目は、二人の黒人の子どもを抱えた、同性愛の男性（黒人と白人）のカップルの写真である。二列目、三列目になると、大半が同性愛のカップルの写真になり、「人種を超えたカップル」「ラブラブのゲイのカップル」「ゲイのカップルのほうがストレートのカップルより幸せそうなのはなぜか」といったタグがついている。

　ところが、ほかの言語でこれらの言葉を検索したり、ほかの言語が支配的な国でこれらの言葉をグーグル検索にかけたりすると、結果は違ったものになる。たとえば、トルコのグーグルで、トルコ語で「白人男性」を検索すると、白い人型のイラストの画像や、たまたま「白」という意味の姓を持つ男性の写真が出てくるだけだ。その一方で、フランス語で画像検索すると、英語の場合と同じ現象が表れるようである。つまり大まかに言えば、英語から離れれば離れるほど検索者が求める結果が得られ、ヨーロッパの言語では前記のような奇妙な結果が表れる。そのなかでも英語の場合はとりわけ、あからさまなほど明らかに、検索者が求める結果とは違うものになってしまう。実際、英語での一部の言葉の検索結果は、あまりに常軌を逸している。それを見れば、この検索エンジンが、ある程度の多様性を投入しようとしているだけでないことは明らかだ。これはもはや、「機械学習の公平性」などといえるものではない。「白人のカップル」を検索すると、一列目に、人種が違う男性同士のカップルや、黒人の胚を使って黒人の赤ん坊を産んだ白人のカップルの写真が現れる。その一方で、「アジア人のカップル」を検索すると、検索者が求めていたとおりの結果が返ってくる。アジア人のカップルの写真が表示されるだけだ。四列目になってようやく、アジア人の女性と黒人の男性のカップルの写真が現れる。同様の写真はもう一枚あるが、それを除けば、アジア人のカップルの写真がほとんどを占めている。しかも、同性愛のカップルを表示しようとする傾向はいっさいなく、同性愛のカップルの写真は一枚もない。

きわめて不思議な現象である。検索にＭＬＦだけが組み込まれていたとしても、ストレートの白人カップルを検索したときにゲイのカップルの写真が紛れ込むことはあるかもしれない。だがそれだけでは、ストレートでも白人でもないカップルの画像を優先する結果にはならないはずだ。そこには、特定の場合に、検索者が求めていたものとは違うカップルの画像を売り込もうとする意図があるのではないか、と思わずにはいられない。

検索エンジンにはＭＬＦだけでなく、さらにあるものが埋め込まれているように見える。そのあるものとは、何らかの人為である。検索エンジンのプログラマーやその企業が、自分たちが反感を抱いている人々をひどい目にあわせてやろうと決意しているかのように見えるのだ。そう考えれば、黒人のカップルやゲイのカップルを検索したときには望みどおりの結果が出るのに、白人のカップルやストレートのカップルを検索したときには、求めていたものとは違う画像に画面が占領されてしまう理由も理解できる。つまり、彼らはこう考えている。アジア人カップルの写真を検索しようとしている人については、腹を立てる必要も再教育する必要もないが、白人カップルを検索しようとしている人については、そうする必要がある。アジア系のストレートの人には、人種が違うさまざまなカップルを見せたり、そのようなカップルはごく普通なのだと教えたりする必要もなければ、ゲイの写真を見せる必要もない。アジア人カップルを検索したい人には、アジア系の幸せそうなストレートのカップル（若いカップルも高齢の夫婦も含め）をいくらでも見せればいい、と。グーグルには、カップルとは何か、平均的な関係とはどういうものか、という点について、この人たちの考え方を改めさせようとするつもりはいっさいない。

ところが、検索エンジンをプログラミングするどこかの段階で、特定の言葉を検索しようとする人たちを動揺させ、面食らわせ、混乱させ、怒らせようとするきわめて意図的な試みがなされた。グーグルはまるで、一部の人々にのみサービスを提供することを誇りに思っているかのようだ。そのなかには、異性愛のカップルや白人のカップルを検索しようとする人たちは含まれない。同社は、こう考えているのではないだろうか？　こういう人々は、それだけですでに問題であり、その人たちに対しては、求める素材にアクセスしようとする試みを阻止・妨害し、特大サイズの罵詈雑言《ばりぞうごん》を浴びせてやらなければならない。すべては、公平性を確保するためだ、と。《ニューヨーク・タイムズ》紙が、ゲイのビジネスマンやゲイのバレエダンサーの記事を無数に掲載していたのも、同じ理由によるのだろう。だが、シリコンバレーではそれが、とても抵抗できないような口調とスピードで着々と進められている。

「黒人の家族」で検索すれば、笑顔を見せる黒人の家族の写真が端から端まで現れ、ほかの人種が混じった家族は一枚も表示されない。それなのに「白人の家族」で検索すると、一列目だけを見ても、五枚のうちの三枚が、黒人の家族か、黒人とほかの人種の家族である。そのあとも、黒人の家族の写真が延々と続く。

グーグルは、人間が抱く偏見をコンピュータから排除するため、偏見や先入観を持たない検索エンジンを開発するつもりだったのだろう。だがそれは、歪んだ歴史とともに、新たな偏見を生み出した。その偏見は、特定の偏見を持つとされる人たちを攻撃しようとする人々により、検索エンジンに意図的に組み込まれた。人間が抱く偏見を排除するため、システム全体を偏見でがんじがらめにしてしまったのだ。

それにより起こる問題は、検索エンジンの利用者が望みどおりの結果を得られなくなることだけではない。大衆は、従来のメディアには慣れている。《ニューヨーク・タイムズ》紙や《ガーディアン》紙（訳注／どちらもリベラル系）を読む人は、その新聞の主義・主張にどんな傾向があるのかを知っており、それにより読者になるかどうかを選んでいる。同様に、《デイリー・テレグラフ》紙や《エコノミスト》紙、《ニューヨーク・ポスト》紙（訳注／いずれも保守系）を読む人も、これらの新聞やその編集者、寄稿者、あるいはその所有者の主義や主張に、どのような傾向があるのかを知っている。これらの出版物がどのような目的意識から生まれたのかを知っているなじみの読者なら、その姿勢や見解に反対だったとしても、自分に役立つ情報だけを拾い読みすることができる。

だが検索エンジンは、いまに至るまで「中立」的な空間だと考えられてきた。奇妙な結果を出すとは思われていないかもしれないが、まったく新たな編集方針を採用しているとは思われていないに違いない。だが実際には、明らかに一方向に偏った編集方針が採用されている。これではまるで、海外の報道についてはかなり信頼できる一般紙が、国内の報道については極端な偏りを見せ、そのスポーツ面で、スポーツ好きな人たちをまさにそのために処罰・矯正すべきだと主張しているようなものである。

もちろん、大衆がいずれソーシャルメディアの実態に精通するようになれば、新聞読者が自分のニーズや世界観に合った新聞を購読しているのと同じように、特定のニーズに合った検索エンジンを利用するようになるのかもしれない。あるいは、IT企業がこの試みにある程度成功し、それらの企業が押しつける考え方が幅広く、もしくは全面的に受け入れられるようになるのかもしれない。だが、いまから一、二世代後に、学校に通う子どもの大半が、この国は以前から、検索結果に現れるような姿をしていたと思うようになったら、大変な問題になるのではないか？　たとえば、一七世紀のヨーロッパには、黒人と白人がほぼ均等に分布していたと思うようになったとしたら、どうだろう？　あるいは、ストレートの人たちが、親密な愛情を示し合うゲイの画像などを見て、ゲイの人たちを普通だと思うことに、問題はないのだろうか？　ストレートの若者たちが、人口の五〇パーセント以上はゲイだと思うようになったとしたら、どうだろう？　こうしたバイアス補正は、大衆の心に簡単に忍び込む。しかも、これで本当に、人種差別や性差別、ゲイを嫌悪する感情が抑制される可能性があるのなら、利用可能なあらゆるツールやエンジンにこうした仕組みを搭載することに、誰も反対しなくなる。

しかし、このような姿勢には一つ重大な問題がある。それは、ある政治的な目的のために、真実を犠牲にしているという点だ。実際、シリコンバレーの企業は、問題の一端は真実にあり、それを乗り越えなければならないハードルだと考えている。過去において多様性の表現が不十分だったのであれば、その過去を変えてしまえば、問題を手っ取り早く解決できる、というわけだ。いずれは、世界一の人気を誇る検索エンジンのユーザーのなかから、この問題に多少なりとも気づく人が現れることだろう。すでにこの問題を完全に把握している人もいるかもしれない。だが、そこまでいかなくても、グーグルやツイッターなど、大手ＩＴ企業の製品を利用している大半のユーザーは、日常的なレベルで、何かおかしなことが起こっているという意識を抱いているのではないだろうか？　自分たちは、求めてもいないものを見せられ、申し込んでもいないプロジェクトに参加させられ、望んでもいない目標を追求させられているのではないか、と。

第3章

人種

Race

一九六三年八月二八日、マーティン・ルーサー・キング・ジュニアは、ワシントンDCのリンカーン記念館前の階段から群衆に語りかけ、アメリカ建国の伝統と原則の基盤にある正義に訴えるとともに、ほかの人種の正しい扱い方について誰よりも説得力のある演説を行なった。当時は、アメリカの黒人が当初は奴隷に、次いで二級市民になってから数世紀がたっていたにもかかわらず、アメリカ各州にはいまだ人種差別的な法律が存在していた。異人種間結婚を禁止する法律など、人種を分離する法律がいまだに効力を持っており、人種が違うのに恋に落ちた男女は処罰の対象になった。

キング牧師はそんな社会に、自身の思想の要となる重要な道徳的見解を提示した。自分の子どもたちが「いつか、肌の色ではなく人格により判断される国で」暮らせるような未来を夢見ている、と。それ以来、多くの人々がその希望をかなえようと力を尽くし、成功を重ねてきた。ところが最近では、肌の色に比べたら人格などものの数ではないと主張し、キング牧師の夢を阻もうとする有害な思潮がまかり通っている。つまり、肌の色こそがすべてだという思潮である。

世界中の人々は数年前、この危険なゲームが展開されている舞台がいまだにあることを知った。ドナルド・トランプが勝利した二〇一六年のアメリカ大統領選挙以来、アメリカやヨーロッパの一部にいまだに残存する白人至上主義や白人ナショナリズムの残党が、メディアの多大な注目を集めている。だが、こうした残党に対する世間一般の態度は、だいたい決まっている。

彼らが史上最悪の素材を使って展開しているゲームを支援する動きは、ほとんど広がっていない。これらの動きに対するメディアや政治家の反応はほぼ一貫して、白人至上主義者による人種差別を明確に非難している。

キング牧師の夢を後退させようとする最大の勢力は、こうした白人至上主義者ではなく、キング牧師が一九六三年にリンカーン記念館前で提示した夢を追い求めていると確信している人たちである。この人たちは、人種差別反対を求めるなかで、複数ある重要な問題の一つに過ぎなかった人種を、ほかの何よりも重要な問題に変えてしまった。ここでもやはり、人種の問題がようやく解決したかと思われたその瞬間に、人種が何よりも重要な問題だと主張し始めたのである。

学界

一九六〇年代以降の数十年間にアメリカの大学では、ほかの特別利益集団の研究と同じように、「黒人研究」が発展した。ほかのアイデンティティ集団の研究同様、この研究も当初は、黒人の汚名をそそぎ、黒人の歴史の重要な側面について大衆を教育するための一環として始まった。そのため、「ゲイ研究」や「女性研究」と同じように、特定の視点から見た歴史・政治・文化・文学を強調した。たとえば、黒人文学の研究では、ほかの文学研究では扱われることのない黒人作家を扱い、黒人の歴史の研究では、ある時代や地域の歴史研究では見過ごされがちな黒人政治家に光を当てた。そして、黒人の著作家や政治家がほかのあらゆる分野に進出するにつれて、その研究範囲も拡大していった。だがこれは、考えてみれば妙な話である。というのは、人種格差がなくなりつつあるときに、突如として黒人という特別利益集団をほかから分離する結果をもたらしたからだ。いまでは「黒人文学」は、「ゲイ文学」や「女性文学」と同様に、書店や図書館に独自のコーナーを持っている。

これは、フェミニズム運動と軌を一にしている。黒人研究も一時は、勝利にたどり着こうとしていた。だが、人種間の不平等がかつてないほどなくなったと思われたそのときに、この研究分野に新しい過激な表現や思想が入ってきた。フェミニズム運動の人気要素が女性の称賛から男性の中傷へと変わったように、一部の黒人研究も、黒人でない人々を攻撃するようになった。汚名を返上することを目的としていた研究が、汚名を着せるようになったのだ。こうして生まれた「白人研究」は、フェミニズム運動の第四波に相当する。批判的人種理論から派生したこの研究は、いまではアメリカの名門大学はおろか、イギリスやオーストラリアの大学にも浸透している。ウィスコンシン大学マディソン校では、「白人の問題」という講座が提供されている。オーストラリアのメルボルン大学では、「白人研究」をまったく関係のない学問分野の必須課目にしようとする動きが進んでいる。インターセクショナリティの問題を無理やり教え込まれた経験のある人なら、何の話をしているのかすぐに理解できるはずだ。

オックスフォード大学の『研究百科事典』には、白人研究についてこう記されている。

白人の優位や特権を生み出す目に見えない構造を明らかにする成長著しい学問分野。批判的白人研究は、ある種の人種差別的状況が白人の優位に関係しているとの判断に基づいている。

実際、白人研究はまさにそう「判断」しており、この項目を執筆したシラキュース大学の教授バーバラ・アップルバウムも同分野のほかの学者も、いまではこの判断を生活の糧にしている。たとえば、二〇一一年にアップルバウムが発表した著書『Being White, Being Good: White Complicity, White Moral Responsibility and Social Justice Pedagogy（白人は善なのか――白人の共謀、白人の道徳的責任、社会的公正の教育学）』を見てみよう。そのなかで、著者はこう説明している。人種差別反対を公然と訴えている白人でさえ、いまだに人種差別主義者かもしれない。というのは、白人は往々にして、自分では気づかないまま人種差別をしているからだ。そのため、白人の学生は何よりもまず、ほかの人々の話に耳を傾け、自分たちが人種差別に「加担」している事実を認め、そこから「同盟関係を構築」すべきだ、と。だが、こうなるともはや、単なる学術研究の一分野とは思えない。オックスフォード大学の『研究百科事典』で述べているようなアップルバウムの見解は、教育ではなく再教育という見慣れた性格を持つ、あからさまな運動である。それは、勝手に有罪と見なされた人たちに実施される「アンコンシャス・バイアス研修」と何ら変わりはない。

アップルバウムはさらに、「注意深い思索が必要なこと」を白人に広め、「白人の特権が意味すること」を白人に伝え、「白人の特権がいかに人種差別への共謀につながっているか」を教えるべきだ、と主張する。もちろん、何の問題もないのにそんなことを言っているわけではない。人種差別が「蔓延」し、それが「暴力的な影響」を及ぼしている事実がある。「メディアで報道される人種差別的な数々の暴力行為が、それを証明している」。アップルバウムは少々期待はずれだとでも言わんばかりに、そう述べる。この白人研究の目的がどこにあるのかは、『研究百科事典』を見れば明白だ。黒人研究は、黒人の作家や黒人の歴史を称賛する。ゲイ研究は、歴史の闇からゲイをすくいあげ、彼らを前面に押し出す。それらに対して、「白人研究」は、それが「研究」という名に値するものであったとしても、何かを称賛する研究ではない。アップルバウムも誇らしげに述べているように、「白人研究」の目的は、「白人を問題視することにより人種差別の壊滅に尽力する」ことにある。つまり、これは一種の「矯正手段」なのである。ほかの分野の人種研究はすべて、称賛の精神に基づいて行なわれているのに、白人研究に限っては、数億人もの人々を「問題視」することを目的としている。

アップルバウムはまた、「肌の色による差別」はアメリカ社会を決定づける特徴だというアメリカの社会学者W・E・B・デュボイスの一九〇三年の発言を引用し、こう記している。「白人が人種差別に加担している事実を否定するのではなく認めるようにならなければ、また、白人がこの実社会を理解するために使ってきた真理の枠組みや『善』の概念を批判的に疑問視する意識を育まなければ、デュボイスの見解はいつまでたっても正しいままだ」。

だが、それを言うなら、ある人種グループ全体の考え方や道徳観、陥りやすい誤りを、その人種的特徴だけに基づいて決めてしまうのは、それ自身が人種差別の好例なのではないだろうか？　いずれにせよ、「白人」を「問題視」するためには、白人に問題があることを証明しなければならない。学術的・抽象的なレベルだけでなく、他人を判断する日常的な作業においても、である。たいていの場合がそうであるように、学界からほかの社会へのこうした思想の広がりは、著名人の世界においてもっとも顕著に表れる。かつては人種にほとんど関心を持たなかった著名人の世界は、いまやほかの社会と同じように人種にとりつかれている。

「問題視」されたアーミー・ハマー

ここでは、俳優のアーミー・ハマーを取り上げよう。二〇一七年にゲイの恋愛映画『君の名前で僕を呼んで』に出演して有名になった人物である。その評判を守るためには都合の悪いことに、ハマー自身はゲイではない。異性愛の白人男性である。だがそのために、出演した映画が批評家に絶賛され、さまざまな映画賞にノミネートされたときに、メディアの攻撃から身を守る術《すべ》がなかった。たとえば、オンラインメディアの《バズフィード》が、「アーミー・ハマー、一〇年もの歳月をかけてようやく成功」というタイトルの六〇〇〇字に及ぶ記事を掲載している。これを見ると、人種問題や人種政治はいまや、あらゆるものを害する武器を手に入れたことがわかる。この記事を執筆した《バズフィード》の「上級文化ライター」アン・ヘレン・ピーターセンは、「二枚目の白人男性スターは何度再挑戦の機会を手に入れたのか？」という副題のもと、こう記している。この映画スターは、「髪を横分けにした、背の高い古風な二枚目であり、往年の俳優ゲイリー・クーパーなどになぞらえる監督も多い。そのふるまいは、裕福な家庭で育った人間によくあるように自信やカリスマ性にあふれているが、さほど寛大でない人にはいけすかない人物に見えるかもしれない」。そしてそのあとで、ハマーがキャスティングされていたが製作中止に終わった映画や評判があまりよくなかった映画を、嘲笑するかのように列挙している。たとえば、DCコミックスの『ジャスティス・リーグ　モータル』の映画化の話があった際には、若きブルース・ウェイン役に抜擢《ばってき》されたが、結局、この映画は未製作に終わり、「スターへ駆け上がる道を一瞬にして断たれた」という。記事はそのほかにも、「失敗に終わった西部劇」、「超失敗作」、「評判はよかった」が「完全に」失敗した映画、「史上最高の夏映画」としてオスカーの最有力候補と見なされはしたものの「映画賞シーズンにはほんのわずか話題になった」だけで終わった映画を、いかにも楽しそうに数えあげ、それにもかかわらず、ハマーの広報チームは「アーミー・ハマーを成功させようとする努力を決してあきらめることはなかった」と述べている。

白人女性が執筆したこの長々とした記事の目的は、負け犬だったハマーを攻撃するだけでなく、白人であるハマーを攻撃することにもあったようだ。つまり、ハマーが白人だったがゆえに、キャリア全体を通じて「特権」に恵まれていた点を攻撃しているのである。記事を執筆したピーターセンは、ハマーがいまだ俳優業を続けていられることに納得できず、その理由についてこう述べている。「ハリウッドは、背が高くあごが角ばった二枚目の白人男性を見捨てようとはしない」「ストレートの白人男性でなければ、ハリウッドで再挑戦の機会を与えられることはない」「結局のところ問題は、アーミー・ハマーにこれほど多くのチャンスが与えられたことにあるのではない。そのようなチャンスを保証するハリウッドのシステムにある。ハリウッドはこれまでも、多くの白人男性にチャンスを提供してきた。このシステムは、そのようなチャンスを必要としている人々や、誰よりもその恩恵を望んでいる人々から、機会や自由、自信を奪うことになる」（注１）。

この記事に対し、ハマー自身はツイッターでこう返答した。「記事に書いてある経歴については完全に正しいけど、記事の視点はめちゃくちゃだ。私はただ、この仕事を愛しており、それ以外の仕事はしたくないだけなんだけど……」。そしてこれを機に、ツイッターをやめてしまった。すると、ほかの人たちがハマーを擁護した。あるツイッター・ユーザーは、ハマーはこの二年間「黒人やゲイの映画製作者や彼らを題材にした映画」を支援していたと語り、「アーミーはいい奴だよ」と強調した。だが、《フォーブス》誌のある映画・テレビ批評家は、ハマーを擁護するそんな人々を攻撃した。「白人以外の俳優をそれほど擁護できるかどうか、自分に問いかけてみるといい。擁護できないのなら、これ以上の反論はやめてくれ」。この論争の過程ではまた、『君の名前で僕を呼んで』の監督ルカ・グァダニーノ（当人はゲイである）がかつて、この映画のゲイ役にゲイの俳優をキャスティングしなかったために批判を浴びていたことも明らかにされた（注2）。グァダニーノはその際、性的指向よりも相性のよさそうな俳優をキャスティングしたかったと説明するとともに、自分は「ジェンダー理論に共鳴」しており、アメリカのジェンダー理論家ジュディス・バトラーの理論を「以前から」勉強していると述べたことで（注3）、事なきを得たようだ。それはともかく、白人の一俳優を「問題視」するこの厄介な論争は、現代の特徴をよく表している。

ハマーのような俳優なら、そんな攻撃にも耐えられるだろうと思う人もいるかもしれない。実際ハマーは、トップ俳優ではないにしても、大半の俳優よりうまくこの業界で仕事を続けており、それなりの報酬ももらっている。だが、ここで重視すべき問題は「白人を問題視する」という点にある。こんな人種ゲームがあたりまえになれば、どうなるだろう？　それによりあらゆる課題が解決するとは思えない。むしろ何もかもが、人種という観点から、このうえなく攻撃的な人種差別的観点から検討されるようになるのではないか？

このような状況では、人種差別反対主義でさえ人種差別的だと見なされる。ここ数十年の間に、「人種にとらわれない」という思想が、人種差別反対主義者が掲げる主要原則の一つになった。これこそまさに、キング牧師が一九六三年に夢見ていた思想である。肌の色は個人のアイデンティティにおいてさほど重要な要素ではなく、それを完全に無視して人種の壁を乗り越えることは可能だとするこの思想は、未来永劫にわたり人的交流のあらゆる側面を人種で色づけする行為を防ぐには最高のアイデアであり、唯一有効な解決策と言ってもいい。だが最近では、この思想さえ攻撃の的になっている。たとえば、アメリカ社会学会の会長を務めるデューク大学教授のエドゥアルド・ボニーラ＝シルバは、「人種にとらわれない」社会という考え方そのものに問題があると発言している。この思想に関する論争のなかで、「人種にとらわれない」という思想はそれ自体が人種差別的行為であると断言しているのだ。二〇〇三年に出版した著書『Racism without Racists（人種差別主義者のいない人種差別）』（すでに四回増刷されている）では、「人種にとらわれない人種差別」という造語を生み出した。ほかの学者も、この主張を拡大適用している。

二〇一八年には、イギリスの大学講師数百人が、あるセミナーへの出席を求められた。そこで、自分たちが持つ「白人の特権」を認め、「白人」が知らず知らずのうちに人種差別をする場合があることを認識するよう教育されたのである。全国の大学から集まった講師たちはそのセミナーで、白人はその肌の色のために労せずして優位な立場にあること、黒人のスタッフや学生、講師は日常的に差別されていることを認めるよう奨励された。黒人・アジア人・民族的マイノリティ・スタッフ諮問グループが主催したブリストル大学でのセミナーでは、同グループの講演者が、大学の講師に「白人の破壊的な役割を検証・認識」するよう要請している（注4）。このような考え方は、人種間関係の歴史がまったく異なるアメリカで始まった。にもかかわらず、人種差別反対主義者による人種差別を主張する人々には、人種間関係にまつわる状況はいつでもどこでも同じであり、歴史的に見てほとんど人種差別がなかったはずの組織や機関でさえ、実際には人種差別的ジェノサイドの瀬戸際にある、という思い込みがある。

アメリカの憲法学者グレッグ・ルキアノフと社会心理学者ジョナサン・ハイトが二〇一八年に発表した著書『The Coddling of the American Mind（甘やかされたアメリカ精神）』のなかで述べているように、ささいなことを大惨事のように吹聴することが、現代の典型的な行為の一つになってしまった。女性たちは、「レイプ文化」と呼んでもいいほどレイプが蔓延した文化のなかで暮らしていると教えられている。それと同じように、いまでは誰もが、まるでヒトラー主義に陥りかねない社会に暮らしているかのようにふるまっている。この二つの場合を見ていて奇妙なのは、そんな破滅的状況を経験しているとはとても思えない場所で、きわめて過激な主張が展開されている点である。確かに世界には、「レイプ文化」と呼んでさしつかえない文化を持つ国もある（レイプをしても罪に問われなかったり、レイプ婚姻法などでレイプが容認されていたりする国である）。だが合理的に判断すれば、欧米民主主義国がそのような国と同じだとはいえない。同様に世界には、人種差別が蔓延している地域もあれば、人種差別的な悪夢の時代にいつ舞い戻ってもおかしくない社会もある。だが、北アメリカのリベラルな州にあるリベラルアーツ・カレッジで、一九三〇年代のドイツのような民族浄化が行なわれるとはとうてい思えない。それなのに、そのリベラルアーツ・カレッジで、きわめて過激な主張が展開され、このうえなく過激な行動が見られるのは、どういうわけなのだろう？

エバーグリーン州立大学を「植民地状態から解放」せよ

ワシントン州オリンピアにあるエバーグリーン州立大学には、数十年前から「欠席の日」と呼ばれる伝統行事がある。黒人劇作家ダグラス・ターナー・ウォードが一九六五年に発表した同名の戯曲にちなみ、一年に一度、黒人の学生や教職員全員（のちに有色人種全員に変更）がその一日の間キャンパスを離れ、どこかに集まって人種関連の問題を議論したり、自分たちが地域に貢献していることを訴えたりするのである。この伝統行事は毎年変わりなく実施されていた。ところが二〇一七年、主催者から突然、この年の「欠席の日」は一八〇度方針を転換するとの告知があった。その一日の間、有色人種ではなく白人にキャンパスを離れてもらおうというのだ。

すると、同大学の教職員の一人、生物学教授のブレット・ワインスタインがこれに反対した。妻とともに一四年前からこの大学で教鞭をとっているワインスタインは、これまでの「欠席の日」の取り決めにまったく異存はなかったが、今回のみ反対した理由について、大学のメーリングリストに送付したメールのなかでこう説明している。

正当に評価されていない自分たちの重要な役割を強調するため（ダグラス・ターナー・ウォードの戯曲『欠席の日』のテーマも、最近の《女性の日》の欠席の趣旨もそこにある）、自発的に大学を欠席することにしたグループや連合組織と、ほかのグループに大学を離れるよう求めるグループとの間には、大きな相違がある。前者は、意識に力強い呼びかけを行ない、抑圧の論理に甚大な打撃を与える。だが後者は、力の誇示でしかなく、それ自体が抑圧的な行為である。

ワインスタインはまた、その一日の間、大学を離れるよう自分に強制することはできないと言う。「発言の権利、あるいは存在の権利は、肌の色に基づくものであってはならない」からだ。ワインスタインはそう考えていた。

進歩的左派を自称し、バーニー・サンダースを支持しているワインスタインは明らかに、人種差別主義者のレッテルを貼られるような人間ではない。だが、メールでこう述べたワインスタインは、そのレッテルを貼られた。このメールが広まると、ワインスタインの教室の外に学生たちが集まってきた。この学生たちに対し、ワインスタインは、今回の行事に反対する理由やそれにまつわる誤解について、一緒に理性的で品位のある議論をしようとした。その結果は、学生たちのスマートフォンのカメラに記録されている。ワインスタインは、「討論と弁証法」の違いを説明しようと、こう述べた。「討論の目的は勝つことにあるが、弁証法の目的は、意見の不一致を利用して真実を見出すことにある。私は討論に興味はない。興味があるのは弁証法だけだ。きみたちの意見も聞くから、私の意見も聞きなさい」。だが、集まった学生にこの提案が受け入れられることはなかった。頭を抱えるワインスタインに、ある若い女性が叫んだ。「あなたが話したいことなんてどうでもいい。白人の特権について話をするつもりはない」。ほかの学生も怒鳴り、野次を飛ばすと、全体的な雰囲気が険悪になった。ある学生はこう言った。「これは議論ではない。あなたはその点に気づいていない」。

ワインスタインはそれでもあきらめず、「真実に奉仕する条件について話をしよう」と言った。しかし学生たちは、あざけりを示す鼻息や哄笑《こうしょう》で応じるだけだった。ある学生はこう怒鳴った。「人種差別的なたわごとをぬかしやがって。きさまの言うことなんて知るか」。こうした怒号が増えると、もはや誰が何を話しているのかわからなくなった。まもなくある人物がほかの学生に、「きみたちは返事を聞きたいと思うか？」と問いかけた。すると「ノー」という答えが響きわたった。続いてある学生が叫んだ。「有色人種の人間は無能だと言うのをやめろ。無能なのはおまえだ。きさまみたいな奴は出ていけ。このクソ野郎」（注5）。

キャンパスの状況は、ますます手に負えなくなる一方だった。警察が招集されたが、キャンパス内を集団で駆けまわる学生にばかにされるだけだった。やがてあるグループが、学長のジョージ・ブリッジスがいる学長室の外に集まり、「黒人に力を」や「ヘイヘイ、ホーホー、人種差別的な教師は出ていけ」といったシュプレヒコールを上げ始めた。その模様を撮影したある動画によると、ピンク色の髪の黒人の男子学生がほかの学生に、ブリッジスやスタッフを学長室から逃がさないよう指示している様子が見て取れる。この学生はのちに、こう説明している。「発言の自由は、黒人やトランスジェンダー、フェミニスト、このキャンパスの学生の命ほど重要ではない」。やがて、学生たちが学長室を占拠した。その後に起こったことは、外部の人々にはとても理解できるものではなかった。たとえば、学生たちは、学長室を占拠してしまうと、ブリッジスがその場を離れるのを認めようとしなかった。トイレに行くことさえ許されなかった。「用を足すだけだ」と懇願しても、「我慢しろ」と言われるだけだ。最終的にはトイレに行くことを認められたが、二人の学生が付き添い、用がすむとまた学長室に戻された（注6）。ファシズムに懸念を抱いている人がこの学生たちを見れば、まるでナチスの突撃隊のようだと思ったに違いない。

スマートフォンで撮影されたほかの動画には、学長（現代の社会科学の影響を受け、これまでずっと社会的公正を支持してきた人物である）がキャンパス内のもっと大きな会場で学生たちに嘆願している場面もある。だが、ブリッジスが学生に語りかけようとすると、こんな怒号が返ってくる。「黙れ、ジョージ。おまえのいまいましいたわごとなんか聞きたくないんだよ。その口を閉じろ」。ある女性は、学長にこう説明している。「みんな怒ってるからひどい言い方をするけど、それよりもその内容が大事なの」。「白人の特権」について叫ぶ声があがり、学長が考え込むような態度を示すと、学生たちは寄ってたかって学長に暴言を吐いた。ある黒人の女子学生は、学長は事態を単純化しようとしていると批判し、こう訴えた。「そんな言葉にはだまされない。私たちは大人なの。言っておくけど、そんな話はあなたの祖先にでもして。いい？　私たちは、あなたたちより前からここにいる。私たちがこの街をつくった。あなたたちよりずっと前から文明を持っていた。いいかげんにあなたたちがこもっている洞穴から出てきたらどう？」。

「おまえたちはずうずうしくも人間を人間として扱っていない。おれたちのような……」と誰かが言うと、ほかの誰かがそれを遮《さえぎ》り、「トランスジェンダーが標的にされる」こともあるから「トランスジェンダーも」抑圧されていると訴えた。しかし、「そのとおりだ」と言う声はあったものの、人種に関する主張に比べると、トランスジェンダーに関する主張には賛同する声が少ない。やがて話し合いは決裂し、学生数名がブリッジスに詰め寄り、面と向かって怒鳴りつけた。大柄な男子学生が、威圧するように両腕を振っている。学長が自分の言わんとすることを強調しようと、おずおずと手を動かすと、ある学生が学長に命令した。「その手を下ろせ、ジョージ。指を差すな」。「そんな行為は認められない」と警告する者もいる。すると、別の学生が学長のそばに来て、話をするときには手を体の横にぴったりつけておくよう命じた。「手を上げるな。そんなことわかるだろ」と叫ぶ声もある。学長が言われたとおりにすると、学生たちは声をあげて笑った（注7）。それは、指を差される危険を免れた安堵の笑いではなく、自分たちよりはるかに経験のある年上の男性をみごとおとしめたことを嘲《あざけ》るかのような笑いだった。

学生たちとのほかの話し合いの場でも、学長に対して、手を動かすなという要求があった。ある若い女性は、「手を下ろせ」と命じた。黒人の女子学生は、立ち上がって「それが不愉快なんだよ、ジョージ」と言い、こう続けた。「さっきからずっと手を動かしてばかりだな。私はこの場の植民地状態を解放するために、こうして動きまわっているんだろうが」。するといっせいに拍手喝采が起こった。ブリッジスは「手を下ろすよ」と約束し、彼女が歩きまわり、この場を「植民地状態から解放」している間、手を後ろに組んで対話を続けようとしていた（注8）。

キャンパス内で反乱の雰囲気が高まるなか、エバーグリーン州立大学の学生たちは互いに、あるいは自分自身に、自分たちは公然と人種差別を訴える教授やあからさまに人種差別的な大学に闘いを挑んでいるのだと言い聞かせていた。まもなく、バットなどの武器を持つ学生の一団がキャンパス内をうろつきまわり、同調しない人々を恫喝・攻撃するようになった。この一団はどうやら、当時、大学の向かいの家に暮らしていたワインスタイン教授やその家族に危害を加える計画を立てていたらしい。暴力の脅威が高まると、キャンパスは数日間封鎖された。警察は実力行使を禁じられていたため警察署で待機していたが、ワインスタインの家には電話を入れ、キャンパスに近づかないよう伝えるとともに、妻や子どもを安全な場所に避難させるよう忠告している。教室の外での騒動があった翌日、警察がワインスタインに語ったところによれば、暴徒たちはワインスタインを見つけるため、その地域の車を一台一台調べ、乗車している人たちに身分証明書の提示を求めているという。ワインスタインの教え子など、異論を抱いていると疑われる人たちも、暴徒につきまとわれ、攻撃された。ある学生は、電話をかけている最中に暴徒に襲われた。この暴行に加わった若い女性はのちに、そのような行為に及んだのは、その学生が「ヘイトスピーチの原稿を作成」していたからだと主張している（注9）。

この時期のエバーグリーン州立大学は、人種にとりつかれていたという表現が生易しく見えるほどの状態にあった。のちに開催された大学の評議員会の場で、ある白人学生が当時をこう回想している。「私は何度も、白人のおまえに発言する権利はないと言われました。この大学は、あまりに人種を重視しすぎたのかもしれません。そのために、反対の意味でますます人種差別的になっています」（注10）。だが、まったく違う見解を抱いている学生もいる。取材を受けたある白人女性（その髪もピンク色だった）は、こう語っている。「ブレット（ワインスタイン）がどうなろうとかまわない。どこへでも行って、人種差別主義者にでもクソ野郎にでもなればいい。そうなれば、しばらくはブレットのような人間を排除できるから、こちらとしてもありがたい」（注11）。

実際、ワインスタインがエバーグリーン州立大学で教鞭をとることは二度となかった。同大学のワインスタインやその妻の同僚のなかで、誰にでも自分の立場を公言する権利があると主張してワインスタインを公然と支持したのは、わずか一人だけだった。事件から数カ月後、ワインスタインと妻は大学側と協議を行ない、同大学から去った。

当時のエバーグリーン州立大学で何があったのか、学生たちがそれをどう思っていたのかについて書こうとすれば、それだけで一本の論文になってしまう。そこには、現代のキャンパス暴動のあらゆる特徴が見られる。ささいなことを大惨事のように吹聴する、証明可能な事実とは似ても似つかない主張をする、公平な条件を創出するという名目のもとに権利を訴える、言葉を暴力に、あるいは暴力を言葉に変える、などの特徴である。

アメリカの大学では、このような出来事はさほど珍しいことではない。実際この事件は、二年前にイェール大学で起きた事件により初めて一般に知れわたった運動の延長に過ぎない。いまでは、人種の問題を大げさに取り上げることが常態化している。そのため、エバーグリーン州立大学の学生が、この運動をもう一つ上のレベルにまで高めようと思ったとしても無理はない。学生たちは、自分たちが行動すれば、大人は逃げるか、(逃げなかったとしても)素直に命令を聞くということを、何度も経験していたからだ。

エバーグリーン州立大学で暴動が起こる二年前の二〇一五年、エリカ・クリスタキスというイェール大学の講師が、ハロウィーン・パーティに着ていく衣装について、もはや大人である学生に注意を呼びかける大学側の行動を疑問視するメールを発信した。これは、そのころキャンパス内で、ハロウィーンの衣装をめぐる論争があったことに端を発している。異なる人種の文化を盗用していると思われかねない無神経で差別的な衣装を着用する者がいるのではないか、との懸念があったのである。これを容認・助長するようなエリカのメールの内容が知れわたると、その夫のニコラス（同校の教授である）が、数十名の学生の餌食になった。自身が寮長を務めるシリマン・カレッジ寮の中庭で学生に取り囲まれ、数時間にわたり侮蔑的な言葉や野次を投げかけられ、自分も妻も人種差別主義者だと糾弾されたのだ。このときも学生たちは、常にスマートフォンのカメラをかまえていた。

このやりとりのなかで、ある黒人の女子学生はニコラスにこう訴えた。「私にとってここは、もう安全な場所ではない」。あなたの言葉やその妻のメールは「暴力行為」にあたる、と。そんなやりとりが続いている間、ニコラスは落ち着いた態度を崩さず、相手をなだめ、学生たちの役に立とうとしていた。撮影された動画を見ると、学生たちに違う見方もあることを教えようとしている。だが、学生たちはそんな言葉を受け入れようとしない。ある黒人の女子学生は、ニコラスと対話している間に泣き始めた。ニコラスが何を言っても無駄だった。人間性に変わりはないと思っていることを説明しようとすると、一部の学生はくすくすと笑った。のちのエバーグリーン州立大学の学生たちと同じである。なかには、いまにも襲いかかろうとしている者もいる。ニコラスが持論を展開し、たとえ二人の人間が人生経験や肌の色やジェンダーをまったく共有していなかったとしても、相手を理解することは可能だと述べても、何の効果もない。つい笑みを見せると、それも学生たちからとがめられる。

「あなたを見てると気分が悪くなる」とある女子学生が叫ぶと、背の高い黒人男子学生が歩み寄ってきてニコラスに命令した。「おれを見ろ。おれを、よく、見ろ。わかるだろ、あんたとおれが同じじゃないってことが。ありがたいことに、おれたちは人間だ。それはわかるよな。だが、あんたの経験とおれの経験がつながるわけがない」。すると周囲の学生が舌打ちを始めた。その学生はさらに説明を続けた。「あんたが間違っていることを自覚するのに共感なんていらない。そうだろ。おれが感じていることをあんたが感じていなかったとしてもな。あんたには誰も人種差別をしなかっただろうが、それはあんたには誰も人種差別ができなかったからだ。だからと言って、あんたが人種差別主義者でないようにふるまえるとはかぎらない」。ニコラスはそこでもまた、同じ学生から「笑みを浮かべるような状況ではない」と注意された。

ニコラスがある学生の意見に賛成であることを丁重に述べると、ほかの学生が、賛成してもらう必要などないし、それを求めてもいないとかみつき、「これは討論じゃない。討論じゃない」と叫んだ。また、黒人の女子学生がこう非難する場面もあった。「あなたには寮長の仕事をやめてほしい。そう。わかるだろ。その前に、まず私の顔を見ろ」。そして、ニコラスに面と向かって「むかつく」男だと悪態をつき、「その病的な信念でも何でもいいから」それを持っていますぐどこかへ消え失せろ、となじった（注12）。

ニコラスは学生たちに、あなたたちだけでなくほかの人にも権利があることを説明した。すると、「あの男の意見になど耳を傾ける価値はない」と言う学生の声が聞こえるなか、別の若い黒人女性が、教授は「ここを安全でない場所」にしていると非難し始めた（この暴言がのちに拡散することになる）。ニコラスがそれに返答しようとすると、その女性は手を上げて「黙れ！」と怒鳴り、こう続けた。「シリマン寮に暮らす学生たちのために、快適な空間と家庭を築くことが寮長の仕事なのに、あなたはその仕事をしていない。寮長という立場に反するあんなメールを出すなんて。わかってるの？」。そして、ニコラスが「私はそうは思わない」と言うと、怒りに任せて声を限りにこう怒鳴った。「どうしてあんたみたいな奴がこんな仕事を引き受けたの？　どこの誰に雇われた？」。ニコラスはもう一度、「私の意見はきみとは違うから」と言ったが、その女性の怒りは収まらず、さらに罵声を浴びせ続けた。「この仕事をやめろ。寮長としての立場をそんなふうに考えているのなら、辞職したほうがいい。寮長の仕事は、知的な空間をつくることじゃない。違う。それをわかってるの？　ここに家庭をつくるのが寮長の仕事でしょう。それをしてない」。そして、怒って立ち去る前に、さらにこう毒づいた。「自分の良心に聞いてみろ。うんざりする」（注13）。

ここでぜひとも思い出してほしいのは、この騒動がすべて、ハロウィーンの衣装に端を発していることである。大学当局者が子どもを相手にするように、どんな衣装が望ましいのかを学生に指導すべきかどうか、という問題からすべてが始まっている。イェール大学でのこんな映像を見せられたら、この大学に行ったことがない人はこう思うに違いない。たかがハロウィーンを過ごすのにこんな大騒ぎをするのなら、この学生たちは今後の人生をどう生き抜いていくのだろう、と。

ワインスタイン夫妻とは違い、クリスタキス夫妻（エリカとニコラス）の場合には、同僚からの支援があった。それでも、この騒動が起こった年の終わりに、ニコラスはシリマン・カレッジ寮の寮長を、エリカは講師を辞任している。

イェール大学の学生たちは、公の場で教授をののしり、非難し、思いどおりに行動させるようなまねまでして、最終的には職場から追放したが、その影響は大きかった。エバーグリーン州立大学などの学生があれほど大胆な行動に出たのは、おそらくこの前例があったからだろう。これらの事件の映像を見ていてひときわ目を引くのが、あからさまなほどの攻撃的態度である。なかには誠実な学生もいるかもしれないが、大人はそれほど簡単には降参しないだろうという不信感も際立っている。それに、極端な主張や不合理な要求を突きつけて（一定期間の綿密な調査もなく）大学側にこちらの要求を受け入れさせようという、ある種の気晴らし的な側面も垣間見える。

クリスタキスは、この騒動が落ち着いたあとに発表した記事のなかで、大学がどうあるべきかを語り、「反自由主義的な思想の根を断つ」ことが大学の義務だと訴えた。記事には、さらにこんな言葉もある。「意見の相違は抑圧ではない。議論は攻撃ではない。言葉は、それがいかに挑発的で不快なものであれ、暴力ではない。気に入らない言論への返答も言論である」

（注14）。

だが、こうした意見が受け入れられることはなかった。クリスタキスがこの記事を発表してから一年後、ラトガース大学でアイデンティティ・ポリティクスに関する公開討論会があった。パネリストに選ばれたのは、マーク・リラ教授や、自由至上主義的な評論家としても有名な黒人起業家クメレ・フォスターらである。フォスターは発言する機会を与えられると、言論の自由を保護する法律を熱心に擁護し、一九六〇年代のマイノリティ・グループはこの法律を利用して公民権運動を展開したのであり、「権利を主張するためには、主張するための権利を確保することが必須条件になる」と学生たちに語った。そして、マーティン・ルーサー・キング・ジュニアがバーミングハム刑務所から有名な手紙を出したのは、表現規制違反で投獄されたからだと指摘した。すると、一部の聴衆がフォスターのほうを向いて、「黒人の命は大切」とシュプレヒコールを唱え始めた。フォスターはそれを見て、その聴衆のなかのある黒人に「事実は大切ではないのか？」と尋ねた。その黒人は、「事実の話はよせ。事実なんか必要ない」と叫び返し、さらにこう続けた。「問題なのは植民地主義、（中略）ある人種が別の人種を支配しているという事実だけだ」。聴衆のなかには、その間ずっと「問題は白人至上主義にある」というプラカードを掲げていた者もいる（注15）。まもなくフォスターは、聴衆の許可を得て発言を終えた。

こうした事例はほかにも無数にあるが、これらの反応は、きわめて深くまで浸透した思想の一端に過ぎない。数年前から黒人政治や黒人の急進的な思想のなかに流れ込んできたこの思想は、以下のような考え方に基づいている。白人支配の構造によりすべてが組み立てられているため、その構造のなかのありとあらゆるものが陰に陽に人種差別と絡み合っている。したがって、その要素を一つ残らず排除しなければならない。既存の制度がわずかでも残るようなら、人種間の平等は達成できない、と。二〇一八年に作家のマイケル・ハリオットが黒人雑誌《ルート》に、「思想の多様性」の欠如に不満を述べる白人を批判する記事を掲載したのも、この思想を基盤としている。その記事にはこうある。「被害者のふりをする傾向」のある「白人にはこう指摘したい」。「白人は、白人の優位を維持するうえで障害となりそうなものはすべて、即座に排除しようとする性質がある」。「『思想の多様性』などというのも、『白人至上主義』の婉曲表現に過ぎない」(注16)。それが、ハリオットが築きあげた中心的見解である。

同様の主張はいくらでもある。クメレ・フォスターが聴衆から「事実なんか必要ない」という言葉を引き出したのと同じ年には、作家のヘザー・マクドナルドがクレアモント・マッケナ大学で講演する予定だった。この講演は最初から、学生の脅迫的な行為を避けるため、ほかの部屋から会場へテレビ会議システムにより中継されることになっていた。だが、講演の直前になって、「ポモナ大学などクレアモント・カレッジズ(訳注/クレアモントにある複数のリベラルアーツ・カレッジで構成され、そのなかにポモナ大学やクレアモント・マッケナ大学も含まれる)の黒人学生有志」から大学当局宛てに、一通の手紙が届いた。そこには、こう記されていた。その女性ゲストは保守派であり、講演を認めれば、「単なる意見の相違どころか、黒人の生存権の有無について論じる」ことになる。マクドナルドは「ファシスト、白人至上主義者、好戦的なタカ派、トランスジェンダー嫌い、クィア嫌い、階級差別主義者であり、複雑に絡み合った支配構造が抑圧されている人々の暮らす致死的環境を生み出していることを理解していない」と。言うまでもなく、これは何一つ真実ではない。この学生たちは、マクドナルドがその著書『The War on Cops: How the New Attack on Law and Order Makes Everyone Less Safe（警察に対する闘い――法と秩序への新たな攻撃による社会の安全性の低下）』のなかで記していることについて、どこかから話を聞いていたに違いない（訳注／この著書でマクドナルドは警察官への過剰な黒人差別批判が逆に黒人の安全を脅かしていると主張した）。だが、この文面を見れば、学生たちがこの著書を読んでいないことは明らかだ。それでも学生たちは、マクドナルドに話をする機会を与えれば、「黒人に対する暴力を容認する」ことになり、「反黒人的」であるといった趣旨のことを述べている。なかでも、その本質をもっとも明らかにしているのが、熱のこもった手紙の締めくくりの部分である。そこにはこう記されている。

歴史的に見て、白人至上主義思想は客観性を尊重し、抑圧された人々を沈黙させる手段として、「主観性と客観性」という二分法を振りかざしてきた。だが、唯一の「真実」があるという思想は、啓蒙時代に深く根づいた欧米世界の構成概念に過ぎない。啓蒙主義は、肌が黒や褐色の人々を、痛みを感じない人間以下の存在と見なしていた。このような構成概念は神話でしかなく、白人至上主義、帝国主義、植民地主義、資本主義、アメリカ合衆国はいずれも、その神話の産物である。真実を求めなければならないという思想は、私たちが公共空間で生存する能力を危険にさらすという点において、抑圧された人々を沈黙させようとする試みにほかならない（注17）。

この手紙によれば、「真実」は欧米世界の構成概念だという。見当違いも甚だしいうえに、危険な影響を及ぼしかねないこのような表現について、どう考えればいいのだろう？　学生たちが言うところの「真実」が白人のものでしかないのなら、ほかの人たちはみな、どのような世界に暮らし、何に向かって努力していけばいいのか？

実際のところ、こうした事態について何を懸念しているのかと言えば、それは若者たちがそのような立場を繰り返し主張することではなく、むしろ、若者たちがそのように教えられてきたことである。

もちろん、学生運動をはじめとする学内政治には、忘れてしまいやすい、あるいは忘れたくなるという奇妙な特徴がある。ある程度の年齢に達すると誰もが過去を振り返り、一九六〇年代まで大学は、運動の道を歩み始める場でもなければ、世界革命どころか地域革命を推進する場でさえなかった事実を無視し、学生時代は反抗ばかりしていたと言う。だがいまでは、キャンパスにおけるこのきわめて奇妙な主張が現実世界に浸透していくスピードが、明らかに加速している。アメリカの安全なリベラルアーツ・カレッジの学生たちが、明らかに何もないところに人種差別が絶えず存在していると思い込む（あるいはそのふりをする）ようになるにつれ、大学以外の幅広い世界にも人種に関する妄想が広まり、反人種差別の名のもとに人種差別的な発言が完全に常態化している。キャンパスの異常性を考察し、そのほかの社会を調査した政治評論家のアンドリュー・サリヴァンが述べているように、「私たちはいまや誰もがキャンパスで暮らしている」という結論はもはや否定しようがない（注18）。

訳がわからない

このような傾向はほかの多くの場合と同じように、きわめて合理的な思考から始まる。たとえば、否定できない過去の過ちを償いたいという思いが、その一例である。だが、こうした償いの行為でさえ、被害者の心の傷を癒《いや》すというよりはむしろ、大衆をそのように感化しているように見える。たとえば、《ナショナル・ジオグラフィック》誌がきわめて人種差別的な雑誌だとは、大半の人が思っていないに違いない。ところが、同誌は二〇一八年、過去の人種差別を見逃してきたあらゆるスタッフに代わり、正式な謝罪をすべきだとの義務感に駆られ、謝罪文とともに、全面を人種問題で埋め尽くした特集号を発行した。その号の社説には、こんな見出しが掲げられている。「過去数十年にわたる本誌の報道は人種差別的だった。この過去を乗り越えるためには、まずそれを認めなければならない」。一八八八年に創刊した歴史ある同誌の謝罪は、多岐にわたっている。編集長のスーザン・ゴールドバーグがその社説で語っているところによれば、同誌のバックナンバーを再検証した結果、「そこで見つけた一部の記事にあぜんとした」という。過去の号でさまざまな罪を犯していたことがわかったからだ。具体的には、同誌は一九七〇年代まで、「アメリカに暮らす有色人種をほとんど無視」していた。ほかの地域についても、「先住民」を「風変わり、有名な裸族、悩みを知らない狩猟者、高貴な野蛮人など、ありとあらゆる決まり文句」で描写していた。つまり同誌は、「アメリカの白人文化に根づく固定観念を克服するよう読者に促す努力を怠ってきた」。なかでも、オーストラリアのアボリジニについて記した一九一六年の記事は、とりわけ人種差別的だ（注19）。編集長はさらに、同誌が編集方針を徹底的に改めた証拠として、自分がユダヤ人であるばかりか女性でもある点を指摘している。

この謝罪には、もはや誰も覚えていないことに注意を向けているところ以外にも、奇妙な点がある。歴史学を学ぶ学生であれば誰でも、L・P・ハートリーの小説『The Go-Between（仲介者）』の冒頭の一節にまとめられた真実を理解している。その一節とは、「過去はいわば外国である。そこでは、何をするにもやり方が違う」というものだ。実際、相当世間知らずな人でなければ、一九一六年に出版された雑誌の記事が、二〇一八年の社会的な基準に合致しているとは思いもしないだろう。一九一六年当時は、イギリスの女性にもアメリカの女性にもほとんど参政権はなかった。ゲイであることがわかれば投獄され、重労働を課された。フランドル地方やフランスの戦場では、若い男性がこぞって毒ガスや銃撃、砲撃を浴びていた。いまとは何もかも違う。

この出来事を通じて学べる教訓があるとすれば、いずれにせよ、そんな謝罪だけでは満足させられない、ということだ。実際、歴史学者のデヴィッド・オルソガは《ガーディアン》紙に寄稿した記事のなかで、謝罪は「善意から出たものではあるが、遅きに失した」と述べている（注20）。過去の汚れを落とすこうした行為は当然、有益な批判的態度を生み出すどころか、現在ではどんな行為や発言が認められ、どんな行為や発言が認められていないのかという神経症的な不安を引き起こすことになりかねない。過去に間違った思い込みをしていたのなら、現在適切に行動しているかどうかをどう確認すればいいのか？

《ナショナル・ジオグラフィック》誌が謝罪特集号を刊行する直前、『ブラックパンサー』という映画が公開された。黒人がキャストのほとんどを占めるこの映画は公開前から、アメリカの黒人やほかのマイノリティに希望をもたらしてくれるのではないかと話題になっていた。多くの人々が、この映画が批評家に評価され、商業的に成功することを期待していたようだ。そのためか、やがて映画が公開されると、《惑星協会》というＮＰＯ団体の編集主任であるエミリー・ラクダワラが、誠実このうえない質問をツイッターに投稿した。自分のような白人女性は、いつごろ『ブラックパンサー』を見に行くのが適切なのか？　公開後、最初の週末に行くのは明らかにまずいだろうから、いつ行けばいいのか？　この四二歳の女性は、ツイッターに続けてこう記している。「だから念のため、公開後最初の週末のチケットは買わなかったの。私のような白人が映画館から黒人の楽しみを吸い取るようなことはしたくなかったから。私はいつチケットを買うのがいいのかな？　来週の週末なら大丈夫？」（注21）。「黒人の楽しみを吸い取る」とは、なかなかいい表現である。白人はモンスターであり人種差別主義者であるばかりか、吸血鬼でもあることを暗にほのめかしている。

この場合も、ある人種の人間がいるだけで、別の人種の経験から楽しみが吸い取られると考えるのは、常軌を逸しているのではないかと思われる。だが、ラクダワラのツイートをいくらばかにしてみたところで、この女性が受け入れているような思想は、文字どおりどこにでも見られる。ラクダワラは、それまでに吸い込んだものを吐き出しただけなのだ。

これまで感謝祭は、アメリカ人が家族や最愛の人と一緒に過ごす祝祭でしかなかった。ところが二〇一八年になると、その感謝祭にさえ人種問題がつきまとうようになった。たとえば《ルート》誌は、ツイッターのフォロワーに感謝祭の意義をこう伝えている。「白人の皆様へ。あなたがこの感謝祭を黒人の家族と過ごしているのなら、その感謝祭はもはや、ネイティブアメリカンの隷属化や虐殺とは何の関係もありません（訳注／感謝祭は一般的に、ネイティブアメリカンの助けを借りてアメリカでの定住に成功した初期白人入植者たちが、ネイティブアメリカンとともにその成功を祝ったことが始まりとされているが、のちにはそのネイティブアメリカンたちも、白人により虐殺・隷属化されている)。感謝祭は、食事、家族、パンプキンパイによる、なかば宗教的な儀式なのです」(注22)。それから数週間後に休暇シーズンに入ると、今度は《バイス》誌が、新たなタイプの楽しい休暇を提案する動画を公開した。それは、「白人からの」逃避を必要とする女性たちに向けた動画で、「白人から離れて休暇をとるとはどういうことなのか?」というタイトルがついている(注23)。だが、その動画のなかでは誰もが、こうした休暇やその背後にある思想について、いいことしか言わない。有色人種の女性は白人から逃れられる時間をつくるべきであり、それは決して悪いことではなく、むしろこのような休暇に反対する人は邪悪な人種差別主義者に違いない、と断言している。

アメリカの国境を越えたカナダでも、組織的な人種差別を証明しなければ死んでも死にきれないと考えられているようだ。二〇一八年四月、サスカチュワン州で悲劇的なバスの衝突事故があり、乗車していた一六人の若者が死亡、ほか一三人が負傷した。このバスに乗車していたのが、ジュニア・アイスホッケーチーム「フンボルト・ブロンコス」のメンバーだったことがわかると、大衆の同情は高まる一方となった。カナダではホッケーが盛んなこともあり、一〇代後半の若者が大勢亡くなったこの事故により、全国民が喪に服した。カナダ国民は、玄関の外に自分のホッケースティックを置いて、死者に敬意を表した。若者たちを追悼するための募金運動が始まると、記録的な額が集まった。だが、この悲劇でさえ、あらゆる出来事を人種問題化しようとする新たな流れから逃れることはできなかった。事故が発生した直後、ケベック市在住の作家であり自称「活動家」でもあるノラ・ロレトが、ソーシャルメディアを通じて、死んだホッケーチームのメンバーに対する過剰な注目に不満を訴え、こう述べたのだ。「犠牲者が男性であり、若者であり、白人であったことが（中略）重要な役割を果たしている」（注24）。

二〇一八年になるころには、将来に目を向けるにせよ過去を振り返るにせよ、悲劇であれ喜劇であれ、あらゆるものを常に同じレンズを通して見るようになっていた。つまり、人種というレンズである。同年にはディズニーが、子ゾウの活躍を描いた古典的映画『ダンボ』の実写版の予告編を公開した。その際《バイス》誌は、本編を見ることなく、実写版の予告編だけを見て、こんな記事を掲載している。一九四一年製作のアニメ版『ダンボ』は、「ディズニーの歴史のなかでも飛び抜けて怖ろしい映画である」。というのは、さまざまなキャラクターが酔っぱらっているかのようで「気持ちが悪く」、「全体的にきわめて人種差別的」だからだ。「こうした問題があるにもかかわらず、この映画は、さまざまな世代の子どもに愛され、大事にされ、定期的に怖れの感情を引き起こすアニメとなった」。だが幸いなことに、実写版ではこうした問題がすべて解決されている、と。《バイス》誌は、予告編を見ただけで、その内容について発言する権利があるとでもいうように、大人の読者にこう報告している。ディズニーがこのたびリメイクした『ダンボ』は、「心温まるかわいらしい作品に仕上がっており、一見したところ、人種差別的なところもなければ、ぞっとするようなところもない」（注25）。同誌は、何を見てそう思ったのか？　空飛ぶ子ゾウが登場する子ども向けのアニメのリメイク作品について、精神衛生上の問題の有無を明記しなければならないような世界とは、いったいどんな世界なのか？　それは、人種にとらわれないどころか、あらゆるものが人種にとりつかれた世界である。この思想の起源が、大学内の名も知れない人種理論家にあるのなら、その思想がもっとも目につく形で展開されているのが、新聞やテレビなど公的性格の強い媒体である。それにより何億もの人々が、新たに復活した人種へのこだわりは間違いなく正常なものだという思想を受け入れている。

中傷

二〇一八年二月、リチャード・K・モーガンの小説『オルタード・カーボン』（訳注／邦訳は田口俊樹訳、アスペクト、二〇一〇年）を原作とするドラマが、ネットフリックスで公開された。熱烈なSFファンでなければほとんど理解できないような内容ではあるが、高額の製作費をかけた圧倒するような映像がみごとなドラマである。細かい点を省いて説明すると、その主な筋書きは、二三八四年を舞台に、タケシという人物を中心に展開される。タケシは一度殺されるが、別の体（「スリーブ」）で生まれ変わる。その時代には、いつでもそのようなことが可能らしい。

だが、このドラマに出演する俳優をネットフリックスが公表するやいなや、その主役のキャストが公開前から非難の的になった。というのは、生まれ変わったタケシ役に、スウェーデン生まれの俳優ヨエル・キナマンが選ばれたからだ。同じネットフリックスのドラマ『ハウス・オブ・カード　野望の階段』で、ケヴィン・スペイシー演じるフランク・アンダーウッドの政敵を演じて有名になった俳優である。『オルタード・カーボン』の公開初日、多くの新聞や雑誌がこの標的に狙いを定めた記事を掲載した。たとえば《タイム》誌は、以下のような見出しを掲げている。「『オルタード・カーボン』は未来が舞台だが、進歩的というにはほど遠い」。

その記事によれば、実際このドラマは、「人種やジェンダー、階級」の表現において「紛れもなく後退している」という。いちばんの問題は、スウェーデン人であるキナマンの起用にある。この記事を執筆した《タイム》誌の批評家は、このドラマがSFであることを忘れてしまったかのように、社会的公正にまつわるお気に入りの用語を使いながら、こう述べている。生まれ変わった「アジア人男性」の新たな体として「白人男性」をキャスティングしたのは間違っている。ドラマの脚本は原作に忠実に従っているのかもしれないが、それでも「映像を見ていると大きな違和感を覚える」。批評家はさらにこう続ける。

製作スタッフはむしろ、生まれ変わったタケシ役にアジア人俳優を起用するべきだった。そうすれば、昨年『ゴースト・イン・ザ・シェル』が受けたような批判は避けられたに違いない。この映画でもスカーレット・ヨハンソンが、白人のアンドロイドの体のなかにあるアジア人女性の意識を演じていた。

そして記事は、こう結論する。二〇一七年には、スカーレット・ヨハンソンが演じたアンドロイドの意識をめぐって大論争が起こったが、そのような事態を繰り返してはならない。SFドラマの舞台を二三八四年に設定する場合には明らかに、その時代の人々も、二〇一八年に暮らす私たちと同じ価値観を持っていると考えるべきだ、と（注26）。

ネットフリックスのような娯楽は、かつて誰も経験したことがないほど利用しやすい人気の媒体である。それは、過去の世代が夢にも思わなかったような思想の表現や、その自由なやりとりを可能にしてくれる。それなのにこのツールにさえ、新たに復活した人種へのこだわりを求める現代の風潮が蔓延している。人種にとりつかれたこのような態度は、最近までこの数十年間にわたりなかったように思われる。

昨日までは違った

この狂気の一因は、望みの目標がほとんど達成されてしまった点にある。欧米の舞台や映画では、この数十年の間に、どんな人種の人間が主要な役柄を演じても受け入れられるようになり、それが完全に常態化していた。その議論はもう終わったはずだった。二〇年ほど前にはすでに、ロイヤル・シェイクスピア・カンパニーが上演する『ヘンリー五世』で、黒人の俳優エイドリアン・レスターが主役を演じていた。その際には、この優れた演出や演技を一目見ようと、観客が殺到した。それ以来、時代物など、黒人の役などほとんどない演目の舞台でも、黒人俳優の姿をよく見かけるようになった。同様の現象は、音楽の世界でも数十年前から見られる。一九七〇年代には、リヒャルト・シュトラウス、ヴェルディ、ハイドンのオペラ作品に、アメリカ出身の偉大な黒人ソプラノ歌手キャスリーン・バトルが出演していた。それらのなかに、黒人歌手のために書かれた役は一つもないが、それでも、バトルがその役にふさわしいかどうかが重大な問題になることもなければ、キャスティングが批判されることもなかった。

同じことは、数十年前から一線で活躍している偉大な黒人ソプラノ歌手の一人、ジェシー・ノーマンにもいえる。リヒャルト・ワーグナーは、楽劇『トリスタンとイゾルデ』のイゾルデ役に黒人を想定していたわけではない。だが、ヘルベルト・フォン・カラヤンが指揮するウィーン・フィルハーモニー管弦楽団の演奏をバックに、ジェシー・ノーマンがイゾルデ役を歌った際に、その音楽性を顧慮することなく、人種の選択が不適切だと批判する者は一人もいなかった。私たちはもう、そのような状況に慣れ親しんでいた。

ところが、それは昨日までの話だ。今日になると、キャスティングの際には俳優や演者の人種的特徴が何よりも重要だという主張が、全面的に受け入れられるようになった。その役を演じる能力があるかどうかよりも、人種のほうが重要なのである。このような人種論争はいまやあらゆる分野に見られるが、娯楽産業ではそれが定期的に勃発している。

二〇一八年、『オルタード・カーボン』がメディアの人種適合審査を受けたわずか数週間後、ＢＢＣ放送がその夏のプロムナード・コンサート（プロムス）のスケジュールを発表した。その発表の目玉となったのが、ブロードウェイのスター女優シエラ・ボーゲスが、演奏会形式で上演される『ウエスト・サイド物語』に出演する、というニュースである。ところが、このキャスティングが発表されたとたん、ソーシャルメディア上に非難が殺到した。白人のボーゲスが、プエルトリコ人と設定されているマリア役に抜擢されていたからだ。もちろん、このミュージカルは二人のユダヤ人が作詞・作曲した純然たるフィクションなのだが、その事実が考慮されることはなかった。あるツイートにはこう記されている。「あなたは白人、この登場人物はプエルトリコ人。あなたは仕事に困っているわけではないでしょ。それなら、有色人種の俳優から役を奪うようなまねはしないで」。さらに、こんなツイートもあった。「シエラ・ボーゲスは好き。でも、まじめな話をすれば、マリアはラテン系の女性にとっては数少ない重要な役。だから、この役を死ぬほど演じたがっている優秀なラテン系の女性を使ってほしい」。

ＢＢＣ放送のプロムスは、ボーゲスをマリア役に選んだことにより、「白人を優遇している」との批判を受けたのだ。すると当のボーゲスは、この批判を深刻に受け止め、フェイスブック上にこう記した。

いろいろと考えた結果、私がこのコンサートで歌えば、ラテン系の女性がこの曲を歌う機会を奪うだけでなく、ステージ上でラテン系女性が表現される意義も奪ってしまうことに気づきました。

そして、それを「大きな間違い」だと述べ、さらにこうつづっている。

このコンサートが発表されて以来、さまざまな人と話をするなかで、このミュージカルにずっと受け継がれてきたミスキャストを断ち切るのに、これほどいいタイミングはないと思いました。

もっと早くそれに気づかなかったことを謝罪いたします。一人のアーティストとして、どうするのがいちばん世界のためになるのかを、常に自分に問いかけるべきでした。この場合、私がどうすべきかは言うまでもありません。役を降り、この機会を利用して、このミュージカルで長年にわたり犯されてきた過ちを正すのです。

このコンサートへの出演は辞退いたします。これからも、私たちのコミュニティ、私たちの世界を変えていくために、声を上げ続けたいと思います！（注27）

その後、マリア役が再検討され、最終的にミカエラ・ベネットがその役を演じた。カナダのオタワ出身の女優だが、ボーゲスよりは役にふさわしい人選だと見なされたようだ。

このように、わずかばかりのツイートだけで、いったん決定されたキャスティングがなかったことになる。優秀なスターが、追い込まれて世論に従わざるを得なくなる。「進歩」と「多様性」という名のもとに、このうえなく退行的で多様性に欠ける行為が、またしても勝利を収めたのだ。ありとあらゆるものが政治化され、両極化していくこの時代には、さまざまな壁を壊す偉大な手段の一つであるフィクションやアートまでが、人種の独占や排除をめぐる論争の舞台になっている。

だが、こうした信念を押し通そうとしている人たちもいずれは、その信念が論理的な破綻へと突き進んでいる事実に気づくのではないだろうか？　というのは、『ウエスト・サイド物語』からボーゲスを降板させた論理を推し進めていけば、ヘンリー五世やイゾルデの役は白人でなければならないという主張に、容易にたどり着くからだ。人種にとらわれないキャスティングも、人種にこだわったキャスティングも可能だが、それらを両立させることはできない。

こうしたうんざりするような執着が、社会のあらゆる面に影響を及ぼしている。いままでは、この人種論争にいつか乗っ取られる心配のない職業や娯楽など存在しない。どこかで人種論争が起こるたびに、論争はよそへ転移する。ある騒動や主張が、無数の騒動や主張を次々に生み出し、燃え立たせ、ますます手に負えないものになっていく。

二〇一八年九月に起きた、テニスのスター選手セリーナ・ウィリアムズをめぐる論争がいい例だ。ウィリアムズは、全米オープンの決勝戦で規定違反の警告を受け、それに納得できずラケットを折ると、ペナルティとして相手にポイントが与えられた。すると、主審に怒りを爆発させた。こうした場面はよく見かけるが、上品なスポーツとされるテニスの世界では、いまだに冷ややかな目で見られる。だがウィリアムズは、主審に歩み寄ると、その男性を「泥棒」呼ばわりするなど、悪態をついた。その結果、一万七〇〇〇ドルもの罰金を科された。全米オープンの優勝者にはおよそ四〇〇万ドル、準優勝者にはおよそ二〇〇万ドルの賞金が授与されることを考えれば、ウィリアムズにとってこの程度の罰金はささいな額でしかない。だがこの一件は、それだけでは終わらなかった。ウィリアムズが女性だったため、女子テニス協会が公然と、主審は「性差別的」だと非難した。またウィリアムズが黒人だったため、この事件は本格的な人種論争に発展した。

なかでもBBC放送は、コート上での態度についてウィリアムズを批判する人々は、「怒れる黒人女性」という古くからの人種的偏見に陥っていると主張した（注28）。これではまるで、この偏見に陥ることなく黒人女性の怒りを説明することなど誰にもできないかのようである。《ガーディアン》紙はこの一件について、さらに人種的にひねった解釈を加えている。同紙に寄稿したキャリス・アフォコ（訳注／フェミニズム団体《レベル・アップ》の共同設立者）の記事にはこうある。セリーナ・ウィリアムズへの批判には、もっと大きな意味がある。それは、「黒人女性が働くのがいかに難しいか」を示す好例である。「黒人女性には、職場での嫌なことを訴える機会がない。もっと正確に言えば、嫌なことがあったとしても、たいていは思いきって怒りや悲しみを表現できない。そのため多くの黒人女性は、白人の職場でうまくやっていくために仕事用の顔をつくる」。これは単に、《ガーディアン》紙の寄稿者でいるのは大変だということを言っているだけなのかもしれない。それはともかく、アフォコはそれが何を意味しているのか、彼女自身がどんな経験をしなければならなかったのかを、一つの例を挙げて説明している。「私は数年前、ある男性の同僚の意見に反対したことがあった。するとその男性は私を脇へ連れ出し、私のことを攻撃的だと言った。そこで、攻撃的という言葉には人種的な意味合いがあるのではないか、と私が説明すると、その男性は急に泣きだした」。だが、男性が急に泣きだした理由など、誰にわかるだろう？　それは、男性が人種差別をした自覚があったからなのかもしれない。人種差別だと糾弾され、自分のキャリアが終わってしまうのではないかと不安になったから、とも考えられる。あるいは、自分が何を言っても相手の女性は人種差別的行為だと解釈するのではないかと思い、どうしようもなくなって泣いてしまったのかもしれない。

いずれにせよアフォコは、男性の同僚が泣きだした出来事から、別の教訓を引き出した。「この経験により、私が二〇代だったころに学んだ教訓が強化された。その教訓とは、たいていの場合、職場で人種差別や性差別を説明しても無駄であり、仕事に懸命に取り組み、できるかぎりの仕事をするしかない、ということである」。そしてさらに、いまだ事情をよく把握できていない同紙の読者に向けて、こう有益なアドバイスをしている。「黒人の女性ではない読者のなかで、まだ話がよくわからないという人には、インターセクショナリティについて説明した二分ほどの動画がある」（注29）。これは、「子どもが解説するインターセクショナリティ」というタイトルどおり、一〇歳未満の子どもたちが、インターセクショナリティが難しいものではないことを説明してくれる動画である。大人はわずかばかりの場面で登場するだけであり、「人間が多次元の人生を送っていることに気づかせてくれる概念」であるインターセクショナリティを、わかりやすい言葉と歌うような口調で教えてくれる。この動画ではまず、ネイティブアメリカン系の子どもが、五〜六歳ほどの白人の男の子にインターセクショナリティの説明をするが、その男の子も最初のうちはまだ、インターセクショナリティが何なのかよくわからないような表情をしている。だがやがて「わかった」ような表情になり、この動画の最初に登場した感じのいい黒人女性にこう説明する。「人間の特徴は一つだけじゃない。その人の特徴を全部一緒にしないと、その人のことはわからない」。すると女性は、少年が当初のとまどいを乗り越え、きちんと理解してくれたことをほめ、「ありがとう、すごいね」と言って、ごほうびにハイタッチをするのである（注30）。

文化の盗用

人種や人種的特徴を掘り下げていくこの行為を、食い止めるいい方法がある。その境界を次第にあいまいにしていけばいい。たとえば、伝達・共有可能な人種のさまざまな側面を、ほかの人々に広く経験させる。ある人種の文化を、それを高く評価しているほかの人種と共有すれば、あらゆる分断を超えた理解が進むかもしれない。それが、私たちの悲願だったのではなかったか？　だが不幸にも、その悲願がまもなく達成されようというときに、ある理論が邪魔に入った。それもやはり、大学のキャンパスで産声をあげ、現実世界にあふれ出していった。その理論とは、「文化の盗用」である。

ポストコロニアル研究（訳注／植民地支配やそれが後世に残したものを対象とする研究）に端を発するこの理論は、こう考える。植民地の宗主国は、植民地に自国の文化を押しつけただけでなく、植民地のさまざまな文化を自国に持ち帰った、と。これを好意的に解釈すれば、宗主国が植民地の文化を模倣したのであり、きわめて誠実な形でその文化を賛美しているといえる。だが、ポストコロニアル研究が注目を浴びるようになったのは、そのような好意的な解釈をしたからではない。むしろ、このうえなく悪意に満ちた解釈がなされたからにほかならない。その解釈では、これは文化の盗用であり、植民地主義が生み出した最後の侮辱だ、ということになる。つまり、宗主国は植民地の天然資源を略奪し、そこに暮らす人々を自国の支配下に置いたあげく、その文化さえ蹂躙《じゅうりん》・強奪した、というわけだ。

こうした思想が大学のキャンパスで生まれた以上、「文化の盗用」に対する大規模な反対運動が学園都市で勃発したのも、当然といえば当然である。文化の盗用を非難する最初のうねりは、不適切な仮装衣装への反応から生まれた。二〇一五年のハロウィーンの際に、イェール大学の学生がそのような衣装に嫌悪感を示していたことは、先に述べたとおりである。こうした運動は、たとえば、ネイティブアメリカンでもない人がネイティブアメリカンの頭飾りをつけるような行為を、はっきりと拒否する。そんな行為に反対する際によく使われる言葉で言えば、それはよろしくない。

なかでもオレゴン州ポートランドは、ほとんどの腹立たしい思想の実験室であるかのような様相を呈しつつある。実際、この都市はここ数年で、文化の盗用という表現にとりわけ悩まされるようになった。その結果、現地のライターが「グルメ天国」と呼んでいたこの地がいまや、グルメ紛争地帯と化している（注31）。二〇一六年、地元のある女性が《サフラン・コロニアル》（訳注／「植民地のサフラン」を意味する）というレストランをオープンした。すると、激怒した暴徒がレストランの前に集まり、これは人種差別であり、植民地主義を美化していると、その女性を責めたてた。《イェルプ》などのレビューサイトにも、このレストランに対する否定的なコメントが殺到し、女性は結局、批判を受け入れて店名を変更するほかなくなった。

それまでに女性は、ポートランドにレストランを開くという裏口的な手法により、植民地帝国を復活させるための機関を設立した、とまで非難されていた。だが、それ以上にとんでもない主張もあった。なかでも最悪だったのが、白人はそもそもＤＮＡが違うのだから、旧植民地の料理をつくる権利がない、という主張である。

二〇一七年、ある夫婦がキッチンカーでブリトーの販売を始めた。だが、新たに浸透してきた現地のルールによれば、この夫婦もまた文化の盗用という罪を犯していた。メキシコ人でもないのにブリトーを売って、メキシコの文化を「盗んだ」というのである。結局この夫婦は殺害の脅迫を受け、あらゆるソーシャルメディアのアカウントを削除せざるを得なくなり、しまいには廃業に追い込まれた。すると、この運動を推進している人々はますますつけあがった。現地の活動家は、この一件に勝利すると、「ポートランドで白人が運営する文化盗用型レストランに対する代替案」と題するリストを作成・配布した。そのリストにあるレストランの運営を「有色人種」に任せるよう提案する内容である（注32）。

大学での出来事同様、ポートランドでの出来事も、その都市だけにとどまると思われていたかもしれない。だがやはり、大学の場合と同じように、誰もがポートランドと同じ危険にさらされているのではないかという不安が、インターネットを通じて増殖を始めた。二〇一八年の夏には、大半の人たちが休暇を楽しんでいるさなか、イギリスで突如として、料理にまつわる文化盗用論争が勃発した。この論争は、ドーン・バトラーという黒人下院議員が、イギリスのテレビで有名な料理人ジェイミー・オリヴァーを批判したことに始まる。オリヴァーはその少し前、「パンチの効いたジャークライス」という新たな料理を紹介していた。するとたちまち、オリヴァーが紹介しているレシピには、ジャマイカの伝統料理ジャークチキンの漬け汁に使われていたいくつもの材料が使われていない、という批判が舞い込んだ。それだけではない。レシピにまつわる批判騒動はあっという間に、人種問題へと飛び火した。バトラーがこの料理人への不満をこうツイートしたのだ。オリヴァーは、「本場ジャマイカのジャークがどんなものか」知っているのだろうか？　「料理を売り込むためにジャークと命名しているだけで、材料など気にもしていない。あのジャークライスはよろしくない。ジャマイカからの文化の盗用はやめるべき」（注33）。幸い、ジェイミー・オリヴァーが経営するイタリアンレストラン・チェーン《ジェイミーズ・イタリアン》（イギリスの多くの都市に店舗がある）は、ドーン・バトラーのレーダーにひっかからなかったようだ。

だが、こうした暴走には、道徳的な怒りが高じるあまり、有名人だけでなくまったく知らない人にまで、そのような主張を向けるようになりやすいという問題点がある。平常時であれば、ユタ州の学校の年度末のダンスパーティが、下院議員と有名料理人との口論ほどの騒動を引き起こすことはない。だが、現代ではそれが起こる。二〇一八年、ケザイアという一八歳の少女が、学校のダンスパーティに着ていくドレスを身につけた写真を、インターネット上に公開した。見るからにチャイナ風の赤いドレスで、「いいね」がいくつかつくことを少女が期待していたのは間違いない。ところがケザイアは、そのチャイナ風ドレス姿をほめられるどころか、たちまち世界中の反感を買った。あるツイートには、「そのダンスパーティのテーマはさりげない人種差別なの？」とある。ほかにも、中国人でもない女性がチャイナ風のドレスを着て文化を盗用している、と糾弾するツイートが殺到した（注34）。

分別のある世界であれば、このような言葉はすべて、芸術家（特に風刺作家）に対する最高の贈り物になったに違いない。だがこの世界では、この現象に批判的な目を向けても、さらなる批判にさらされ、過敏な反応や主張をいっそう悪化させるだけだろう。二〇一六年九月、「ブリスベン作家フェスティバル」に参加した小説家のライオネル・シュライヴァー（『少年は残酷な弓を射る』〔訳注／邦訳は光野多恵子・真喜志順子・堤理華訳、イースト・プレス、二〇一二年〕）などで有名な作家）が、「フィクションとアイデンティティ・ポリティクス」と題するスピーチを行ない、そのなかで「文化の盗用」の問題を取り上げた。というのは、それまでの数週間に、さまざまな場面で繰り返し、この言葉が使われていたからだ。たとえば、メキシコ人でもない人がソンブレロをかぶる権利があるのか、タイ出身でもない人がタイ料理をつくったり食べたりするのを認めるべきか、といった問題をめぐってである。

小説家の仕事は、想像力を駆使して他人の心を理解することにある、といえるかもしれない。そのためシュライヴァーは、この運動が自分の仕事の領域に近づいてくることに不安を感じていた。そこでブリスベンでのスピーチでは、文学という仕事を声高に擁護し、作家には書きたいことを書く正当な権利があると訴えた。シュライヴァーは、こう説明している。ある小説の登場人物を考える際、アルメニア人などといった登場人物の特徴は、人物造形の最初の一歩にはなるかもしれない。だが「アルメニア人というだけでは、私が理解している意味での登場人物にはならない。アジア人というのはアイデンティティではない。ゲイというのはアイデンティティではない。耳が聞こえない、目が見えない、車椅子での生活をしているというのはアイデンティティではない。経済的に困窮しているというのも同じである」。

すると、予想どおりの反応があった。《ニュー・リパブリック》誌上で、文化批評家のロヴィア・ギアルキはこう述べている。「ライオネル・シュライヴァーはマイノリティについて書くべきではない。九月八日にブリスベン作家フェスティバルで行なった繊細さに欠けるスピーチが証明しているように、シュライヴァーはわかっていない」。そしてさらに、シュライヴァーにこう問いかける。「シュライヴァーに質問がある。それらの特徴がアイデンティティでないのなら、つまり、ゲイや障害者という特徴がその人の一部でないのなら、毎日そのために虐げられ、辱められ、殺される人がこれほどたくさんいるのはなぜなのか?（中略）シュライヴァーは、文化の盗用のある側面に気づいていないらしい。それは、文化の盗用が権力と分かちがたく結びついている点である」（注35）。この主張では、ささいなことを大惨事のように吹聴する姿勢とフーコーの見解とが融合している。

だが、このギアルキ以上に、事態を深刻化させた人物がいる。それは、「ブリスベン作家フエスティバル」の会場にいた作家のヤスミン・アブデル＝マジッドである。アブデル＝マジッドのその場での経験談は、《ガーディアン》紙で取り上げられ、再掲載もされた。その記事にはこうある。

スピーチが始まって二〇分ほど過ぎたころ、私は最前列で隣に座っていた母に、口をへの字に曲げながらこう言った。「ママ、もうここには座っていられない。こんな話、受け入れられないから……」。

そしてこのあと、どんな気持ちで席を立ち、会場をあとにしたのか、といった興味深い談話が延々と語られる。

それによれば、シュライヴァーのスピーチは、アブデル＝マジッドの思想とは異なる道筋をたどって展開されたらしい。それはもはやスピーチなどではない。むしろ、「傲慢により包装され、軽視により配達された有毒な小包」である。そして、自分とは異なる人の立場に身を置いて書く危険を訴えようと、以下のような事例を挙げて、自分の限界を表明している。

私には、ＬＧＢＴＱＩ（訳注／この「Ｉ」は「インターセックス」、つまり男女の中間の性特徴を示す「間性《かんせい》」を指す）の人たち、自分とは神経学的に異なる人たち、あるいは障害を持つ人たちの代弁はできない。だがそれは、重要なポイントでもある。代弁はせず、彼らの意見や経験に耳を傾け、それを受け入れるべきだ。

アブデル＝マジッドはその後、植民地主義について少し述べたのちに、こう結論する。

ライオネル・シュライヴァーの基調講演に見られた他人を軽視する態度は、オーストラリアの極右政治家ポーリン・ハンソンに投票する人々にも見られる。先住民がいまだに正しい認識を求めて闘っているのも、本土から離れた場所にある移民収容所がなくならないのも、そのためである。こうした態度は、偏見や憎悪、ジェノサイドの土台になりかねない（注36）。

《ガーディアン》紙の名誉のために言っておくと、同紙はその後、シュライヴァーのスピーチの全文を掲載している。それが、一時的流行を攻撃する機知に富んだ内容なのか、ファシズムの礎石になりかねない内容なのかを、読者自身に判断してもらうためだ。

シュライヴァーは結局、この批判を切り抜けた。その理由の一端は、シュライヴァーが、安全を保障する担保がなくても真実を語る作家だという評判を確立していたからだ。しかしそれでも、シュライヴァーを加害者だと主張したがる人には、そう主張したくなる明らかなインセンティブがあった。アブデル＝マジッドはその後、ふさぎ込んでオーストラリアを離れたというが、彼女がシュライヴァーの立場について、私情を交えることなく思慮に富んだ批評を書いていたとしたら、これほど注目を集めることもなければ、その批評がすぐさま主要紙に取り上げられ、再掲載されることもなかっただろう。また、アブデル＝マジッドが口をへの字に曲げるような感情を抱かず、ここにいるだけで憎悪を「容認」することになると母親に話しかけることもなかったとしたら、彼女の意見もほかの人の意見と同じように、妥当と見なされることも、これほど広まることもなかっただろう。これは、大衆を狂気に陥《おとしい》れるメカニズムを構成する重要な歯車の一つである。つまり、誰よりも憤慨していると公言する人が、誰よりも注目を浴びる。大して気にしていない人の意見は無視される。ソーシャルメディアで叫び声をあげて注目を求める時代に、このメカニズムは、楽天的な人よりも憤慨している人に報酬を与える。ちなみにシュライヴァーは、ブリスベンでスピーチをして以来、性的・人種的なクォータ制（性別割当や人種割当）を導入しようとする出版社に公然と反対する数少ない作家の一人となっている。最近の出版社は、それらの割当制度を導入して、文学的価値以外の基準をもとに、どのような作家のどのような本を出版すべきかを決めようとしている。

問題の中心

こうした事態の背後には、壮大な混乱がある。それは、誤解によって引き起こされた混乱ではなく、社会が同時に複数のプログラムを実施しようとしていることから起こる混乱である。たとえばこの社会には、あらゆる文化の産物を正当に評価し、さまざまな文化に触れやすくすることにより、充実した生活を実現するプログラムが実施されている。ところがその一方で、特定の条件を満たさなければ文化の違いを乗り越えることはできないとするプログラムも同時に実施されている。しかも、この第二のプログラムは未完成であり、それを完成させる仕事は、その仕事を引き受けたがっているあらゆる人に委ねられているように見える。またこの社会には、人種と文化は違うと考えるプログラムが実施されている。ところがその一方で、両者はまったく同じであり、ほかの人種の文化を侵害するのは人種差別的な攻撃であり、「盗用」であると考えるプログラムも実施されている。

この混乱のさらに背後には、社会の奥底に隠しておくのも当然と思えるほど危険な爆発物がある。その爆発物とは、答えが出せないとかつて判断されたために、もはや問われることもなくなった疑問、つまり、人種はハードウェアなのかソフトウェアなのかという疑問である。《ナショナル・ジオグラフィック》誌などの企業は公正に過去の恥を認めているが、そのような過去の時代には、人種は何にもまさるハードウェアだと考えられていた。人間は、どの人種の出身かにより定義され、それ以外のあらゆる側面はたいてい無視・排除された。だが二〇世紀に入って時代が進むにつれ、より賢明な認識が発展した。人種は重要かもしれないが、その相違を埋められないわけではない、という認識である。実際、感謝の気持ちや愛情から別の文化や人種の一員になりたいと思うのであれば、いくらでも別の文化や人種の一員になれるようになった。ところが、二〇世紀末になると、その認識にただし書きが追加された。そのような行為は一方向のみ可能だ、とする考え方である。たとえば、インド人は間違いなくイギリス人になれるが、イギリスの白人はインド人にはなれない。何が可能で、何が可能でないかの境界は、わずかずつではあるが絶えず変化する。ここ数十年では、異人種夫婦の養子縁組に対する考え方をめぐって、この境界が変化した。異人種の夫婦が一方の人種の子どもを育てるのは、有益あるいは適切といえるのかどうか、という問題である。だが、いまを生きる私たちにとっての問題は、もっと幅広い領域でこの境界がまた変化しつつある、ということだ。その初期の兆候を見るかぎり、境界はいくらでも変化する可能性があるばかりか、考えうる最悪の方向へ変化しつつあるように見える。

黒人は政治的なのか？——肌の色よりも主張が重視される事例

二〇一六年、クリーブランドで開催された共和党全国大会でピーター・ティールがドナルド・トランプ支持を表明したとたん、アメリカの最有力ゲイ雑誌《アドボケイト》は、ティールをもはやゲイとは見なさなくなった。同誌にとっては、右派（しかもドナルド・トランプのような右派）につく行為は、ゲイの世界から破門してもいいほど愚かしい過ちだったのだ。その二年後には、アメリカの黒人の世界で、まったく同じパターンの事件が起こった。

ラッパーのカニエ・ウェストがおよそ一年間の沈黙を破り、二〇一八年春にツイッターに戻ってくると、すぐさま天賦の才能を発揮して、マスコミが食いつきそうな発言を始めた。たとえば四月には、保守派の黒人女性評論家・活動家のキャンディス・オーウェンズを称賛するツイートを投稿している。オーウェンズはその直前、カリフォルニア大学ロサンゼルス校で講演を行ない、最前列でおとなしく自分の講演を聞いている黒人学生を引き合いに出して、自分に抗議している《ブラック・ライブズ・マター》運動（訳注／「黒人の命は大切」を意味する。黒人に対する警察の残虐行為に端を発するアメリカの人種差別抗議運動）の一部の活動家を厳しく批判していた。のちに拡散した動画のなかで、オーウェンズはこう語っている。

黒人のコミュニティ内でいま何が起こっているのか？（中略）それは、イデオロギーをめぐる内戦である。過去に目を向け、奴隷制について声高に叫ぶ黒人と、未来に目を向ける黒人がいる。あなたがたが目にしているのは、被害者意識と勝利者意識との闘いである。

そしてさらに、抗議する人たちは「抑圧」に執着しすぎだと非難している。

カニエ・ウェストは、この動画を見たのちに「キャンディス・オーウェンズの考え方に賛成」とツイートしたのだ。誰もがその瞬間、自分の意識（あるいは少なくともツイッター）に誤作動が起こったのではないかと思ったに違いない。確かに以前から、最高裁判事やアメリカ有数の思想家などに、保守派の黒人は大勢いた。だがこれまでは、カニエ・ウェストのようなスター級の著名人が、アメリカの黒人が政治的に支持する政党が民主党とはかぎらないと公言することはおろか、ほのめかすことさえなかった。それなのに、よくも悪くも、地球上で誰よりも有名な夫婦（訳注／カニエの妻はモデルのキム・カーダシアン）の一方が、この地雷原に進んで足を踏み入れたのである。

カニエ・ウェストに、そのような場所に平気で足を踏み入れられる要素があったことは、指摘しておいてもいいかもしれない。第一に、当面の生活に困らないだけの金があった。政治に首を突っ込んだことにより大半のファン（黒人も白人もいる）の気持ちを逆なでしたとしても、いつでも自分や妻の金の上であぐらをかいていることができた。第二に、カニエ・ウェストは少々ネジがゆるんでいるという幅広いイメージがあり、当人もそれを気にしていなかった。

キャンディス・オーウェンズへの賛辞はやがて、ドナルド・トランプへの公然たる賛辞へと発展した。二〇一八年一〇月には、ホワイトハウスの大統領執務室でトランプ大統領と会い、ランチをともにした。それは、相対的な基準からしても奇妙な光景だった。そのときはウェストばかりがしゃべり、大統領は机の向かい側に座り、うなずきながら丁寧に話を聞いていたという。ウェストはこの機会を利用して、黒人のコミュニティや刑務所の改革について、あるいは「MAGA《マガ》」ハット（訳注／トランプの選挙スローガン「アメリカを再び偉大な国に〈Make

America Great Again〉」が刺繍された赤い帽子）をかぶると「スーパーマンのような」気分になることや、「もう一つの宇宙」が存在することについて語った。また、「黒人はみな民主党支持者だと思われている」ことに不満を述べ、自分はトランプ大統領が好きだと告げた。

カニエ・ウェストがこのような主張を展開し始めたころから、いずれ反論があることは予想できた。そのなかでも、最長の飛距離と最大の影響力を持つ銃弾を放ったのは、ライターのタナハシ・コーツだった。コーツは《アトランティック》誌に寄稿した記事のなかで、自分の生い立ちを語り、マイケル・ジャクソンが好きだと述べた。そして、アフロヘアの黒人少年だったジャクソンが後年、半透明のろう細工人形のような姿へと奇妙な変貌を遂げた事実に触れ、そんなジャクソンとウェストを比較した。

コーツはこう記している。「カニエ・ウェストが探し求めているものは、マイケル・ジャクソンが探し求めていたものと変わらない。ウェストは自分の闘争を、『自由な考えの持ち主』になるための権利だと訴えている。実際、ウェストはある種の自由を擁護している。白人の自由、結果なき自由、批判なき自由、無知を誇る自由である」。コーツはこの記事に、「私は黒人ではなくカニエだ――カニエ・ウェストが望む自由は白人の自由」という見出しを掲げている（注37）。つまりウェストは、前述のピーター・ティールと同じ罠にひっかかったのだ。マイノリティの不満はある時点で、マイノリティの政治的運動になり、単なる政治になった。組織票を求める一部の政治家は、マイノリティ・グループごとに共通の利害を持つ投票者集団があると主張すれば、利益になる。同じことは、あるコミュニティ全体を代弁する存在だと主張して立身出世を図ろうとする専門的な代理人にもいえる。だがそのような集団は、きわめて危険な連合であり、そのなかでまた、それぞれの権利問題が発生している。

これは、特定の苦情や政治的な不満、およびそれをもとにほかの人が自分たちのために考案してくれた選挙綱領を受け入れる場合に限り、その人は、一般に認められているマイノリティ・グループの一員になれることを意味する。それらを受け入れなければ、その人はもはや、これまでと同じ特徴を持つ人間ではなく、所定の規範とは異なる考え方をする人間と見なされる。つまり、これまで持っていた特徴を剝奪される。だからこそ、トランプ支持を表明したとたん、ティールはもはやゲイではなくなり、カニエ・ウェストはもはや黒人ではなくなったのだ。これはつまり、「黒人」というのは肌の色や人種で決まるわけではない（あるいは、少なくともそれだけでは決まらない）ということだ。「黒人」もゲイ同様、政治的なイデオロギーなのである。こうした考え方はきわめて深く浸透しており、ほとんど語られることもないため、多くの人が単純にそう受け止めている。

ロンドン・スクール・オブ・エコノミクス（ＬＳＥ）は社会科学系の世界有数の大学であり、同大学自身が誇らしげにこう述べている。「ＬＳＥは世界中から学生を受け入れるとともに世界中に卒業生を輩出しており、幅広い世界とのかかわりを、常に使命の中心に据えている」。二〇一二年五月、この大学の書評サイト《レビュー・オブ・ブックス》に、保守派として知られる経済学者トーマス・ソウェルの新刊『Intellectuals and Society（知識人と社会）』の書評が掲載された。実際のところ、この著書が刊行されたのは二年前だが、学問の世界では、ほかの分野よりものんびりしたペースで知的攻撃が行なわれるケースが多い。

書評を担当したのは、ウルヴァーハンプトン大学の「英語およびメディア／文化研究の上級講師」エイダン・バーンである。署名欄の説明には、「両大戦間期のウェールズ人の男らしさおよび政治小説を専門とするほか、さまざまな単元で教鞭をとる」とある。ＬＳＥの書評サイトはこのバーンを、ソウェルの著作の書評を任せるにはうってつけの人物だと考えたのだろうか？

いずれにせよバーンは、この本の「きわめて党派心の強い」内容に「興ざめ」し、刊行から二年がたったその著書を標的に、攻撃を試みた。書評の冒頭で、いきなりこう警告している。「本書は、ソウェルの政敵に対する、時代遅れな、ときに不誠実な攻撃の繰り返しに終始している」。そしてさらに、その本のなかの一節が、ティーパーティ運動の主張と軌を一にしており、「人種統合への見えすいた攻撃」となっている、などと攻撃した。

ソウェルに対する的外れな主張はさらに続き、バーンは読者にこう警告している。人種問題に対するソウェルの言い分は、単なる「心をかき乱す調子の悪い『犬笛』」でしかない。同様に、過去の遺産についてのソウェルの主張もまた、「遠まわしな干渉」である、と。バーンはさらに、熱を込めてこう解説する。「ソウェルから見れば、奴隷制が残した文化遺産は、道徳的問題と見なされるべきものでもなければ、改善を試みるべきものでもない」。そして、そのあとに衝撃的な一文を追加するのだが、それはまさに、この書評の価値を完全に損なう行為でもあった（注38）。

ＬＳＥの名誉のために言っておけば、同サイトは現在、この記事の最後に「修正」という項目を付記している。これは、価値ある修正の一つと言っていいだろう。そこには簡単に、最初に掲載された記事から一文を削除した旨が、こう記されている。「最初の投稿時に『裕福な白人男性が言いそうなこと』という一文がありましたが、これを削除し、そのような誤解があったことを謝罪いたします」（注39）。そんな謝罪をしたのも無理はない。というのは、裕福かどうかはともかく、トーマス・ソウェルはまかり間違っても白人ではないからだ。ソウェルは黒人である。しかも、名の知れわたった黒人だ。書評を掲載したバーンは、ソウェルの政治的信条だけを見て、白人だと判断したのだろう。

こうした考え方は、反対意見にほとんどさらされることもないまま、リベラルとされる議論のなかに忍び込んでいる。しかも、さまざまな方向からやって来る。たとえば、レイチェル・ドレザルにまつわる奇妙な（どことなく哀れな）事件に対する反応を見てみよう。レイチェル・ドレザルとは、全米黒人地位向上協会（ＮＡＡＣＰ）の地区代表を務めていたが、二〇一五年に突如白人と見なされ、黒人コミュニティから「追放」されたことで世界的に有名になった女性である。そのきっかけになったのは、テレビのインタビューである。そのなかでドレザルはいきなり、あなたは本当に黒人なのかと尋ねられた。ドレザルは最初、質問の意味がわからないふりをした。だが、実の親に関する証拠を突きつけられると、もはやインタビューを続けられなくなった。というのもドレザルの両親は、アメリカの白人どころか、ドイツ系チェコ人を祖とする白人であり、ドレザル自身が採用していたアメリカの黒人というアイデンティティとはまったく異なっていたからだ。結局ドレザルは、その両親が本当の両親であることは認めつつ、それでも自分は黒人だと言い張った。両親が養子に迎えた黒人のきょうだいと親密な関係にあったため、アメリカの黒人コミュニティへの帰属意識を抱くに至ったようだ。

とはいえ養子の弟は、「姉はモンタナ州で特権を持つ白人として育った」と述べている。だがこれまでは、典型的な黒人のように髪を縮らせ、肌が褐色に見えるよう入念なメイクを施すことにより、自分は黒人だと押し通してきた。それなら当然、たいていの人は「だけどあなたは白人じゃないの？」とは言えなかっただろう。その結果ドレザルは、黒人として通用しただけでなく、黒人のために設立された組織の地方支部の責任者にさえなることができた。

このドレザルの事件は、数えきれないほどの疑問をもたらすとともに、その疑問や、それに対する何らかの反応が、現代の文化のさまざまな側面を分析する契機になった。これらの反応のなかでも特筆すべきなのが、黒人の著名人、黒人の代弁者、黒人の活動家の間に生じた分裂である。

たとえば、女優のウーピー・ゴールドバーグは、ＡＢＣテレビの番組《ビュー》に出演した際に、ドレザルを擁護した。「彼女が黒人になりたいのなら黒人になれる」というのが、ゴールドバーグの見解である（注40）。この場合の「黒人メイク」は問題にならないようだ。それ以上に興味深いのが、作家のマイケル・エリック・ダイソンの反応である。ＭＳＮＢＣ放送の番組に出演した際に、以下のような印象的な言葉でドレザルを支持している。「彼女は、黒人の思想も、アイデンティティも、闘争も引き受けている。それらと一体になっている。かなりの黒人が、クラレンス・トーマス（訳注／保守的なことで有名な黒人の最高裁判事）よりもレイチェル・ドレザルを支持すると思うよ」（注41）。これらの言葉はすべて、「黒人」という言葉は肌の色や人種とは関係がなく、政治とだけ関係していることを示唆している。だからこそ、保守的な黒人の最高裁判事よりも、肌が褐色に見えるメイクをしているだけだが「適切」な意見を持っている白人のほうが、黒人だということになる。

主張よりも肌の色が重視される事例

だが、現代の大衆の狂気を生み出す原因がもう一つある。レイチェル・ドレザル、キャンディス・オーウェンズ、トーマス・ソウェルの事例を見ると、一貫した態度がアイデンティティを決めるかのように思える。話し手の姿や、その人が生まれつき持っている特徴は、重要ではない。重要なのは、彼らが訴える内容であり、彼らが表明する思想や感情である、と。ところがそこへ、何の前触れも兆候もなく、まったく正反対の価値尺度が紛れ込んでくる。突然、主張の内容がまったく価値を持たなくなるか、せいぜい三級品程度の価値しか持たなくなる。肌の色よりも主張のほうが重要だと思っていたら突然、肌の色だけが重要だといわれ、主張が無視される。

このような展開は、ほぼ間違いなく、ソーシャルメディア時代がもたらした驚異的な機能と関係している。この時代は私たちに、他人の発言に対する不誠実かつ無慈悲な解釈を公表する機会を提供した。著名人にそのような注目が集まると、メディアはその機会を利用して、誠実あるいは寛容な解釈がいくらあろうと、わずかばかりの不誠実かつ無慈悲な解釈に、さらなる注目を集めさせようとする。その影響がニュースに表れない日はない。たとえば、ある有名人の発言が「叩かれて」いるという見出しの記事がある。だが、その記事を読み進めていくと、その人を「叩いて」いるのは、記者がツイッター上で見つけたごく一部の大衆でしかないことがわかる、といった具合である。そのため政治家たちは、自分をそんな苦境に陥れようとする人たちを極度に怖れているように見える。それは、考えを口に出すことに高価な代償が伴うから、あるいは、発言のルールが知らないうちに変わっている可能性があるからでもあるが、それだけではない。たった一つの否定的な反応が（世界中のどこかから）あれば、それだけで大惨事になるおそれがあるからだ。ほとんどの公人や著名人は、そんな不安に包まれている。自分がいくら巧みに、あるいは雄々しくこの世を渡っていると思っていたとしても、とたんに周囲の空気が変わり、それまで耳元で鳴り響いていた称賛の声が非難の声に一変することもあるのだ。

二〇一五年一月、イギリスの俳優ベネディクト・カンバーバッチが、黒人のタヴィス・スマイリーが司会を務めるアメリカＰＢＳ放送の《タヴィス・スマイリー・ショー》に出演した。そして、そのトークのなかで、イギリスで俳優業をしている人種的マイノリティ出身の友人たちから、アメリカよりもイギリスのほうが仕事を見つけにくいという話を聞いたと述べ、そのような状況に抗議した。これらの言葉や、それ以外のどの発言を見ても、カンバーバッチが黒人俳優の味方であることは明らかだ。質問に答える際にも、クー・クラックス・クラン（ＫＫＫ）のような態度はまったく見られなかった。誰がどう見ても、カンバーバッチが、司会者にうっかり本音を漏らしてしまいそうな隠れ人種差別主義者だとは思わなかったはずだ。ところが、それにもかかわらず、カンバーバッチは過ちを犯してしまった。それは、意図や動機に問題があったからではなく、言葉づかいに問題があったからだ（この問題は、叩く理由がほかにない場合によく利用される）。トークのなかで、カンバーバッチは有色人種の俳優のことを「カラード・アクター」と呼んだ。これは、本国イギリスでは、何ら否定的な意味合いを持たない一般的な言葉である。アメリカでも、つい最近までは一般的な言葉だった。だが、カンバーバッチがこの番組に出演する直前に、アメリカでのルールが微妙に変わった。二〇一五年一月の段階では、有色人種は「カラード・ピープル」ではなく「ピープル・オブ・カラー」と呼ぶのが正解だった。言語学的には、大した意味の違いなどない区別である。

すると、まるでNワード（訳注／黒人の蔑称である「nigger〔ニガー〕」という語を指す）でも使ったかのように、批判が殺到した。その結果、カンバーバッチはただちに公の場で、卑屈な謝罪をせざるを得なくなった。この番組のあと速やかに発表された公式声明には、こうある。「時代遅れの言葉を使い、みなさんの怒りを買ったことを申し訳なく思っています。心からお詫びいたします。自分が愚かだったことを弁解するつもりはありません。この言葉に傷ついた人がいることはきちんと認識しています」（注42）。それにもかかわらずメディアは、カンバーバッチが「槍玉《やりだま》に挙げられている」（《テレグラフ》紙）とか、「人種論争の標的」（《インディペンデント》紙）になっているとの見出しを掲げた。実際のところ、このエピソード全体を通じて、カンバーバッチが人種差別主義者だと真剣に主張していた者は一人もいない。これらの発言を人種差別的だと本気で解釈していた者など一人もいない。それなのに、カンバーバッチという名前が「人種論争」に結びつけられてしまった。カンバーバッチが言おうとしていたことに耳を傾けていれば、そこから多少の善意が生まれ、友人の俳優たちがイギリスで仕事につける機会が増えたかもしれない。だがメディアは、言葉警察がソーシャルメディア上で展開しているわずかばかりの主張を取り上げ、それを現実世界の「論争」にするというルートをたどりがちだ。そのため、世間の目にさらされている人や公の場にいる人はみな、このような事件から教訓を学ぶようになっている。カンバーバッチであれば、シャーロック・ホームズなどの人気キャラクターを演じて得られる大衆からの好意により、こうした危機を乗り越えられるかもしれないが、大半の人はそういうわけにはいかない。

この事例のように、人種について語るどころか、口に出すことさえはばかられるのは、そのルールに深刻な問題があることを示唆しているが、公の議論はいずれも、それをどう論じればいいのかわからない状態にある。これまでは、政治家や作家などの著名人はみな、事前に合意された一つの方針に沿ってうまくやっていた。その方針とは、話したり、書いたり、考えを口に出したりするときには、常識的に考えて一般人が誤解しないようにする、というものだ。その当時は、こうした言葉を曲解する行為は、曲解した当人にとって不名誉になるだけだった。ベネディクト・カンバーバッチに対して、あからさまな敵意に満ちた人種差別主義者だと主張するような人物は、陰で笑いものにされ、すぐに忘れ去られてしまうのが常だった。

ところが最近、このルールが変わった（それがソーシャルメディアの時代と一致しているのは、決して偶然ではない）。現在では、政治家や作家などの著名人はみな、一般大衆を構成するあらゆる人々と同じ立場にある。私たちはもはや、聞き手が誠実に話を聞いてくれるとも、同じ目標に向かっているとも信じられない。この時代には、大衆の一員から、誠実な主張と同じように、不誠実な主張も噴出しかねない。そのため著名人たちはみな、話したり、書いたり、考えを口にしたりするときには、不誠実な批判をする人がその言葉を曲解できないよう注意を払わなければならない。だが、それが精神を混乱させる無理な注文であることは言うまでもない。そんなことはできない。やってみようとするだけで頭がおかしくなる。

それなら、対処法としてどんな選択肢が利用できるだろう？　第一に、何も話さない、あるいは、少なくとも公の場では重大な影響のあることを言わない、という方法がある。多くの政治家が採用している選択肢である。だがこれでは、どんな発言もいとわない人々に、非難するチャンスを与えかねない。第二に、現在どんなルールが採用されているのかを把握する方法がある。そのためには、まったく重要なことを言っていないにもかかわらず批判が殺到したケースと、間違いなくひどいことを言ったにもかかわらず批判が取り下げられたケースとを比較してみるといい。後者のケースの好例が、二〇一八年八月に起きたサラ・チョンの事件である。

サラ・チョン

この事件は、《ニューヨーク・タイムズ》紙が、三〇歳のテクノロジー系ライター、サラ・チョン（訳注／韓国系アメリカ人女性）を同紙の編集委員に任命したことに始まる。こうした発表がなされたときにはよくあることだが、チョンが若くしてそのような地位を獲得すると、かなりの注目が集まった。この時代にそのような注目を浴びると、必ずインターネット上で、その人物がかつて発した言葉の掘り起こしが始まる。チョンの場合、その掘り起こしにより、特定のテーマにかかわる過去のツイートが暴露された。白人に対する露骨な暴言が長期にわたり投稿されていたのである。たとえば、以下のようなツイートである。「白人は遺伝的に日焼けしやすいから、論理的に考えると、ゴブリン（訳注／醜い小人の姿をした邪悪な妖精）のように地下にはいつくばって暮らしたほうがいいんじゃない？」「ウィキペディアを見て、『白人が確実に自分たちの手柄にできるもの』を探すゲームをしてみたら。なかなか見つからないから」「白人の男はくだらない」「白人は失せろ」「文化の盗用以外に白人に何ができるか考えたことある？　文字どおり何もない。たぶんスキーもそうだし、ゴルフもそう。（中略）白人なんてつまらない」（注43）。チョンのツイッターは、このテーマにとりつかれていると言っても過言ではない。さらに、自分の嫌いな人を動物になぞらえるという初歩的な過ちさえ犯している。「インターネットを自分の意見で埋め尽くす大まぬけの白人野郎なんて、消火栓に小便をするイヌみたいなもの」（注44）。ほかにこんなツイートもある。「なんとまあ、白人の年寄りをいじめるのがこんなに楽しいなんて病気なのかな」（注45）。

チョンは、「男をみな殺しにしろ」という表現も頻繁に使っている。だがこの状況下では、彼女を批判する人たちもその問題はさほど重視しなかったようだ。チョンや、彼女を採用した《ニューヨーク・タイムズ》紙に対する怒りを引き起こしたのは、絶え間なく投稿された白人に対する人種差別的発言だった。だが同紙は、採用したばかりのライターを擁護した。インターネット上に巣食うオオカミに餌《えさ》を投げ与えるようなまねをするつもりはなかったようだ。同紙は公式声明として、こう述べている。チョンを採用したのは、インターネットに関する「並外れた仕事」をしていたからだ。「彼女はその記事の内容や、若いアジア人女性だという事実により、インターネット上でしばしば嫌がらせを受けていた。そのため一時期は、嫌がらせの加害者が使う表現をまねて、その嫌がらせに対抗していた。だがいまでは、そのようなアプローチをとっても、ソーシャルメディア上でよく見かける辛辣な皮肉を増やすだけだと気づき、過去の発言を後悔している。本紙もそれを容認するつもりはない」。さらに、声明の最後にはこうある。この教訓を学んだチョンが、「前進を続ける編集委員会にとって重要な存在になる」ことを確信している、と（注46）。

実際のところ、チョンが物議をかもすツイート活動をしていた「一時期」は、二〇一四年に始まり、《ニューヨーク・タイムズ》紙が彼女を採用する一年前までに及ぶ。それでも、雇用主による擁護は功を奏した。現代では被害者であると主張すると罰が軽減されることもあり、チョンの性、若さ、人種を強調すると、彼女への非難は止んだ。この場合も、チョンがもし、インターネット上でひどく侮辱された経験はないと言っていたのであれば、あるいは、自分についてどんなことが書かれているのか知ろうと入念にツイッターを確認していたのでなければ、あるいは（この勝負に勝つつもりならまずありえないのだが）インターネット上の侮辱などまったく気にならなかったと主張していたのであれば、彼女のアリバイもあまり役に立たなかったことだろう。

だが、チョンをめぐるこの事件により明らかになった興味深い事実は、それだけではない。

ウェブサイト《ボックス》のライターであるザック・ボーシャンは、チョンを擁護してこうツイートしている。「理由はよくわからないが、現在のインターネット上には、人種差別反対主義者やマイノリティが『白人』について語る際に使う豊かな表現を、人種に根差した憎悪と誤解している人が多い」（注47）。だが、この発言には、人種差別的な悪口のなかのどれが「豊かな表現」であり、どれがそうでないのかを明らかにする詳しい説明がないうえに、「人種に根差した憎悪」と「豊かな表現」を区別するための指針もない。同じ《ボックス》のライターであるエズラ・クラインの言葉は、さらに興味深い。クラインはチョンを擁護して、この騒動は、「人種差別的なオルタナ右翼（訳注／白人至上主義や排外主義を唱えるアメリカのポピュリズム的右翼思想）の輩が卑怯にも当人のかつてのツイートを武器にして、アジア人女性を追放しようとする策動」だと決めつけている。この発言には、《ニューヨーク・タイムズ》紙もうまく活用していたチョンの人種的アイデンティティだけでなく、彼女のツイートのなかに抗議すべきものを見つけようとした人々には政治的動機があるとする主張まで盛り込まれている。

だが、もっとも興味深いのは、そのあとにクラインが述べた言葉である。というのは、その言葉は、第二章で取りあげたサルマ・エル＝ワーダニーが「男はみんなくず」とツイートする人々を擁護する際に展開した主張と酷似しているからだ。そういえば先述したクラインも、「男をみな殺しにしろ」というハッシュタグは、単に「女性にとって世界がもっとよくなればいいのに」という言葉を言い換えたものに過ぎないと主張していた。白人に対する人種差別的中傷を繰り返していたサラ・チョンを擁護して、クラインは同じようにこう述べている。チョンが「ジョーク」のなかで「白人」という言葉を使うときには、言葉どおりの内容を意味しているわけではない。「社会的公正に関するツイートでは、この言葉は実際の白人ではなく、『支配的な権力構造や文化』に近いものを意味している」のだ、と（注48）。

ここには、大いに狂気を誘発する要素がある。ベネディクト・カンバーバッチとサラ・チョンが二人とも「人種論争」に巻き込まれたと聞くと、普通であれば、それは二人が同じ挑発という罪を犯したから、と思うかもしれない。だが実際のところ、二人が犯した罪は同じではない。カンバーバッチが「人種論争」に巻き込まれたのは、流行遅れの言葉を使ったからだ。一方、チョンが「人種論争」に巻き込まれたのは、一定期間にわたり白人を見下すような人種差別的暴言を繰り返していたからであり、それを楽しんでいるかのように見えたからである。さらに問題なのは、こうした行為の動機を想定する際に、言葉の辛辣さがまったく考慮されていない点である。それにより、カンバーバッチのように、無意識に使ってしまった言葉が自分に跳ね返ってくる場合もあれば、意図的に使っている過激な言葉が、自分が使った言葉としてカウントされない場合もある。実際、クラインやエル＝ワーダニーは、後者のような説明をしている。無意識に間違った言葉を使い、それを激しく批判される人もいれば、不適切で過激な言葉を使いながら、さほど批判を受けない人もいる。そこには、何らかの理由がある。

その理由については、二つの可能性しか考えられない。第一の可能性は、公の場での性や人種などに関する発言にはスクランブルをかける装置が作動しており、そのスクランブルを解除する装置が必要なのだが、誰もがその装置を持っているわけではない、というものだ。発言された言葉が何を意味し、何を意味していないのかを解読するためのスクランブル解除装置を、クラインやエル＝ワーダニーが持っているのは確かだが、ほかの人がどれだけこの装置を持っているのかははっきりしない。私たちは、どの言葉が文字どおりの意味を持ち、どの言葉がそれ以外の意味を持っているのかを知るために、常にこの装置に頼らなければならないのか？それはいったいどんな仕組みになっているのか？

もう一つの可能性は、それよりはるかに単純なスクランブルがかかっている、というものだ。そのスクランブルがかかるのは、言葉そのものでも、発言の意図でもなく、話者が生まれ持った特徴だけである。そのためカンバーバッチは、最初から安全とはほど遠い立場にあったといえる。彼は白人であり、異性愛者であり、男性だった。だからこそ、あのテレビ番組への出演は、自分が人種差別反対主義者であることを強調するのにいい機会だと思ったのかもしれない。一方、長年にわたり別の人種グループを見下すようなコメントを続けている人は一般的に、深刻な批判を受けるものと思われている。ところが実際には、そうなるかどうかは、その人のアイデンティティ次第だ。カンバーバッチがもし、アジア人はゴブリンのように穴のなかで暮らしているとツイートしたり、アジア人の年寄りを泣かせて喜んでいると投稿したりしたら、批判を免れることはまずないだろう。だが、チョンは批判を免れた。それはひとえに、彼女がアジア人だったからであり（ただし最近では、社会的公正という観点からアジア人の特権がある程度考慮されつつある）、彼女が攻撃した人種が白人だったからである。

ある主張に異なる基準が同時に適用される場合、その基準のスクランブルを解除することなどできない。というのは、もはや主張そのものが重要性を失っているからだ。何よりも重要なのは、話者が持つ人種などのアイデンティティである。そのアイデンティティによって、非難を受ける場合もあれば、批判を免れる場合もある。これはつまり、言葉やその意味内容がいまだに重要だったとしても、それはもはや、もっとも優先すべきものではないということだ。あるいは、私たちはしばらくの間、人種の問題にとらわれない世界ではなく、絶えず人種にこだわる世界で暮らさなければならなくなる、ということでもある。私たちはいまや、人種に注意を向けなければ、誰の話に耳を傾けるべきかわからない状態にある。

過激化する表現

表現が過激化している一例が、怒号のような主張である。実際、人種に関する最近の議論に見られる口調の変化は、同時期にフェミニズム運動のなかで起きた変化と驚くほど似ている。言葉づかいや糾弾の表現に見られる同様の過激化は、黒人の権利運動がまもなく勝利するかに見えた時点になって、さらに活性化されたかのように見える。フェミニズムに関する議論でも見たように、確かに、人種間格差や人種差別的な意見がもう存在しないというわけではない（女性はもうジェンダーにより抑圧されていないとはいえないのと同じである）。それでも、少なくとも状況がかつてないほど改善しているように見えるにもかかわらず、状況がこのうえなく悪化しているかのようにいうのが、この時代の奇妙な特徴である。

政治化した運動、あるいは政治化する過程にある運動は、その意見をただ代弁する思想家よりも、運動をさらに燃え立たせる思想家を必要とする。フェミニズムの分野ではマリリン・フレンチらが過激な主張で有名になったように、最近では人種問題においても、状況の改善や融和を訴える著作家ではなく、アメリカの人種問題は前例のないほどひどい状態にあると主張する著作家がもてはやされるようになっている。

マイノリティ出身の人間にまず回想録を書かせようとする出版社は、それによるさまざまな文化的影響を期待しているのだろう。その栄誉を与えられた人物の一人が、黒人ライターのタナハシ・コーツである。二〇〇八年に出版されたその処女作『美しき闘争』（訳注／邦訳は奥田暁代訳、慶應義塾大学出版会、二〇一七年）には、ボルティモアでの生い立ちや、その間に起きた一つひとつの出来事に対する考え方が、驚くほど率直につづられている。たとえば、ボルティモア・アリーナで白人を見たときに、その帽子や衣服、ジャンクフードを白い目で見たことを認め、こう記している。「白人を汚らしいと思った。それをきっかけに人種差別主義者になり、それを誇りに思った」（注49）。この回想録によれば、《ブラックパンサー》党員だった父は、四人の女性との間に七人の子どもをもうけたという。ボルティモアには銃による暴力が蔓延しており、複数の黒人グループが互いに威嚇し合っていたともある。コーツ自身は、ラテン語の授業の間ずっと無駄話をしていて、大半の学習の機会を棒に振ったが、母親から奴隷制や奴隷の反乱について教えてもらった。その当時は市民ナショナリズム（訳注／人種や文化ではなく、自由・寛容・平等・個人の権利・多文化主義などのリベラルな価値観を支持する包括的なナショナリズム）が主流であり、父も一時期はこれを信奉していたが、コーツはこの思想を軽蔑し、父をこう批判している。「その時代の産物であり、いまだ抑圧があるのに、ぼくたちを愛国者に仕立てあげようとするあの特異な黒人信仰の信奉者だった。だから父はケネディを崇拝しており、古い戦争映画が大好きだった」（注50）。

だがのちに、父は「覚醒」した。「まどろみの時代が過ぎる」と、父は「こう考える人たちを支持するようになった。貧困・病気・無学・障害・無知など、この国において最悪ともいえるぼくたち黒人の状態は、いわば摘出すべき腫瘍であり、アメリカ全体が腫瘍であること、アメリカは大規模な腐敗の犠牲者なのではなく腐敗そのものであることを証明している、と」（注51）。そのころコーツは、ある英語教師と出会った（「小さな声の小さな男」だったという）。回想録にはこう記されている。「ぼくはこの教師にわずかばかりの好意しか示さなかったが、それでもその見返りに多大な敬意を受けることを期待していた」。だが結局、コーツはある日、この教師とけんかをすることになる。教師に怒鳴られたからだ。「ぼくは非を認めることができず」、最終的には「教師の顔をぐちゃぐちゃにした」。さらには、白人少年に人種差別的な攻撃もするようになったと、何の良心の呵責もなく語っている（注52）。だが、滅びるべき運命にあるのは、コーツや同じコミュニティの人たちのほうだった。

回想録にはこうある。「いずれどんなふうに死ぬのかわかっている。ぼくたちは最底辺層の代表だ。ぼくたちと野獣、ぼくたちと動物園の動物とを分けるものは、敬意しかない。砂糖やクソのようにあたりまえだと思われているものだ。ぼくたちは、自分たちが何者なのか知っているし、この世に長くいられないこと、この世界の誰もぼくたちを求めていないことを知っている」（注53）。この回想録は大成功を収め、高く評価され、大いに褒め称えられた。それによりコーツは、マッカーサー財団から「非凡な才能」を持つ人物を対象にした助成金を受け、回顧録での成功に気をよくしたのか、二〇一五年には二作目となる『世界と僕のあいだに』（訳注／池田年穂訳、慶應義塾大学出版会、二〇一七年）を発表した。こちらは、一五歳になる息子に向けて書いた手紙という体裁をとっている。これによりコーツは、四〇歳になるまでに回顧録を二冊出版したことになる。

この『世界と僕のあいだに』には、二〇〇一年九月一一日の同時多発テロ事件を自分がどう受け止めたのかが記されている。コーツは当時、ほんの数カ月前にニューヨークに移り住んだばかりだったが、あの事件のときの気持ちを、驚くほど正直につづっている。その記述によれば、コーツはアパートの屋上から家族と一緒に、マンハッタン島に巻き上がる煙を見ていたが、その間も「心は冷えきっていた」という。「いかなるアメリカ市民も純粋だとは思えない。私はこの都市とシンクロできなかった」。というのは、その一年前に、同級生のプリンス・ジョーンズが麻薬の売人だと誤解され、メリーランド州の警官に殺害される事件があったからだ。それに続く回想録の記述は、きわめて衝撃的である。確かにいま、ほかの州の消防隊員が命を危険にさらしてまで、あらゆる人種や生い立ちのアメリカ人を救おうとしているが、彼らとて同級生を殺害した警官と何の違いがあろう。「ぼくから見れば、彼らは人間ではない。黒人であれ白人であれ、人種に関係なく、彼らは生まれながらの脅威であり、彼らこそがあの炎なのである」（注54）。

コーツはほぼ途切れることなく成功を重ねてきたため、穏やかに批判されることさえほとんどなく、わずかな批判にさえ衝撃を受けるほどだった。『世界と僕のあいだに』が出版された際に、黒人初のノーベル文学賞受賞作家トニ・モリソンが書いた推薦文には、こうある。ジェームズ・ボールドウィン（訳注／アメリカの黒人作家、公民権運動家）亡きあとに私が抱いていた「知的喪失感」をコーツが埋めてくれた、と。だがこれには、黒人政治思想家のコーネル・ウェスト博士が異議を呈している。ウェストはいかにも学者らしく、こう述べている。「ボールドウィンは権力者に真実を言うだけの勇気を備えた偉大な作家だったが、コーツは記者のように巧みな言葉づかいで、黒人の現職大統領への批判をうまく避けている」（注55）。コーツは、自分のことを「ジェームズ・ボールドウィンに匹敵しない」と言う人がいることに傷つき、ウェストの言葉にうまく対応できなかった。だがこの言葉は、ボールドウィンになぞらえられることがいかに名誉なことかを証明しているだけでなく、ほかにも有益な事実を教えてくれている。

ボールドウィンは、二〇世紀後半における偉大な作家として道徳的な影響力を持っていただけでなく、アメリカで不正に対する怒りが正当化されていたうえに必要ともされていた時代を生きていた。つまり、ボールドウィンが生まれ育ったコミュニティは、当時まだ重大な不正にさらされており、彼自身もその不正を直接経験していた。『次は火だ――ボールドウィン評論集』（訳注／邦訳は黒川欣映訳、弘文堂新社、一九六八年）でも述べているように、一〇歳のときには二人の警官に殴打されたこともある。ボールドウィンは、そのような不満をどちらかというと控えめに語っていた。それでも常に、アメリカに存在する分断を伝える方法を模索していたのであって、決してその分断を広げようとしていたわけではない。一方、コーツは対照的に、人種の差を拡大し、傷口を広げることで出世を重ねてきた（注56）。実際、奴隷制が終わってからもう何世紀もたっているというのに、何につけてもアメリカの黒人に賠償金を支払うよう政府に要請しようとする。あるいは、ごくささやかな罪に対して大仰な武器を振りかざそうとする。二〇一八年、《アトランティック》誌（コーツはその「全米特派員」を務めている）が、保守派のライターであるケヴィン・ウィリアムソンの採用を発表すると、早速ウィリアムソンの過去の記事の掘り起こしが始まった。すると、妊娠中絶に強く反対する見解を抱いていたことが明らかになり、多くの批判者の怒りを買った。そこへさらに、かつて《ナショナル・レビュー》誌のイリノイ州版に寄稿した記事が見つかり、そこに黒人少年を見下すような表現があるという、誠実とは言いがたい主張が展開された。

ウィリアムソンは結局、採用が発表されてから二週間もたたないうちに、《アトランティック》誌の新たな役職を解任された。その採用・解任事件ののち、同誌はスタッフ会議を招集した。ステージ上に座る編集長ジェフ・ゴールドバーグの隣には、タナハシ・コーツの姿があった。ゴールドバーグはそのとき、エバーグリーン州立大学の学長のように身ぶり手ぶりまで命令されることはなかったものの、この会議に自分の職業人生がかかっていること、コーツがそんな自分の頼みの綱であることは理解していた。そこで、弁明するようにこう訴えた。「私から見れば、職業人としてのタハナシと私人のタナハシとを区別するのはきわめて難しい……つまり、何が言いたいのかというと、こういうことだ。タナハシは私の人生においてかけがえのない人物だ。この男のためなら死んでもいい」。このような雑誌の寄稿者であればやはり、同様の忠誠を誓い、ある程度の好意を示しておくべきだと思うに違いない。だがコーツには、そんなことをする必要はいっさいない。

コーツはウィリアムソンについて論じる際に、これまでに出版した回想録のなかでしてきたことをそのまま繰り返した。つまり、自分が置かれている高所からこの状況を見下ろし、そこに最悪の解釈を施したのだ。コーツは会議の場を利用して、こう言い放った。ウィリアムソンには、多少きらびやかな文体以外に期待すべきものはない。あるいは、「私どころか、あなたがたさえ一人前の人間として見る」ことはできない、という確かな事実以外に期待すべきものはない、と（注57）。この主張は常軌を逸している。ウィリアムソンはコーツを、ひいてはあらゆる黒人を「一人前の人間」として見ていない、それが悲しい現実である、というのだ。この怖るべき発言は、コーツがこれまでのキャリアを通じて何を免れ、何を許されてきたのかを如実に物語っている。ボールドウィンは、白人がまるで矯正不可能であるかのような言い方をすることは決してなかった。白人からの攻撃を誇張して表現する必要があるとも思っていなかった。だがコーツは、傷や痛みを誇張している。しかも、いまやあらゆる武器は自分の側にあることを知りながら、そうしている。この会議のステージ上には、弾丸を込めた銃がある。だが、その銃を持っているのは、白人ではなくコーツなのだ。アメリカ中のキャンパスで運動に取り組んでいる学生たちが、不誠実な主張をしたり、ささいな出来事を大惨事のように吹聴したりして利益になるのかと疑問に思ったときには、こうしたコーツの態度を見ればいい。それが利益になるとわかるはずだ。

現代のような情報時代には、ある国で人種をめぐる認識が高まると、それがほかの国にも飛び火する。アメリカでコーツが成功すると、人種間関係の歴史がまったく異なるイギリスでも、黒人ジャーナリストのレニ・エド＝ロッジが同様の成功を収めた。二〇一七年に『Why I'm no Longer Talking to White People about Race（もう白人とは人種の話をしない理由）』を出版して、コーツの回想録と同じ問題を提起すると、たちまち同等の称賛や賞を受けたのだ。エド＝ロッジは、イギリスでの公の議論に「白人の特権」という概念を持ち込み、それを主流化させることに成功したが、それを主張するための不平不満を探し出すのに、コーツよりも苦労することになった。そのためか、この著書の冒頭では、一九一九年にリバプールの波止場でチャールズ・ウートンという黒人船員が殺害された事件など、イギリスで過去に起こった無数の虐殺事件を紹介している（注58）。そのような異常な出来事を、あたかもそれがイギリスを象徴する出来事であるばかりか、そのような歴史が隠蔽されてきたかのようにさえ記しているのである。ここで重要なのは、彼女がわざわざそのような歴史を探しに行く必要があったという点であり、その調査から戻ってきたのちに、過去が想像以上にひどいこと、そこから推察するのに白人が想像以上に悪いに違いないことを訴えている点である。

このように報復的な動機から過去を探索し、その調査から戻ってきた人は、現代の人々にどう反応することになるのだろうか？　第一に考えられるのは、復讐の常態化である。実際、復讐心はここ最近になって、日常的な言語に浸み込んできた。二〇一八年一月にロンドンで開催された「ウィメンズ・マーチ」では、髪がピンク色の若い女性が掲げていたプラカードに、「年寄りの白人男性は出ていけ」と記されていた（注59）。だが皮肉なことに、その隣にあった社会主義労働者党の横断幕には、「人種差別反対」とある。また不幸にも、その若い女性がプラカードを掲げていたそばには、世界大戦戦没者記念碑があった。ご存じのように、年寄りになれなかった多くの白人を追悼する記念碑である。

この新たな報復の時代には、ほかの人種は犯していないとされる罪により白人を非難することが、完全に受け入れられるようになった（その白人のなかには女性も含まれる）。たとえば、いまでは《ガーディアン》紙も、「白人女性は涙を武器に、いかに責任を回避しているか」という記事を発表している。その記事にはこうある。「白人女性の言動に傷つけられた際に、当の女性にその件について話をしたり問い詰めたりすると、相手はたいてい涙ながらにそれを否定し、むしろ自分が傷つけられたと言って憤慨したり非難したりする」（注60）。実際、「白人の涙」というハッシュタグはよく使われている。また、「ガモン（燻製《くんせい》ハム）」という言葉も主流化している。これは、インターネット上で啓発的な意見を言う人たちが、紅潮して白い肌がピンク色に染まった人を表現する言葉である。二〇一二年ごろから使われるようになり、二〇一八年になるころにはテレビ番組でもインターネット上でも自由に使われるようになった。白人の肌の色調がブタのように見えておもしろいことを強調したり、抑えきれない怒りや外国人嫌いが紅潮によりあらわになっていることを暗示したりする場合に用いられる。ここでもやはり人種差別反対主義者が、人種差別反対を求めつつ人種差別を利用している。そのような態度が、どんな負の影響をもたらすことになるのだろう？

知能指数

多様な文明社会を支える基盤のなかで何よりも重要なのは、間違いなく人間の平等である。平等は、欧米のあらゆる政府、主流を成すあらゆる市民組織が表明している目的であり、洗練された社会に居場所を見出そうとする誰もが望むものである。だが、このあこがれ、信念、希望の下には、このうえない痛みを伴う、いまだ爆発していない爆弾がある。だからこそ私たちは、ツイッターのハッシュタグが横行するこの時代を、これまでよりもはるかに慎重に歩んでいく必要がある。その爆弾とは、平等とはどういう意味なのか、平等は実際に存在しうるのか、という問題である。

キリスト教の伝統の中核には、神の目から見た平等という教義がある。だが、神の目から見た平等は、やがて世俗的なヒューマニズムの時代になると、人間の目から見た平等に変わってしまった。そこに問題がある。というのは、たいていの人は、人間はまったく平等ではないことに気づいていたり、それを直感的に知っていたり、危惧していたりするからだ。人間はそれぞれ、同じように美しいわけでもなければ、同じような才能に恵まれているわけでもない。同じように強くもなければ、同じように賢明でもない。財力が違うことは言うまでもない。愛されるレベルでさえ一様ではない。政治的左派は絶えず、平等や公正が必要だと主張する（政治社会学者のエドゥアルド・ボニーラ＝シルバらは、結果の平等が望ましく、その実現は可能だと訴える）が、政治的右派はそれに対し、結果の平等ではなく機会の平等を主張する。だが実際のところ、どちらの主張もほぼ間違いなく実現できない。そんなことは全世界ではおろか、一国の国内、あるいは一部の地域だけでも不可能だろう。

裕福な親のもとに生まれた子どもには、貧しい親から生まれた子どもにはないチャンスがある。その子どもは、生涯ずっととはいえないかもしれないが、少なくとも人生の最初の段階では、ほぼ間違いなく優位に立てる。誰もがある程度優れた学校には行けるかもしれないが、超一流の学校に行けるのは一部の人間だけだ。ハーバード大学に行きたいと思っている人はたくさんいるだろうが、世界中の誰もが行けるわけではない。実際、ハーバード大学への入学を目指す人が毎年四万人ほどいるが、入学できるのはその一部に過ぎない。これは、最近になってきわめて壊滅的な最新地雷が垣間見えるようになった分野であり、その地雷はいつ爆発するともかぎらない。

前述したように、「暗黙の偏見」を診断する潜在連合テストを開発したのは、ハーバード大学である。あるウェブサイトの見出しにはこうある。「あなたは人種差別主義者ですか？　ハーバード大学が開発したこの人種差別テストを受ければ、それがわかります」（注61）。だが、その言葉のとおりなら、まずはアメリカ最古の大学であるハーバード大学自身が、このテストを受けてみるべきだろう。潜在連合テストが本当に正確な結果を出せるのなら、ハーバード大学はきわめて人種差別的だという結果が返ってくるに違いない。

二〇一四年、《公正な入学を求める学生》というグループが、ハーバード大学を相手に訴訟を起こした。このグループを構成するアジア系アメリカ人たちは、同大学の入学審査方針には、数十年前からある種の差別が見られると主張していた。「差別是正措置」という名目で、いつも組織的にアジア系アメリカ人の志願者を差別してきたという。ハーバード大学は当初、入学審査基準に関する情報は事実上の営業秘密にあたるとして、その公開を懸命に拒んでいた。だが、入学審査プロセスにおいて「いかなる人種グループ」の志願者に対しても差別はしていないと主張していた手前、結局はこの秘密を公開せざるを得なくなった（注62）。大学側がこの秘密を隠そうとしてきたのは言うまでもない。

ハーバード大学は毎年、志願者のおよそ四・六パーセントを受け入れるに過ぎない。そのため当然、何らかの審査が必要になる。だが、大学が採用した審査手続きは、このうえなく受け入れがたいものだった。アメリカではどの大学でもそうだが（この傾向は世界各地に広まりつつある）、ハーバード大学もまた、選抜プロセスにおいて人種的偏見を一掃すべきだと考えていた。ところが、実際に人種的偏見を一掃しようとすると、一部の人種グループを不当に優遇する割当になってしまい、人種グループの人口比に従った割当にはならないことが判明した。賢明なハーバード大学当局は、その事実に気づくと、この問題を回避する方法を見出す必要に迫られた。どうにかして、大学に通うアフリカ系アメリカ人の数を増やさなければならない。

そこで大学側は、人種にとらわれない入学審査方針を採用しているかのように見せかけるため、劇的に成績が優れているある人種グループが不利になるようなバイアスをかけることにした。つまりハーバード大学は、人種差別をしないためと言いながら、実際には一部の人種グループの入学可能性を高める、人種にこだわった審査プロセスを採用したのだ。

大学側は裁判でそれを否定しているが、大学の記録によれば、ハーバード大学は数年にわたり常習的に、アジア系アメリカ人の志願者の評価を格下げしていた。とりわけ格下げの対象になったのが、前向きな性格、思いやり、好感といった性格特性の評価である。しかも、大学側にとって不幸なことに、事実が暴かれる過程で、志願者との面接や面談もしないまま、アジア系アメリカ人学生の評価を格下げしていたことが明らかになった。どうやら、アジア系アメリカ人学生に直接会うこともなく、その性格特性のスコアを減点する意図的な方針があったらしい。ハーバード大学などの一流教育機関はなぜ、そんなことをする必要があったのか？　これには二つの理由がある。第一に、ハーバード大学などのエリート養成機関が、どんな人材を世界に送り出すことを約束していたかといえば、それは単なる最良の人材というだけではない。多様性を尊重するという大学側の姿勢を学んだ最良の人材である。第二に、ハーバード大学が「差別是正措置」方針や多様性の基準に取り組むなかで、一部の人種グループを意図的に不利な立場に置いたり、ほかの人種グループを意図的に有利な立場に置いたりしなければ、この大学の学生は尋常でないほど多様性に欠けた構成になってしまう。具体的には、白人のアメリカ人や黒人のアメリカ人ではなく、アジア系アメリカ人や中部・東部ヨーロッパ系のユダヤ人が不当に多くなるおそれがある。ここに、世界一醜悪な地雷が垣間見えるのである。

この世には踏み入るべきでない危険なテーマがいくつもあるが、その最たるものが、知能指数や遺伝学の研究だと思われる。アメリカの政治学者チャールズ・マレーと行動計量学者リチャード・J・ハーンスタインは、一九九四年に出版した『The Bell Curve（釣鐘曲線）』のなかで、知能は人種ごとに異なると主張し、まさにこの地雷を爆発させようとした。実際、二人に批判的な人たちはほとんどこの本を読まなかったとはいえ、人種の遺伝的特徴に関するこの研究は、幅広い批判の対象になった。確かに、この重要なテーマを議論の対象にするのを避けるべきではないとする主張も、わずかながらあった。だがほとんどの反応は、書籍の内容や著者の発言を抑え込もうとするものばかりだった（ハーンスタインは幸か不幸か、この本の出版直前に急死したため、この「著者」というのはマレー一人である）。書評を掲載したほとんどの新聞・雑誌が、この結論は「危険」だと指摘した（注63）。そして、この危険な結論に対して、きわめてはっきりとした態度を示した。つまり、その危険物を、あらんかぎりの土で覆い、その上から叩いて、これ以上できないほど固めてしまったのだ。同じ分野を研究するある学者は、「学術的なナチズム」という見出しのもと、この書籍について以下のような過激な記事を書いている（このような記事はほかにいくらでもあった）。「これは、疑似科学的な信用をまとったナチスのプロパガンダ本であり、アドルフ・ヒトラーの『わが闘争』の学術版である」

（注64）。ほかのいかなる『わが闘争』でもないことを示すために、わざわざ「アドルフ・ヒトラーの」としている。

『釣鐘曲線』への批判を見ると、知能テストのスコアが人種により異なること、高いスコアを獲得する人種もあれば、低いスコアを獲得する人種もあることを示唆する証拠を、誰も検討したがらない理由がわかる。これはもちろん、その人種のなかの誰もがスコアが高い、あるいは低いと言っているわけではない。マレーとハーンスタインが何度も指摘しているように、人種間の格差よりも人種内の格差のほうが大きい。それでも、人種間の知能指数格差に関する学術文献を調査してきた人たちは誰よりも、その分野の文献が「倫理的悪夢」（ジョーダン・ピーターソンの言葉）であることを理解している（注65）。そのため、誰もが必死にこの悪夢を遠ざけようとする。

その方法はさまざまである。第一の方法は、著者を人種差別主義者だと断罪し、満足するまで糞便を投げつけ、あとはその悪臭がとどめをさすに任せる、というものだ。これには多大な効果がある。実際、二〇一七年には、チャールズ・マレーがバーモント州のミドルベリー大学で別の著書に関する講演をする予定だったのに、学生たちが野次によりマレーの講演を妨害し、やがてキャンパスから追い出してしまう事件があった。その際には、マレーを外へ連れ出そうとした女性職員が、入院するほどのけがを負ったという。悪夢を避ける第二の方法は、知能指数の判定方法そのものに疑問を投げかけたり、著者は生来の偏見により一部の人種を優遇していると主張したりする。これらの意見については、説得力のある反論がなされているが、『釣鐘曲線』の出版から四半世紀がたったいまでも、この論争が事実に基づいて行なわれることなど、とうていありそうには見えない。この論争はあまりに不快だと見なされているため、知的雰囲気のなかで自由に語り合うことが認められていないのである。実際、知能指数に格差がある証拠を検討しようとしない人たちは最終的に、こういう言い方をする。そこに事実があり、その事実がきわめて明確だったとしても、それを検討することには道徳的な疑念がある。いずれにせよ、その事実が提示する倫理的・道徳的問題はきわめて広大で複雑なため、それに対してできることは何もない、と。

このように、事実に関する文献が増えているいまでは、「事実が間違っている」という見解から「事実は役に立たない」という見解への後退が特徴的となっている。二〇一八年、この分野の世界的権威とされるハーバード大学のデヴィッド・ライクが、遺伝学に関する新刊の発売に合わせ、ある記事を発表した。そのなかでライクは、こう述べている。人種については（性と同じように）遺伝学的な根拠を持たない「社会的構成概念」でしかないという主張がなされており、もはやこの見解が正統と見なされるようになっているが、いまではそれに反対する証拠が続々と集まっており、この見解が持ちこたえられる見込みはない、と。ただしライクは、事実が危険を招きかねないことを認識しており、「遺伝学上の発見が人種差別を正当化するために悪用されるおそれがあることを、深く憂慮している」とも述べている。それでも、こうつけ加えている。「私は一人の遺伝学者として、『人種』の間に平均的な遺伝的差異があることをこれ以上無視できない」（注66）。しかし、いくらただし書きをつけようと、この分野では何の効果もない。結局、またしても人種の知能に関する議論が勃発した。ライクに対してなされた典型的な批判は、以下のようなものである。「ライクは自分の見解を、人種差別主義者や性差別主義者がいかにねじ曲げて解釈するおそれがあるか考えなかったのか？　あるいはライクも、差別主義者と同じような偏見を抱いているのか？」（注67）。

現在でも、マレーと理解を共有していると思われるだけで、同じような攻撃の標的になる。神経科学者のサム・ハリスもこれまでは、本人も認めているように、マレーやそのもっとも有名な著書である『釣鐘曲線』とのいかなるかかわりも避けていた。このテーマが汚泥にまみれているからだ。だが『釣鐘曲線』を読んで、マレーが「私が知るなかでもっとも不当に扱われている知識人かもしれない」ことに気づくと（注68）、マレーをポッドキャストの番組に誘い、マレーの著書について敬意と見識に満ちた対談（「禁じられた学問」というタイトルがつけられていた）を行なった。すると、さまざまなメディアがハリスも同罪だと非難した。《ボックス》は、この分野の研究は「禁じられた学問」などではなく、「アメリカに見られる偏見や人種間格差の正当化」にほかならないと断じた（注69）。だがこの批判は何よりも、この分野の研究がそのどちらにもあてはまる可能性を無視している。

いまのところ、知能指数に関する研究や議論はここで行き詰まっている。この問題に関する知識が悪用されるおそれがあるため、研究をこれ以上進めることができないか、拒否せざるを得ない状況にある。それに、マレーがハリスとの対談で述べていたように、この議論をめぐる怒りには、ある明らかな理由があるように思われる。その理由とは、現在では政府の上層部からの指導を通じて、あるいは社会のあらゆる機関の活動を通じて、「多様性」や「平等」という理念への取り組みがすべてを覆い尽くしているからである。誰もが「首から上は同じ」だという思想が、あらゆる雇用法や雇用方針に書き込まれ、あらゆる社会政策に盛り込まれている。この前提がまかり通っているため、それを覆したり、それに逆行したりするおそれがある者は誰であれ、教会が最高の権力を握っていた時代に教会の教えに背く者がつぶされていたように、つぶされることになるのだ。現代を支配する教えをまとめれば、こうなる。人間は誰もが平等である、人種やジェンダーなどは社会的構成概念に過ぎない、適切な激励や機会があれば誰もが望むものになれる、人生においては環境や機会、特権がすべてである。だからこそ、ハーバード大学におけるアジア系アメリカ人の入学問題など、これらのテーマに反するごくささいな断片が表れるだけで、異常なほどの痛み、混乱、否定、怒りが引き起こされる。一般的には、こうした否定は制度全体に向けられるが、ときには特定の対象や人物に向けられ、異端的見解を生み出した（あるいは生み出すおそれのある）人物にありとあらゆるものが投げつけられる。確かに、きわめて不愉快ではあるが、知能指数や遺伝学の研究を大喜びで歓迎する輩もいる（その数は増えていると思われる）。だが、懸念を抱きながらこの暗黒の分野を研究する人と、喜び勇んで研究する人とを区別するのは難しいことではない。

いずれにせよ、これが最悪のハードウェア・ソフトウェア問題である。評判の悪い過去の長い期間にわたり、人種はハードウェアだと考えられてきた。何よりも明確なハードウェアである。ところが第二次世界大戦後になると（この戦争で経験した恐怖と無縁ではあるまい）、総意が逆転した。おそらくは必要に迫られて、人種はほかのあらゆるものと同じように、社会的構成概念になった。人種をハードウェアと考えれば、いずれ深刻な事態に陥るかもしれないからだ。

二〇一九年三月、ワシントン大学の教授ロビン・ディアンジェロが、ボストン大学で講演を行なった。「白人研究」を専門とし、『ホワイト・フラジリティ――私たちはなぜレイシズムに向き合えないのか？』（訳注／邦訳は貴堂嘉之監訳、上田勢子訳、明石書店、二〇二一年）などの著書がある学者である。白人であるディアンジェロは、聴衆の信頼を獲得するため、ある程度の自己卑下を余儀なくされた。自分がこのステージに立って講演するだけで、それが「白人の優位や白人の見解の重要性の強化」につながることを認識していると述べ、こう続けて聴衆にゆるしを求めた。「私はもう少し白人から離れたいと思っています。これはつまり、もう少し抑圧的でなく、無関心でなく、防御的でなく、無知でなく、傲慢でなくありたい、ということです」。そしてボストンの聴衆に向け、相手を肌の色ではなく一人の人間として判断する白人は「危険」だと述べた（注70）。この発言はすなわち、わずか半世紀の間に、マーティン・ルーサー・キングの主張が完全に逆転してしまったことを意味する。

現在、再び人種に関する表現が過激化し、人種間格差に関する主張が大きく盛り上がっているように見える。そのような格差は消失しつつあると大半の人々が思っていたにもかかわらず、である。ある者は怒りを抱きながら、またある者は喜びを抱きながら、カチカチと静かに時を刻むこの爆弾の上で飛び跳ねている。だがその人たちは、足元に何があるのか気づいていない。

間奏　ゆるしについて

ソーシャルメディアの時代の到来により、まるで理解できない事態が起こり、いまだ対処の糸口さえつかめない問題が生まれている。その一つが、私的な言語と公的な言語との境界の崩壊である。だが、それ以上に重要な、何よりも深刻な問題がある（その一因はこの境界の崩壊にあるのだが）。その問題とは、テクノロジーが生み出したこの状況から脱け出す仕組みがない、ということだ。現状では、災難を引き起こすことはできるが、災難を収めることはできない。傷つけることはできるが、治すことはできない。たとえば、「パブリック・シェイミング」（訳注／公の場で特定の人物を吊るし上げる行為）と呼ばれる現象を見てみよう。

先述したサラ・チョンが《ニューヨーク・タイムズ》紙の編集委員に採用されるほんの数カ月前の二〇一八年二月、同紙は別の人物の新規採用を公表していた。その人物とは、四四歳のテクノロジー系ジャーナリスト、クイン・ノートンである。この公表を受け、すぐさまインターネット上の住民たちは行動に移り、のちのサラ・チョンの場合と同じように、この女性ジャーナリストの過去のツイッター投稿の調査を始めた。するとまたしても、社会的公正を推進する活動家の言葉を借りれば、「よろしくない」ツイートが見つかった。そのなかには、二〇一三年以降、「ファグ」というゲイに対する差別語を使ったツイートが無数にあった。たとえば、「おい、このファグ」とか、(言い争いをしているほかのユーザーを相手に)「おまえは、すぐにカッとなって愚痴ばかりこぼしている、独りよがりのファグ野郎だ」といった具合である(注1)。また二〇〇九年には、「ニガー」という黒人に対する最悪の差別語を使っていた。別のユーザーと口論になった際に、こう返信している。「ニガーが白人の子どもに話しかけてもいいと神様が思っているのなら、ニガーも大統領になっているはず。あれ、でも待てよ……」(注2)。すると《ニューヨーク・タイムズ》紙は、この新規採用を公表したわずか七時間後には考えを改め、同紙がノートンを採用することはないと告げた。

ノートンはその後、《アトランティック》誌に掲載された記事のなかで、自分の過去について釈明している。そのなかで、過去に投稿した多くの発言は無知による恥ずべき内容だったことを認めながらも、彼女の言葉を借りて言えば、これはすべて、自分の「分身」が勢いあまってインターネット上に躍り出たことが原因だと述べた。インターネット上でパブリック・シェイミングの標的になったほかの人たちと同じように、激しく非難されたこの分身は「本当の自分」ではなく、自分のなかのごく小さな一部が、文脈から切り離され、単純化され、醜悪化されたものでしかない、と訴えたのだ。

さらにノートンは、自分は「文脈の崩壊」の犠牲者だと考えていると説明している。これはいわば、私的な言語と公的な言語との境界の崩壊を言い換えたものと言える。つまり、内集団に向けられた会話が、その会話のもとの文脈を知らない外集団に知れわたることを意味する。ノートンによれば、「ニガー」という差別語は、インターネット上で口論になった際に、「オバマ大統領を支持する」文脈のなかで使ったのだという。人種差別的なさまざまな白人と、友好的に議論する場合もあれば、敵対的に言い争う場合もあるので、相手が悪意のある言葉を使うと、それに対抗して自分も悪意のある言葉を使ってしまうのかもしれない、と。さらにノートンは、「ファグ」という差別語を使ったのは、「アノン」（活動家集団「アノニマス」のメンバー）との関係が原因だと説明している（注3）。こうした言葉は、確かにそのようなグループのなかで使われてはいるが、当然《ニューヨーク・タイムズ》紙が受け入れられるものではない。二つの世界が出合い、そこでノートンはお払い箱になり、世界は何ごともなかったかのように進んでいく。

だが、これらの事例には一考してみる価値がある。その理由は第一に、ノートンやチョンの事例は、以下のような疑問を引き起こすからだ。「インターネット時代の個人に対する公正な表現とは何なのか?」。これは、誰かを公正に表現するとはどういうことなのか、と言い換えてもいい。たとえば、ノートンは以後、「《ニューヨーク・タイムズ》紙を首になった、人種差別的でホモ嫌いのテクノロジー系ジャーナリスト」と呼ばれることになるかもしれない。だが彼女自身は、もっと公平な視点から自分の人生を見て、ただの「ライター兼母親」だと思っているかもしれない。チョンもおそらくは、自分を人種差別主義者だとは考えていないだろう。それなら、人種差別主義者だというのは誰なのか？　その答えが大衆だとしたら、私たちは危険な状況にある。

実際のところ、インターネット上の住民が立ち止まって目を向けるのは、最悪の視点から見た誰かの人生だけである。そこは、パブリック・シェイミングやシャーデンフロイデ（訳注／他人の不幸や災難を喜ぶこと）に夢中になっている人たちにとって、宝の山である。私たちは誰もが、他人が失墜する姿を見る喜びを実感している。罪人の処罰に加担することに正義の感覚が伴うことを知っている。その罪が、私たちが犯した経験のある罪だったとしても、である（あるいは、その場合にはいっそう正義を感じやすいのかもしれない）。さらには、人類学・哲学者のルネ・ジラールの著作により、そのようなスケープゴートを見出すことによって社会的開放が得られることも認識している。そのため、誰かの人生に対して、まったく細部を顧みず、思いやりのかけらもない解釈を追い求める傾向が強くなる。最大の衝撃を与えるとともに、最大の衝撃を受ける解釈である。

ここに、さらなる泥沼がある。かつては、報道により人生を踏みにじられた人には、十分とはいえないながらも頼れる場所があった。だが、インターネット上でこのように過去の人生が掘り起こされた場合、その被害にあった人には、告訴できる規制機関さえない。過去の掘り起こしには、数千どころか、数百万もの人々が参加している。その一人ひとりを問い詰め、不公正な形で過去を掘り起こしたことを認めさせるような仕組みはない。そんな時間は誰にもないうえに、そこまでするほどの重要人物はほとんどいない。それに、被害者は自分だけではない。かつてのメディアとは違い、このテクノロジーは世界中の誰であれ、非難の嵐に巻き込むことができる。

ノートンやチョンらの事例を重視すべき第二の理由は、それが、インターネット時代がいまだ取り組もうともしない問題を明らかにしているからだ。それは、現代人は他人をゆるすことができるのか、という問題である。誰であれ、生きていれば間違いを犯す。そのため、健全な人間や社会には、ゆるす能力がなければならない。これはある意味では、忘れる能力ともいえる。だが、インターネットは決して忘れない。どんなことであれ、いつでも新たに掘り起こすことができる。将来また別の雇用主が、差別語を使用したノートンのツイートを見つけ、当時の文脈など度外視して、採用していい人物なのだろうかと悩むことにもなりかねない。

物議をかもしたノートンやチョンのツイートは、すでにツイッターのページから削除されているが、無数のユーザーがそれらのツイートを保存している。それをいまインターネット上にさらせば、それが数年前か一〇年前に投稿されたものであれ、まるで昨日や今日投稿されたかのような激しい反応を引き起こせる。

つい最近までは、著名人が失敗や間違いを犯したとしても、時間がその事実を忘却の彼方に追いやってくれた。時間でも解決できないのは、大きな過ちだけだ。法廷で裁かれたり刑務所に入ったりした人は、その記録が残る。だが現代では、犯罪にはあたらない行為でさえ、同じように記録に残る。そんな世界に生きていたら、頭がおかしくなる。私たちはいったい、どこへ訴えればいいのか？　しかも、犯罪の意味や犯罪の構成要件は、日ごとに変わっている。トランスジェンダーの人をいまは何と呼べばいいのか？　これまでこの言葉をジョークとして、あるいは侮辱として使ったことはないか？　私たちがいましていることが、二〇年後にはどう見えるのか？　テレビタレントのジョイ・リードは、誰もが「間違った」見解を表明していた時代に「間違った」見解を表明した過去を暴かれ、釈明に追い込まれたが、次のジョイ・リードは誰なのか？　これらの疑問に対する答えがわからないのであれば、来年どころか残りの生涯にわたり、大衆がいつか自分に刃を向けるときが来るかもしれないことを覚悟しておかなければならない。そんな状況では、もはや幸運を祈るしかない。

調査結果によれば、いまでは不安や鬱を訴える若者や心の病を患う若者が増えているというが、それも驚くべきことではない。これは何も「傷つきやすい」人が増えているということではない。それが、若者たちが生きている間に複雑さが激増した世界に対する、しごく当然な反応なのである。あるいは、問題を無限にもたらすばかりで解決策を提示しないツールにより推進される社会への、きわめて妥当な対応と言ってもいい。だが、解決策がないわけではない。

一九六四年一一月、「キリスト教徒と経済人――豊かな社会における道徳的判断」をテーマとする会議の一環として、哲学者のハンナ・アーレントがシカゴ大学で、「労働・仕事・活動」

と題する講演を行なった。この講演のメインテーマは、「活動的」人生を構成するものとは何か、私たちは「活動」により何をしているのか、という問題である。アーレントは、講演の最後のあたりで、この世での活動の影響について、こう考察している。あらゆる人間の人生は、物語として語ることができる。というのは、どの人生にも始まりと終わりがあるからだ。この二点の間に行なわれる活動（この世での「行為」）には、無限の影響力がある。「人間に関することははかなく、不確実である」がゆえに、私たちは絶えず、「人間関係の網の目」を構築しようと行為している。そのなかでは「あらゆる活動が、単なる反応ではなく、連鎖反応を誘発する」。つまり、「あらゆるプロセスが、予測不可能な新たなプロセスを生み出す」。したがって、たった一つの言葉や行為が、すべてを変える可能性がある。「自分が何をしているのかは、誰にもわからない」。

アーレントによれば、以下のような事実が、「人間の活動のはかなさ、不確実さ」をさらに悪化させるという。

私たちは、自分がある行為を通じて何をしているのかわからないうえに、自分がしたことを元に戻すことはできない。活動プロセスは予測不能なだけでなく、取消しがきかない。気にいらないから、あるいは大惨事を引き起こすからといって、自分がしたことをなかったことにできるような作家や創造主はいない。

この予測不可能性から身を守る唯一の手段が、約束をし、約束を守る能力である。それと同じように、私たちの活動の不可逆性を改善する手段が一つだけある。それは「ゆるす能力」である。この約束を通じて結合する能力とゆるしを通じて結合を維持する能力は、必然的に二つで一つである。この後者の能力について、アーレントはこう記している。

ゆるされることがなければ、すなわち自分がしたことの影響から解放されることがなければ、私たちの行為する能力はいわば、たった一つの行為に限定され、そこから決して抜け出せないことになる。つまり、永久にその影響の犠牲者であり続けなければならない。魔法を解く呪文がわからない、あの魔法使いの弟子のように（注4）。

インターネットの登場以前もまさにそのとおりだったが、それ以降もこの言葉の真実味はますます高まっている。

現代の問題に対処する一つの鍵は、個人的な忘却よりもむしろ、歴史的な忘却にある。これは、個人的なゆるしよりもむしろ、歴史的なゆるしにあると言い換えてもいい。忘却はゆるしとまったく同じというわけではないが、ゆるしに伴うことが多く、常にゆるしを奨励する。ある人間、ある人種によりひどい悪事がなされても、その記憶は時とともに色あせる。その事件の細かい事実や性質は次第に忘れ去られていく。当の人物や行為は雲に包まれ、無数の新たな発見や経験のなかで、その雲ごと消えていく。史上最大の悪事であれ、その犠牲者や加害者（侮辱を受けた者と侮辱を与えた者）は死に絶える。しばらくは、一部の子孫がそれを覚えているかもしれない。だが、世代を追うごとに侮辱や怒りが薄れていくにつれて、そのような怒りを抱き続ける人々は、祖先思いで立派だと見なされるのではなく、攻撃的だと見なされるようになる。

インターネットは、記憶を補完するとともに、まるで全知全能の神のような、これまでにない視点から過去にアプローチする事態をもたらした。それにより過去は、ほかのあらゆるものと同じように、過去を掘り返して攻撃しようとする人々の人質となった。数世代にわたり話題にもならなかった過去の悪事が、再び明るみに出される。私たちはどうして、一〇〇年以上前に犯されたその罪を忘れてはいけないのか？　私たちは誰もが、その罪を常に記憶にとどめ、恥ずかしく思うべきなのか？　それを知らなければ、いまの私たちはどうなっているだろう？

解決されたように見えることとさえ、蒸し返される。詩人のW・H・オーデンはよく知られているように、「W・B・イェーツを追悼して」という詩のなかで文学的評価についてこう述べている。「時は、この奇妙な言い訳とともに／キップリングやその見解をゆるした／いずれはポール・クローデルもゆるすだろう／そのみごとな筆致ゆえに」（注5）。だが私たちは、ラドヤード・キップリングが一度ゆるされていたとしても、そのゆるしがのちに撤回される場合もあることを、身をもって経験している。このような作家は常に、ある程度そうした運命から逃れられないが、現在ではそれが、遠く離れたところでいきなり、狂信的に行なわれる。

二〇一八年七月、マンチェスター大学の学生が、壁面に書かれていたキップリングの「もしも」という詩をペンキで塗りつぶした。かつてイギリスでの人気投票により選ばれた詩である。だが、この詩から感銘や刺激を受けた人がどれだけいようと、学生たちはその詩を消すことに決め、その上に、おそらくは誰もが予想していたように、黒人詩人マヤ・アンジェロウの詩を記した。同大学の学生自治会の「解放・人権」責任者は、その行為をこう正当化している。キップリングには「インドにおける大英帝国の存在や有色人種の迫害を正当化しようとした」罪がある、と（注6）。

インターネットが登場する以前、誰かが犯した過ちを覚えているのは、その地域や社会の人々だけだった。そのため、よそのどこかで新たな生活を始められる可能性もないわけではなかった。だが現在では、この世界のどこへ行こうと、自分の分身がついてまわる。死んだあとでさえ、遺体の掘り起こしや墓荒らしが行なわれる。しかもそれは、研究やゆるしのためではなく、報復や復讐のためだ。こうした姿勢の中心にあるのは、過去に対する現代人の奇妙な報復本能である。その背景には、自分たちは、過去の人間より優れているという意識がある。というのは、過去の人間がどう行動してきたのかを知っており、自分たちならもっとうまく行動したに違いないと思っているからだ。しかしそこに、現代の甚だしい誤謬《ごびゅう》がある。自分たちなら歴史のなかでもっとうまく行動できたに違いないと思えるのは、歴史がどういう結果をもたらしたのかをすでに知っているからにほかならない。過去の人間に、そんな知識はなかった（いま歴史になりつつある人も同様である）。自分たちが置かれた時代や場所で、その状況や慣習に従い、正しい判断や間違った判断をしてきたに過ぎない。

自分がゆるされるため、あるいは少なくとも理解されるために必要なのは、何よりもまず、ある程度のゆるしの意識をもって過去を見つめることである。なぜなら、自分がしていること、しようとしていることがすべて、この報復と審判の嵐を無事に乗り越えられるとはかぎらないからだ。このようなゆるしの態度を、歴史だけでなく個人にも適用できないだろうか？　自分と同時代を経験している人たちにも適用できないだろうか？

二〇一七年の大みそか、イギリス政府は不用意にも、ある人物を新政府のスタッフに採用したと発表した。ジャーナリスト兼学校経営者のトビー・ヤングを、教育省に設立される高等教育諮問委員会の委員に任命したという。ヤングはそれまでの数年間、政府が推進する「フリースクール」（訳注／課程や教授法に縛られない私立学校）事業の重要な推進者として名を馳せ、ロンドンでの新たな学校の開設や、それらの学校を組織化した《ニュー・スクールズ・ネットワーク》の運営に身を捧げていた。だがその前に、作家として活躍していた時期があった。なかでも有名なのが、アメリカで一旗あげようとして失敗した自分の体験談を記した『How to Lose Friends and Alienate People（友だちを失い孤立する方法）』である（のちに映画化もされている）。自分の失敗談をおもしろおかしくつづったこの啓発書には、ヤングがジャーナリストとして執筆した多くのコラム同様、読者をびっくりさせようとする品のない文章がところどころに垣間見える。このようにヤングは、人生のある段階で劇的な転換を遂げた。過去を詮索する人のなかには、この事実によりヤングをゆるしてもいいと考える人もいたかもしれない。それでもヤングがしばらくの間、二足のわらじをはいていたことは間違いない。品のないこっけいな文章を書くジャーナリストと、貧しい家庭の子どもに優れた教育を提供しようとする活動家である。インターネット上の住民は、その交点を標的にヤングを攻撃した。

ヤングの任命が発表されて数時間から数日の間に、ヤングのツイッターアカウントは、過去の過ちを掘り起こして攻撃の種にしようとする人々に、宝の山を提供することになった。実際、このパブリック・シェイミングはヤングの業績を知らない人たちに、ツタンカーメンの墓の発見に匹敵する興奮をもたらしたに違いない。

その結果、ヤングが二〇〇九年、ことあるごとに女性の胸に興味があると述べ、ツイッターのフォロワーにそれを楽しそうにつぶやいていたことが暴露された。たとえば、ある友人の「巨乳」について熱心に語っているツイートがあった。テレビで首相の質疑応答を見ながら、フォロワーにこう尋ねたこともある。「エド・ミリバンド大臣の頭の後ろにすごい谷間が見えるんだけど、あれが誰のかわかる？」（注7）。のちにヤングが述べているように、これらのコメントはいずれも、自分の人生においてもっとも誇るべきものというわけでは決してない。だがそれでも、過去の掘り起こしがやむことはなかった。次いで発掘されたのが、二〇〇一年に《スペクテイター》誌に書いた記事である。そのなかでヤングは、《メン&モーターズ》チャンネルの新番組『美の競演』について、この番組は事実上ポルノグラフィだが自分は好きだと述べている。しかもその記事には、編集補佐により「ポルノ中毒者の告白」というタイトルがつけられていた（注8）。発表からおよそ二〇年がたったいま、これがヤングに対する非難を引き起こす大きな原因となった。労働党の議員も保守党の議員もヤングを批判した。ロンドンの《タイム》紙は、「学童の管理組織の役職に固執する『ポルノ中毒者』トビー・ヤング」という見出しの記事を掲載した（注9）。ロンドンの通勤者向け新聞《イブニング・スタンダード》も、以下のような見出しを掲げている。「テリーザ・メイ首相に新たな圧力——管理組織の役職に任命された『ポルノ中毒者』トビー・ヤングの解雇を求める声」（注10）。

ヤングはそのほか、ゲイの著名人を「変人のクィア」という言葉で表現したことがあった。また、ロンドン大学で開催された知能指数と遺伝に関する会議に聴衆として参加したこともあった。要するに、現代のありとあらゆる地雷を踏んでいた。こうして、自分の過去の履歴の掘り起こしがいつまでたっても終わる気配が見えなくなると、ヤングは任命からわずか九日後には辞任に追い込まれた。それから数週間もしないうちに、それまで必死に守っていたほかの仕事や地位もすべて失った。そのなかには、第二の人生における主な収入源であり情熱の源でもあった《ニュー・スクールズ・ネットワーク》の運営の仕事もあった。

女性の胸に関するヤングのツイートを擁護する者は一人もいなかった。それどころか多くの人が、大人になっても「子どもじみた」（と自分でも認めている）ジョークを投稿する人物の見識を疑った（注11）。だが、このヤングの事例は、ほかのパブリック・シェイミングの事例と同じように、何よりも重要な問題を提起している。ゆるしに至る道はなかったのか？　ここ数年、ヤングが恵まれない子どもを支援するボランティア活動を行なってきた事実により、巨乳に関する発言をした罪を帳消しにできないのか？　帳消しにできる可能性があるとしたら、どれだけの子どもを支援すれば、どれだけの巨乳ツイートが帳消しになるのか？　過ちをゆるすに至る妥当な時間はどれくらいなのか？　誰がそれを知っているのか？　その答えに関心を抱いている者がいるのか？

このような、ゆるしを試す時期が来ている。私たちはすでに、このうえなく危険な領域に足を踏み入れているからだ。いまでは、世代を超えたパブリック・シェイミングまで行なわれている。二〇一八年八月、製薬会社イーライリリーの糖尿病専門サイト《リリー・ダイアベティス》が、二六歳のプロ・レーシングドライバー、コナー・デイリーとのスポンサー契約を打ち切ると発表した。NASCAR（全米自動車競争協会）のレースにデビューしようとしていた矢先のことである。だが、今回問題視されたのは、デイリー自身の過去の発言ではなかった。スポンサーが支援を打ち切った原因は、コナーが生まれる前の一九八〇年代のエピソードが表面化したからにほかならない。当時、デイリーの父親がラジオのインタビューに答え、そのなかでアフリカ系アメリカ人を蔑称で呼んだのである。父親は、自分が「腹立たしい」と述べ、その言葉は故国のアイルランドでは違う意味で使われており、当時はアメリカに引っ越してきたばかりだったと釈明した。そして、その発言を恥ずかしいと思っているとも、後悔しているとも告げ、ゆるしを求めた。だが、それでもデイリーはスポンサー契約を失った（注12）。

私たちは、いまだ誰も解明しようとさえしていない何らかの経緯により、ゆるしがほぼ不可能な世界を生み出してしまった。その世界では、父親の罪まで息子が背負わなければならない。それなのに、この解決困難な状況に対処する仕組みや、その方法に関するコンセンサスを生み出すことに、まるで関心を寄せていない。

かつては数世紀にわたり、最終的に罪をゆるせるのは神だけだというコンセンサスがあった。それでも、キリスト教の伝統のなかでは日常的に、ゆるすのが（必要とまでは言わないまでも）望ましいと何よりも強調され、無限のゆるしさえ奨励されていた（注13）。フリードリヒ・ニーチェは、神の死により、人間は堂々巡りを繰り返すキリスト教神学にはまり込んで脱け出せなくなると予言した。つまり、人間はキリスト教がそれまで提供していた救済の手段を持たないまま、過ちや罪、恥の概念だけを受け継ぐことになる、ということだ。実際、私たちはいまや、それぞれの活動がかつて想像もできなかったほどの結果をもたらす世界に暮らしているように思える。その世界では、過ちや恥がかつてないほど身近にあり、そこからの救済手段がいっさいない。誰がそれを提供してくれるのか、誰がそれを引き受けてくれるのか、激情的な確信や非難の無限連鎖より救済のほうが望ましいのかどうか、私たちにはわからない。

そのためこの世界では、誰もがティモシー・ハント教授のように、残りの人生を、最悪のジョークを浴びながら暮らさなければならないおそれがある。その世界では、活動的人生ではなく、他人への対応に駆りたてられる。とりわけ、犠牲者役のオーディション担当者や、苦しんだ経験により身につくと誤解されている道徳的美徳の審査員への対応である。誰がこの攻撃を緩和できるのか誰にもわからないなかで、誰もがイメージや評判の維持に駆りたてられ、それを受け入れ、それに取り組んでいる。そこでは、誠実かどうかわからない理由で他人の人生について判断を下し、ときにはその人生を破滅させることもある「権力」が絶えず、最大限に行使されている。

いまのところ、この解決困難な状況に対処する手段としては、頼りない暫定的な方法が二つあるだけだ。第一の方法は、自分が好きな人、あるいは自分が抱く見解や自分が属するグループにもっとも近い人をゆるして、敵を苛立たせることだ。エズラ・クラインは、サラ・チョンが好きなら、彼女をゆるせばいい。トビー・ヤングが嫌いなら、彼をゆるさなければいい。こうすれば確実に、すでに存在しているグループ間の相違を際立たせることができる。

第二の方法は、もう一人のレーシングドライバー、ルイス・ハミルトンが最近採用した手段である。二〇一七年のクリスマス、ハミルトンはインスタグラムにある動画を公開した。その動画のなかで、三二歳のハミルトンが「悲しすぎる。おいの姿を見てくれよ」と言いながら、カメラの向きを変えると、ピンクと紫のドレスを着た幼いおいが、おもちゃの魔法の杖を振っている姿が映る。ハミルトンが「どうしてプリンセスのドレスなんか着てるの？」と尋ね、「男の子はそんな服着ないよ」と言っても、おいは笑っているだけだ。

この動画はまもなく、ハミルトンとその経歴に深刻な影響をもたらした。いじめ対策に取り組むある団体からは、ソーシャルメディアを使って「幼い子どもを傷つけた」と非難された。トランスジェンダー嫌いだ、古くさいジェンダーの固定観念を押しつけている、といった攻撃もあった。メディアもこの問題を取り上げ、トップニュースとして報じた。レイプ被害者の支援活動をしている団体からは、ハミルトンから大英帝国勲章を剝奪するよう要請があった。そこでハミルトンは、すぐさまソーシャルメディア上で「不適切」なコメントがあったことを謝罪し、自分がいかにおいを愛しているかを訴えた。あるメッセージにはこうある。「おいには自由に自分を表現してほしいと思っている。誰もがそうあるべきだ」。また、こんなメッセージもあった。「私はずっと、自分の望みどおりの生活を送っている人たちを応援してきた。この過ちをどうかゆるしてほしい」（注14）。

これだけでは明らかに不十分だと思ったのだろう。それから数カ月後の二〇一八年八月、ルイス・ハミルトンは男性雑誌《GQ》の表紙に登場した。その号には、ハミルトンへのインタビュー記事や撮り下ろしグラビアも掲載されているが、表紙も含め、その写真すべてがスカート姿だった。タータンチェックの生地を継ぎはぎした派手なトップスの前を開き、波打つ腹筋や胸筋を見せびらかしながら、その下には、派手な模様や色の布地を無数に組み合わせたキルトのような、人目を引く衣装を身につけている。表紙には、この写真とともに、こんな文句が記されている。「『償いをしたい』ルイス・ハミルトンはこの問題から逃げない」(注15)。つまり、現在ではこうするしか、ほかにゆるしを得る方法がないのだ。だが、裕福な著名人でなければ、広報担当者や男性雑誌の表紙を利用してスカート姿で登場し、変転著しいこの時代の独断的理念に平伏することはできない。そう考えると、その独断的理念に従うしかないと思い込む人が増えているのも、無理はないのかもしれない。この世界では、いかなる疑問も認められていない。いかなる疑問も差し挟めないのである。

第4章

トランスジェンダー

Trans

これまでのどの時代を見ても、現代人の目から見れば道徳的に許せないような行為が認められ、実践されていた。それを考えると、現代人が過去のいかなる人間より合理的で、賢明で、道徳的に優れているとは必ずしもいえないのであれば、現代人が道徳的美徳にかなっていると思って実践している行為のなかに、遠い子孫が「いったい先祖たちは何を考えていたのか？」と非難するような行為があったとしてもおかしくはない。そこで、そのような現代の盲点について考えてみたい。現代人は、かつて奴隷を売買したり、ビクトリア朝時代の子どもに煙突掃除をさせていたりしたことを悪徳と見なしているが、私たちはいま、のちの世代に悪徳と見なされるようなどんなことをしているのだろうか？

二〇一三年九月にベルギーで死亡した、ナタン・フェルヘルストの事例を見てみよう。ナタンは女性として生まれ、両親からナンシーという名を与えられた。男の兄弟のなかで育ち、いつも自分よりほかの三人の兄弟のほうが親に好かれていると思っていた。確かにこの家族には、奇妙な点がいくつもあった。フェルヘルストの死後、母親が地元のメディアのインタビューに応えて、こう話している。「初めて『ナンシー』を見たとたん、夢を打ち砕かれた。それほどあの子は醜かった。おばけを産んだのかと思ったくらい。あの子が死んでもなんとも思わない。悲しみも、疑念も、後悔もない。絆《きずな》がなかったから」（注1）。

こうしたコメントから明らかな理由により、ナンシーは親から嫌われていると思いながら育ち、やがて自分が男になればいいのではないかと考えるに至った。二〇〇九年、三〇代後半だった彼女は、ホルモン療法を始めた。それからすぐに両乳房切除手術を受け、さらにペニスを形成する一連の手術を受けた。二〇〇九年から二〇一二年までの間に、大規模な性転換手術を三回経験した。名前も「ナタン」に改名した。だがフェルヘルストは、これらの手術の結果を受け入れられなかった。「新たな誕生を祝うつもりだった。でも、鏡で自分の姿を見てうんざりした。新しい胸は期待していたものとは違ったし、新しいペニスには拒絶反応があった」。これまでに受けた外科手術による大きな傷があり、新たな体はとても満足できるものではなかったのだ。「ナタン」時代のフェルヘルストを撮影した写真がある。人けの少ないベルギーの砂浜で、太陽光に目を細めながら、カメラをのぞきこんでいる。胸はタトゥーに覆われているが、それでも乳房切除手術のあとがはっきり見える。別の機会に撮影した写真では、靴をはき、スーツを着たままベッドに横たわっているが、自分の体に違和感を抱いているような表情をしている。

結局、自分が望んでいたような人生が実現することはなく、まもなく鬱状態に陥った。そして最後の性転換手術を受けてからわずか一年後の二〇一三年九月、四四歳のフェルヘルストは安楽死により人生を終えた。ベルギーでは安楽死が合法化されており、「耐えがたい心理的苦痛」を味わっていたことを理由に、同国の医療当局がフェルヘルストに安楽死を認めたのだ。死の一週間前、フェルヘルストは友人数名を招いてささやかなパーティを開いた。報道によれば、友人たちは踊り、笑い、シャンパンの入ったグラスを掲げて、「人生に」乾杯したという。

その一週間後、フェルヘルストはブリュッセルの大学病院で、薬物注射により死を迎えた。死の直前にはこう語っている。「怪物にはなりたくない」（注2）。

未来の世代がこの記事を読んで驚愕するだろうことは想像に難くない。「つまりベルギーの医療機関は、女性を男性にしようとして失敗し、あげくの果てに殺してしまったということなのか？」。何より理解しがたいのは、殺害もそれに先立つ手術も、悪意や残酷な意図からではなく、親切心からなされたという事実だろう。

もちろん、フェルヘルストの物語はあらゆる点から見て異例である。だがこの事例は注目に値する。というのは、そこから得られる教訓について、ほとんど考察がなされていないからだ。トランスジェンダーとは何なのか？　トランスジェンダーとはどういう人なのか？　どうしてトランスジェンダーになる人がいるのか？　トランスジェンダーというグループが存在すると確実にいえるのか？　もしそうだとしても、どんな場合であれ、その人の性を物理的に変えることは可能なのか？　あるいはそれが、この問題に対処する最善の方法なのか？

本書で取り上げたあらゆるテーマ、この時代に見られるあらゆる複雑な問題のなかでも、トランスジェンダーの問題ほど、激しい混乱や思い込みを引き起こし、有害な要求を促すものはない。比較的わずかな人だけに関係する問題でありながら、これほど急速に社会に確固たる地位を築いた問題は、ほかにない。いまでは、トランスジェンダーの最新の動向に新聞の全紙面が割かれており、トランスジェンダーにかかわる言葉の変更ばかりか、それを対象とする科学の樹立までもが、絶えず求められている（注３）。一部の人から見れば、ゲイの権利に関する議論もあっという間に進んだように思えるかもしれないが、それでも、同性愛の存在を認め、それを受け入れる必要があると考える段階から、ゲイの結婚を合法化する段階に至るまでには、数十年の月日が必要だった。一方、トランスジェンダーはそれを上まわる記録的な速さで、もはや常識といっていいものになった。いまやイギリス政府の保守派の閣僚までもが、出生証明書の修正や出生時の性の変更を容易にする運動に参加している（注４）。トランスジェンダーの子どもに配慮して、男児も含め「あらゆるジェンダー」に生理がありうると教えるべきだと小学校の教師に指導している地方自治体もある（注５）。アメリカでも二〇一九年五月、「性自認」を含めて性を再定義する連邦法が可決された（注６）。

どこでも同様の現象が見られる。私たちがいま経験しているこの大衆の狂気のなかで、トランスジェンダーはいわば破城槌《はじょうつい》となっている。つまり、過去の因習という大きな壁を打ち砕くための最終手段というわけだ。イギリスのゲイ人権団体《ストーンウォール》もいまでは、ゲイの人権を訴えるために長らく使用していたTシャツの文言を改めている。そこには「トランスジェンダーの人もいる。それを受け入れろ」とある。だが、その人たちは本当にトランスジェンダーなのか？　私たちはそれを受け入れるべきなのか？

異常ではない部分

「トランスジェンダー」現象はどこから始まったのか？　その始まりには、さほど異常な点はない。現在では、この名称のもとに、あまりに多くのものがひとくくりにされている。わずか数十年の間に、たまに異性の服を着るような人から、本格的な性別適合手術を受けた人まで、実に幅広い人を表現するのに、トランスジェンダーという言葉が使われるようになった。そこにまず混乱が生まれる。というのは、トランスジェンダーには、私たちになじみ深い側面もあるからだ。

何らかの意味で性があいまいな人、性が流動的な人というのは、ほとんどの文化に見られる。どのような形であれ、性のあいまいさが見られない文化、それを認めていない文化というのは、世界中を探してもなかなか見つからないほどだ。これは、最近になってわかったことではない。前述したように、オウィディウスは『変身物語』のなかで、性を転換したテイレシアスの話をつづっている。インドには、ヒジュラーという間性《かんせい》（半陰陽、両性具有者）および服装倒錯者の階級があり、何世紀も前からその存在が知られ、受け入れられていた。タイでは、女性的な男性はカトゥーイと呼ばれ、男性でも女性でもない人間として広く認められている。サモアにも、ファアファフィネという、女性の服を着て女性のように生きる男性がいる。

男性の同性愛に激しい反感を抱く地域でさえ、両性の間にある人や性を横断する人を、そういうグループとして受け入れてきた。たとえばアフガニスタンには、バチャポッシュという風習がある。男性の相続人がいない親が、娘を一人選び、男性のように育てるのである。イランでも、革命が起きる前の一九六〇年代初頭、ホメイニ師が性転換手術を容認する裁決を公表している。その結果、一九七九年の革命以後、イランは意外にも、中東地域において性別適合手術を推進する指導的立場にある。その主な理由は、ゲイの人たちが生き残る方法はそれしかないからだ。ゲイでありながら手術を拒めば、手術よりもはるかにひどい罰を受けることになる。

このように、性に関するあいまいさは、ほとんどの文化で認識されており、その範囲は、服装倒錯（異性の服を着る）から性転換（一連の手術を受けて異性に「変わる」）にまで及ぶ。その背後に、進化にまつわるどんな要因があるにせよ、広範囲にわたる文化が、生まれながらの性とは別の性で生きることを望む人がいる事実を受け入れている。

だが、これらの人はどういう人たちなのか？　彼らとほかの人を区別するもの、あるいは、このゆるくまとまったグループ内の人たちを区別するものとは何なのか？　こうしたテーマは、当事者の感情を大いに刺激するようになったため、それに対処するには法医学的なアプローチが必要になる。このアプローチでさえ、誰もが満足できるほど確実なものとは言いきれないが、それでもどこかから手をつけるしかない。それならまずは、トランスジェンダーの議論のなかでも、いちばん異論の少ない部分から始めるのが妥当だろう。もっとも異論が少ない部分で同意が得られれば、もっとも異論が多い部分（このうえなく激しい論争が展開されている部分）がより明確に浮かび上がってくるはずだからだ。

間性

社会学者よりも科学者を信頼するのであれば、また、当人が主張するアイデンティティより見たままのアイデンティティのほうが理解しやすいことに同意してもらえるのであれば、以下のように言っていいだろう。トランスジェンダーの議論のなかでもっとも異論の少ない部分とは、「間性」の問題である。

間性は、何世紀も前から医師に知られていた自然な現象だが、それ以外の人には必ずしも認知されていない。人間のなかには、どちらの性とも判別しがたい性器や、両性の間のどこかに位置づけられるような生物学的特徴（異常に大きなクリトリスや異常に小さなペニスなど）を持って生まれる人が、わずかながらいる。これらの症状が外見だけでわかるとはかぎらない。外見上は一方の性の特徴を備えていながら、体内に別の性の臓器の痕跡《こんせき》をとどめているというまれなケースもある。たとえば、ミュラー管遺残症候群（ＰＭＤＳ）の人は、男性の性器を持っている一方で、女性の生殖器官（卵管や子宮など）も備えている。

医師は昔からこれらの現象を知っていたが、一般大衆の認識はごく限られていた。認識される場合でも、その異常性に注目が集まる場合が多い。実際サーカスでは、「ひげの生えた女性」を、生まれながらの奇人として見世物にしていた。「両性具有者」に関する過去の記述を見れば、服装倒錯者でなくても両性の間に位置する人がいるという認識があったことがわかる。議論の片隅に追いやられてはいたが、生物がある複雑な、残酷ともいえる難題を投げかけているという認識は、いつの時代にもあった。

だが、現代に至ってもなお、間性が比較的ありふれたものだということが、一般には理解されていない。最近の推計では、アメリカで生まれる子どものおよそ二〇〇〇人に一人が、どちらとも判別しがたい性器を持っており、およそ三〇〇人に一人が、専門医に診てもらう必要があると判断されている（注7）。もちろん、間性に関する認識が広がるにつれ、この余計な困難を抱えて生まれた子どもの処遇に関する議論も深まってきた。二〇世紀後半にはジョンズ・ホプキンス大学が、そのような子どもを診断する専門医のための標準モデルを考案している。どちらの性がより優勢か、どちらの性がその子に適合しやすいかを見きわめ、それに従って手術やホルモン治療を進めるためのモデルである。

やがて数々の失敗事例が明らかになると、この問題にまったく違うアプローチで対応しようとする動きが表れてきた。過去三〇年にわたり間性の人々の権利を求める運動を推進してきた主な人物の一人に、アメリカの生命倫理学教授アリス・ドレガーがいる。自身は間性ではなかったが、ドレガーは幼時の手術（しばしば両親を満足させるために行なわれる）に反対し、医師の間だけでなく一般大衆の間にもこの現象への理解を広げるべきだと訴えた。ある程度理解が深まれば、この問題に直面している人々も救われるに違いないと思っていたのだろう。間性をテーマにした著書『Galileo's Middle Finger（ガリレオの中指）』によると、ドレガーは一九九〇年代後半、ある先輩外科医からこう言われたという。あなたはどんな事態になるかわかっていない。どちらの性ともわからない性器を持って生まれた子どもの親は、自分たちには対処しようのない問題にさらされる。「母親は泣き、父親は酔いつぶれる。そんなあいまいな性器を持つ子どもを、手術もしないでそのまま育てたら、（中略）その子は思春期になったら自殺する」（注8）。

だが一九九〇年代半ばにインターネットが普及すると、事態はすっかり変わった。ドレガーの記述にはこうある。「昔ながらの医師が想像もしない」ようなことが起こった。「さまざまな性異常を持って生まれた人たちが仲間を見つけ、組織をつくり、このアイデンティティの権利運動を始めた」（注9）。一九九三年に北米間性協会（ＩＳＮＡ）が設立されると、同様の組織があとに続いた。また、ジェフリー・ユージェニデスが二〇〇二年に発表したベストセラー小説『ミドルセックス』（訳注／邦訳は佐々田雅子訳、早川書房、二〇〇四年）により、間性の人々の人生に世間の注目が集まった。さらには、勇敢な数名が声をあげ、自らの体験や人生の物語を公にした。だが、どんな治療をいつ行なうべきなのか、どうするのがいちばんいいのかという問題はいまだ、激しい論争の渦中にある。

それでも、ＩＳＮＡなどの団体の活動を通じて、多くのことが明らかになっている。その一つが、間性の人は実在するが、その問題は当人にはどうしようもないものであり、当人にその責任を負わせるべきではない、ということだ。となると、間性として生まれた人は、多大な同情や理解を向けられることになる。とても最適とはいえない手札を持たされて生まれてきた同じ人間に対して、それ以外の感情を抱けるはずがない。この世の中に、間違いなくハードウェアの問題だといえるものがあるとすれば、これこそまさにハードウェアの問題である。

つまり、間性の人々の主張は、どこからどう見ても妥当な、誰もが分別や思いやりをもって対処すべきことなのである。人権にかかわる人は誰でも、この主張を取り上げるべきだろう。ただが驚くべきことに、間性の人々の主張が単独で取り上げられることは、きわめてまれだ。トランスジェンダーが毎日のニュースに登場するようになった現代でさえ、間性の問題が取り上げられることはほとんどない。その理由はおそらく、間性が世間の注目を集めたまさにそのときに、表面上はそれとよく似ているが実際にはまったく違うさまざまな主張が一気に表れたからだろう。

性転換

戦後になるとヨーロッパやアメリカに、性転換を試みて注目を浴びる人が少数ながら現れた。

男性から女性に生まれ変わったイギリスのロバータ（出生名ロバート）・カウエルやアメリカ軍の軍曹から女優に転身したクリスティーン（出生名ジョージ）・ジョーゲンセンは、世界中で大きな話題になった。そのときのことをまだ覚えている人々の話によれば、二人の両親は、これら最初期の「性転換」のニュースが報じられた当時、新聞を二人に見せないようにしていたという。その記事の語り口がきわめて性的で好色的だったうえに、もっとも基本的な社会規範に狙いを定めて攻撃しているように見えたからだ。その攻撃とは以下のようなものだ。性を変えることは可能なのか？　もしそうなら、それは誰にでもできるのか？　推奨されれば、誰もがそうするようになるのか？

いま思えば、これら最初期の事例が深刻な混乱を引き起こした理由もわからなくはない。第一次世界大戦後に登場した女性的な男性や男性的な女性は、若い世代に批判的な人々にとって一種の強迫観念になっていた。一九二〇年代には、こんな歌詞の歌がヒットした。「男みたいな女！　女みたいな男！　どっちが雄鶏？　どっちが牝鶏？　いまじゃなかなか見分けられない」（注10）。

そのころには、同性愛と服装倒錯とを結びつけて考える傾向がかなり強かった。そのような人たちはみな、筋金入りの服装倒錯者か、きわめて女性的なゲイの男性と思われていたようだ。ところが、最初に公の場に姿を現したトランスジェンダーの二人は、当時蔓延していたそのような考え方をみごとに裏切った。カウエルは性転換以前、戦闘機のパイロットとして活躍した経験があり、その後はレーシングドライバーとして有名になった。有無をいわせぬ論拠とまではいえないかもしれないが、この事実だけを見ても、まったくもって男性らしくないという主張には説得力がなかった。さらには、当人たちが公の場で具体的な説明をすることもあった。たとえばカウエルは、自分は間性として生まれたのであって、膣形成などの手術は単に、出生時の不具合を修正したに過ぎないと考えてほしい、と述べている。こうして、同性愛、間性、服装倒錯、性転換など、似たようなあらゆるグループの認知が進むにつれ、それらのグループが関連づけられるようになった。

するとやがて、この混ざり合いのなかから、勇気や表現スキルを持つ当事者を通じて、現在「トランスジェンダー」と呼ばれている要素が抽出されてきた。そのようなグループが存在するのかどうか疑っている人々に対して、一部のトランスジェンダーは、この問題について自分の内奥をじっくりと思索・表現した著書を提示し、多くのトランスジェンダーが伝えられないでいることを伝えようとした。それに大成功した人物の一人が、イギリスの作家ジャン（出生名ジェームズ）・モリスである。モリスの物語は、ロバータ・カウエルの物語と同じようにさまざまな混乱や好奇心を引き起こしたが、大衆やマスコミはいまだに、当時と同じ混乱や好奇心を引きずっている。

モリスは、第二次世界大戦の最後の数日間だけ兵役についたのち、《タイムズ》紙や《ガーディアン》紙の記者になると、従軍時代同様、海外特派員として中東やアフリカ、鉄のカーテンの向こう側を飛びまわった。こうした仕事は、女性になりたがっている男性から連想される既存のイメージに合致するものではない。そのうえモリスは、女性と結婚して幸せな家庭を築き、五人の子どもをもうけていた。

ジェームズからジャンへの転換は一九六〇年代に始まり、一九七二年の性転換手術により完全なものとなった。すでに作家として有名だったモリスは、この性転換により瞬く間に、世界一有名なトランスジェンダーになった。性転換の過程をつづった回想録『苦悩――ある性転換者の告白』（訳注／邦訳は竹内泰之訳、立風書房、一九七六年）はいまだに、性を転換する必要があった理由を優れた筆致でまとめた、説得力のある作品だと評価されている。実際、この本を読んでみると、トランスジェンダーなど存在しない、単なる空想の産物に「過ぎない」とは思えなくなる。モリスの記述によれば、自分の最初の記憶は、三歳か四歳のころ、母親のピアノの下に座っていたときにふと、自分は「間違った体に生まれた」ことに気づいたことだという（注11）。それ以来ずっと、軍に入隊したときも、結婚して子どもを持ったときも、その確信が揺らぐことはなかった。この問題の解決策は、ニューヨークの有名な内分泌学者ハリー・ベンジャミン博士に会ってようやく見つかった。当時はまだ、トランスジェンダーを理解しようとする試みが始まったばかりだった。ベンジャミンをはじめ、わずかばかりの医師たちは、人間には少数ながら、間違った性の体に生まれたと感じている人がいることを調査するだけで満足しており、この問題にどう対処すべきかという方策にはまったく手をつけていなかった。だが、そんなベンジャミンら一部の専門家も、何らかの対処はすべきだとの結論に達していた。それに、モリスもこう考えていた。「私は自分を哀れに思い、良識的にこう考えた。あの確信を捨てて体に合わせることができないのなら、状況によっては、この体を変えてあの確信に合わせるべきではないのか?」。体を変えるというのは、モリスがずっと望み、夢に見、願ってきたことだった。モリスの記述によれば、それは「このなくていいものを取り除き、（中略）あの誤りから自分を解放し、再出発することだった」（注12）。

この回想録には、女性になりたいという思いが、年を追うごとに強くなったと記されている。年々、男性の体が「硬化していくように思えた」という。そこでモリスは、一九五四年から一九七二年まで一種のホルモン療法を受けた。すると、女性ホルモンを投与されるたびに、若返っていくような、体が柔らかくなっていくような、いままで感じたことのない感覚を覚えた。ホルモンは、身のまわりに蓄積されていくように感じていた男らしさの外皮をはぎ取ると同時に、「男らしさを保護するとともに体の感覚を死滅させる、回復力という目に見えない膜」をもはぎ取った。その結果、モリスは次第に「どちらの性ともはっきりしない」人間になっていった。当時のモリスを見て、男性の同性愛者だと思う人もいれば、両性の間にいる人間だと思う人もいた。男性が自分のために扉を開けてくれることもあれば、女性に間違われることもあった。いずれも手術前の話である。

だが、その当時はヨーロッパにもアメリカにも、いまだ実験段階にある性転換手術を引き受けてくれる外科医などほとんどいなかった。そもそも、どういった経緯で一部の人間が性転換を希望するようになるのかを理解している者もいなかった。これは一種の精神疾患なのか？必ずしもそうとはかぎらないとしても、精神疾患といえる場合もあるのか？　それなら、この二つの心理状態をどう見分ければいいのか？　性器を取り除きたいという衝動を抱くトランスジェンダーと、自分をネルソン提督だと思い込み、提督になりきるために右腕を切断したいと主張する精神病患者とを、どう区別すればいいのか？（訳注／ネルソン提督は一七九六年の戦闘で右腕を負傷し、切断している）ペニスを取り除きたがっている人間は正常といえるのか？

それに、一九六〇年代および一九七〇年代にも、そのような手術を実施しようとする外科医がいないわけではなかったが、そのためには患者がさまざまな条件を満たす必要があった。患者は第一に、絶対に精神病患者であってはならない。第二に、性を転換することにより、それまで自分が扶養してきた人間を見捨ててはならない。第三に、長期にわたりホルモン治療を受けていなければならない。そして最後に、自分が採用するジェンダーに沿った生活を数年間営んでいなければならない。これらの基本的方針は、当時から数十年たったいまもさほど変わっていない。

それでもモリスは、ホルモン治療を数年間続けたのち、モロッコのカサブランカで、ジョルジュ・ビュルー医師（回想録には「B医師」と記されている）の手術を受けることにした。この医師は過去に、男性から女性に性転換したのちに女優としても活躍したイギリス人、エイプリル・アシュリーの性別適合手術を行なっており、当人は目立つ行動を控えてはいたものの、すでに一部の界隈では有名な存在だった。「カサブランカに行く」という言葉が、性転換を意味する俗語として使われていたほどである。だが両親は、カサブランカの裏通りにある療養センターにビュルー医師を訪ねるのは「魔法使いのもとへ行くようなもの」だと思っていたという（注13）。

性を転換する必要があると確信している人がいることに疑念を抱いている人に、モリスは自分が経験したことを次のように伝えている。ビュルー医師の病院に行くと、二人の看護師がモリスの病室に入ってきた。一人はフランス人、もう一人はアラブ人である。二人はモリスに、手術を受けるまでの間に陰部の毛を剃っておきたいと言う。だが、モリスはかみそりを持参していたので、自分で毛を剃ることにした。その間、二人の看護師は、テーブルの上に座って足をぶらぶらさせていた。モリスは冷水とモロッコの石鹼を使って陰部の毛を剃り終わると、ベッドに戻って麻酔の注射を受けた。看護師は、そのまま眠るようにと言い、手術はその後行なわれると告げた。しかしモリスは、そのあとの自分の行動を感動的な筆致でこう記している。二人の看護師が去ると、モリスはふらつきながらベッドから這い出た（麻酔が効き始めていたからだ）。そして、「鏡に映った自分に別れを告げた。この体に二度と会うことはない。最後にそのもう一人の自分をしばらく見つめ、幸運を願ってウィンクしたかったのだ」（注14）。

モリスは包帯に包まれ、病院で二週間を過ごした。手術後の気持ちをこうつづっている。「すっきりして心地よかった。次第に嫌悪感を抱くようになっていたあの突起物がなくなった。私が思うに、これでやっと正常になれた」(注15)。モリスの「幸福感」は帰宅してからも続いた。それには、「自分は正しいことをした」という絶対的な確信が伴っていた(注16)。その後も、幸福感が薄れることはなかった。回想録を執筆した時点でも、ジェームズがジャンになる過程で起きたことは、「いまだかつて誰も味わったことがないほど魅惑的な経験」だったと語っている。

この現実世界のテイレシアスは、異性への転換についてだけでなく、男女に対する(当時の)社会の見方の違いについても考察している。モリスににじり寄ってきて、望んでもいないのに唇にキスをしてくるタクシーの運転手がいた。また一般的に、男性には言うが女性には言わないこともあれば、女性には言うが男性には言わないこともあった。モリスはさらに、男女に対する社会の見方の違いよりも重大な秘密に気づいた。それは、男女の考え方の違いである。その多くは、現代のフェミニストには認めがたいものだろう。

たとえば、男女間の視点や考え方の根本的な違いについて、こう記している。モリスは男性だったときには、当時の「大きな出来事」に関心を抱いていたが、女性になると、「ささいな出来事に関心を寄せるようになった。女性になったあとで、モリスはこう述べている。「視野が狭くなったようだ。大きな流れより、小さくても大切なことを求めるようになった。文章を書くときにも、強調するものが場所から人へと変わった」（注17）。

　モリスは、性転換により問題が生じたことも素直に認めている。性転換がある意味では悲劇であり、周囲のあらゆる人々に大きな負担をかけたことは間違いない。たとえば、一九七二年に手術を受ける前に、妻のエリザベスと離婚しなければならなかった。ただし、イギリスで同性による市民パートナーシップが合法化されると、二〇〇八年には彼女と再婚している。また、当時生きていた子ども四人がこうした状況の変化に適応するのは、決して簡単なことではなかった。だが子どもたちは、このうえなく適応力に恵まれていたようだ。それでも、モリス自身が認めているように、性転換に至るすべての過程を通じて、多くの人々がとまどいや混乱に苛《さいな》まれた。「遠くの街まで行って、肉体的には何の問題もない体」を「化学薬品で変形させ、ナイフで切り刻む」と、そのとまどいや混乱はピークに達した。それもこれも、自分の「アイデンティティ」に到達するためである（注18）。モリスは言う。「もちろん、おもしろ半分にそんなことをしたわけではない。こんな厄介な問題のない人生の選択肢を与えられていたら、当然そちらを選んでいただろう」（注19）。だが、男性として生まれながら実は女性であるという確信は、何をもってしても揺らぐことはなかった。その確信を実現するためならば、何でもするつもりだった。あの檻にまた閉じ込められたとしても、「私の目標達成を阻むものは何もない。（中略）外科医を探して世界中を駆けまわり、外科医がいなければ理髪師や堕胎医に賄賂《わいろ》を贈り、それでもだめなら、ナイフを手に自分でやる。怖れも、不安も、ためらいもなく」

（注20）。

間性として生まれる人がいることは、誰にでも理解しやすい。また、モリスのような人たちの体験談を読むと、一方の性に生まれながら、異なる性の体で生きたいと心から願っている人がいるかもしれないことも理解できる。とはいえ、生物学的な証拠と個人の証言との間にあるすき間をどう埋めればいいのか、それを理解するのはきわめて難しく、現状ではそれを理解する手段はほとんどない。間性は生物学的に証明可能である。トランスジェンダーもいずれは、心理学的あるいは生物学的に証明可能になるのかもしれない。だが現状では、それがどの学問領域に属するのかさえ、よくわからない。しかしその一方で、一部の人たちの「アイデンティティ」意識に対するそんな見方は、不必要なほどささいなことにこだわっているだけではないのか、と思う人もいるかもしれない。そこで、慎重な扱いを要するこの領域のごく一部にさえ、いかに難しい問題が潜んでいるのかを検討してみよう。

自己女性化愛好症

トランスジェンダーと呼ばれる領域の一方の端に、間性として生まれた人たちがおり、それが何よりも明確なハードウェアの問題であるとすれば、残りのトランスジェンダーは間違いなく、そこからその領域を内側へ向かっていくことになる。つまり、両性の間にいることが視覚的・生物学的に証明されている人たちから、自身の証言以外に性が異なる証拠がない人たちへと移っていく。そのどこで、証明可能な「ハードウェア」的な領域が終わり、どこから「ソフトウェア」的な領域が始まるのか？　それを判断する行為には、憶測にまつわる多大な危険が潜んでいる。それを以下で説明しよう。

間性として生まれた人たちからこの領域を奥へ進んでいくと、通常のＸＸまたはＸＹの染色体を持ち、それに伴う普通の性器などを備えてはいるが、私たちには理解しがたいさまざまな理由により、間違った体に生まれたと思い込んでいる人たちが現れる。頭では自分は男性だと思っているのに女性の体をしている、あるいはその反対という人たちである。だが、なぜそのようなことが起こるのか知られていないのと同じように、そのような思い込みがありふれたものであることもあまり知られていない。トランスジェンダーと非トランスジェンダーとの間に、有意義な身体的相違があることはいっさい証明されていない。脳機能に相違があるとする研究がないわけではないが、これまでのところ、性転換を望む人たちにハードウェア的な理由があることをはっきりと証明した研究はいっさいない。

それにもかかわらず、同性愛の場合と同じように、トランスジェンダーの問題をソフトウェアからハードウェアに移行させようとする動きがある。トランスジェンダーの世界では、さまざまな分野がこうした動きの影響を受けているが、そのなかには、誰もがそのためなら性を転換してもいいと思えるような理由から生まれた分野もある。その理由とは、性的興奮である。

たとえば、「強烈な刺激」が得られるからという理由で、女性の下着を身につけたり、全身に女性の衣服をまとったりする男性がいる。ストッキングやレース素材の感触、逸脱、わいせつさが、そのような感覚をもたらすのである。これらはいずれも以前から、一部の人があこがれる性倒錯と認識されてきた。この本能を表す専門用語のなかに、「自己女性化愛好症」というあまり見栄えのよくない言葉がある。

自己女性化愛好症とは、異性を演じている自分を想像することで性的に興奮する性嗜好を指す。だが、誰も意外とは思わないだろうが、そのような性愛に関心を抱くこの「コミュニティ」のなかにもさらなる区別があり、自己女性化愛好症のあるグループと別のグループとの間に対立がある。女性の衣服を身につけることに性的興奮を覚える男性から、女性の体を持つことに性的興奮を覚える男性まで、自己女性化愛好症にもさまざまなタイプがある。

だが、トランスジェンダーの論争では最近になって、驚くべき傾向が見られるようになった。自己女性化愛好症がすっかり人気を失ってしまったのだ。あるいは、こう言ったほうがいいかもしれない。トランスジェンダーを自認している人たちは実際のところ究極の性倒錯を経験しようとしているだけだという主張に、多くのトランスジェンダーが嫌悪感を抱くようになり、それがヘイトスピーチにあたるとして公然と非難されるようになった。

二〇〇三年、ノースウェスタン大学の心理学教授J・マイケル・ベイリーが、長期にわたる研究の末、『The Man Who Would Be Queen: The Science of Gender-Bending and Transsexualism

(女王になりたがる男性──性別変更と性転換の科学)』という書籍を発表した。そのなかでベイリーは、性転換について、頭が考える性と体の性が異なるという支配的な考え方とは異なる見解に目を向け、欲望の対象や性質によりトランスジェンダーへと駆りたてられる可能性を考察している。カナダの中毒・精神衛生センターのレイ・ブランチャードが行なった研究をもとに、こう主張したのだ。性転換を求める声は、女性的なゲイの男性のなかに広く見られる。生物学的な男性に惹かれる生物学的な男性のうち、(男性であるために)ストレートの男性の気を惹くことも、(あまりに女性的であるために)ゲイの男性の気を惹くこともできないゲイの男性は、女性として生きたほうが理にかなっている。そうすれば、本当の欲望の対象である男性の気を惹く機会が増える、と。ブランチャードはこのグループの人たちを「同性愛性転換者」と呼ぶ。

ベイリーは同書のなかで、トランスジェンダーを自認する別のタイプの人たちについても考察している。別のタイプの人とは、これまでずっと異性愛者として過ごし、結婚して子どもさえもうけている場合もあるが、ある日突然、女性になりたいと公言し、周囲をびっくりさせるような男性たちである。そのような人たちは、公の場では女性らしさを露ほども見せないが、プライベートでは女性を演じたり女性になりきったりして、それにより性的興奮を感じている。さらにベイリーは、数々の証拠を挙げてこう説明している。自分が認めるトランスジェンダーのこの二つのタイプのなかでは、世界的には前者のほうが多い。多くの文化ではそれが、きわめて女性的な（大半はゲイの）男性が抱える問題の、ある種の「解決策」になっている、と。ただし、ベイリーもブランチャードも、この人たちと、自己女性化愛好症の衝動に突き動かされている人々との違いを認識してはいるが、両グループを非難あるいは批判するようなことはまったく述べていない。二人とも、彼らに対する完全に平等な人権、配慮、支援を求めている。それにもかかわらず、ベイリーは地雷の餌食になった。

この著書が出版される数年前から、トランスジェンダーの活動家の間で、この運動から性的要素を排除する組織的な取り組みが行なわれてきた。「トランスセックス」という言葉が「トランスジェンダー」に置き換えられたのも、そのためだ。アリス・ドレガーはこれについて、著書にこう記している。「ベイリーの著書が登場する以前、多くのトランスジェンダー活動家は、自分たちの汚名をそそぎ、医療へのアクセスを改善し、基本的人権を確立するため、長い時間をかけて、トランスジェンダーの公的表現から性的要素を排除し、自分たちを病的な存在と見なす考え方を否定してきた」（注21）。ドレガーはこれを、ゲイの人権活動家の運動になぞらえている。ゲイの人権活動家は、ゲイの人たちの寝室での行動ではなく、ほかの部屋での行動に焦点を移し替えることで、平等な権利を勝ち取ることに成功していた。

だがベイリーの著書は、この運動を後退させる危険性を秘めていた。そのため、その内容に抗議する運動が展開された。同僚の学者やトランスジェンダー活動家はただちに、ベイリーの著書を批判・否定するとともに、ベイリー自身をノースウェスタン大学から解雇する運動を始めた。そのなかでもベイリーを激しく非難していた人物の一人が、ロサンゼルスのトランスジェンダー・コンサルタント、アンドレア・ジェームズである。ジェームズは、ベイリーの子どもの写真（小学校や中学校で撮影されたもの）を自分のウェブサイトに掲載し、そこに性的表現の露骨な説明書きを加えることで、ベイリーに対抗した（注22）。そのほか、まるで組織されてでもいるかのように数名が名乗り出て、この本には自分たちの真実が述べられておらず、自分たちはそのなかに登場さえしていないと主張するケースもあった。この著書は当初、ゲイの文学団体ＬＡＭＢＤＡの賞にノミネートされていたのだが、それも速やかに撤回された。ある友人の話によれば、ベイリーはこの著書への過激な反応に「怯《おび》え」、人が変わったようになってしまったという（注23）。

そんな事態になったのはすべて、ベイリーが単に、重大な問題の原因を探る詳細な調査を行ない、いまではもう不人気となった回答を携えて戻ってきたからにほかならない。今世紀に入ってからはずっと、トランスジェンダーは性的喜びと何らかの関係があるという考え方は、侮辱であり性的中傷であると考えられるようになっていた。

現代の正しい考え方では、トランスジェンダーはその状態からいかなる性的興奮も感じていないとされている。彼らはそのような誤解を心から嫌悪している。これほどうんざりするものはない、とでも言うように。二〇一八年一一月、ブルックリンの「エッセイスト・批評家」アンドレア・ロン・チュウが《ニューヨーク・タイムズ》紙に、自分が受けている性別適合手術の次の段階について記事を執筆している。その記事の見出しにはこうある。「新たにヴァギナを手に入れても幸せにはならないが、幸せにならなくてもいいと思う」。さらに、記事の本文にはこんな記述がある。「来週の木曜日、私はヴァギナを手に入れる。手術は六時間ほどかかり、回復に少なくとも三カ月はかかるらしい。死ぬ日が来るまで、私の体はこのヴァギナを傷と見なすだろう。そのため、手間のかかるケアが定期的に必要になる。これは私が望んだことだが、それにより幸せになれるという保証はない。そんな期待もしていない。それでも、ヴァギナを手に入れる資格を私から奪うことはできない」（注24）。

心理学者のアン・A・ローレンス〈自己女性化愛好症を自認している〈注25〉〉らによる多少の反論はあるにせよ、自己女性化愛好症により性転換に駆りたてられているという考え方は、トランスジェンダー活動家を大いに苛立たせるものになった。このような急転回が生じた理由は明らかだろう。そこにはやはり、ハードウェア・ソフトウェア問題がある。性倒錯は、ハードウェアの問題かもしれないし、ソフトウェアの問題かもしれない。だが、そんな性倒錯を受け入れるために社会規範や言語規範を全面的に変えるべきだ、と社会を説得するのには無理がある。社会はそんな性倒錯者を受け入れ、その幸運を祈ってくれるかもしれない。だが、女性用の下着を身につけたいという欲求のために、いままでにない代名詞の使用や公衆トイレの全面的変更を大衆に押しつけることはできない。それだけのために、男女の間に相違はなく、ジェンダーは社会的構成概念に過ぎないという思想を子どもに吹き込むことはできない。

トランスジェンダーが主に、あるいは単に性的刺激の問題であるのなら、社会的原則を変更する理由にはなりえない。それを認めれば、ラバースーツを着ることで性的興奮を感じている人々のためにも、社会的原則を変更しなければならなくなる。このように、自己女性化愛好症は、トランスジェンダーがソフトウェアの問題だと思わせるおそれがある。トランスジェンダー活動家がそれを嫌悪するようになったのは、そのためだ。同性愛の場合と同様、トランスジェンダーの人たちも「生まれつきこう」なのだと証明したいのである。

それに、異性の体になりたいという欲求が決して単なる気まぐれや倒錯趣味によるものではないことを（ジャン・モリスのように）確実に証明するものが、多くのトランスジェンダーの活動に組み込まれており、それがさらに問題を複雑化させている。性別適合手術を受ければ、永久に体が変わってしまい、二度と元には戻せなくなる。したがって、この手術を受ける際には、想像もできないほどの決意が必要になる。自分のペニスを切除したり、その皮をはいでひっくり返したりしようとする人が、事態を軽く考えているとはとても思えない。そのような手術は、単なる趣味やライフスタイルの選択とは対極にあると言ってもいい。だが、たとえそうであったとしても、トランスジェンダーがハードウェアの問題だと「証明」することにはならない。自分が正しいと思っていることを実現するためなら何でもやる、という人もなかにはいるからだ。となると問題は、ある人が自分について正しいと思っていることを、ほかの人も受け入れなければならないのか、ということになる。

トランスジェンダーの躍進

トランスジェンダー問題など思い込みに過ぎないと考える人がいるのは、このように証拠が不足しているからだ。社会全体がトランスジェンダーの主張をそのまま受け入れるよう求められているいまでも、底流にはそんな疑惑がある。

二〇一五年四月、元オリンピック選手であり、リアリティ番組のスターでもあるブルース・ジェンナーが、トランスジェンダーであることをカミングアウトし、これからはケイトリン・ジェンナーとして生きていくと発表すると、たちまち世界的な注目を集める存在になった。それから数週間もしないうちに、ジェンナーは《バニティ・フェア》誌の表紙に登場した。見出しには「私をケイトリンと呼んで」とある。著名な写真家のアニー・リーボヴィッツが撮影した写真を見ると、上半身は、胸の上部をあらわにしたセクシーなコルセット姿であり、下半身は、まだ切除していないことに誰もが気づくであろう男性器を下着で覆い隠しているだけだ。リーボヴィッツは、ジェンナーの体に見られる男性的な部分をうまく隠すことに成功している。脚を組ませて股間のふくらみの問題を回避するとともに、両腕を体の後ろに隠し、元オリンピック選手のがっちりした肩や二頭筋を目立たせないようにしている。その一年前には、《タイム》誌がトランスジェンダーの女優ラヴァーン・コックスを表紙に迎えた。その見出しには

「トランスジェンダーの転換点――アメリカの公民権運動の次なるフロンティア」とある（注26）。そのころには、この新たなフロンティアを征服しなければならないという雰囲気が広がっていた。当時《ストーンウォール》の代表を務めていたルース・ハントも、同団体の活動にトランスジェンダーの権利運動も加えると宣言した際に、「これがトランスジェンダーの転機になる」と述べている（注27）。ゲイの権利運動は事実上終わった。人種的マイノリティや女性の地位がおおむね向上したことも周知の事実となっている。そのため、時代に合わなくなって発行部数が低下している旧来の雑誌など一部の人たちが、新たな公民権闘争の機が熟したと考えたらしい。そこへケイトリン・ジェンナーが現れた。まさに完璧なタイミングだった。

二〇一五年は、トランスジェンダーの権利、認知、要求が主流と化した年であり、ジェンナーを至るところで目にした。リーボヴィッツの写真があちこちで見られたばかりか、ジェンナーがアメリカのあらゆる賞を総なめにしているかのような時期もあった。《グラマー》誌は、ジェンナーを「ウーマン・オブ・ザ・イヤー」の一人に選んだ。ＥＳＰＹ賞（年間最優秀スポーツパフォーマンス賞）の授賞式では、ジェンナーに敢闘賞が授与され、会場に集まったスポーツ界の男女がスタンディング・オベーションで称えた。だが、増加を続けるトランスジェンダー関連のこうしたエピソードは、そのなかのごくささいな出来事でさえ、大衆の熱狂的行動を前にしていまだに行動をためらっている人々に刃を向ける可能性を秘めている。実際、このスタンディング・オベーションに参加していたある人物が、その餌食になった。

ＥＳＰＹ賞授賞式の最中から、アメリカンフットボールのクォーターバックの選手ブレット・ファーヴが、当初はソーシャルメディア上で、のちにはあらゆるメディア上で叩かれたのだ。その理由は、ジェンナーをさほど熱心に称賛していなかったからだという。ファーヴは、ジェンナーを称えるスタンディング・オベーションに参加してはいたが、ほかの誰よりも早く着席するところを、カメラに撮られてしまったのである。この行為に対し、《ニューヨーク・ポスト》紙は「ＥＳＰＹ賞会場を凍りつかせたブレット・ファーヴ」との見出しを掲げ、不熱心な罪人を非難した（注28）。だが、敢闘賞を受けたトランスジェンダーの女性に、どれだけの時間のスタンディング・オベーションが妥当なのか、誰に断言できるだろう（ソ連政治局が配布していたしきたりに関する注意書きには、その類のことが書いてあったかもしれない）。このエピソードから間違いなく得られる教訓があるとすれば、それは、会場全体がトランスジェンダーの誰かを称賛しているときには、自分が最後に着席するよう心がけなければならない、ということだけだ。

ジェンナーをめぐるこうした攻撃は、不意を打つように断続的に発生した。二〇一五年七月には、ＨＬＮ放送の《ドクター・ドリュー・オン・コール》という番組に、当時三一歳だった保守派の評論家ベン・シャピロら数名がパネリストとして招かれ、ジェンナーの敢闘賞について議論した。シャピロのそばには、男性から女性へと性転換した「トランスジェンダー記者」として紹介されていたゾーイ・トゥアがいた。議論のさなか、司会者のドクター・ドリューがトゥアに、ジェンナーは本当に「勇敢」だといえるのかと尋ねた。これにトゥアは、「勇敢というのは本当の自分になること」であり、トランスジェンダーになるのは「最高に勇敢な行為」だという見解を表明した。

するとシャピロが割って入り、ジェンナーを称賛すれば「思い込みを主流化する」ことになるという持論を展開した。ほかの女性ゲストが腹を立て、「どうしてトランスジェンダーを『思い込み』などと言うの？」と尋ねると、シャピロはさらに発言を続け、そのなかでジェンナーのことを「彼女」と言わずに「彼」と言った。実際のところ、ジェンナーはこれまでの六六年間をブルースとして暮らしており、ケイトリンと改名したのはほんの三カ月前に過ぎなかったのだが、それでもほかのパネリストはみなシャピロを攻撃し、失礼だと批判した。先ほど怒りをあらわにした女性はこう主張した。「彼女と言うべきです。代名詞は気をつけて使わないといけません。無礼にもほどがある」。

それでもシャピロは、代名詞のことなど意に介することなく、持論を続けた。「無礼かどうかの話はやめよう。あなたの感情など、事実とは何の関係もない。一部の精細胞を除き、ケイトリン・ジェンナーの体内にあるあらゆる染色体、あらゆる細胞は男性のものだ。彼はまだ、男性の付属器官をすべて備えている。彼が心のなかでどう思っていようと、生物学的な自己の問題とは無関係だ」。すると、パネリストのなかで唯一、ジェンナーの敢闘賞受賞を穏やかに批判していたゲスト（ジェンナーは裕福な白人であるうえに、これまでＬＧＢＴ問題についてさほど積極的に発言していなかった、という理由からだった）がただちに、「その発言には賛同できない」と述べた。おそらく今後の展開を考えて、ここで距離を置いておいたほうがいいと思ったのだろう。

司会者は事態を鎮めようと、トゥアに性別違和感に関する説明を促した。それを受けてトゥアは、「この人も、染色体だけで男性か女性かが決まるわけではないことを知っているはず」と言うと、いかにも自分のほうが上の立場にいるかのようにシャピロの肩に手を置き、こう話しかけた。「あなたは、自分の言っていることがわかっていないのね。遺伝学の教育を受けていないから」。シャピロは、ほかの方々には遺伝学について議論する資格があるのかと尋ねようとしたが、またしても口を封じられた。そこでシャピロはトゥアに、「あなたの遺伝学の知識はどうなんですか、サー？」と尋ねた（訳注／「サー」は、男性への丁寧な呼びかけ語にあたる）。するとトゥアは、シャピロの首筋に手をかけ、威嚇するようにこう言った。「もうやめて。救急車で帰宅することになってもいいの」。

だがシャピロは、そんな言葉に臆することもなく、「そのような発言は、政治的議論にあまりふさわしくないのではないか」と訴えた。普通であれば、スタジオ内で威嚇的な言葉があれば、ほかのゲストが眉をひそめるに違いないのだが、現在の風潮では、誰もがシャピロを非難する側にまわった。「だが、公正かどうかを考えると、あなたは少々失礼だ。あんな言い方は公正じゃない」。ある男性ゲストがそう言い、ほかの男性ゲストも、「はなはだ侮辱的だとわかっていながら『サー』という言葉を使った」とシャピロを責めたてた。そして最後にトゥアが、シャピロにこう断言した。「あなたは憎悪に駆られているだけ。それが本当のあなた。小さい男ね」。だが、この言葉を非難する者は誰もいなかった。

シャピロはその間、終始冷静を保ち、トゥアを「挑発」することはなかった。救急車で帰宅したいのかと脅されたときも、「それはとても女性的とはいえない行為ですね」とは言わなかった。トゥアが殴りかかってくるのを待って、「おや、男性みたいなパンチですね」と言うこともなかった。ペニスを切除したトゥアがいま、そのサイズをけなして相手を傷つけようとしているのはおかしいのではないか、と指摘することさえなかった。シャピロはただ、生物学が重要だという話をしているだけだった。生物学は、ほんの数年前までは論争の余地のないものと見なされていたが、いまではメディアや著名人の間で、幅広い非難にさらされている。その結果、「代名詞に気をつけ」ない人よりも、暴力的な威嚇をする人を擁護するような事態が生まれている。

こうした一方向への熱狂的行動があっという間に支配的になったことについては、いくつかの理由が考えられる。第一に（《タイム》誌の表紙に例示されているように）、トランスジェンダーの権利は、公民権やゲイ、女性の権利と同じであり、ここ最近のトランスジェンダー論争において間違った側にいる人たちは、かつてこれらの権利運動に反対していた人たちと同じように、いずれは後ろ向きと見なされ、過去を悔やむことになるのではないかという不安や疑念、予感があったからだ。確かに、これらの運動の間にはある程度の共通点がある。ゲイの人たちと普通の人たちとの間に遺伝的な相違が何もないのなら、両者の相違を示すものは、それぞれの行動だけになる。自分はゲイだと言い、それを証明するような行為をすれば、その人はゲイと見なされる。それと同じように、自分はトランスジェンダーだと言えば、その人はトランスジェンダーだと見なされる。ゲイの場合と同じように、トランスジェンダーになるために、外的な印や生物学的な証拠は必要ない。

だが、きわめて重要な相違点が一つある。同性愛の女性が男性と、同性愛の男性が女性と恋に落ちても、あるいはストレートの男女が同性の相手を好きになっても、既存の生物学的ハードウェアはすべて元のままである。ゲイの人間がストレートになっても、ストレートの人間がゲイになっても、永久に取り返しがつかないようなことは何もしていない。それに対し、トランスジェンダーが終点まで行き着けば、人生が反転し、もはや元には戻せない。性転換について懸念を表明したり注意を促したりしている人たちには、「トランスジェンダーの存在を否定」するつもりもなければ、トランスジェンダーを二級市民として扱うべきだと主張するつもりもないと思われる。トランスジェンダーを自殺に追い込もうとしているという極端な主張まであるが、そんなつもりは毛頭ないに違いない。そういう人たちはただ、いまだまるで解明されていないこと、取り返しのつかないことについて警告を呼びかけているだけなのではないだろうか?

公の場では口にしないが、この不可逆性について懸念を抱いている人は大勢いる。ニュースによれば、性別に違和感があると主張する子どもが増えており、そのような主張が「クラスター効果」（これは、学校で自分の性別に違和感があると主張する子どもが増えると、同様の主張が急激に広がっていく現象を指す）を及ぼし始めているとする証拠も増えている。それは、このような事態がどこへ向かうのかという親たちの疑問や不安が、決して間違ったものではないことを意味している。間違った体に生まれたと思い込んでいる人たちに、いつから投薬療法や性転換手術を認めるべきかというのは、十分に議論すべき問題である。というのは、以前は性別に違和感があると感じていたが、のちにそのような意識から脱却したという子どもも、やはり増えているからだ（彼らの多くはゲイになる）。この問題は、トランスジェンダーの問題をいっそう複雑にしている。ゲイが「一時的なものに過ぎない」と言われていた時代に戻ることを望む人はいないだろうが、トランスジェンダーが（全員そうではないとしても）一時的なものに過ぎなかったとしたら、どうなるだろう？　一時的なものだったと気づくのが遅すぎたら、どうなるだろう？　これは、単なる「トランスジェンダー嫌い」といった問題ではなく、子どもの人生にかかわる問題だ。しかし、そのような懸念を単なる嫌悪感と見なすことにより、この地雷は必要以上に醜悪なものとなっている。

ある若者の物語

これはいうまでもなく慎重に扱うべきテーマであるため、以下で紹介する人物についても仮名を用いることにする。ここでは、その男性を「ジェームズ」と呼ぶことにしよう。とはいえ、この人物は実在しており、以下に示す事例も決して珍しいものではない。現在行なわれている社会的議論は、このような事例をもっと考慮すべきだろう。

現在二〇代のジェームズは、イギリスで生まれ育った。一〇代半ばのころから、ゲイと女装の世界に惹かれるようになり、ゲイの友人が大勢いた。一六歳くらいになると、女装クラブで過ごす時間が多くなった。この閉鎖的な世界に集まる人たちが好きだった。まるで「失われた世代の人々」（訳注／第一次世界大戦後の一九二〇〜三〇年代、従来の価値観に懐疑的になり、享楽にふけるようになった若者世代）のようだった彼らは、自分がゲイであること、女装が好きなことが知られたら親に見捨てられてしまうのではないかという不安から、この世界に集まっていた。だからその人たちは、ただ楽しみのために集まっているというよりは、むしろ「家族のよう」だった。やがてジェームズ自身も、少しずつ女装を始めた。そのころ、男性から女性に性転換した二〇代前半の人物と親友になった。その友人は、非の打ちどころがないほど魅力的だった。

一八歳くらいのころ、ジェームズは主治医のもとを訪れ、勇気を振り絞ってこう言った。「ぼくは間違った体に生まれたんだと思う。本当は女性なのかもしれない」。それから一年半にわたり、あちこちを旅してさまざまな医師に診てもらい、主治医よりも自分の経験を理解してくれる医師を探した。そして一九歳のときにようやく、マンチェスターの性心理カウンセラーを紹介してもらい、そこで三時間半にわたる精神分析を受けた。その際には、自分の性生活や、両親との関係など、さまざまなことを聞かれた。質問があまりにプライベートな部分にまで及ぶので、少々驚いたという。やがてそのカウンセラーは、明確な結論を出してくれた。「あなたはトランスジェンダーです」とのことだった。ジェームズはその後、ロンドンのチャリングクロスにあるジェンダー・アイデンティティを専門とする病院を紹介された。

その病院の待合室には、「きわめて女性的な人から、『ボブとはたらくブーブーズ』（訳注／イギリスのアニメーション）の主人公がかつらをかぶったような人まで」、さまざまな人がいた。六カ月後、およそ二〇人から成るワークショップが開催された。コンサルタントの医師は、彼らがその場に集まった事情について国民保健サービス（ＮＨＳ）は十分に把握していると説明し、（ベンジャミン医師がモリスに話したように）こう告げた。「問題は脳にあるのですが、脳は手術できませんので、体を脳に合わせるのが最善の策だと考えます」。つまりそれが、ジェームズらの症例に対処するうえでのＮＨＳの役割になった。ワークショップから六カ月後、ジェームズは初めて一対一の面接を受けた。その内容はきわめて詳細な点にまで及び、人間関係や仕事について質問された。そこでは明らかに、その人の意思にあらゆる点で迷いがないかどうかが重視されていた。ジェームズはまた、複数の内分泌学者にテストステロンを測定され、ある測定値が低かった事実だけを根拠に（実際のところ、ほかの測定値は違っていた）、対処すべきトランスジェンダーの問題があると見なされた。あとになって思えば、ジェームズはさまざまな点に驚かされた。たとえば、カウンセリングを提供されたことがいっさいなかった。そう感じていると思って言ったことが、そのまま受け入れられた。それに、「簡単に話が進みすぎた」という。「面倒なんて何も」なく、「厳しい尋問」にあうこともなかった。

次の段階へ進むには、異性として二年間生活した実績がなければならない。だが、NHSのワークショップは六カ月おきに開かれるため、それに数回出席すれば、この二年の基準を満たすことができる。この段階で、ホルモン補充療法が始まる。ジェームズは言う。「ルールにさえ従っていれば、ホルモンの投与を受けるのはばかばかしいほど簡単。一年に二回、病院に行って待っていればいい」。この段階に至る方法については当然、仲間や友人の間で話が広まっていた。

ジェームズはエストロゲンという女性ホルモンの投与を受け始めた。毎日の服薬と注射による投与である。このプロセスに関するジェームズらの経験談ほど、男女に本質的相違はないという主張の核心を揺るがすものはない。こうした経験談では、エストロゲンが男性の体に及ぼす影響がよく語られるが、それがほかの状況であれば、きわめて性差別的な内容だと思われかねないからだ。実際ジェームズも、エストロゲンや抗アンドロゲン（男性ホルモンであるテストステロンの阻害薬）の投与を受け始めたほかの人たちと、まったく同じような経験をした。たとえば、以前より感情的になった。「よく泣いた」という。また、肌が柔らかくなり、体脂肪が再分配されるようになった。それだけではない。映画や音楽の好みさえ変わり始めた。性的な好みも同様である。

こうして一年以上にわたりエストロゲンの投与を受けた。ジェームズの場合、効果が表れるのが遅かったため、ホルモン療法を受け始めたころにはまだ思春期が終わっていなかったのではないか、との意見もあった。だがその一方でジェームズは、次の段階へ移行する可能性を探る話し合いの機会を二度も持った（一度はスカイプを通じて、一度は直接会って）。この症例の患者が増えていることを考えれば、その段階へとＮＨＳを急かすことはできない。そう覚悟していたのだが、この二度の話し合いを受け、自由診療として海外で性別適合手術を受けられる可能性が出てきた。スペインのコスタ・デル・ソル地域にあるマルベーリャがいいという話をよく聞いていたため、そこでの手術を検討していると伝えたが、ＮＨＳ側はそれを承認も拒否もしようとしない。ジェームズはそのころにはすでに、手術や投薬、渡航の費用に関する情報まで入手していた。ジェームズは言う。「実行するぎりぎりのところまで来ていた。いま思えば、実行しなくて本当によかった」。

というのは、ホルモン療法を受け、性転換の次の段階へ進もうとしていたこの期間に、数多くの不安が頭をよぎるようになったからだ。これまでジェームズは、一方の側の主張にしか耳を傾けていなかった。トランスジェンダーの世界にいる友人たちは、ジェームズも同じようにたどるかもしれない道を示してくれただけだった。NHSも、ジェームズがこの道をたどる妥当性を真剣に疑問視することはなく、対処の必要がある患者としてジェームズを扱うだけだった。だがジェームズが、インターネットで反対の見解を探すと、それはいとも簡単に見つかった。IT時代の新たなメディアには、ジェームズの判断の妥当性に疑問を抱くユーチューバーらがいた。なかには、想像以上に格好いい最先端の若者たちもいる。また、ジェームズには信仰の問題もあった。リベラル派のキリスト教徒として育てられていたため、神やその意図をめぐる問題に悩まされていた。「神が存在しないのであれば、ぼくの体は意図的につくられたものではない」と考える一方で、間違った体に生まれたと主張する人たちは、それが「自分に与えられた試練」だとでもいうように、きわめて自己中心的な考え方をしているのではないか、とも考えた。全宇宙が偶然の産物なら、「自分を変えるために、そんなに思いきったことをする必要がどこにある?」。やがてジェームズは、自分の疑問に対する答えが、手術にではなく心理学にあるのではないかと思うようになった。「自分の体を変えるのではなく、自分の体に満足するためにしなければならないこと」に目を向けるようになった。ジェームズがこれまで相談したコンサルタントのなかに、このような疑問を提示してくれる人は誰もいなかった。「徹底的に検討してみるよう勧められることはいっさいなかった」。

ジェームズが、これが本当に自分が望んでいることなのかと疑問に思い始めた理由は、ほかにもある。仲間の誰もが知っていたように、数年間ホルモン投与を続けると、やがてその効果が固定され、元に戻らなくなる。実際、抗アンドロゲン治療を二年ほど続けているとそうなる。そのためジェームズは、抗アンドロゲン治療が二年目に近づくと、不安を抱くようになった。NHSでは、医者に相談したくてもすぐには予約できない。性転換の相談に訪れる人たちへの対応で手いっぱいだからだ。相談したければ、六カ月は待たなければならない。だがジェームズは、それほど悠長に待ってはいられなかった。身体的変化が固定化してしまうおそれがあっただけでなく、生物学的な問題もあったからだ。抗アンドロゲン治療を二年以上受けると、大半の男性は生殖能力がなくなり、父親になれなくなる。ジェームズは、本当に女性になりたいのかという疑問に加え、いつか父親になりたいと思うことはないのかという疑問にも悩まされていた。ジェームズには同性の恋人がいたが、その恋人は、ジェームズが女性だとは思っておらず、ジェームズも自分と同じゲイだと思っていた。一方ジェームズは、ホルモン療法のせいで自分は「引き返せない段階」に迫りつつあると感じていた。

結局ジェームズは、自分をホルモン療法に導いた医師たちの支援や助言も受けず、一人だけでこれらの問題を検討したすえ、ホルモン療法を中止することにした。ジェームズ自身の言葉によれば、この中止は「きわめて過酷」だった。中止に伴う変化は、ホルモン療法を始めたときの変化よりも「はるかに激しかった」という。たとえば、怖ろしいほどの気分の変化に苦しめられた。また、エストロゲンを投与されたときには、よく泣くようになり、映画の好みも変わったが、テストステロンがまた体内に戻ってくると、逆の意味で同じような「性差別的」効果が表れた。怒りっぽい、攻撃的になる、性的に興奮しやすい、といった男性によく見られる数多くの性質が見られるようになったのだ。

現在では、ホルモン療法から離れて二年以上になる。だが、性の「転換」を目指していた時期の影響は、いまだに残っている。「ほとんど問題はない」らしいが、生殖能力は永久に失われてしまったかもしれないという。だが、それより差し迫った問題なのが、胸がまだあることだ(ジェームズはこれを「胸の問題」と呼んでいる)。それについて尋ねると、ジェームズは恥ずかしそうに、Tシャツの一方の肩の部分を引き寄せた。ストラップが見えていたからだ。ジェームズは、この胸の問題を隠そうと、いつも胸を抑えつけるベストを身につけている。また、なるべくぶかぶかの服を着るようにしており、体にぴったりした服は絶対に着ようとしない。残った胸を切除する手術を受ける必要があるかもしれないとも考えている。

あれからかなりの時間がたったいま、ジェームズはようやくこの数年間の自分の変化について考えられるようになった。ジェームズは言う。「トランスジェンダーは存在すると、いまでも心から信じている」。そう思うのは、現在ではその方向へ進む人が膨大な数に及んでいるからだ。だがそれでも、トランスジェンダーの問題は、十分といえるほど厳密に検討されたことも考察されたこともないとも述べている。この分野における認識はいまだに、「ラグビーは好きじゃないの？　珍しいね」といった問題にとらわれている。ジェームズがマンチェスターの性心理カウンセラーに、小学生のころ男子と仲よくできなかったと言うと、そのカウンセラーは「なるほど」とうなずくだけだった。幼いころ、姉のポカホンタスの衣装をときどき着ていたという話をしたときもそうだ。

さらにジェームズは言う。「前から思っていたけど、NHSがより幅広い選択肢に目を向けないのはおかしい」。専門家の診察を受けに行った瞬間から、「ベルトコンベアに載せられたような気分」だったという。イギリスには性別適合手術を行なっている医師が二人だけ（一人は常勤だが、もう一人は非常勤）しかいないのに、NHSは手を広げすぎている。しかも医師たちは決まって、イギリスにはすでに治療中の人がおよそ三〇〇〇人、治療を待っているとされる人がさらに五〇〇〇人おり、NHSはこの需要に応える人材の育成に奮闘していると断言するばかりだ。そんな患者のなかには、ジェームズのように、ベルトコンベアに載せられて手術室まで連れてこられたときに、ためらう人もいるかもしれない。だが、そのときに中止しても、ジェームズのぶかぶかの服が証明しているように、何の被害もないというわけにはいかない。

実際のところ、ジェームズはゲイである。当人も「まったくのゲイ」だと言う。だが、いつも「どこかカメレオン的なつきあいをしてきた」と考え、こう述べている。「たぶん、一緒に過ごしていた人に影響されたんだと思う」。だが「トランスジェンダーがさらに多くのトランスジェンダーを生み出すと主張する人にはなりたくない」。ジェームズに言わせればそれは、ゲイがさらに多くのゲイを生み出すという以前の主張と変わりがない。「そうではなく、トランスジェンダーには何かがある。『本当にクールなぼくのトランスジェンダーの友だち』のような」。ジェームズもほかの人たちと同じように、トランスジェンダーが何者であり何者でないのかがわかっていない。「トランスジェンダーが存在するのなら、ぼくたちは彼らのことをもっとよく知る必要がある」。たとえば、手術前のトランスジェンダーと手術後のトランスジェンダーとの間に自殺率の違いがないのはなぜなのか？　「歩みが速すぎるんだ。条件反射的で思慮に欠けている。歴史の流れに逆行することを怖れているんだろうね」。そのためにジェームズは、もっとひどい事態になりかねない経験をした。手術直前まで行った当時を振り返り、こう語っている。「あのまま行っていたら、いまどんな境遇にいるのだろうと思うと怖くなる。いまここにいるかどうかもわからない」。

ジェームズの物語（同様の物語を語る人はほかにも大勢いる）を聞いていると、浮き彫りになることがいくつかある。第一に、私たちはトランスジェンダーのことを十分に知っているふりをしているが、実際にはほとんどわかっていない。いまだ答えの出ていない疑問に対する解決策に、すぐさま飛びつこうとする。そして第二に、トランスジェンダーが、論争を巻き起こしている現代のほかの問題を侵害しつつある。

ゲイの人権活動家は、何年も前からこう主張していた。誰もが同性愛者になりうる。同性愛者を女性的な男性もしくは男性的な女性とする歴史的な見方は、時代遅れで無知であるばかりか、同性愛を嫌悪する偏見に満ちている、と。だが最近ではそこへ、別の人たちの権利の主張がつきまとうようになった。ゲイにきわめて近く、ＬＧＢＴとしてひとくくりにされることもあるトランスジェンダーの主張である。トランスジェンダーは、ゲイの権利運動にとって、ゲイには典型的な行動特性があるとする考え方よりもはるかに有害な主張を展開している。やや女性的な人や、男性に人気のあるスポーツを好まない人は、ゲイであるばかりか、間違った体に生まれただけで、体の内側は事実上女性（あるいは男性）なのかもしれない、という主張である。それが意味しているさまざまなことを考えれば、トランスジェンダー運動に組み込まれるようになったこうした主張に反対する同性愛の男性や女性が、これほど少ないのは意外だ。ゲイの団体は一般的に、トランスジェンダーはゲイと同じ連続体の一部を構成しており、トランスジェンダーの権利の要求もゲイの活動範囲に含まれると考えてきた。だが、トランスジェンダーが行なう主張の多くは、ゲイの権利運動の主張に反するだけでなく、それを大きく損なっている。「ゲイの人はいる。その人はトランスジェンダーなのかもしれない。あるいはその逆かもしれない。それを受け入れろ」と言っているのである。

トランスジェンダーと主張が対立しているのは、ゲイだけではない。トランスジェンダーは、インターセクショナリティ支持者が主張してきたような、抑圧のインターセクショナリティを「明らかにする」どころか、自身の運動の目的を際立たせる過程で、無数の論理的矛盾を引き起こしている。

二〇一四年には、ヒラリー・クリントンの母校であるウェルズリー大学で興味深い事例があった。この女子大に入った学生の一人が、自分は「男性寄りのジェンダークィア（訳注／性アイデンティティが既存の性別の枠組みにあてはまらない人や流動的な人を指す）」であり、これからは「ティモシー」と呼んで男性の代名詞を使ってほしいと公言したのだ。伝えられるところによれば、ほかの学生たちは、この大学に女性として志願していたのに男性を自称するこの学生を、特段の支障もなく受け入れた。ところが、ティモシーが多文化問題コーディネーターへの立候補を申し出ると、事態は一変した。このコーディネーターの役割は、大学キャンパス内で「多様な文化」を促進することにある。「男性寄りのジェンダークィア」なら、その役割にふさわしい素質を備えていると思ったのかもしれない。だが、ウェルズリー大学の学生たちは、ティモシーをそのような役職につければ、この大学に男権主義が確立されてしまうのではないかと不安を抱き、投票の棄権を訴える運動を始めた。この運動を支持していたある学生は言う。「ティモシーは申し分ない仕事をしてくれるとは思ったけど、あの役職に白人男性はふさわしくないと思った」（注29）。

ティモシーはある意味では、抑圧の階段を登り詰めたことになる。女性からトランスジェンダーになり、白人男性になり、その結果、白人男権主義の象徴になった。抑圧されるマイノリティの側から抑圧する側になったのだ。このように、女性から男性に性転換した人が問題を引き起こすことがあるように、男性から女性に性転換した人もまた問題を引き起こしている。そのなかでも目立つのが、女性として生まれた人たちとの対立である。ゲイとは違い、トランスジェンダーにより自分たちの活動領域を踏みにじられたと感じている女性たちのなかには、黙っていられない者もいた。実際、インターセクショナリティにまつわる各マイノリティによる合同の権利運動のなかで、真っ先に決裂が見られたのはこの部分である。

地雷を踏むフェミニスト

ここ数年の間にトランスジェンダーの地雷を踏んだ女性には、数々の共通点がある。たとえば、いずれも女性問題の最前線にいる。だがこれは、考えてみれば当然だろう。というのは、現代の権利運動の大部分が、自分たちのアイデンティティがハードウェアの問題であることを証明しようとしているのに対し、トランスジェンダーはほかの運動を、それとは正反対の方向へ進ませようとしているからだ。トランスジェンダーはハードウェアの問題であると熱心に主張するトランスジェンダー活動家が、論争に勝つためには、女性はソフトウェアの問題であると大衆に思い込ませなければならない。だがフェミニストのなかには、そうだと認めようとはしない人もいる。

イギリスのジャーナリストのジュリー・ビンデルは、イギリスはおろか世界的に見ても指折りの、主義と行動が一貫した強硬なフェミニストである。「ジャスティス・フォア・ウィメン

〈女性に正義を〉」の創設者の一人であり、一九九一年以来、暴力的な男性パートナーを殺害した罪で投獄されている女性や、投獄の危険にさらされている女性を支援する活動を行なっている。レズビアンであることを公言し、フェミニズム運動第三波の時代から生涯をこの運動に捧げており、これまで自分の思っていることを胸の内にしまっておくようなことはいっさいなかった。ところが、やがて二一世紀に入ると、男性として生まれながら女性と見なしてほしいと要求する人たち〈何らかの手術をした人も、していない人も含め〉が、ビンデルの活動領域全体に現れてきた。その領域には当然ながら、きわめて慎重に扱うべき部分もある。

二〇〇二年、ビンデルはカナダからのニュースに強い憤りを感じた。男性から女性に性転換したキンバリー・ニクソンが、女性のレイプ被害者のカウンセラーとしての訓練を受けるのを認可すべきだとの判断を、バンクーバー人権裁判所が示したのだ。ニクソンがその訓練を受けるのを認可しなかったバンクーバー・レイプ救済センターの判断は、人権の侵害にあたるという。人権裁判所は、ニクソンの「威厳」を傷つけたとして、七五〇〇ドルの賠償金の支払いをセンターに命じた。これは、同裁判所が命じた最高額に相当する。この裁決はのちに、ブリティッシュコロンビア州最高裁判所で覆された。だが、ビンデルの世代のフェミニストには、レイプされた女性のカウンセリングの場でさえ、彼女たちを支援するのが本当の女性とはかぎらなくなるというのは、越えてはならない一線だと思われた。そこでビンデルは、《ガーディアン》紙上で自分の考えをぶちまけ、「いくら手術で膣を形成し、ホルモンで胸をふくらませても、それで女性になれるわけではないと考える」レイプ救済センターの仲間たちを擁護した。怒りに任せ、こうも述べている。「少なくとも現在の法律では、女性でなければ女性として差別を受けることもない、と考えられている」。ビンデルは、自分が苦難の道に歩み入りつつあることを覚悟していたのかもしれないし、そんなことは思いもしなかったのかもしれないが、いずれにせよ、ビンデルはこの非難演説を、以下のように締めくくった。「私としては、性器を切除した男性を受け入れるのに何の支障もないが、それでその人たちが女性になれるわけではない。女性がジーンズに掃除機のホースを突っ込んでも男性になれないのと同じだ」（注30）。

二〇〇〇年代前半の時代は、その後の時代に比べ、こうした地雷を踏みやすい状況にあった。この記事全体、なかでもこの最後の一節のために、ビンデルは残りの生涯にわたり苦しむことになった。まずは、この記事を掲載した《ガーディアン》紙に抗議の手紙が殺到した。ビンデルはすぐさま、記事の論調について謝罪した。だがそれから数年にわたり、公の場で話をすることができなくなり、講演や公開討論会への参加もキャンセルせざるを得なくなった。たとえ講演が認められても、たいていはそれを阻止しようとする攻撃的な抗議やデモが展開された。記事の掲載から一〇年が過ぎたあとでも、それは変わらない。マンチェスター大学での公開討論会に参加する予定だったが、彼女に対するレイプや殺害の予告が無数にあったため、出演中止を余儀なくされた。

ビンデルは、左派フェミニストのなかで最初にトランスジェンダーの地雷を踏み、その報いを受けた人物といえるが、これでそのような事件がなくなったわけではない。二〇一三年一月、《ガーディアン》紙コラムニストのスザンヌ・ムーアが左派系の雑誌《ニュー・ステイツマン》に、女性の怒りの力に関するコラムを寄稿した。女性議員に対する横柄な態度、中絶に対する姿勢、公共セクターの予算削減の六五パーセントが女性に害を及ぼしているという主張など、ムーアが目にした女性に対する数多くの不正を取り上げたコラムである。だが、ムーアにとって不幸なことに、この無数の論点のなかに、女性自身に関するこんな主張が含まれていた。「私たち女性は、幸せになれない自分、きちんと愛してもらえない自分、ブラジルのある性転換者のような理想的な体形をしていない自分に腹を立てている」(注31)。タバコの煙を吹きかけられるような記事があるとすれば、まさにムーアのこの記事がそうだった。

現実の世界であれインターネットの世界であれ、ムーアが重大な過ちを犯したのは明らかだった。たちまち彼女に非難が殺到した。そのなかから比較的出版可能な言葉を選べば、ムーアは「トランスジェンダー嫌い」だという。ムーアがそんな言われ方をするのは心外だと言っても、事態が改善することはなかった。女性を非難で打ちのめすことに慣れている人たちは、この武器が効かなかったことにますます腹を立てた。反発が激しさを増すと、ムーアは数時間のうちに、自分の見解を「はっきり」させ、自分がいま言われているような憎悪に満ちた人間ではないことを証明しなければならなくなった(注32)。ムーアは前日まで、左派の進歩的なフェミニストだと思われていた。ところがいまや、偏見や憎悪に満ちた反動的な右派と見なされていた。自分を卑劣で偏狭な人物と非難するトランスジェンダーらに追いまわされ、ムーアはまもなく、「脅し」や「挑発」を避けるため、ソーシャルメディアのアカウントを閉鎖すると発表した。

この事態を問題視した人物に、ジュリー・バーチルがいた。一九八〇年代に異端のジャーナリストとして活躍し、スタイリッシュかつ攻撃的な文体で名声を確立した女性である。バーチル自身の言葉によれば、友人のスザンヌ・ムーアがトランスジェンダーに関するほんの何気ない一言で非難され、仕事も生活の糧も失おうとしている姿を見て、いてもたってもいられなくなったという。

バーチルから見れば、ムーアは友人であるばかりか、自分と同じように労働者階級の出身でありながらジャーナリストとして成功した数少ない女性の一人でもあった。そのため、自分の〝仲間〟が、味方になって必死に闘ってくれる人もなく打ちのめされているのを、黙って見ているつもりはなかった。次の日曜日の《オブザーバー》紙に、大きなキノコ雲を生み出すようなコラムを掲載し、ムーアにかかっていたタバコの煙をそれで追い払ってやろうと考えた。

その記事のなかでバーチルは、女性を攻撃していると言ってムーアの批判者を攻撃した。自分やムーアのような女性はこれまでずっと、女性として生きてこなければならなかった。生理痛に耐え、言い寄ってくる見知らぬ男性をかわし、出産を経験し、閉経を目前に控えてホルモン補充療法の恩恵も体験してきた。そんな私たち女性がなぜ、「若い娘の服を着た野郎」や

「似合わないかつらを着けた寝小便たれ」から説教され、悪態をつかれなければならないのか、と。

すると、すぐさま反応があった。イギリスの「平等」推進を担当する内務大臣リン・フェザーストーンがただちに、バーチルの「トランスジェンダー・コミュニティに対する暴言」は「うんざりさせるような偏見に満ちた罵詈雑言」であり、《オブザーバー》紙は彼女を解雇すべきだ、との声明を発表したのだ。ちなみにこの大臣は、同紙の編集長ジョン・マルホランドの解雇さえ求めている。この事態におそれをなした《オブザーバー》紙は、コラムの内容に対する謝罪文を掲載し、ウェブサイトからそのコラムを速やかに削除した。マルホランドは謝罪文のなかで、同紙がこの記事を「撤回」した理由をこう述べている。「私たちは間違った思い込みをしていました。痛みや怒りを引き起こしたことをここに謝罪し、記事を撤回することにいたします」。このようなことは、イギリスの報道業界ではほとんど前例がない。バーチルはその五年後、この出来事が一因となって、ジャーナリストとしての自分のキャリアが「苦境に陥った」と述べている（注33）。一方、バーチルの解雇を求めたリン・フェザーストーンは、その後まもなく議席を失ったが、すぐに貴族院での終身名誉職を与えられている。

次にビンデルやバーチルと同じような苦境に立たされたのは、現代では誰よりも有名なフェミニストとされるジャーメイン・グリアだった。『去勢された女』（訳注／邦訳は日向あき子・戸田奈津子訳、ダイヤモンド社、一九七六年）の著者として有名なグリアは実際のところ、トランスジェンダー問題を詳細に論じたことはこれまでに一度しかない。一九九九年に出版した著書『The Whole Woman（一人の女性）』の「パントマイムの女性たち」という一〇ページほどの章のなかで、男性として生まれた人を女性には分類できないという主張を展開している。それがこの著書のいちばん重要なポイントというわけではないが、話のついでに「性転換者が切除を選択する」事実に触れ、それをこう非難している。男性から女性に性転換する人たちの多くが、女性の固定観念を強化すると思われる「きわめて保守的」な体形を採用している。それに、外科手術の話が気軽になされているが、外科手術はそれほど簡単なものではない。一九七七年にスタンフォード大学のジェンダークリニックが述べているところによれば、二段階にわたる性転換治療には、平均三・五回の手術が必要であり、患者の五〇パーセント以上が何らかの合併症を起こすため、患者は終生、外科医の世話にならなければならない場合が多い、と（注34）。グリアはまた、ほとんどの人が気づいていないが、性別に違和感があると主張する子どもの親がまもなく心配することになるのではないかと思われる問題にも触れ、こう述べている。性転換者は「自分がつくりあげた脚本のみに従って、自身をそういうものと認識する。その脚本は、性別による行動の違いのように学習によって生み出される場合もあれば、よく自伝などに見られるように都合よく編集される場合もある」（注35）。

グリアはそれから数年にわたり、このテーマを論じたことがなかった。だが、前述した彼女の見解は、わずか一五年の間に、一般的な規範から完全に逸脱したものになってしまった。二

○一五年後半、グリアは「女性と権力――二〇世紀の教訓」をテーマに、カーディフ大学で講演を行なうことになっていた。ところが、かなりの数の学生が、二〇世紀後半期最大のフェミニストの話を聞くことを拒否し、彼女に破門を言いわたすとともに大学に圧力をかけた。

学生たちの言い分によれば、トランスジェンダー問題に対するグリアの考え方に「問題がある」という。「トランスジェンダーの女性に対する差別的な見解を繰り返し」述べているからだ。ほんの数年前であれば、グリアを女性差別者などと言うのは、たわ言のきわみだと見なされたに違いない。だがいまでは、学生たちはまさにそう言っていた。グリアの講演の中止を求める運動を組織した学生たちは、グリアは「偽の左派フェミニズム政治」に傾倒していると訴えていた。またグリアには、「トランスジェンダーの女性を絶えずミスジェンダリング（訳注／本人の性自認とは異なる扱いをすること）し、さらにトランスジェンダー嫌いの存在を真っ向から否定した」罪があるとも主張していた。そのため、「大学での議論を奨励すべき」だと認めながらも、「周縁化された攻撃されやすいグループに対して、そのような憎悪に満ちた問題のある見解を抱いている講演者を招くのは危険だ」と警戒していたのである（注36）。

その後、この論争に関するBBC放送とのインタビューで、グリアはこう述べている。「学生たちはこう判断したようです。性転換手術を受けたトランスジェンダーの男性を女性と見なさないのなら、講演をする資格はない、と。でも私は、そのような手術を認めるべきではないと言うつもりはありません。私が言いたいのは、そんな手術をしても女性にはなれない、ということです。それは一つの意見であって、手術を否定しているわけではありません」。さらにグリアは、こうも語っている。トランスジェンダーの問題は、私が頻繁に取り上げているテーマでさえない。「それは私の研究テーマではありません。トランスジェンダーについてはここ数年、何も書いていません」。だが、そこにわずかに触れたことがあったために、「いろんなものを投げつけられました。事実無根の言動を非難されています。あの人たちには、証拠とか名誉毀損《きそん》のことなど、まったく念頭にないのでしょう」。まだカーディフ大学で講演したいと思うかと尋ねられると、グリアはこう答えている。「あんな事態に立ち向かうには年をとりすぎました。もう七六歳です。あそこへ行って、怒鳴られたり、何かを投げつけられたりしたいとは思いません。もううんざり。それほど興味もありませんし、それだけの価値もありませんから」（注37）。

この事件以後、グリアの先駆的活動の恩恵を受けてきた世代の女性（それを自覚していない女性も含め）にとっては、グリアを侮辱し、最新のフェミニズム運動からグリアを破門にすることが一種の通過儀礼になった。グリアが一九六〇年代に通っていたケンブリッジ大学の学内紙《バーシティ》の記者イヴ・ホジソンは、「ジャーメイン・グリアはもうフェミニストとは言えない」と題する記事を同紙に掲載している。そこには、こう記されている。「グリアはいまや、強制追放された年老いた白人女性でしかない。その見解は、トランスジェンダーに取り返しのつかないほどの損害を与えており、トランスジェンダーの人生に対する敬意が完全に欠如していることを示している。その思想を考慮するかぎり、彼女はもはや卓越したフェミニストとは言えない。もう、私たちの活動を代弁する存在ではない」（注38）。ピーター・ティールがもはやゲイではなく、カニエ・ウェストがもはや黒人ではないように、ジャーメイン・グリアはもうフェミニストではないのだ。

やがて月日を経るに従って、先駆者を蔑視する態度が大学内だけに限らず、どこにでも波及していたことが明らかになった。グリアの世代のフェミニストを、そのトランスジェンダーに対する態度ゆえに非難されるべきだとする信念は、完全に一般化している。二〇一八年九月には、イングランド北部に暮らす専業主婦ケリー＝ジェイ・キーン＝ミンシュルが、リバプールの看板の使用権を七〇〇ポンドで借りると、そこに辞書による女性の定義だけを掲載したポスターを貼った。そこには、「woman（名詞）複数形はwomen。成人したヒトのメス」と記されていた。キーン＝ミンシュルによれば、わざわざ金まで払ってこのポスターを貼ったのは、「女性」という言葉が「あらゆるヒトを意味するものとして利用されている」ことに懸念を抱いたからだという。だが、このポスターが長らく放置されることはなかった。「トランスジェンダー・コミュニティの味方」を自称する学者エイドリアン・ハロップ博士が、この看板を見ると「トランスジェンダーの人たちが不安になる」と警察に苦情を訴えたからだ（注39）。その後に行なわれたキーン＝ミンシュルとハロップとのテレビ討論では、スカイテレビの司会者が、ポスターを貼ったキーン＝ミンシュルを「トランスジェンダー嫌い」だとなじった。ハロップも、自分を呼ぶときに「博士」という肩書をつけなかったキーン＝ミンシュルをたしなめたのちに、こう訴えた。女性の定義からトランスジェンダーの女性を除外するのは「現代の進歩的な社会にふさわしい行為とはいえない」（注40）。保守系右派のニュースサイトでさえ、キーン＝ミンシュルのテレビ出演に関する記事を掲載し、トランスジェンダーの女性は同じ女性ではないと「主張」する彼女に、視聴者は「『恥ずべき存在』との烙印を押した」と報じた（注41）。

女性のまわりに境界線を引こうとする女性たちは、どこでも同様の批判を受けるようになった。二〇一八年の「ロンドン・プライド・パレード」の際には、レズビアン活動家のグループが、トランスジェンダーがこの祝祭を乗っ取ったと抗議して、ＬＧＢＴのイベントに水を差した。するとイギリスのゲイの報道機関は、偏見に満ちたヘイトスピーチをしたとして、これらの女性たち（「ターフ」）を非難した。その数週間後に「マンチェスター・プライド・パレード」が実施された際にも、ゲイの男性ＭＣが、ロンドンで抗議していた女性たちの「垂れた乳」を引っつかんでイベントから引きずり出すべきだったと言うと、「大きな歓声」が起きたという（注42）。

有無を言わせず脅して黙らせる行為を見ていると、ほとんど問われることのない疑問が浮かんでくる。固有の伝統を持つフェミニストがなぜ、真新しいトランスジェンダーの主張の少なくとも一部に反対してはいけないのか？　この領域に踏み入って追い払われる女性が増えるにつれ、次第に論点が明らかになっている。ビンデルやグリア、バーチルといったフェミニストは、女性の生殖権や暴力的なパートナーから逃げる権利などにいまだに関心を抱くフェミニズム学派の出身である。こうしたフェミニストたちは、女性はこうあるべきだという固定観念を破壊すべきだと信じている。そのため、トランスジェンダーの権利運動とは明らかに相容れない点がある。そのなかでもフェミニストたちにとっていちばん受け入れがたいと思われるのが、トランスジェンダーがさまざまな点において、ジェンダーに関する社会的構成概念に異議を唱えるのではなく、むしろそれを強化している点である。

たとえば、男性から女性に性転換した有名なユーチューバー、ブレア・ホワイトがいい例だ。ホワイトは女性になる際に（二〇一八年後半に、子どもをもうけるため元の性に戻ることを公表する前の話である）、ティーンエイジャーの男子がよく妄想するグラビアアイドルのような体形を採用した。大きく突き出した胸、さらさらの髪、ふくらみのある唇などの特徴を持つ女性である。また、典型的な女性には別のパターンもある。二〇一五年一二月、ジュリー・ビンデルはようやく、マンチェスター大学での公開討論会への参加を認められた。そのときのパネリストには、トランスジェンダーの作家兼活動家のジェーン・フェイもいたが、ビンデルが話をしているときなど、フェイはずっと、自分の席で紫がかったピンクの服を編んでいた。編み物の道具を持参していたのだ。さらに、先述したエイプリル・アシュリーの例もある。アシュリーは、二〇一五年の八〇歳の誕生日を祝うドキュメンタリー映画のなかで、リバプールに住んでいた子どものころによく行った場所を訪れ、同市の名誉賞を受ける。その映画を見ていると、まるでアシュリーが、女王の代役のオーディションでも受けているかのような印象を受けるのである（注43）。ある世代のフェミニストたちが、トランスジェンダー運動の波に乗っていないからという理由で批判を浴びる一方で、フェミニストたちがなぜその波に乗るべきなのかという説明はいっさいない。これらのターゲットを攻撃する言葉はさまざまだが、憎悪に満ちている、危険だ、暴力を奨励している、フェミニストではないといって非難するのは、そこから当然生まれる以下の疑問を避けているように見える。女性になってもただ完璧な胸を見せびらかしたり、王室のまねごとをしたり、編み物を始めたりするだけの男性たちを、一部のフェミニストはなぜ仲間として受け入れなければならないのか？

親

イギリスの歴史学者ロバート・コンクエストはかつて、政治の原則を三つにまとめたことがある。その第一は、「自分がいちばんよく知っていることについては、誰もが保守的になる」というものだった。親は、自分の子どものことをいちばんよく知っている存在といえる。ということは、トランスジェンダーについて重大な問題が提起される機会が最近になって増えている一因は、アメリカやイギリスなどの親が、学校でいまの子どもたちに教えていること（場合によっては、すでになされていること）を憂慮するようになったからではないだろうか？

たとえば、サンフランシスコの発達心理学者ダイアン・エーレンサフトは、「出生時に男性とされた」一歳児が、ワンジー（訳注／幼児用の上下一体型の服）のボタンを外し、その服を特定の方法で振るのは、「言語習得前から自分のジェンダーを伝えている」のだと主張しているが、そんな話を聞くと、両親は不安になる（注44）。また、九歳のあるドラァグクイーンは、LGBTファッション会社とモデル契約を結び、口コミで広がりやすいユーチューブの動画を通じてほかの子どもたちに、「ドラァグクイーンになりたいのに親に反対されているのなら、親を変えるべきだ」と訴えているが、そんな話を聞くと、一部のマスコミはともかく、子どもたちの親はいい顔をしない（注45）。あるいは、子どもの通う学校で、自分はトランスジェンダーだと主張する子どもがみな、その主張どおりに認識され、扱われていることを知ると、両親は心配になる。イングランド北部に暮らすある親の話によると、最近になって一六歳になる娘が、当初はレズビアン、のちにはトランスジェンダーだとカミングアウトした。その父親と母親が学校の保護者懇談会に出席すると、学校側はすでに、娘が自分で選んだ男性名を採用し、娘に男性の代名詞を使っていた。「学校側は『娘の主張を完全に受け入れていた』」という（注46）。

スコットランド政府が学校に通達している勧告には、子どもがジェンダーの変更を望んでいるかどうかを親に話すべきではない、とある。また、スコットランド政府が発行している「トランスジェンダーの若者を支援するために」という文書には、子どもは自分が満足できるジェンダーでスポーツを楽しむべきであり、子どもが修学旅行などの際に異性のグループに振り分けられることを望む場合には、それを親に伝えるべきではない、と記されている。イギリスのほかの地域でも、親が保護者懇談会の場で初めて、子どもがトランスジェンダーだと聞かされたという話をよく耳にする。教師が自分の子どもを「間違った」ジェンダーの代名詞を使って呼んでいるため、それを指摘すると、その教師から「おや、ご存じないんですか？　お子さんは、自分は女子（あるいは男子）だと言っています」と伝えられるのである。学校では、子どもにアスピリンを処方するのにも親の許可が必要な一方で、このような事態がまかり通っている。

親はまた、「クラスター効果」と呼ばれる現象についてもよく知っている。たとえば、「リベラル」で知られるブライトンのある学校が二〇一八年に公表した「平等状況報告書」によると、一一歳から一六歳の生徒のなかに、「自分のジェンダーが出生時に割り当てられたジェンダーとは異なる」生徒が四〇人いた。また、ジェンダーが流動的だと主張している生徒が、さらに三六人いた。流動的というのは、自分のジェンダーが出生時に割り当てられたジェンダーと一致しないと思うことがある、ということだ。こうした事態により、イギリスではわずか五年で、ジェンダークリニックを紹介される子どもが七〇〇パーセントも増えている（注47）。

もちろん、トランスジェンダー児童支援団体《マーメイズ》などに所属するトランスジェンダー活動家は、こうしたクラスター効果が起きているのは、数年前に比べ、一部の人々の間で、自分はトランスジェンダーなのではないかという認識が高まっているからだと主張している。だが、ほかの理由も考えられなくはない。その理由とは第一に、トランスジェンダーが大衆文化（とりわけインターネット）に溶け込んできたから、第二に、権威ある専門家たちがトランスジェンダーのあらゆる要求に譲歩するようになったからである。

インターネット上では、ホルモンの投与を、ばかばかしいほど簡単なささいな行為として紹介している事例がよくある。ユーチューブやインスタグラムなどのサイトには、トランスジェンダーを自称し、あなたもそうかもしれないと訴える人が無数にいる。女性から男性に性転換したジェイド・ボーゲスの「一年間テストステロンを投与して」という動画には、ユーチューブだけで五〇万回以上のアクセスがあった。同じテーマを扱ったライアン・ジェイコブズ・フローレスの動画に至っては、三〇〇〇万回以上である。これらの動画では、テストステロン注射のことが「T」あるいは「マン・ジュース」といわれている。リアルタイムで性転換の治療を受けているこれらの人は、それだけで有名人になれる。ケイトリン・ジェンナーのような年老いた英雄ではなく、快活で明るいユーチューブ界の新たなスターになれるのだ。そんなスターの一人に、ジャズ・ジェニングズがいる。

二〇〇〇年に男性として生まれたジェニングズは、六歳のときに自分はトランスジェンダーだと主張して、メディアに登場するようになった。七歳のときには有名テレビ司会者のバーバラ・ウォルターズの番組に出演し、誰に魅力を感じるのか、といった質問を受けた。ジェニングズの売り込みはさらに続いた。一一歳のときには、『私はジャズ』というジェニングズのドキュメンタリーがオプラ・ウィンフリー・ネットワークで放送された。やがてティーンエイジャーになると、数々のメディア賞を受け、「もっとも影響力のある人物」にも名を連ねた。さまざまな商品の宣伝契約も、名声を高めるのに一役買った。その後、TLC放送で放送されているドキュメンタリー・シリーズ『私はジャズ』は、二〇一九年現在、第五シーズンを迎えており、ジェニングズや両親、きょうだい（みな出演している）の富と名声はますます高まるばかりだ。第五シーズンは、一八歳になったジャズが「性別適合手術」を受けるという内容で、ストレッチャーに乗せられたジャズが、生意気そうに指を鳴らし、「みんなもどう？」と呼びかける。この『私はジャズ』はユーチューブに抜粋版が公開されているが、それだけでも数百万回再生されている。

だが、影響を及ぼしている可能性があるのは、この大衆文化的要素だけではない。医療の専門家たちの協力的な姿勢もある。『私はジャズ』のような番組を見ると、男性として生まれた人を女性に変える手助けをするためなら喜んで何でもする、という医療の専門家がいることがわかる。これが、地滑り的な受け入れの一因になっている。イギリスのNHSではいまや、NHSの専門家は「個人のジェンダーアイデンティティの発現を抑制」しないという合意書に署名までしている（注48）。「過剰診断や過剰治療」の可能性を警告する医療専門家もいるのに、世間の趨勢《すうせい》は一方向へのみ向かっている。

ある家族の物語

ここで、アメリカ在住のある母親の物語を見てみよう。その家族もまた、この数年の間に、トランスジェンダーの子どもがいる家庭にありがちな旅路をたどることになった。子どものアイデンティティを守るため、場所などの詳細はあえて伏せることにする。この家族は、アメリカのある大都市に住んでいたが、つい最近になって田舎の町に引っ越してきた。私が母親から話を聞いたのは、その田舎町に来てからである。ここでは、その母親をサラと呼ぶことにしよう。

サラは、あらゆる点において平均的な中流階級の母親だ。子どもたちを大切に思い、家計を助けるために夫ともども働いており、政治的には「やや左寄り」である。四年前、当時一三歳だった娘が、自分はトランスジェンダーであり、本当は男子であると告げた。娘はそれまでに軽度の自閉症と診断されており、一部の同級生に受け入れてもらうのに苦労していた。会話のシグナルを理解するのが苦手だったのだ。遊びに誘っても、誘われることはなかった。衣服のセンスもばかにされた。娘はやがて、女子よりも男子のほうが多少つきあいやすいことに気づいた。だがそれでも、自分が望むほど仲よくはなれない。「どうして誰も私を好きになってくれないの？」。娘はときどき母親にそう尋ね、特に「女子に溶け込めない」のはなぜなのかを考えながら、同級生全体になじめない理由に思いを巡らせていた。

そんなある日、娘は母親にこう告げた。自分は本当は男子であり、それがこの問題の原因なのだ、と。それを聞いたサラは、どうしてそう思ったのかと尋ねた。家族には、それがあまりに唐突に思えたからだ。すると娘は、学校での授業を聞いてそう思ったのだと答えた。その授業によれば、自分の学校の生徒のおよそ五パーセントがトランスジェンダーを自認している。そのなかには、自分とまったく同じように、自閉症と診断された子や、同級生から嫌われている子、同級生との関係を築くのが苦手な子もいるという。もちろん、母親はもっと詳しい事情を知りたがった。学校にトランスジェンダーを自認する子がほかにいなければ、自分が男子だとは思わなかったのではないか？　母親がそう尋ねると、娘はこう答えた。そう、思わなかったと思う。「そんな選択肢があるなんて知らなかった」から、と。それでも娘は、自分は男子なのではないかと思っているどころか、自分は間違いなく男子だと明言した。さらに、お母さんは「シスジェンダー」だから理解できないかもしれない、とも言った。サラは、「シスジェンダー」だと言われたことはおろか、そんな言葉を聞いたことさえなかった。娘はそんな母親に、「トランスジェンダーの子は本当の自分を知っている」と繰り返し訴えた。

そこでサラは、娘に協力することにした。娘が新たに選んだ男性名を受け入れ、男性の代名詞を使って娘の話をした。友人には娘を息子として紹介した。それどころか、娘と一緒に「トランスジェンダー・プライド・パレード」に参加し、レディー・ガガの「ボーン・ディス・ウェイ」に合わせて踊った。ふくらんできた胸を隠すために、胸を締めつける補正下着も買った。母親にできることなら何でもした。

それと同時に、サラは当然のことながら、トランスジェンダー全体のことをインターネットで学ぶようになった。家族にとってはなじみのないことばかりだったが、娘のことを多少なりとも理解するためには、幅広い視野が必要だったからだ。サラも認めているように、インターネット上の議論を見たときの最初の印象は、あまりいいものではなかった。批判的な記事の多くが、「反LGBT」感情に彩られているように思えた。そのような記事を書いている人たちはたいていが、サラに言わせれば「偏見や宗教に凝り固まって」いた。こんな世界があることを初めて知ったサラは、「娘のことが心配になり」、ジェンダー医などの専門家に相談してみることにした。

最初に話をした医師は、サラのような立場にいる多くの人たちが聞かされるような話をした。「自殺を防ぐには、まず親が受け入れることが大切です」。そんなことを言われれば、どんな親でも最悪の悪夢を想像してしまう。医師はさらに、その子が「絶えず、執拗《しつよう》に、一貫して」そう主張しているのであれば、それは本当に男子だということだ、とも述べた。

サラは、専門医の言葉だけでなく、娘のある言葉にも憂慮していた。性別に違和感があることを娘が伝えてくるときはいつも、その言葉が「脚本に従っている」ように思えた。脚本は思いどおりに書き換えられるだけではない。ある段階から娘の要求には、それがかなえられなければどうなるかといった恐喝や脅迫が含まれるようになった。

サラの娘は、一三歳半のときに自分はトランスジェンダーだと告げた。一四歳半のときに初めてセラピストに診てもらった。一五歳になると、二次性徴抑制剤「リュープリン」の投与を受けるべきだと言われた。どの段階でも、娘の気持ちを母親が疑問視するのは「侮辱」に等しく、それはトランスジェンダーにも自閉症の人にもあてはまるという点が強調された。「自閉症の人は本当の自分を知って」おり、その点を疑問視するのは「身体障害者差別」にあたる、と。そのほか、さまざまなセラピストに診てもらったが、母親や娘が言われたことは結局、最初の医師と同じだった。専門家が娘に提示した選択肢（特に二次性徴抑制剤の使用）についてサラが懸念を表明すると、医師にこう言われた。「二次性徴抑制剤を使うか、病院に行くかのどちらかです」。やがて一七歳半になった娘は、性転換をしたいと告げた。

いうまでもなくサラは、本当にそうしたいのかと娘に尋ねた。娘がたどろうとしている道はあと戻りができないことを強く訴えた。まだホルモン療法なら取り返しがつくかもしれないが、性転換手術は取り返しがつかない。性転換をしたあとに元の性に戻りたくなったらどうする？　性転換を果たした体に満足できなかったらどうする？　すると娘はこう答えた。「そうなったら自殺する」。どんな親でも、そんな脅しを軽く受け止められるはずがない。だが、ジャーメイン・グリアが以前述べていたように、このような脅しにはあるパターンがあるようだ。それは、若者の口から出るだけでなく、トランスジェンダー治療を推進する一部の医療専門家の口からも出る。

たとえば、ロードアイランド州プロビデンスにあるブラウン大学医科大学院の教授で、《生涯医師グループ》のジェンダー・性保健局の局長を務めているミシェル・フォルシエ医学博士が二〇一五年に、NBC放送のインタビューを受けた。その際、三、四歳の子どもが自分の欲求を理解できるのかとの質問に、こう答えている。「三、四歳児にはジェンダーを理解できないというのは、子どもを信頼していないということです」。また、性転換を思いとどまるとどんな弊害があるのかという質問に対して、「最悪なのは何もしないことです」と述べたうえで、具体的なリスクとして、こう返答している。「思いとどまれば、自殺、家出、薬物乱用、いじめや暴力、鬱病や不安症のおそれがあります」（注49）。人権団体《ジェンダー・スペクトラム》の専務理事ジョエル・バウムは、これをもっと辛辣な言葉で表現した。子どものホルモン療法に同意したがらない親に対して、こう述べている。「この選択次第で、孫の顔を見られる可能性もあれば、子どもを永久に失うおそれもある。というのは、その選択により、子どもが親との関係を断ってしまうからであり、それ以上に危険な道を選ぶ場合もあるからだ」（注50）。

このように、まるで生死の問題であるかのように提示される選択肢には、議論や異論の余地がまったくない。そのため、間違った性に生まれたかもしれないと子どもが言えば、それを素直に受け入れ、人生を変える一連のステップに進まざるを得なくなる。何の反対もなくそれを奨励しようとする専門家は、日を追うごとに増えているようだ。

だが、ジェームズの物語やサラの娘の物語は、さまざまな示唆に富んでいる。ジェームズは、女装癖のある人やトランスジェンダーが集まる世界にいなければ、女性になろうと考えることもなかったかもしれないと述べている。サラの娘も、同じ学校にトランスジェンダーを自認する生徒がほかにいなければ、本当は男子なのではないかと考えることもなかっただろうと認めている。これらはいずれも、問題の核心を教えてくれている。確かに、性別に違和感を抱いて苦しんでいる人は実際におり、そのなかには手術こそが最善の選択肢だという人もいるかもしれない。だが、そのような人たちと、そうではない人たちをどう区別すればいいのか？　なかには、周囲に影響されて性別に違和感を抱いたものの、のちにその判断が間違っていたことに気づく人もいるのではないか？

現在の熱狂的なトランスジェンダー運動は、いずれ減速すると予想される。それが確かだと思われる現実的な理由の一つが、訴訟が殺到する可能性が高まっている点である。イギリスはＮＨＳを通じて自らそのような事態に道を開いてきたが、アメリカに比べれば、将来そのような訴訟に至るケースは少ないかもしれない。というのは、イギリスではＮＨＳが、増加する性別適合手術の需要を満たそうと努力しているだけだが、アメリカではそのような運動があるだけでなく、手術を推進するビジネス上のインセンティブもあるからだ。トランスジェンダーの社会的要求は、ビジネスチャンスを生み出しつつある。その証拠に、トランスジェンダー活動家や一部の外科医は、人生を左右する手術について、まるで大したことではないかのような話し方をする。だがそのなかには、かなりの勇気が必要な部分もある。

専門家

ここでは専門家を代表して、ジョアンナ・オルソン＝ケネディ医師を取り上げよう。この分野の第一人者として知られ、ロサンゼルス小児病院の若年トランスジェンダー健康開発センターの医長を務めている人物である。このセンターは、トランスジェンダーの若者を対象としたアメリカ最大の病院であり、子どもへの二次性徴抑制剤やホルモン療法の影響に関する五カ年調査のため、税金を資金源とする国立衛生研究所の助成金を受けている四機関の一つでもある。だが実際のところ、この研究には対照群が設定されていない。

オルソン＝ケネディ医師は、本人も認めているように、一二歳の子どもにも定期的にホルモンを処方してきた。《ジャーナル・オブ・ジ・アメリカン・メディカル・アソシエーション》誌に発表した「未成年・若年のトランスジェンダー男性における胸部再建および胸部不快――非手術グループと手術後グループの比較」と題する論文（注51）の記述には、最大六カ月にわたり男性ホルモンを投与した一三歳の少女数名に手術を行なった、とある。そのなかにも、わずか一二歳のころから、人生を左右するこれらのホルモンを投与されていたケースがある。さらにその経過報告書によれば、二〇一七年からは八歳の子どもにも、そのような治療が認められるようになったという。

オルソン＝ケネディ医師の公的な場での発言を見ると、断言や確信、（さらにこう言ってよければ）独断主義が際立っている。性転換を望む子どもの精神衛生面を診断する行為を公然と批判し、性転換を望む子どもを糖尿病を患う子どもになぞらえ、こう言っていたこともある。「インスリンの投与を始める際に、当人をセラピストのもとに連れていくことはない」（注52）。また、子どもがたどり着いた結論に異議を唱えれば、医師と患者との関係が損なわれるおそれがある、という見解に賛同している中心人物の一人として、こう述べている。「治療関係を確立するには、誠実さや安心感が欠かせない。患者の若者が、医師に提供した情報次第で、自分が必要としているもの（二次性徴抑制剤やホルモン、手術など）を手に入れられなくなるかもしれないと思えば、誠実さや安心感は損なわれてしまう」（注53）。オルソン＝ケネディはそもそも、一二、三歳の子どもには、いくら詳細な説明をしたとしても取り返しのつかない判断などできない、とは思っていない。「二次性徴抑制剤の投与を受けた患者のなかに、その後、異性のホルモンの投与へと移行するのを望まなかった人は、これまで一人もいなかった」という。そしてさらに、以下の点を強調している。

二次性徴抑制剤であれ異性のホルモンの投与であれ、医療介入を進める判断をする際に、その意思を考慮すべきもっとも重要な人物とは、当の子どもや若者である。医療機関のなかには、子どもの精神発達のさまざまな要素を調べるため、きわめて専門的な精神測定試験を利用するところもあるが、この医院ではそのようなモデルは採用していない（注54）。

治療を中止した患者や性転換を後悔している患者も少数ながらいると述べている文献もあるが、そのような場合でも、これらの事例により、性転換を望むほかの子どもに対する考え方を変えるべきではないと付記している。オルソン＝ケネディに言わせれば、こうした重大な決断を、「若者に心の準備ができているかどうかを判断する（普通はシスジェンダーの）専門家」に委ねることにこそ問題がある。それは「破綻したモデル」だという（注55）。

内分泌学会（内分泌学の分野および代謝の研究における世界最古の主要機関）の指針には、「一三・五〜一四歳より前」の子どもに対するホルモン治療については「公表された事例がわずかしかない」とある（注56）。それでもオルソン＝ケネディらは、自分たちの医療行為に並外れた自信を抱いているように見える。たとえば、自分に反対する意見だけでなく、自分が子どもたちに奨励している措置は取り返しのつかないものだという見解さえ、はっきりと退けてしまう。秘密裏に録画されたある説明会を見ると、オルソン＝ケネディは、自分がそう言うのは、「言わなければいけない」と思うからだと述べている。それは、子どもには人生を変えてしまうような根本的な選択をするだけの能力がないと批判する人々に対する返答として語られた言葉だった。オルソン＝ケネディはその場で、こうした頑迷な見解に腹を立て、両腕を振りまわしながらこう指摘した。二〇歳未満の人でも、結婚を選択する人もいれば、大学に行く選択をする人もいる。これらも、思春期になされた「人生を変える選択」だが、大半はうまくいっている。私たちは間違った考え方に時間を割きすぎている。「思春期の若者にも理路整然とした論理的判断をする能力があるのは、すでにわかりきったことだ」と。私もここまでの考え方に異存はない。だが、少々気になるのは、オルソン＝ケネディが軽々しく以下のような主張をしている点だ。「胸部手術についてもそうだ。人生のどこかで胸が欲しくなったら、胸をつけてもらいに行けばいい」（注57）。

本当にそうなのか？　どこで、どうすれば、それが可能なのか？　人間はレゴブロックのように、意のままに新たな部品をつけたり、外したり、交換したりできるのか？　現代の手術は、痛みも、出血も、縫い目も、傷もないから、誰もがいつでも胸をくっつけられ、その新たな体を楽しみながら余生を楽しく過ごしていけるというのか？　男性から女性への典型的な性転換には、性器を切除して胸を形成する手術だけでなく、あごや鼻、額の骨を削る手術や、顔の皮膚をはぐ施術も含まれる。その後さらに、植毛や発声治療などもある（注58）。また、女性が男性になろうとする場合には、体のほかの部分の皮膚を使ってペニスのようなものを形成しなければならない。成功の保証もまったくないまま、たいていは患者の腕の皮膚がはがれることになる。そのうえ、こうした手術には、何万ドルどころか何十万ドルもの費用がかかる。これらすべてを何よりも望ましいものと表現しようとすれば、ある程度の嘘が必要になる。

事態はさらに悪化している。WPATHという団体がロサンゼルスでUSPATHという会議を立ち上げた。二〇一七年二月、WPATHは「世界トランスジェンダー医療専門家協会」の略だが、USPATHは「アメリカトランスジェンダー医療専門家協会科学会議」の略である（注59）。この会議の一環として、「バイナリーを超えて――ノンバイナリーの若者や若年成人のケア」と題するシンポジウムが開催された（訳注／「ノンバイナリー」とは、自らを男性でも女性でもないと認識している人を指す）。そのシンポジウムのなかで、オルソン＝ケネディ医師は、明らかに自分と意見を同じくする人々を相手に熱弁を振るっているが、その内容に耳を傾けていると、それだけでなく、タイトルにある「若者や若年成人」が実際にどれくらいの年代を指しているのかもわかる。

たとえば、オルソン＝ケネディはかつて、（彼女にとってはばかばかしいことに）「出生時に女性とされた」八歳の子どもに対応しなければならなかったことがあったと述べ、そのときのことをこう説明している。「その子が私の診療所にやって来た」とき、両親は困惑していた。その子は「完全に男児のような姿をしていた」。「短髪で、男の子用の服を着ていたの。問題は、その子が宗教色の強い学校に通っていたこと。その子が女子用のトイレを使っていると、『どうして女子用のトイレに男子がいる？　これは大問題だ』と言い出す人がいた。そこでその子は『このままでは自分がとても困る。だったらこうしよう。男子としてこの学校に入りたい』

と言ったというの」。オルソン＝ケネディはこの物語を、困惑している両親の印象や、周囲の人々の常軌を逸した態度なども含め、笑い話でも話すようにまくしたてた。それはまるで、オルソン＝ケネディ医師やその場にいる聴衆がしごく当然と思っていることを、周囲の人たちは何も理解していないという口ぶりだった。

この医師のもとにやって来る「子ども」のなかには、自分のジェンダーについてきわめて「はっきりとした」「明確」な見解を抱き、「それを受け入れて」いる子もいるらしい。先ほどのエピソードに登場した「子」も、「ほかのあらゆる可能性について考えることも相談することも」なかったようだ。オルソン＝ケネディはそのほか、三歳の女児が母親に、自分は男の子みたいな気がすると伝えていたらしいという話も紹介しているが（いまでは、その子はそんなことを言っていなかったと述べている）、そのときも聴衆は心得顔で笑っていた。また、こんな話もしている。先ほどのエピソードに登場した「子」に、あなたは男の子なのか女の子なのかと尋ねると、その子は「困惑」した表情を浮かべながら、「この体だから女の子」と答えた。つまり「その子は、自分の体に基づいてジェンダーの話をするよう教えられてきた」のだ。そこで、「話を聞きながら、その場で思いついた」アイデアを試してみることにした。まずはその子に、ポップタルトというお菓子は好きかと尋ねた。その子は八歳児らしく、好きだと答えた。次に、「シナモンのポップタルト」と書いてある箱のなかに、銀紙に包まれたいちごのポップタルトがあったらどう思う、と尋ねた。それはいちごのポップタルトかな、それともシナモンのポップタルトかな？　「するとその子は、『そんなの、いちごのポップタルトに決まってる』と言う。そこでさらに『ということは……』と尋ねてみた」。話がそこまで進むと、聴衆はまた心得顔で笑い、拍手を始めたが、オルソン＝ケネディはさらに話を続けた。「その子は母親のほうを向いてこう言ったの。『ぼくは男の子で、女の子の皮をかぶっているだけなんだと思う』って」。その瞬間、聴衆は感心して「すごい」とか「おお」といった声をあげた。オルソン＝ケネディはこのエピソードの締めくくりにこう述べている。「何よりよかったのは、母親が『ああ』と言って立ち上がり、その子を力強く抱き締めたこと。すばらしい体験だった」。そしてさらに、ほかのメンバーに交替してその人の心温まる物語を語ってもらう前に、こう言い添えた。「私は、『自分は～』や『～だったらいいのに』といったことを言うタイミングに気をつけています。子どもたちがジェンダーを理解する方法、ジェンダーを言葉で表現する方法については、状況次第でさまざまなケースがありえます。だから私は、自分のおかげでその子が男の子になれたのだとは思いません」。ここでも聴衆は、そんなことは十分わかっているとでもいうような笑い声をあげた。「その子がジェンダーを表現する言葉を手に入れたことが重要なのだと思います」（注60）。

このUSPATH会議には、聴衆の反応から見て奇妙な点が一つある。それは、オルソン＝ケネディが「専門家」にではなく、信者に語りかけている点である。そこでは、あらかじめ決まった見解が議論されている。あらかじめ決まった価値観が称賛されている。あらかじめ決まった判断が提示され、嘲笑され、却下されている。聴衆は、学術会議に出席している専門家として、そこに座り、話に耳を傾け、質問を投げかけているわけではない。彼らの歓声、笑い、不満、拍手は何よりも、キリスト教の伝道集会に似ている。

あるいはこの会議は、一種のコメディ・クラブなのかもしれない。実際オルソン＝ケネディは、次にスピーチする人に「あなたは医療提供者なの？」と尋ね、相手が「ええ」と答えると、「そう」と返し、あからさまにマイクを渡したくなさそうなそぶりを見せてこう言った。「精神衛生の専門家と結婚すると、こうすることを学ぶの」。それに対し、その医療提供者がしゃがれ声で、「その結婚相手の話をもっと詳しく聞かせてくれないか」と言うと、この愉快なあてこすりに、会場全体が拍手や歓声、心得顔の笑いに満ちあふれた。やがてこの騒ぎが静まると、その医療提供者（アイオワ州の出身だった）が言った。「私はこう言いたかっただけなんだ。私の診療所に誰かが初めてやって来たら、いつもこう言っている。自分の望みをかなえる魔法の杖か、『スター・トレック』に出てくるような装置があったとしたら、あなたはどうしたい？私にどんなお手伝いができる？　そんなふうにして、患者がどうしたいかを知り、そのためにどうすればいいのかを考える、とね」。普通は、子どもが魔法の杖を使って何かを変えたいと思ったとしても、やがて真実に目覚め、そんな杖や呪文など何の役にも立たないことを悟る。だが、トランスジェンダーのイデオロギーが支配する世界だけは、様子が違う。魔法の杖が役に立つこと、望みをかなえられること、必死に望みさえすれば大人がそれを実現してくれることを、大人が子どもたちに教えている。

のちにわかったことだが、この医療提供者がオルソン＝ケネディ医師を相手に述べたジョークは、USPATH会議の参加者が思っていたほど笑えるものではなかった。というのは、オルソン＝ケネディの結婚相手である当の「精神衛生の専門家」もやはり、異常としか思えない仕事をしているからだ。

ジョアンナの夫であるエイディン・オルソン＝ケネディは、ロサンゼルス・ジェンダーセンターに勤めている。同センターが提示している紹介文によれば、「認定臨床ソーシャルワーカー」であり、「精神衛生の専門家」であり、「支援活動家」であるだけでなく、自身が性転換者でもあり、「かつてほかの患者と同じような精神衛生サービスや医療サービスを必要としていたトランスジェンダー男性として、自身の仕事に独自の視点をもたらしている」という。そのような立場にあるのであれば当然、医療とケア、社会福祉事業、支援活動がどこで交わるのかという疑問が生まれる。

エイディンは、女性から男性への性転換の一環として、両乳房切除手術を受けた。まったく傷跡が残らないことなどまずない手術である。だがエイディンは、自分もそれを選択したという事実を理由に、他人にも喜んでそれを推奨しているように見える。たとえば、精神的問題を起こしたことのある一四歳の少女に手術を推奨している。それよりもさらに衝撃的なのが、ダウン症を患うアメリカの子どもの事例である。メリッサと呼ばれていたこの少女は、身体上および精神衛生上にさまざまな問題を抱えており、伝えられるところによれば白血病も患っていたという。だが込み入った事情により、その子の母親はほかの診断を求め、あちこちの病院で診てもらった。その結果、母親は、自分の娘はトランスジェンダーなのだとの結論に至った。この主張を支持し、少女の性転換を推奨した医師の一人が、エイディン・オルソン＝ケネディである。実際エイディンは、このダウン症の子に両乳房切除手術を受けさせるために、ほかのトランスジェンダーに募金を呼びかけている（注61）。だが、これほど性転換を推奨する背景には、もっと複雑な事情があるのかもしれない。たとえばオルソン＝ケネディ夫妻は、テストステロンのメーカーであるエンド・ファーマシューティカルズの公認コンサルタントを務めてもいる。

この先どこへ向かうのか？

LGBTのなかの「L」「G」「B」を不確実なものとするなら、最後の「T」は、そのなかでもとりわけ不確実で不安定だ。ゲイやレズビアン、バイセクシャルを不透明なものとするなら、トランスジェンダーはいまだ謎に近く、それでいてどれよりも極端な結果をもたらす。彼らの権利の平等を求める声があるのではない。そもそも、彼らの権利の平等を否定すべきだと考える人はほとんどいない。そうではなく、先入観や思い込みが問題を引き起こしている。誰もが新たなジェンダーの代名詞を使うことに同意すべきだとか、異性の人が同じトイレを使うことに慣れるべきだというのは、要求のなかでも取るに足らないものだ。憂慮すべきなのはむしろ、きわめて不透明な問題であるにもかかわらず、子どもに医療介入を奨励すべきだと考えられている点である。子どもにそれを奨励する年齢は、これからも下がる一方だろう。二〇一八年末には、ウェールズで診療所を個人経営するジェンダー医が、違法に医療サービスを提供したとして有罪判決を受けた。その診療所では、一二歳の子どもに性転換に向けたホルモン療法を提供していた（注62）。

さらに、こうした要求は、きわめて威嚇的な表現や脅迫、大言壮語に支えられている。そんな状況では、医療介入を奨励される年齢が下がり続けないわけがない。トランスジェンダーになることに不安や懸念を表明している人たちはいつも、憎悪に満ちている、トランスジェンダーへの暴力を奨励している、トランスジェンダーに自傷や自殺を奨励しているといわれる。こうなると、トランスジェンダーでない人はもう、この問題について肯定的なこと以外に何も話すことができなくなり、沈黙を貫くしかなくなる。こうした態度はすでに、フェミニズム運動やトランスジェンダー運動の一部から派生した新たな概念を生み出している。たとえば、「ノンバイナリー」や「不定性」（訳注／自身の性自認が流動的で、男性になったり女性になったりすること）といった概念である。ＢＢＣ放送が製作した番組『Things Not to Say to a Non-Binary Person（ノンバイナリーの人に言ってはいけないこと）』には、男性もしくは女性という二者択一的な考え方は「制約的」で、性自認を単純化しすぎていると訴える若者を取り上げている。登場人物の一人は言う。「男性とは何なのか？　女性とは何なのか？」（注63）。だが、この番組に登場する若者や、同じような主張をする人々を見ていると、実際のところ彼らは「自分を見て！」と言っているに過ぎないのではないか、と思えてならない。

トランスジェンダーを自称している若者のなかにも、これにあてはまる人がいるのだろうか？　いるのはほぼ間違いない。だが、それにあてはまる人と、あてはまらない人を見分ける明確な方法がない。医療介入を奨励すべき人と、ぜひとも医療介入を避けるべき人とを見分ける方法である。ジョアンナ・オルソン＝ケネディでさえ、トランスジェンダーを自認する人たちの大半は、いかなる性分化疾患（訳注／染色体・性腺・性器などが先天的に多くの人とは異なる型をとる状態）も抱えていないことを認めている。

あまりに簡単にホルモン療法や外科手術を提供する現代の流れにより、自分たちの人生の問題はこの根本的な誤解に対処すれば容易に解決すると思い込む人が増えていくことは、まず間違いない。それは確かに、これまでのジャズ・ジェニングズやケイトリン・ジェンナーには有効だったかもしれない。だが、何らかの解決策があったかどうかはともかく、ナタン・フェルヘルストの問題は解決できなかった。目下の問題は、一般人との格差ではなく、偽の確実性にある。この偽の確実性により、このうえなく不透明な問題が、まるで何よりも理解が進んでいる明瞭な問題であるかのように扱われている。

結論

社会的公正、アイデンティティ・ポリティクス、インターセクショナリティを支持する人々は、よくこう主張する。この社会には、人種差別、性差別、同性愛嫌い、トランスジェンダー嫌いが蔓延している。これらの抑圧は複雑に絡み合っている。その本質を見抜き、それを解きほぐせるようになったときに初めて、複雑に絡み合った現代の抑圧から解放される。その後、新しい何かが生まれる、と。だが、それが何であるかははっきりしないままだ。社会的公正というのは、いくら追い求めても手に入れられず、絶えず注意が必要なものなのかもしれない。私たちは永久にそれを見出せそうにない。

というのは第一に、さまざまな抑圧がすべてきつく絡まり合っているわけではなく、異なる抑圧同士で、あるいは同じ抑圧の内部で、やかましい音を立てて激しくこすれ合っているからだ。それは、摩擦をなくすどころか摩擦を生み出し、心の平安をもたらす以上に、対立や大衆の狂気を高めている。本書では、この社会において絶えず取り上げられる四つの問題を重点的に扱った。毎日のニュースの定番になっているだけでなく、まったく新しい社会道徳の基盤にもなっている問題である。いまでは、女性やゲイ、人種的背景の異なる人々、トランスジェンダーである人々の苦境を取り上げれば、同情を示すことになるばかりか、ある種の道徳性を示すことにもなる。それが、この新たな宗教の信仰形態である。これらの問題のために闘い、これらの運動を称揚すれば、自分はいい人間なのだと証明できる。

もちろんこれは、すばらしいことではある。あらゆる人々に好きな生き方を認めるというのは、私たちの社会が達成した何よりも重要な成果といえる。世界的に見れば、そんな成果をあげている社会は驚くほどまれだ。世界にはまだ、ゲイを違法としている国が七三カ国もある。ゲイだとわかれば死刑に処せられる国も八カ国ある（注1）。中東やアフリカの国々では、女性のごく基本的な権利さえ認められていない。人種間暴動はあちこちの国で勃発している。二〇〇八年には、南アフリカの黒人居住区に暮らすモザンビーク人に対する現地民の暴動が発生し、数十人が死亡、数千人が家を失い、二万人がモザンビークに逃れたという。欧米の先進国ほど、トランスジェンダーが好きなように生きる権利を法律で保障している国はない。それを考えれば、私たちの社会は、権利の法体系や文化によりさまざまな成果を生み出したとして称賛されるべきだろう。だが、そこには矛盾も潜んでいる。これらの成果すべてにおいてもっとも進んでいる国が、いまや最悪の国として紹介されている、という矛盾である。アメリカの政治家ダニエル・パトリック・モイニハンも、人権についてこう言明している。一国で人権侵害の申し立てがなされる件数は、その国で実際に起こる人権侵害の件数に反比例する、と。実際、自由が制限されている国では、人権侵害の申し立てを耳にすることはない。自由な社会でのみ、不平等に対する絶え間のない申し立てが認められる（奨励さえされる）。社会がファシズムからかけ離れているからこそ、アメリカのリベラルアーツ・カレッジやポートランドのレストランはファシズムに染まっていると主張できる。

こうした非難、申し立て、遺恨は、驚くほどの速さで広まった。これは、スマートフォンやツイッターの時代が始まってまだ一〇年ほどしかたっていないとはいえ、これらの新たなテクノロジーの登場と無関係ではない。だが、その前からすでに、人権に関する言葉づかいやリベラリズムの実践において、何かが間違った方向に進んでいた。ある時期に、探求的な側面を持つリベラリズムが、リベラルな独断主義に取って代わられた。未解決の問題を解決ずみだと断言し、未知のことを既知のことだと主張し、十分に議論されていない方針に沿った社会の構築をよしとする独断主義である。そのためいまでは、権利の産物が、それをもとにしても不安定なものしか生み出せないのに、権利の基盤とされている。せめてこのリベラリズムにより、偽の確実性が蔓延しているところに謙虚さが注入されるのであれば、まだ救いがある。というのは、独断的で復讐心に満ちたこの種のリベラリズムはいつか、リベラルな時代そのものを損ない、崩壊さえさせかねないからだ。だが結局のところ、大多数の人々が、受け入れるよう命じられている主張を受け入れ続け、受け入れなければ浴びせられる悪口に怯え続けることになるのかどうかは、まだわからない。

あらゆる存在を正当化するこの新たな理論には、これらの欠点があると認めることがぜひとも必要である。なぜなら、このインターセクショナリティの運動がこのまま進んでいけば、それによりこれからも、計り知れないほどの痛みが生み出されることになるからだ。新世代の人々が進んで受け入れ、ほかの世代の人々が強制的に受け入れさせられているこの形而上学には、不安定な点が無数にある。それは、未知のことを明白だと断言し、既知のことを徹底的に否定もしくは相対化しようとする欲求に根差している。その基盤には、以下のような考え方がある。誰もがゲイになる可能性がある。女性は男性より優れているかもしれない。誰もが白人にはなれるが黒人にはなれない。誰もが性を変えられる。そう考えられない人はみな抑圧者だ。ありとあらゆるものを政治化すべきだ、と。

そこには、一生涯続くほどの矛盾や混乱がある。人生の間に何度も直面するだけでなく、存在の根本にもかかわる矛盾や混乱である。同性愛や異性愛の男性や女性は、出生時の性とは異なる性を子どもに割り当てる人々の主張について、どう考えているのか？　どうしておてんばな性格の少女を、女性から男性へ性転換させるべき人間と見なすべきなのか？　なぜプリンセスのような服を着たがる少年を、男性から女性への性転換を待っている人間と考えるべきなのか？　そういう人たちは間違ったパッケージに入ったお菓子と同じだとする主張は、パッケージから読み取れる情報はすべて間違っているという主張になりかねない。だが推計によれば、性別に違和感を感じていると診断される子どものおよそ八〇パーセントは、思春期の間に問題が自然に解決するという。つまり、出生時に認定された生物学的性に満足するようになる。そしてこうした子どもの大半が、成長して大人になると、ゲイやレズビアンになる（注2）。ところが、同性愛が社会に受け入れられるようになって数十年がたったいま、将来、ゲイやレズビアンになるはずの新世代の子どもたちは、女性的な特徴を持っていれば女性であり、男性的な特徴を持っていれば男性であると教えられている。それについて、同性愛の男性や女性はどう思っているのだろうか？　また、フェミニズム運動を推進してきた女性たちは、これをどう考えているのだろうか？　女性として長い年月をかけて女性の権利を確立してきたのちに、男性として生まれた人々に（発言する権利を含め）女性の権利を語られることを、どう思っているのだろうか？

それぞれの主張は協調ではなく混乱を生み出す

社会的公正を支持する人々の主張とは裏腹に、そこに含まれる各グループは実際のところ、協調的に行動してはいない。抑圧の構造は、社会学者によりあらゆる四角がきれいに並べられるのを待っている巨大なルービックキューブのようなものではない。それは、この舞台では決して一致協力できない要求で構成されている。

二〇〇八年、アメリカ最大のゲイ雑誌《アドボケイト》が、住民提案8号に対する反対運動を展開した。住民提案8号とは、カリフォルニア州で合法化されていた同性婚を再び非合法化しようとする提案である。二〇〇八年一一月、同誌は同性婚を支持する運動を発展させようと、「ゲイは新たな黒人である」と題する記事を巻頭に掲載した。だがこの主張は、アメリカの黒人に悪い印象を与えた。同じ記事の「最後の偉大な公民権闘争」という小見出しも同様である。その後、記者が昔からよくやってきた言い逃れを追記したり、見出しのあとにクエスチョンマークをつけたりしたが、批判はいっこうに収まらなかった（注3）。ある批判者はこう述べている。「ゲイは新たな黒人である」という主張は侮辱的だ。何よりもまず「同性の『結婚』と異人種間結婚禁止法との間には何のつながりもない」と（注4）。そのような論争や比較がなされず、あらゆる権利の要求や実現が平和裏に共存しているかのように見えるときでも、同様の騒動は常に発生する。

その一因は、誰かが不適切な疑問を口にすることにある。レイチェル・ドレザルの事件ののち、フェミニズム哲学誌《ハイペイシア》が、レベッカ・テュヴェルという終身在職権のない学者の記事を掲載した。そのなかで、テュヴェルは実に興味深い疑問を提起している。レイチェル・ドレザルの黒人風メイクとケイトリン・ジェンナーの性転換治療とを比較し、「性を転換しようとするトランスジェンダーの決断を受け入れるのなら、人種を変更しようとする個人の決断も受け入れるべき」ではないのか、との疑問を投げかけたのである。だが、この主張も評判はよくなかった。テュヴェルは、論理的一貫性という観点からいえば、いいところをついていた。自身の主張するアイデンティティが認められるべきであるなら、なぜその権利は、性の境界は越えられるのに、人種の境界は越えられないのか？　しかし、現代の道徳観という観点からいえば、テュヴェルは最悪の立場に足を踏み入れた。誰よりも黒人の活動家が、この記事に反対する運動を展開した。テュヴェルに反対する請願書や公開書簡が提示された。テュヴェルを批判する人々のなかには、《ハイペイシア》誌の共同編集者もいた。同誌は、「トランスジェンダー憎悪や人種差別」を悪化させる議論に「シスジェンダーの白人学者」を参加させたとの非難を浴びた（注5）。

ほとんど無名のフェミニズム雑誌だったにもかかわらず、その記事の影響がこうして社会に広がると、同誌はすぐさまそのような記事を掲載したことを謝罪するとともに、編集長を解雇し、同誌の重役を一新した。テュヴェル自身も、「規範的でないアイデンティティを持つ人々を支援し、それらの人々が頻繁に非難され、容姿をばかにされ、口を封じられている状況に不満を表明する立場から」この記事を執筆したのだと弁明した（注6）。だが、単に性から人種へと「思考を延長」させただけに過ぎないというその主張は、まったく受け入れられなかった。そんなレベッカ・テュヴェルも、二〇一五年にレイチェル・ドレザルが出演したトーク番組《リアル》を見れば、自分が提起した疑問に対する答えがわかったに違いない。その番組のなかで、有色人種の女性たちがドレザルにこう語っていたのだ。人種の変更は認められない。なぜなら、白人として育った人には、黒人として育った人がどう思っているのか理解できないからだ。両者は同じ経験をしているわけではない、と（注7）。これは、フェミニズム運動第二派の活動家たちが同時期に、性転換者について語っていたのと同じ内容である。だが、人種については有効と見なされたこの主張が、性については有効とは見なされなかった。

このように、誰かが不適切な疑問や厄介な疑問を提起したために問題が発生する場合もあれば、そのほかの理由で発生する場合もある。たとえば、事態を改善・収拾するために手配した人材が、面倒で厄介な人物だったという場合である。

二〇一七年一〇月、イギリスの《ゲイ・タイムズ》誌が初めてのＢＭＥの編集者として、著名ポッドキャスターのジョシュ・リヴァースを採用したと発表した（ＢＭＥ〔黒人および民族的マイノリティ〕という言葉が、より幅広く受け入れられやすいＢＡＭＥ〔黒人、アジア人、および民族的マイノリティ〕という言葉に置き換えられる一カ月前のことだった）。その後、リヴァースは三週間その職にあった。だが、その発表直後からオンラインメディアの《バズフィード》が、リヴァースの過去のツイッター履歴の徹底的な調査を始め、かつて長期にわたり、将来面倒になりそうな発言をしていたことを突き止めた。そして、二〇一〇年から二〇一五年にかけて二〇〇〇人のフォロワーに繰り返しつぶやいていた内容を暴露した。そこには、「多くの読者に衝撃を与える」ような発言が無数にあった。

リヴァースは実際のところ、人種差別反対主義者ではなかった。ユダヤ人に対して特定の見解を持っており、アジア人にもあまりいい印象を抱いてはいなかったらしい。アフリカ人〔特にエジプト人）など、ほかの人種についてはさらにひどい。たとえばエジプト人を、「嫌なにおいのする、毛深く、太りぎみの、不愉快な顔をした、頭の悪いレイプ魔」と呼んでいた。さらには、太った人間、労働者階級の人間、自身が「うすのろ」と見なした人間を嫌った。また、レズビアンもかなりな嫌悪の対象になった。性転換者に対する見解も、きわめて後進的だ。二〇一〇年には、ある人物にこう語っている。「トラニー（訳注／トランスジェンダーに対する差別語）はこれを見ろ。（一）きさまはクラック中毒だ。（二）きさまはトラニーだ。（三）きさまのかつらなど口にする価値もない。みんな目をそらせ」（注8）。不満げにこの発言を記事にした別のゲイ雑誌は、「実に怖ろしい」ツイートだと読者に警告を発している（注9）。

これを受けて、《ゲイ・タイムズ》誌は速やかに独自の「調査」を行ない、それから二四時間もたたないうちに、初めてのＢＭＥの編集者の雇用を即座に打ち切り、リヴァースの過去の記事をウェブサイトからすべて削除したと発表し、こう断言した。同誌は「そのような見解を容認せず、今後も包括性（訳注／社会的弱者を排除しないこと）を尊重・促進していく所存である」と（注10）。それから数週間後、リヴァースは過去のツイートの内容について謝罪するとともに、あるインタビューのなかで、この一連の出来事に対する自分なりの解釈をこう語った。自分のツイートに対する反応は「人種差別に彩られていた」。「ある白人はこう返してきた。ははは！　は！　そうだよ！　実際、単純なことなんだ。黒人と白人と同じさ！」（注11）。リヴァースから見れば、自分の人種差別的なツイートに対する批判は、それ自体が人種差別的だった。

同様の問題は、あらゆる方面で増加している。男性から女性への性転換者に、女子としてスポーツ競技に参加することが認められるようになると、それが、性の公平の理念と真っ向から対立する場面が多くなった。二〇一八年一〇月には、カリフォルニア州でUCIマスターズ世界選手権自転車競技大会トラックレースが開催され、女子のスプリントで、男性から女性に性転換したレイチェル・マッキノンが優勝した。すると、その競技で三位になった女性選手ジェン・ワグナー＝アサーリが、マッキノンの勝利は「不公平」だと主張し、自転車競技の国際団体を通じてルールの変更を要求した。だがマッキノンは、男性から女性への性転換者が女子のスポーツ参加の脅威になるという主張を、単なる「トランスジェンダー嫌い」だと一笑に付した（注12）。

このような騒動はあとを絶たない。男性から女性に性転換したハンナ・マウンシーが、女子ハンドボールのオーストラリア代表に選出されたときにも、その受け入れをめぐって問題が発生した。マウンシーは、自分を受け入れなければ、女性に体格に関する間違ったメッセージを送ることになると述べ、こう訴えた。「大きすぎるからプレーしてはいけないというのか。そんな考え方はきわめて危険で後進的だ」。だが実際のところ、マウンシーはチームで唯一のトランスジェンダー女性であり、ほかのメンバーとの体格差はわずかどころではない。マウンシーを含めたオーストラリア代表チームの集合写真を見ると、ハンドボール選手のチームに一人だけ、抜きんでて大きな男性ラグビー選手が混じっているかのような印象を受ける。これは体格による差別といえるのか？　それを指摘するのは後進的なのか？　女子ウェイトリフティング九〇キログラム超級の競技で、男性から女性に性転換したローレル（出生名ギャヴィン）・ハバードが優勝した際にも、性転換者は有利なのではないかとの主張があった。

また、こんな事例もある。二〇一八年、一八歳のマック・ベッグズが二年連続で、テキサス州女子レスリング競技会の6Aクラス一一〇ポンド級のタイトルを獲得した。ベグズはそのころ、女性から男性への性転換治療中で、テストステロンの投与を受けていた。だが、ベグズの勝利を報じるマスコミの記事の多くは、相手の女性選手が敗れた際に一部の観衆が抱いた不満を、まるでそのような偏見や狭量さこそが問題だと言わんばかりに書き立てていた。しかしそこには、著しい自己欺瞞《ぎまん》がある。通常であれば、テストステロンの投与を受けていたことが発覚すれば、競技には参加できなくなる。それなのに、性転換のためにテストステロンの投与を受けている場合は例外なのだ。この場合には、科学よりも思いやりが優先される。毎度のことながら、こうして事態は悪化していく。

フェミニズムの世界に限らず、まっとうな文明社会には、男性は女性をぶったり殴ったりしてはいけないというルールがある。それなのにこの社会は、男性として生まれた人間がさまざまな接触型スポーツにおいて定期的に女性を叩きのめしている事実から顔をそむけている。総合格闘技の世界では、何年も前からそんな論争が持ち上がっている。そのなかでも有名なのが、ファロン・フォックスにまつわる論争である。フォックスは男性として生まれ、女性と結婚し、一児の父親になり、海軍に入隊した経験もあるが、二〇一三年にトランスジェンダーであることを告白し、女性として格闘家としての人生を歩み始めた。だが、専門医師会認定の内分泌学者であるラモーナ・クルツィク博士の説明によると、フォックスには、男性だった時代に増した骨密度、その時代に増したと思われる筋肉量、エストロゲンの投与や外科手術を受けても消えることのないテストステロンの脳への影響、といった利点がある。これらすべてが、フォックスの身体的な強みになるだけでなく、攻撃性にかかわる潜在的な強みにもなるという（注13）。

総合格闘技の専門家でポッドキャストの配信もしているジョー・ローガンは言う。「男性と女性とでは、生み出せる力の量が大幅に異なる。（中略）臀部《でんぶ》の形、肩の幅、骨の密度、こぶしの大きさにも違いはある」。しかも総合格闘技は、ローガンの言葉を借りれば、「目の前の相手を叩きのめす」という目的がきわめて明確なスポーツである。それでも、男性として生まれたために身体的に有利な人間が、観客の面前で女性を叩きのめすことが認められるべきかどうか、という疑問を呈するだけで、考えられないほど強硬な反対を受ける。ローガンはのちにこう述べている。「これまでに経験したことがないような激しい非難を浴びた。『ペニスを切除した男が女を殴り倒してもいいとは思わない』と言ったことに対して『その考え方はおかしい』と言い返されることがあるなんて、思ったこともない。だが、それが現実に起きた」（注14）。

人はそれぞれ違うという認識を高めていけば、公正という壮大な制度が立ち現れ、絡み合った偏見からあらゆる人々が解放される、という意図があるのかもしれない。だがそのプロセスは、ごく初期の段階からすでに、解決策より多くの問題を生み出し、状況を改善するよりもむしろ悪化させている。たとえば、ドラマや映画のキャスティングに関する論争により、大衆は人種にとらわれないようになるどころか、ますます人種にこだわるようになっている。その一因は、人種以外の特徴を無視している点にある。自分が属するグループ以外の役柄を演じる権利は誰にもない、という慣習がどこでも幅を利かせている。スカーレット・ヨハンソンは二〇一七年、映画『ゴースト・イン・ザ・シェル』で白人アンドロイドの内部にあるアジア人女性の意識を演じて批判されたが、運の悪いことにその翌年には、『ラブ&タグ』という映画の主人公役に抜擢された。というのは、一九七〇年代に実在した犯罪組織のボスというその主人公はトランスジェンダーだったからだ。ヨハンソンは、トランスジェンダーの女性のふりをすることしかできないだろうと批判され、結局は同役を降板した。すると、こうした事態のなりゆきに疑問を呈したメディアまでもが、攻撃を受ける結果になった。経済関連ニュースのウェブサイト《ビジネス・インサイダー》は当初、「依頼された仕事を果たそうとして不当な批判を受けた」ヨハンソンを擁護する意見記事を掲載していた。ところが、ヨハンソンに対するバッシングが始まると、すぐさまその記事を削除せざるを得なくなった（注15）。同年には、ゲイの俳優マット・ボマーが主演する映画のボイコット運動も起こっている。この運動を呼びかけたのは、一部の信仰熱心な教会ではない。ボマーのようなゲイの俳優も含め、「シスジェンダーの白人俳優」がトランスジェンダー女性を演じるのは、「トランスジェンダー女性の尊厳」に対する「侮辱」であると主張する人々が、ボイコットを呼びかけたのである（注16）。

このように侮辱だとのちに主張する場合もあれば、誰かが侮辱を口にしたときにそれをその場でたしなめる場合もある。二〇一八年二月、カナダの首相ジャスティン・トルドーがエドモントンのマキュアン大学で講演を行なった。その質疑応答の際、ある若い女性が丁重な言葉で質問を行ない、そのなかで何気なく「マンカインド（人類）」という言葉を使った。するとトルドー首相は、その言葉を拒否するように手を振って質問を遮り、こう述べた。「マンカインドではなくピープルカインドと言ったほうがいい。そのほうが包括的だから」（訳注／「マン」は「男性」を意味する場合もあるため、「人々」を意味する「ピープル」のほうがいいという意味）。すると、場内に割れんばかりの拍手が起こった。だが、権力のある白人男性がこのような形で若い女性をやりこめるのは「マンスプレイニング」にあたるのではないかと指摘する人は、誰もいなかった。

一部のアイデンティティ集団は、その内部にも対立を抱えている。二〇一七年、コーネル大学の学生団体《黒人学生連合》が、六ページに及ぶ要望書を大学当局に提示した。そのなかには、あらゆる教職員は「権力や特権のシステム」に関する教育を受けるべきだとか、「アメリカにおけるアフリカ人ホロコースト」や「アメリカのファシズムの被害を直接受けた」黒人はより多くの支援を受けるべきだ、といった理解しやすい要求が並んでいた。だがそれ以外に、大学は「この国で数世代（三世代以上）を過ごした黒人」にもっと配慮すべきだ、との要望もあった。アフリカやカリブ海諸国からやって来た第一世代の学生との差別化を図るためである（注17）。だが、《黒人学生連合》はこのような要望を出したことで非難を浴び、やがて謝罪に追い込まれた。その意味するところははっきりしている。それぞれのアイデンティティ集団のなかにさえ、抑圧や被害者意識の序列が存在する、ということだ。それを序列化するルールがはっきりしないだけでなく、その根底にある偏見も必ずしも明らかではないため、こうした偏見が意外な場所で、意外な形をとって表れることがある。

解決不可能な問題

私たちの文化はいまや、解決不可能な問題が埋め込まれた領域に足を踏み入れている。世界的に名を知られた一部の女性たちは、女性には性的対象として見られることなくセクシーでいる権利がある、と主張している。世界的に著名な一部の文化人たちは、人種差別に抵抗するためには多少人種差別的にならなければならない、という姿勢を示している。いまではこのように、妥協点など探りようのない、ありとあらゆる不可能な要求がなされている。

その好例が、二〇一七年一〇月に放送されたＢＢＣ放送の番組《ディス・ウィーク》である。

そのときの放送では、「スコッティ」と呼ばれるアーティスト兼作家が、自分が製作した短編政治映画を紹介していた。「女っぽいデブのゲイ」を自称する彼は、番組のなかでこう述べている。自分は「ある意味では男らしさの犠牲者なの。毎日のように暴力に耐えなければならなかった」。この問題に対する解決策は持ち合わせていないが、「クィアやトランスジェンダー、ノンバイナリーの人たち」が、その「有害な男らしさ」を食い止める役割を担う必要はない。そのような意識は心の内から生まれてこなければならないものだから。男性には「自分が特権を受けていることを認めてもらわないといけない。そのうえで、権力やその基盤を譲り渡してほしい。私は実際、母権主義を試してみたいと思うの。この社会は長らく男権主義を続けてきたけど、あまりうまくいっていないから」と（注18）。ここでは「あまりうまくいっていないから」という中心的な思い込みについては触れないが、この番組では、それよりもはるかに重要なある事実が視聴者に提示されている。それは、派手な衣装に身を包み、「女っぽいデブのゲイ」を自称するこの人物が、この社会に抱いている不満の一つとして、自分がよく笑いものにされる点を挙げているという事実だ。ここにもまた、矛盾を含む解決不可能な要求がある。つまりこの人物は、笑いものになる道を選びながら、笑いものになることを拒んでいる。

解決不可能な要求は、そのほかどこにでも見られる。エバーグリーン州立大学やイェール大学での示威行動で提示された要求もそうだ。ラトガース大学の公開討論会（クメレ・フォスターに、ある観客が「事実なんか必要ない」と主張した）でマーク・リラが強調したのも、同じ問題である。その場でリラは、現代の中心的問題について優れた見識を示し、こう述べたのだ。「『あなたは私のことを理解しなければならない』と『あなたには私のことは理解できない』とを同時に訴えることはできない」と。確かに、同時に両方の主張をしている人は大勢いるが、そんな主張はおかしい。矛盾した要求などかなえられないことに気づくべきだ。

また当然ながら、抑圧の序列をどのように順序づけ、優先順位をつけ、対処すべきなのか、という問題もある。世界的に有名なトランスジェンダーのモデルに、レイス・アシュリーという人物がいる。女性から男性に性転換したアシュリーは、マスコミの人気者であり、主要なブランドや権威あるファッション誌のモデルとして活躍している。そんなアシュリーが、二〇一六年にチャンネル4のある番組に出演した。その際、司会のキャシー・ニューマンから、女性から男性への性転換を進めていた二年の間に差別を受けたか、という質問があった。それに対してアシュリーは、実際のところ差別は受けていないと答えたが、がっかりした司会者を喜ばせようと、こうつけ加えた。トランスジェンダーの権利運動を通じて知り合った活動家たちからは、それはアシュリーが男性の特権を手に入れたからだと「言われた」と。さらにアシュリーは、視聴者にこう説明している。「私は男性の特権を手に入れた。それに、私は有色人種だけど、色白だから、この社会の美的基準からさほど外れてもいない。だから、さほど差別を受けなかった」（注19）。つまりアシュリーは、男性になることによって、抑圧の序列を数段分上がった。また、有色人種であるために数段分下がったが、色白の有色人種だったために、さらに数段分上がった。そして、そう言うことで、反対の立場にいる人々を傷つけた。自分の経歴のなかに競合するさまざまな特権が含まれている場合、自分が抑圧する者と抑圧される者との間のどの位置にいるのかということを、どのように判断すればいいのだろう？　アシュリーがこれらの特権を並べていたときに、不安げで控えめに見えたのも不思議はない。こんな自己分析を絶えずしていたら、誰であれ自信を打ち砕かれてしまう。だが現在では多くの人に、この無茶な自己分析が推奨されている。実際のところ、自分自身はもちろん、他人に対してこのような分析を公正に行なう方法など、誰にもわからない。そんな不可能なことをして何になる？

その結果どうなるか？　最近では、善良でリベラルな境界の番人を自認している人々が地雷を踏む姿を見るのが、娯楽の一つになっている。二〇一八年のある土曜日の午後、ウェブサイト《ボックス》のライター、デヴィッド・ロバーツが、公衆道徳を審査したがる大衆に向け、楽しそうにこうツイートした。「ときどきこんなことを考える。ソファにだらしなく座り、心臓を患いながらも、ファストフードをがつがつ食らっている、アメリカの郊外に暮らす車中毒の住民は、自宅という郊外の城でのんびりとテレビを見ながら、抑圧を逃れて何千キロメートルと歩いてきた難民について不用意な判断を下している……そんな姿を見ていると、無性に腹が立ってくる」。そうツイートしたとき、ロバーツはこう思っていたに違いない。「うまく書けた。アメリカ人を攻撃し、移民を擁護している。どこにも悪い点はない」と。もっと用心深いユーザーであれば、郊外に暮らす住民をこれほどばかにして大丈夫なのかと思ったかもしれない。だが実際のところ、問題になったのは郊外の住民に対する憎悪ではなかった。ロバーツはその後、自分のキャリアを守るため、何十件と言い訳ツイートを重ねることになった。自分の立場を表明して大衆を味方につけようとしたのに、その大衆から即座に反発を食らった原因は、「肥満をばかにした」ことにあった。そこに「問題がある」と言われたのだ。

この失態を拭い去ろうと一七件目のツイートを発信するころには、もはやその内容は懇願と化していた。「肥満をばかにするのは、現実にどこにでもある不当で思いやりのない行為だ。私はそんなものにかかわりたいと思ったことはない」。やがてロバーツは、育ちに問題があったと述べ、「意識が低かった」ことを心から謝罪した(注20)。このように、絶え間なく変化する基準に基づいて、侮辱された、ばかにされたと申し立てられる可能性や、不満の序列が変わる可能性は、いつまでも消えることがない。だが、それらはどのように決まるのか? 肥満の白人は、やせた有色人種と同等なのか? あるいは、誰もが知っているべき抑圧の基準が別にあるのか? そのルールは、理性ある国民ではなく突発的な大衆行動によりつくられるため、内容を説明してくれる者は誰もいない。

おそらく私たちは、そんな解決不可能なパズルを解こうとして混乱に陥るよりもむしろ、この手に負えない迷路から脱け出す方法を探すべきなのだ。

抑圧などされていないとしたら？

抑圧を探し、あらゆるところに抑圧を見出すのではなく、さまざまな「犠牲者グループ」が実は抑圧などされておらず、優位な立場にいる場合さえあることに気づけば、それがこの迷路から脱け出すきっかけになる。たとえば、複数の調査によれば、同性愛の男性や女性は一貫して、異性愛の男性や女性より平均所得が高い（注21）。これにはさまざまな理由があるが、大半の同性愛者には子どもがいないため、それだけ余分に時間を仕事に注ぎ込むことができ、それが当人にも雇用主にも利益をもたらしているのだと考えられる。これは、同性愛者の利点といえないだろうか？　異性愛者はその格差がどの程度まで進めば、職場での自分たちは不当に不利な立場にあると主張できるのか？　ストレートの男性や女性の労働機会を高めるためには、同性愛者が「一歩下がる」ことも必要なのではないか？

最近では常に、人種間の所得格差が武器に使われている。その際によく引用されるのが、アメリカにおけるヒスパニック系の平均所得は黒人の平均所得より低く、黒人の平均所得は白人の平均所得より低いという統計である。だが、誰よりも高い所得を手に入れている人種が注目されることはあまりない（注22）。アメリカにおけるアジア人男性の平均所得は、白人を含め、ほかのどの人種よりも一貫して高い。アジア人男性の所得をもう少し下げて、この数字を平準化する必要があるのではないか？　あらゆる企業や機関に人種の公正な割り当てを課すのではなく、一人ひとりをその能力に応じて処遇すれば、この狂乱状態から脱け出せるのではないか？

現在では、極端きわまりない主張が繰り返されているため、誰もがその主張や、最悪の場合のシナリオを信じ込んでしまう傾向がある。たとえば、二〇一八年にスカイテレビが実施した世論調査によれば、イギリス人の大半（一〇人中七人）が、まったく同じ仕事をしていても女性は男性より賃金が少ないと思い込んでいるという。確かに、職種や育児、選択されたライフスタイルなどの違いを考慮に入れ、生涯にわたる平均所得を比べれば、男女の間に「性別による賃金格差」は存在する。だが、この「賃金格差」が、ニュースやソーシャルメディアにおける議論の中心になっているために、大半の人がそれを格差の証拠だと解釈し、実際には格差など存在しないのに、存在すると思い込まされている。実際、イギリスでは一九七〇年以来、アメリカでは一九六三年以来、男性と同等の仕事をしている女性に同等の賃金を支払わないのは違法となっている。こうした混乱の結果、世論調査の対象になった一〇人中七人が、まったく同じ仕事をしていても女性は男性より賃金が少ないと思っている一方で、ほぼ同じ割合（六七パーセント）の人が、フェミニズム運動は度を越えていると考えるようになっている（注23）。このデータは、現代の混乱を象徴しているのかもしれない。私たちは、抑圧が存在していないところに抑圧を見出すばかりで、それに対応する術を知らない。

私たちが避けている重要な議論

人生を、さまざまなグループが抑圧された地位を求めて争う無限のゼロサムゲームだと考えることに反対する理由の一つは、そんなことをしていれば、本当に必要な議論や思考のための時間やエネルギーが奪われてしまうからだ。たとえば、フェミニストたちが数十年をかけてもなお、母性の役割の問題に十分に取り組めていないのはなぜなのか？　フェミニズム作家のカミール・パーリアがいかにも彼女らしく正直に認めているように、フェミニストにとって母性はいまだ、未解決の大問題である。それは決して、軽視してもかまわないような小さな問題ではない。パーリアはこう記している。「フェミニズムのイデオロギーは、人間生活における母親の役割という問題に誠実に取り組んだことがない。抑圧者の男性とその犠牲者の女性というフェミニズムの歴史観が、事実を大きく歪めている」（注24）

パーリアは、二〇世紀を代表する偉大な女性を三人挙げるとしたら、アメリア・イアハート（訳注／女性史上初の大西洋単独横断飛行に成功したパイロット）、キャサリン・ヘップバーン（訳注／生涯自分の生き方を貫いた独立心に富んだ大女優）、ジャーメイン・グリア（訳注／前出。二〇世紀後半のフェミニズム運動を牽引した作家）を選ぶという。そして、彼女たちを「二〇世紀の新たな女性を象徴する」三人だと述べつつも、こう指摘している。「この三人にはいずれも子どもがいなかった。そこに、二〇世紀末の女性が直面した大きなジレンマがある。第二波のフェミニズム運動は、男性（特に『男権主義』）に対する女性の立場のみを批判していた。（中略）フェミニズム運動は、外的な社会機構を粉砕または刷新しなければならないという点にばかり目を向け、女性と自然（つまり生殖）との複雑な関係を考慮しなかった」。あるいはそのために、「女性が働くこの時代において、母性の役割が軽視され、過小評価されてきた」（注25）。

この問題に誠実に取り組むことのない時代が続くと、その上に思い込みが積み重ねられ、やがて、女性の目的がその文化の一部と化すという厭世《えんせい》的で醜悪な考え方に至った。二〇一九年一月には、CNBC放送がツイッター上で、「子どもを持たなければ五〇万ドル節約できる」というニュースを報じた（注26）。その記事にはこうある。「子どもを持てば幸せになれると言う友人もいるだろうが、それは嘘かもしれない」。参照先の過去の記事には、こうも記されている。子どもを持てば、「それだけ余分の責任、家事、そしてもちろん費用」が必要になるなど、幸せをしのぐ問題に直面することになる、と（注27）。また、《エコノミスト》誌も最近、「性別による賃金格差の根本原因」に関する記事をツイッター上に掲載し、その原因は子どもにあるとして、こう述べている。生涯における女性の平均所得が男性より少ない主な要因は、女性が子どもを産む存在だからであり、「子どもを持つことにより女性の生涯所得は下がり、『子育て罰』と呼ばれる結果になる」（注28）。こんな記事を書いたり読んだりして、不安に怯えない人がいるだろうか？　確かに、人生の最重要目的ができるだけ多くのお金を稼ぐことにあるのなら、子どもを持つことが女性にとって「罰」になる、それにより死ぬまでに銀行口座に貯金できる額が減る、という考え方もできる。だが、その「罰」を受けることを選べば、人間にとって何ものにも代えがたい充実した仕事に従事する喜びを得られるかもしれない。《エコノミスト》誌の視点には、この数十年間に広まり、広く共有されるようになった考え方がある。たいていの女性は、子どもを望まないのであれば子どもを持つ必要がなくなり、それだけいっそう、ほかの目的や意義を追求する人生を送れるようになった。だが、このように新たな目的を設定することにより、いとも簡単に、人間を特徴づける、あの人間本来の目的が、まったく目的とは見なされなくなってしまった。アメリカの田舎暮らしをつづるライター、ウェンデル・ベリーは、四〇年近く前からそれを指摘している。当時からすでに「母性にとっては厳しい時代」であり、母性という考え方そのものが否定的に見られていたからだ。「もっと優れた仕事ができる女性が、生物学的な苦役に利用されていると言われていた」という。だが、やがてベリーは、ある重要な真実に思い至った。

私たちはみな、何かに利用されなければならない。私は母親にはなれないが、母性やそれが導くものに喜んで利用されよう。普段から、妻や子どもたち、牛や羊や馬に喜んで従っているように。自分を利用してもらうのに、それ以上にいい方法があるだろうか？（注29）

母性や人生については、こう考えたほうがよくはないか？　無限に怒りや欲望を募らせるよりも、愛情やゆるしを尊重したほうがよくはないだろうか？

実際に何が起きているのか？

だが、社会的公正というこの新興宗教が、重要な問題に関する議論がなされていないこと、矛盾が内在していることを指摘するだけで終わるようなものなら、そもそも始まることさえなかっただろう。内在する矛盾のためにこの運動が収まってくれることを期待する人々は、ずいぶん待たされることになるに違いない。その理由は、何よりもまず、この運動の大部分がマルクス主義的な下部構造を持っているからだ。つまり、こうした悪夢のような矛盾に気づき、自分たちが選択した道が正しいのかどうかわからなくなるどころか、むしろ進んでその矛盾に突進していこうとする意思を内在している。

矛盾を指摘するだけでは解決にならない理由はほかにもある。インターセクショナリティを推進する社会的公正運動はどこをとっても、その運動が主張しているほど、問題の解決に関心を抱いているようには見えない。そう考えるのは、この運動が、社会の全体に目を向けるのではなく、その一部だけを切り取り、偏見に満ちた不公正な視点で、この社会を描写しているからだ。確かに、自分の暮らしている国が申し分のない完璧な国だと思っている人はほとんどいない。だが、その国を、偏見や憎悪、抑圧に満ちているかのように描写するのは、社会を見る視点が、よく言えば部分的、悪く言えばあからさまに敵対的である。それはもはや、改善を望む批評家が提示するような分析ではなく、破壊を望む敵が提示するような分析である。そのような意図はどこにでも見て取れる。

トランスジェンダーを例に考えてみよう。これまであまり議論されてこなかった、間性として生まれた人々にまつわる難しい問題については、十分に時間をかけて議論するだけの理由がある。それは、間性の人たちが好色だからではなく、その言い分が正しいからだ。本書のイントロダクションでも紹介した数学者で著述家のエリック・ワインスタインは言う。間違った体に生まれた人が感じている違和感や不幸に対処すべきだと心から考えている人であれば、まずは間性の問題から取り組みを始めるはずだ。なぜなら、それは何よりも明確なハードウェアの問題であるうえに、痛ましいほどに取り上げられる機会が少ないからだ。この問題に取り組めば、そのような人々が置かれた状況に対する関心を高め、本当に医学的・心理的支援を必要とする問題に対処する方法についても、認識や理解を深めることができる、と。では実際に、社会的公正を推進する活動家はそうしたのだろうか？

そうはしなかった。活動家はむしろ、トランスジェンダーの問題に熱心に取り組む道を選んだ。この問題全体のなかでもっとも難しい部分（「自分の性とは自分が主張している性であり、そうでないとはほかの誰にも証明できない」）を取り上げ、「トランスジェンダーの命は大切」「トランスジェンダーの人もいる。それを受け入れろ」と訴えた。すると、誰にでも容易に予想できたことだが、男権主義的・覇権主義的・シスジェンダー至上主義的で、同性愛を嫌い、人種差別的・性差別的な制度を持つ国家のあらゆる点に絶えず不満を抱いている人たちはみな、このトランスジェンダーの問題に飛びつき、こう主張した。ある男性が、自分は女性だと言えば、そのために何もしていなくても、その人は女性なのであり、それを否定するのはトランスジェンダー憎悪にほかならない、と。いまでは、このパターンがすっかり確立されてしまっている。実際、アメリカ民主党の政治家アレクサンドリア・オカシオ＝コルテスは、議員になって数週間もしないうちに、子どもへのホルモン療法の導入を訴えるイギリスのトランスジェンダー人権団体《マーメイズ》への募金パーティを開催している（注30）。これらの人たちは団結して、この問題のなかで何よりも難しい部分を進んで擁護し、それに賛同しているのである。

二〇一八年にはイギリスの庶民院で、トランスジェンダー問題に関する議論があった。そのなかで取り上げられたのが、カレン・ホワイトの事例である。ホワイトは、レイプ犯として有罪判決を受けたが、のちに自分は女性だと主張した。性別適合手術を受けてはいなかったが、女性の刑務所に入れてほしいと要望したので、そのとおりにすると、四人の女性囚人に（男性の体で）性的暴行を働いたという。この議論の際、自由民主党の議員レイラ・モランが述べた見解は、極端化されたトランスジェンダー思考をみごとに表現している。モランは、男性の体を持っている人物と同じ更衣室を抵抗なく使えるかと問われ、こう答えた。「その人がトランスジェンダーの女性なら、何の抵抗もありません。問題だとも思わないでしょう。ひげがあるかどうかという問題（この話題も取り上げられていた）については、女性にもひげが生える人はいます。さまざまな理由から、ホルモンに対する体の反応はそれぞれ違いますから。人間の体は多種多様です。だから私は相手のことを、一人の人間として、心で判断します。その人が男性の体を持っていようが気になりません」（注31）。

分別のある人間や団体であれば、一致協力してトランスジェンダーを守る実現可能な権利運動を生み出そうとする際に、まさかこんな主張はしないだろう。当人がトランスジェンダーだと言えばトランスジェンダーだなどと型にはまった主張をすることもない。「女性にもひげが生える人はいる」から、ひげの生えた男性が女性の更衣室にいても何の問題もない、と言うこともない。相手の心をのぞき込めば、その人が男性か女性かを認識できるなどと断言することもない。これらの主張は、端的におかしい。トランスジェンダー議論に見られる多くの主張と同じように、それに耳を傾けざるを得ない人々を混乱させる。それに同調し、それが正しいと思い込むよう無理強いされた人は言うまでもない。

トランスジェンダーの主張を推進しようとする運動は、まず間性の問題への取り組みから始め、そこから徐々に、自分はトランスジェンダーだと主張する人々へと、科学的に正確な分析をもとに、細心の注意を払いながら範囲を広げていくべきだ。一足飛びにこの問題のもっとも難しい部分に向かい、その自己主張は本当であり、ほかの人もそれを信じなければならないなどと訴えるべきではない。それは、連携や運動を立ち上げようとする人がすることではない。合意を形成したがらない人、分断を生み出そうとする人がすることだ。

この直感に反する行為に気づけば、同様の行為がほかの分野でも見られることがわかる。たとえば、賃金格差にもさまざまな種類がある。前述の精神科医ジョーダン・ピーターソンが指摘している一例を挙げれば、無愛想な人と愛想のいい人との間にも、賃金格差はある。この格差は、男女の違いを超えて表れる。無愛想な女性は、愛想のいい男性よりも賃金面で有利であり、男女が逆の場合でも同じことが言える。だが、誰もが賃金格差を憂慮しているのなら、なぜこの格差はいつまでも解決されないままなのか？　愛想のいい人にもっと多くの賃金を与え、無愛想な人に賃金の低下を受け入れさせるような報復的な運動が、延々と展開されないのはなぜなのか？　その答えは、それでは目的に合致しないからだ。その目的とは、女性の権利や女性の賃金を向上させることではない。ほかの何かのきっかけとして女性を利用することである。

社会的公正を推進する活動家たちの目的は、本書の各章で取り上げたそれぞれの問題（ゲイ、女性、人種、トランスジェンダー）のいずれにおいても、それを人権に対する不満として提示し、大いに怒りをかきたてるような主張をすることにある。彼らが求めているのは、改善ではなく分断だ。鎮めることではなく刺激することを、抑えることではなく燃え上がらせることを望んでいる。ここにもやはり、マルクス主義的な下部構造の一端が垣間見える。社会を支配できないのなら（あるいは、社会を支配しているふりができない、もしくは社会を支配してあらゆるものを破壊することができないのなら）、ほかの手がある。欠陥がある社会、いまだこれ以上の選択肢はないが完全とはいえない社会に、疑惑や分断、敵意、不安の種をまく。うまくいけば、大衆があらゆるものを疑うよう仕向けることができる。自分たちが暮らしている社会は決していいものではないのではないか、自分たちは本当は公正に扱われていないのではないか、男性や女性といったグループ分けが妥当なのかなど、ほとんどのことを疑わせることができる。そして、疑惑が蔓延したところへ、自分たちはその答えを知っているというイメージを打ち出す。だが、複数の要素から成る壮大かつ包括的なその答えは、あらゆる人々を完全な場所へ導くと言いながらも、それが具体的にどんな場所なのかを決して明かさない。

そうした思いどおりに事態は進むのかもしれない。この新興宗教の信奉者たちは、大衆にこの社会への反感を抱かせるための破城槌として、ゲイや女性、肌の色が異なる人々、トランスジェンダーを利用する。そして、「抑圧された者」として結びついていたそれらの「犠牲者グループ」が相互に引き裂かれてしまう前に、あらゆる人に「シスジェンダーの白人男性による男権主義」への反感を抱かせることに成功する。そんな事態にもなりかねない。だから、この悪夢のようなシナリオを防ぎたいのなら、解決策を探すことが必要になる。

解決策

現代の風潮に対処する方法をすでに見つけていたり、程度の差はあれ、この時代を乗り切る賢明な方法を考えついていたりする人は、けっこういるに違いない。実際、さまざまな選択肢が利用可能だ。たとえば、本書を執筆している間に、あるコウイカの行動について知る機会があった。自分の意図を隠し、ただでさえ複雑な求愛行動をさらに複雑にするような行動である。オーストラリアコウイカ（学名 *Sepia apama*）は、性的擬態にきわめて優れた生物だ。この生物種は、オスとメスの実効性比が著しく偏っており、オスとメスの割合が一一対一になることもある。結果的に、メスはオスの求愛行動の七〇パーセントを拒絶することになるため、オスの間の競争率はきわめて高い。そのうえさらに、パートナーとなったオスがメスを守る習性があるため、競争率はいっそう高くなる。ちなみに交尾のおよそ六四パーセントはパートナーのオスが相手だ。そのためほかのオスは、自分が利用できるさまざまな戦略を駆使して、メスとの交尾の機会を得ようとする。その戦略の一つが、メスの行動のまねである。小さめのオスは、オスとメスで形が異なる第四腕を隠し、意中のメスの体の模様とよく似た模様に擬態し、さらには腕をうまく動かして卵を抱いているメスのような姿勢をとる。この戦略は、きわめて効果があることが証明されている。ある観察例によれば、この戦略を採用した五匹のオスのうち、拒絶されたのは一匹だけだった。またもう一匹は、パートナーのオスに追い払われたが、ほかの三匹はみごと交尾に成功したのだ（注32）。

私はこのコウイカの行為を知って、多くの男性が同様の戦術を採用していることにふと気づいた。二〇一七年一月、ドナルド・トランプがアメリカの大統領に就任した翌日、ワシントンDCなどの都市で大規模なデモがあった。女性の「プッシー（女性器）」に関する大統領の過去の発言に抗議する「ウィメンズ・マーチ」である。デモ参加者の多くは、「プッシーハット」というピンクの毛糸帽をかぶり、「私のプッシーに指図するな」といったプラカードを掲げて行進した。ワシントンではその後、デモ参加者によるパーティが開催された。その場にいた同僚のジャーナリストの話によると、そこには男性もいたが、一部の男性の行為が気になったという。パーティに参加した若い女性たちは、バンドの音楽を背景に、プラスチックのカップでビールを酌み交わしながら、ウィメンズ・マーチやそのなかでの自分たちの役割について興奮気味に話をしていた。すると、その場にいた若い男性たちもそこに割って入り、そのデモ行進への支持を声高に表明し、自分たちもフェミニストだと主張した。ある若い男性は、きれいな若い女性が現代のフェミニストが抱くべき信念について語ると、「神妙な顔をしてうなずき」ながら耳を傾け、その女性がまもなく去ると、友人たちのほうを向いてこうささやいたという。「おいおい、最高じゃないか！　興奮して酔っぱらった女性がこんなにいるんだからな！」（注33）。この男性の戦術が成功したのかどうかはわからない。だが、この時代を乗り切るためにコウイカのような戦略を採用している若い男性が、彼一人だけとは思えない。だがコウイカの戦略は、過酷な自然環境を生き延びるためのものだ。それなら、その環境を変えるほうがいいのかもしれない。

「何と比べて？」と尋ねてみる

その手始めとなる方法を一つ紹介すると、判で押したようにひたすら「何と比べて？」と尋ねてみるといい。現代社会は醜悪で、人種差別的・性差別的で、男権的で、同性愛やトランスジェンダーを憎悪していると総括する人に、この質問をしてみるのである。この社会がうまくいっていないと言うなら、うまくいく制度とはどんなものなのか？　これは何も、現代社会はどの部分も改善不可能だとか、不正や不公正を見つけても対処すべきではないと言いたいわけではない。だが、判事や陪審員、死刑執行人のような冷淡な口調で現代社会について語る人には、疑問を抱かずにはいられない。

現代社会の悪に関する分析はほとんどの場合、無邪気な時代に関するある思い込みをもとにしている。無邪気な時代とは、蒸気機関や市場、機械が生まれる前の時代である。この思い込みの根はきわめて深く、私たち人間は善なる状態として生まれたが、社会により不当にもその状態から引き離されたという思想に端を発している。この思想を体現している有名な人物が、ジャン＝ジャック・ルソーである。ルソーは『エミール、または教育について』（英語版の刊行は一七六三年）（訳注／邦訳は今野一雄訳、岩波書店、一九六二年）の第二編に、こう記している。「人間性が生み出す最初の活動は、常に正しい。人間の心には本来、倒錯はない。悪徳がどこからどのように心に入ってくるのかはわからないが、心にはもともと一片の悪徳もない。他人に対しては、ただ自然が命じるままに反応すればよく、そうすれば善だけがなされる」（注34）。この種の思想を信じている場合、自分自身や周囲の人々に欠陥があると、その原因を探し求めなければならなくなる。私たちは誰もが、神の恩寵を受けている状態で生まれたと思っているからだ。そのため、こうした思想は必然的に、はるか昔に存在した、より単純な初期人間社会こそが、私たちが帰るべき理想郷だとする信念へと至る。

現代の欧米人の多くは、歴史的な過ちの原因が何であれ、「原始」社会は、現代人が失った神の恩寵を受けていた特別な状態にあった、という思想を受け入れている。まるで、その単純な時代には、女性が支配し、穏やかに暮らし、人種差別も同性愛憎悪もトランスジェンダー憎悪もなかったかのように思っている。だが、こうした信念には、根拠のない思い込みが無数にある。確かに、さまざまな民族のなかで、どの程度の人種差別やトランスジェンダー憎悪があったのかを数値化するのは難しい。実際に、想像以上に調和が保たれ、トランスジェンダーの権利が確立されている場合もあったかもしれない。しかし、多くの事実がそうではなかったことを示唆している。考古学者L・H・キーリーの著書『War Before Civilization: The Myth of the Peaceful Savage（文明以前の戦争――平和を好む未開人という神話）』によれば、南アメリカおよびニューギニアの諸種族の男性が戦闘により死亡する割合を調べたところ、暴力による死者が、男性の一〇～六〇パーセントを占めるという。それに対して、二〇世紀のアメリカやヨーロッパでは、暴力的な戦闘により殺害された男性の割合は一桁でしかない（注35）。二一世紀の欧米に比べ、過去の社会のほうがはるかに性的・生物学的相違に寛容だったという証拠があるのなら、そう主張する人には、その証拠を提供する義務がある。

もちろん、比較の対象になっているのが、過去の社会ではなく、現代の世界におけるほかの社会だという場合もある。たとえば、イランの革命政権を擁護する人がいる。その人たちはよく、イランに性転換者が大勢いることが、その政権が進歩的な証拠だと言う。だが、そう言う人たちは、以下の事実を知らないに違いない。イランでは、二〇一九年に至ってもなお、同性愛行為により有罪を宣告された男性は、公の場で絞首刑に処される。しかもたいていは、なるべく多くの市民がそれを見られるように、処刑される男性はクレーンで宙吊りにされるのである。現在、イギリスやアメリカほど人権が進んだ国が、ほかにあるだろうか？　もしあるのなら、欧米の人権問題ばかり糾弾する人たちの主張に耳を傾けても害はなく、むしろ利益しかないと言ってもいい。おそらく、この人たち（特に新マルクス主義者）が具体的にどこと比較しているのかを語ろうとしないのは、ベネズエラやキューバ、ロシアと比較されたら、彼らのイデオロギーの弱点が暴かれ、欧米社会を否定的に語る本当の理由が明らかになってしまうからなのだろう。

このように、「何と比べて?」と尋ねれば、ほぼ間違いなく、現代社会と比較されているユートピアなどいまだ存在したことがないという事実を引き出せる。そのとおりであり、いまだ存在したことのない社会と比べて、現代社会に対するひどい主張がなされているとしたら、ある程度の謙虚さと、さらに多くの問いが必要になる。現代社会は偏見に満ちていると主張しながらも、社会のあらゆる悪をどう改善すればいいのかわかっていると思い込んでいる人たちは、そこへ至る明確な地図を提示するべきだ。それがないのであれば、ほかの人たちがこの運動に疑念を抱いたとしても無理はない。この運動はごく最初の段階から、厳密な科学のように見せかけてはいるが、実際のところは魔法を擁護しているに等しいのだから。

犠牲者は常に善良で、正しく、称賛に値するとはかぎらず、犠牲者でさえないかもしれない

伝記作家のH・W・ブランズは、二〇〇〇年に発表した第三二代アメリカ大統領フランクリン・D・ルーズヴェルトの伝記のなかで、ルーズヴェルトがポリオ(脊髄性小児麻痺)を発症したときのことに触れ、こう記している。ルーズヴェルトの世代の男性には「災難にあってもくじけない心が求められていた。当時は現代以上に、気まぐれな運命に翻弄《ほんろう》された。誰もがいずれその犠牲になる時代には、被害者意識を首にぶら下げて同情を引こうとする者など、一人

もいなかった」(注36)。そう考えると、近年になって被害者意識を主張する人が異常なほど増えているのは、インターセクショナリティや社会的公正を推進している人たちが考えているような理由からではない可能性も出てくる。そのような主張が無数にあるのは、この社会に過剰な抑圧があるからではなく、抑圧がほとんどないからなのかもしれない。抑圧が激しい状態にあったとしたら、文学フェスティバルでのある作家の講演に腹が立ったとか、違う民族の人がブリトーを売るのは許せないといったことを言いたがる人の話に、いちいち耳を傾けようとする気持ちの余裕など生まれるだろうか?

現代の文化では、禁欲主義や英雄的行為ではなく被害者意識が、熱心に宣伝され、追い求められさえしている。被害者になれば、ある意味で勝つことができる。あるいは少なくとも、人生における抑圧競争のなかで有利なスタートを切れる。この興味深い現象の根底には、社会的公正運動における最大の誤りがある。それは、抑圧された人々(あるいは抑圧されたと主張する人々)はほかの人たちより何らかの点で優れており、そのようなグループの一員にはある程度の良識、純粋さ、善良さがある、と判断した誤りである。実際、苦しみそのものには、人間を善良にする力はない。ゲイ、女性、黒人、トランスジェンダーのなかにも、ほかの人たちと同じように不誠実で、嘘つきで、無礼な人はいる。

社会的公正運動は、自分たちの仕事が終わり、対立的な序列の構造が否定されれば、普遍的な友愛の時代が生まれると主張する。だが今後もほぼ間違いなく、人間の動機は変わらない。

ほとんどの人はこれからも、歴史を通じて人間がこれまでしてきたような行動を続け、人間をそのような行動に駆りたててきた衝動、弱さ、情熱、妬みに翻弄され続ける。そのため、一例を挙げれば、社会のあらゆる不正が解消され、会社のあらゆる雇用主が（性、性的指向、人種などの面で）労働者の理想的な多様性を実現したとしても、それで会社から最高人材活用責任者がいなくなるとはかぎらない。そんな幸せな時代であっても、六桁の給与を手に入れるのは現代と同じように難しい。となると、社会を否定的に解釈することでそれだけの給与を手に入れてきた人たちは、いくら自分の仕事が用済みになったとしても、その給与を自発的に手放そうとしない可能性もある。いや、もっと現実的に考えれば、サラリーマン階級はむしろ、この問題が解決不可能なことを知りながら、終生その仕事を続ける可能性のほうが高いだろう。社会の悪に対する解決策は何の解決策にもならないどころか、社会を狂気に導き、個人にも社会全体にも幅広い損害をもたらすことに誰もが気づくその日まで、できるだけ長くその役職にとどまろうとするに違いない。

ゆるしてもいいと思えるか？

エズラ・クラインは、「男をみな殺しにしろ」というハッシュタグや、軽蔑的な意味で使われる「白人」という呼称に関する説明のなかで、こういう言葉を見ても「許したい気持ち」になると述べている。そして、「男をみな殺しにしろ」は「女性にとって世界がもっとよくなればいいのに」という意味に、「白人は失せろ」は「支配的な権力構造や文化」に対する批判だと解釈している（注37）。なぜクラインは、これらの言葉に対して寛容でありたいと思ったのか？　「主張よりも肌の色が重視される事例」でも述べたように、きわめて政治的な関心が強い人々は、政治的な仲間からの発言については、きわめて極端な発言であっても心の広い寛大な解釈をするが、敵対する陣営からの発言については、このうえなく否定的・敵対的な解釈をするように見える。

寛容の精神を、もっと広い範囲に拡大することはできないのか？　敵対する陣営からの発言をもう少し寛大に解釈できたら、この対立も多少は収まるのかもしれない。問題は、ソーシャルメディアがそれを奨励していない点にある。ソーシャルメディアは、まさにその正反対のことを奨励している。直接会うことができず、直接会う必要もないため、立場（や考え方）はますます強化され、怒りは高まる一方だ。直接顔を合わせて話をすれば、相手が言った一言だけに基づいて相手を単純化してとらえ、それ以外のあらゆる特徴を相手からはぎ取るような態度をとるのは、きわめて難しくなる。

フランスの政治思想家アレクシ・ド・トクヴィルは、一八三〇年代にアメリカを訪れた際に、アメリカで集会が重要な役割を果たしていることに気づいた。市民が直接会って話をする集会のおかげで、たいていはほかの権威に頼ることなく問題を改善できていたのだ。トクヴィルは

『アメリカのデモクラシー』（訳注／邦訳は松本礼二訳、岩波書店、二〇〇五年）のなかで、この集会の能力こそがアメリカの偉大な力の源だと考え、こう述べている。対面での討論は、解決策に到達する最善の方法であり、そのような意思のやりとりを通じて「書面での思考では実現できない力強さや熱意で意見が活用される」ことになる、と（注38）。発展著しい新たなメディアはいずれも、対面での出会いから人々を引き離す方向へ進んでいるが、対面での出会いはいまだに、他人への信頼を築く最良の機会を提供している。ゆるしてもいいと思えるためには、相手が自分の寛大さにつけ込まないという基本的な確信がなければならないが、それを生み出す（唯一ではないかもしれないが）最善の方法が、直接的な交流である。それがなければ人生は、容易に検索可能な、いつ復活するともかぎらない過去の怨恨の一覧と化していくばかりだろう。したがって、仲間だけでなく、表面上の敵にも寛大さを示すことが、この狂気から脱け出すための最初の一歩になる。私は、（第一章に登場する）マイケル・デヴィッドソンのゲイに対する考え方が好きではない。だが、デヴィッドソンやその映画『沈黙させられた人々の声』をきわめて否定的にしか見られないのであれば、もはやデヴィッドソンの話を聞く意味はなくなり、デヴィッドソンと同じ社会で生きていくことも望まなくなる。だが、私たちは同じ社会に生きており、一緒にうまくやっていく何らかの方法を見出さなければならない。私たちには、その選択肢しかない。なぜなら、敬意をもって話をしたり耳を傾けたりしても意味がないという結論に至れば、あとは暴力で解決するしかないからだ。

私たちが向かっている場所を認識する

マーティン・ルーサー・キング・ジュニアは、殺害されるちょうど一年前の一九六七年、ジョージア州アトランタで偉大な演説を行なっている。「黒人の進む道」と題されたその演説のなかに、以下のような印象的な言葉がある。「『白人に権力を!』と叫ぶ人や、『黒人に権力を!』と叫ぶ人がいなくなり、誰もが神の力や人間の力について話をするようになるその日が来るまで、満足してはいけません」(注39)。気分を滅入らせる現代のさまざまな状況のなかでもとりわけ厄介なのが、人種の問題である。この問題は、自分たちがしていることの危険性に気づいていない人たちや、その危険性をはっきりと自覚している人たちの手により、再び問題として取り上げられるようになった。こうした状況が続けば必然的にたどり着く終着点は、すでに部分的に姿を見せており、それがこのうえなく明確な警告信号を発している。

たとえば、こんな事例がある。リベラルな雑誌が「ユダヤ人は白人か?」という疑問を提示しても容認されるとは、一世代前の人たちでさえ思いもしなかっただろう。これは、一世紀前の《ナショナル・ジオグラフィック》誌の記事ではなく、二〇一六年の《アトランティック》誌の記事である(注40)。このような疑問が提示されたのは、組み立てられつつある抑圧の序列のなかのどこにユダヤ人を位置づけるべきかという論争があるからだ。ユダヤ人は、抑圧の序列の上位にあると見なされるべきなのか？　彼ら自身が持つ特権により利益を得ているとは考えられないか？　白人が持つ特権の恩恵を受けているのか、いないのか？　こうした疑問が提示されると、当然ながら、醜悪な回答を考えつく人も現れる。二〇一七年にイリノイ大学アーバナ・シャンペーン校のキャンパスで、独自の回答を提示するリーフレットが配布された。そのリーフレットには、序列のピラミッドが掲載されている。底辺にいるのは、上位一パーセントと呼ばれる人々に抑圧されている残りの「九九パーセント」である。そして、リーフレットはこう尋ねている。ほかの全員を抑圧している上位一パーセントとは「ストレートの白人男性」なのか、それとも「ユダヤ人」なのか、と。リーフレットの執筆者はその答えを知っているのか、「特権」を主に保持しているのはユダヤ人だと主張し、「ユダヤ人の特権を終わらせれば、白人の特権も終わる」と結論している（注41）。「特権」について絶え間なく主張している人たちは、自分たちの運動や分析がこのような方向へ向かう可能性を、まるで考慮していなかったのか？　怒りを解放するどころか奨励さえすれば、そのような人間の基本的感情が暴走するとは思わなかったのか？　彼らにそれを防ぐための方策があるのか？　何の方策もないのなら、マーティン・ルーサー・キングの考え方に立ち返るべきだ。ありとあらゆる討論や議論から人種の要素を取り除き、ますます高まっている人種へのこだわりを追い払い、人種にとらわれない方向へと進むべきである。

私たちの生活から政治的要素を取り除く

アイデンティティ・ポリティクスの目的は、ありとあらゆるものを政治化することにあるようだ。人間の交流のあらゆる側面を政治の問題にする。私たちの生活におけるあらゆる行動や関係を、政治活動により生み出されたとされる指針に沿って解釈する。だが、抑圧の序列における自分の位置や他人の位置を理解しようという呼びかけは、ひとりよがりな自己反省の時代をもたらすだけでなく、あらゆる人間関係を政治的権力の比較測定へと向かわせる。さらにこの新たな形而上学は、そこに人生の意味を見出すよう呼びかける。約束の地へ到達するために、奮闘努力し、闘い、運動を起こし、ほかの人たちと「同盟」を結ぶべきだ、と。目的のない時代、明確な意味のない世界では、あらゆることを政治化し、そのために闘うべきだという呼びかけは、疑いようもないほどの魅力を備えている。それが人生に、名ばかりの意味を与える。

だが、人間が人生の意味を見出す方法はさまざまあるが、そのなかでもっとも不幸といえるのが政治活動である（これほどの規模の政治活動となればなおさらだ）。確かに、政治活動は私たちの人生の重要な側面かもしれない。しかし、個人の人生に意味を与えてくれるものとして政治活動を選べば、悲惨な結果が待っている。というのは、それが追い求めている目標を達成できることはほぼないうえに、政治活動に目的を見出すと、政治活動に（怒りを含めた）感情が加わり、それが活動全体を損なうことになるからだ。たとえば、二人の人間がある重要な問題において意見が一致しなかったとしても、それが真実に、あるいはもっとも受け入れやすい選択肢にたどり着くだけの問題であるのなら、友好的な関係を維持したまま意見を異にすることができるかもしれない。だがそのうちの一人が、その不一致点にこそ自分の人生の全目的があると考えれば、友好的な関係を維持できる可能性は一気に薄れ、いかなる真実に到達できる可能性も後退してしまう。

現代の狂気から距離を置く一つの方法は、政治活動への関心を維持しつつも、それを人生に意味を与えるものとして考えないことである。私たちはむしろ、自分たちの人生を単純化するよう呼びかけるべきだ。いかなる問いにも答えられず、いかなる予測もなしえない、容易に反証可能な理論に人生を捧げるよう呼びかけても、間違った方向に進むだけだろう。人生の意味は、どこにでも見つけられる。たいていの人は、身のまわりの人々や場所に意味を見出す。友人や家族や恋人、文化や場所、不思議や驚異である。自分の人生における意義深いものを見つけ、その意味の中心に徐々に近づいていくなかで、目的意識も生まれる。アイデンティティ・ポリティクスや（その表れとしての）社会的公正、インターセクショナリティのために自分を使い果たすのは、人生を無駄にしている。

確かに、偶然に割り当てられた特徴のために個人の可能性が抑制されることのない社会を目指すという点に異論はない。何かをする能力、何かをしたいという欲求があるのに、人種や性、性的指向によりそれが抑制されるようなことは、あってはならない。だが、相違を可能なかぎり少なくするというのは、相違がないふりをするのとは違う。性や性的指向、肌の色に意味はないと考えるのは、ばかげている。しかし逆に、性や性的指向、肌の色がすべてだと考えれば、致命的な結果を招くことになるだろう。

あとがき（ペーパーバック版）

価値観の衝突である文化戦争もほかの戦争と同じように、鎮まったかと思うと数日後にまた燃え上がることがある。二〇一九年九月に本書を出版した際には、いまだ存在するいかなる上流社会からも即座に破門されることを覚悟していた。ところが、非難の声はあがらなかった。前作の『西洋の自死――移民・アイデンティティ・イスラム』（訳注／邦訳は町田敦夫訳、東洋経済新報社、二〇一八年）同様、今作でも現代最大の地雷原に足を踏み入れたのだが、まだ生き残っている。

生きているだけではない。本書は前作と同じように、すぐさまベストセラーになり、レビューも好評だった。確かに、ある程度説得力のある反証を提示する必要に迫られたのか、警告も多少はあった。だが、本書の主張はおおむね暖かく迎え入れられ、まともに受け止められた。

これらの事実からすると、極端な「ウォーク」イデオロギーへの反発がすでに起きているの

ダグラス・マレー
二〇二〇年七月

かもしれない。あるいは、このイデオロギーを批判する際に踏み込んだ水域は、想像していたほど冷たくはなかった、ということなのかもしれない。確かに、そこはひんやりしているが、温度の低下の程度がやや誇張されていたのだろうか？　だが実際のところ、いまの人たちは「キャンセル」（訳注／著名人などを対象に過去の言動を告発し、そこに批判を集中させることで、その職や社会的地位を失わせる行為）の話をするばかりで、そんなことを続けていたら「最悪の場合どうなる？」とか「これからどうなる？」と考えることはまずない。

そうのんきにかまえていられれば楽だが、これらの問いに「大変なことになる」と答える人がいなくなったわけではない。真実を語って生き残れるかどうかは、何よりも職種に左右されるようだ。「キャンセル・カルチャー」は間違いなく存在する。いまではその仕組みも明らかになっている。それは、確固たる意見がなく、意気地がなく、群衆の圧力に弱い人に対して、その人より上の立場にいられるときに、最大の効果を発揮する。大学には、そんな事例がよくある。二〇一九年にはケンブリッジ大学が、社会学者のノア・カールと本書でも紹介した精神科医のジョーダン・ピーターソン教授（客員特別研究員）を解雇した。活動家の一団が十分な情報もないまま、歴史ある教育機関に圧力をかけ、その存在を正当化する唯一の原則に逆らうよう仕向けたからだ。専門家でない人たちが専門家を判断し、研究者でない人たちが研究者より優遇されるようになれば、いったい大学に何の意味があるというのか？

もちろん、この問題は大学だけにとどまらない。イギリスでは、スーパーマーケット、アズダの従業員ブライアン・リーチのような事例がいくつもある。リーチは、コメディアンのビリー・コノリーの動画のまねをしたために、仕事を解雇された（解雇したことによりこの企業の評判が悪化したため、まもなく復職している）。ビリー・コノリーは、そのきわどいギャグにより国宝級の地位を獲得した。だが、スーパーマーケットの従業員がソーシャルメディアで同じジョークを言うと、あっという間に無職になる。そしていうまでもなく、そこにどんなルールがあるのかを解明しようとすると、たいていの人は社会から締め出されてしまう。

同様の現象は、イギリスの元警官ハリー・ミラーの事例にも見られる。ミラーはある日、職場に現れた警察隊から、トランスジェンダーについてインターネット上に投稿した過去のコメントが、警察のいう「未犯罪ヘイト事案」にあたると言われ、それから一年にわたり法廷闘争に従事せざるを得なくなった。ミラーは結局、警察との法廷闘争に勝利したが、その後、警察が過去数年にわたり、同様の「未犯罪ヘイト事案」を一二万件も記録していたこと、そのような「未犯罪」が就職時の身元調査で明らかになり、就職できなかった人がいたことが判明した。さらには、カレッジ・オブ・ポリシング（訳注／警察官の訓練・技能開発を担う専門機関）が、個人の宗教・人種・アイデンティティへの憎悪が動機だと思われる行動はいずれも、「その憎悪要素を特定する証拠の有無にかかわらず」記録しておくべきだ、と勧告していたことも表面化した。

確かに、「ウォーク」イデオロギーの適用範囲が誇張されているという主張はあるが、警察が文字どおり思想警察と化し、証拠がないにもかかわらず犯罪として記録される社会ではさまざまな問題が起こりうるというのは、大げさでも何でもない。私は過去一年の間に、公共セクター、国民保健サービス、民間・公営企業で働く人々から、ことあるごとにメッセージや連絡を受け取った。自社の人事部が現代の正統とされる信念を強制しようとしているとか、この時代のイデオロギーが吹き荒れている間は自分の見解をうまく隠している、といった内容である。だが、希望はある。ミラーの事例などは、「ウォーク」イデオロギーの適用範囲が広がりすぎており、矯正がぜひとも必要なことを証明しているのではないだろうか?

本書のハードカバー版が出版されたのちに起きた展開のなかでもっとも興味深いのは、私が本書の最後で取り上げた問題をめぐる展開である。トランスジェンダーを扱った章で、フェミニストたちが踏んだ地雷について言及したが、意図的なのかどうかはともかく、数多くの勇敢な女性が、トランスジェンダーの問題を取り上げてきた。そのような女性の数は、この一年で飛躍的に増えた。その一因になったのが、『ハリー・ポッター』シリーズの作者J・K・ローリングの丁重だが断固たる主張である。ローリングは、女性は確かに存在しているのであって、その存在を消されるべきではなく、(ある記事の見出しにあったように)「月経のある人」などと呼ばれるべきでもない、と述べたのだ。現在では、生物学的性は取るに足らないものなどではなく、それを無視することはできない、と主張する人がかなりの数に達し、組織化も進んでいる。こうした動きを見れば、極端なトランスジェンダー・イデオロギーに対する主流派の反発は、間違いなく始まっている。だがここで、私自身が受けた「特権」について語ることを許してもらえるのなら、この一年を通じて次第に明らかになってきたことを述べておきたい。それは、きわめて不愉快なトランスジェンダー活動家の運動にはパターンがある、ということだ。現時点で、誰よりも彼らから抗議を受け、口を封じられ、侮辱されているのは、トランスジェンダー活動家のあらゆる主張に賛同しているわけではないフェミニストたちである。

二〇二〇年初め、《ガーディアン》紙の従業員のおよそ五分の一が、スザンヌ・ムーアが同紙にコラムを執筆することに反対する請願書に署名した。というのは、ムーアが果敢にも、本書で紹介したトランスジェンダー論争に再び参戦し、ほかのフェミニズム運動の女傑たちと同じように、このまま穏便に生物学を放棄するつもりはないことを態度で示したからだ。同様にJ・K・ローリングも、議論を引き起こしそうにないコメントをめぐって不当に槍玉に挙げられていた。これらの事件を見て、私は何かが起きていることに気づいた。ローリングの場合、活動家による運動があっただけでなく、時代遅れのゲイ関連の出版社もこぞって攻撃に加わった。ローリングのおかげで大金持ちになった俳優たちも、代わる代わる彼女を批判した。彼女の本の出版社であるアシェット社のスタッフから、ストライキも辞さないという脅迫さえあった。

私はやがて、トランスジェンダーに批判的なフェミニストたちがこのような問題に直面する一方で、私自身はそんな問題に直面しなかった理由がいくつか考えられることに思い至った。

第一に、私は自分の見解を表明する際に注意深く、トランスジェンダーの主張のすべてに同意しているわけではないが、その一部には賛成していると記していたのが功を奏したのかもしれない。第二に、私が書いた内容がどうあれ、活動家たちは、私がどんな抗議に直面しようがいささかもひるむことはないと直感していたのかもしれない（偶然ではあるが、その直感は正しい）。だが私は、次に挙げる第三の可能性こそが正しいのではないかと思っている。本書の出版から数カ月後、私は《スペクテイター》誌が主催する大きなイベントで、作家のライオネル・シュライヴァーにこんな話をした。女性が演壇に立つイベントにトランスジェンダー活動家が抗議しようとするのは、その奥底に、おそらくは女性を差別する、きわめて醜い偏見が潜んでいるからではないのか、と。その偏見のなかには、女性は男性よりもいじめやすいという意識が潜んでいる（この場合、活動家はこれらの女性の性格や精神力にほとんど注意を払っていない）。また、トランスジェンダーを批判する女性たちを、自分たちの運動にとってきわめて危険な存在と見なす意識も潜んでいる（イスラム原理主義者が、アヤーン・ヒルシ・アリなど、イスラム原理主義を批判する女性に対してそう思っているように）。あるいは、トランスジェンダー活動家が女性を標的にする背景には、嫉妬（だけにかぎらないが）などの複雑な感情もあるのかもしれない。

本書のハードカバー版でも予想していたように、「トランスジェンダーの子ども」という概念を広め、医療介入や外科手術を推進する人々に対する訴訟件数は、すでに増え始めている。

イギリスでは、有名なタヴィストック病院の医師により性転換へと導かれたある若者に、この医療機関に対する訴訟が認められた。同病院の一部のスタッフは、不安げにこう述べている。私たちの世代は、よくよく考えられる状況にあればしないようなことをたくさんしている、と。この言葉は、私が本書で指摘しようとした真実の一端を明らかにしている。

トランスジェンダーの問題については、本書の初版刊行後に進展が見られた点がもう一つある。それは、ＬＧＢＴ内の亀裂である。ちょうど本書が刊行されたころ、ネットフリックスのコメディ番組のなかで、人気芸人のデイヴ・シャペルがＬＧＢＴを「アルファベット・ピープル」と呼び、ＬＧＢが乗っている車は、そこにＴが乗り込んだとたんに減速したか道を外れたように見える、と指摘していた。私は注目を集めたこの発言を耳にして、以下の事実に気づいた。トランスジェンダーも当然、ほかの人たちと同じような尊厳や思いやりを受けるべきだが、ＴはＬやＧやＢとはほとんど関係がないという認識が高まっている、と。

というのは、本書でも指摘しているように、権利闘争はどれも同じではなく、Ｔに関する議論がＬＧＢに関する議論と切れ目なくつながるわけではないことが、もはや明らかになっているからだ。ＬＧＢとＴの違いを要約すれば、こういうことになる。ゲイの権利運動は「私たち同性愛者は実在する。だから生物学的な性など存在しない」とは言わない。「私たち同性愛者は実在する。だからペニスやヴァギナは強制された社会的構成概念と見なすべきだ」とも言わない。権利について主張はするが、その権利を受け入れてもらうために、生物学の理解を根本から改めるよう社会に要請したりはしない。だが、現代の過激なトランスジェンダー活動家は、まさにそう要請する。もっと厄介なのは、この活動家たちが、精神的に影響されやすい大衆を説得し、その同意を得ることに成功している点だ。最近までは、「性」に代わる「出生時に割り当てられたジェンダー」などという表現は必要なかった。だがいまでは、そんな表現がごく一般的に使われている。これはつまり、異性愛を標準と見なす偏見に満ちた産婦人科医がいなければ、子どもは望みのジェンダーとして幸せに生まれてきたかもしれない、と考えられるようになってきたことを示唆している。

精神を混乱させるこのような考え方はいまや、イデオロギーの薄暗い片隅から脱け出し、主流の政治家にまで受け入れられている。二〇一九年一〇月、民主党からアメリカ大統領選挙に立候補した候補者たちが、「LGBTタウンホール」というイベントに参加した。それは、少なくとも私に言わせれば、精神の混乱のきわみのようなイベントだった。黒人のトランスジェンダー活動家は、アイデンティティに関する不満の言い合いでゲイの黒人司会者ドン・レモンに勝利すると、レモンが口を開くのさえ認めようとしなかった。また候補者の一人であるエリザベス・ウォーレンは、「トランスジェンダーの子ども」を連れた親が現れるたびに、誰よりも称賛の声をあげ、拍手で迎えていた。イギリスでも事情は変わらない。二〇二〇年二月には、影の内閣の女性・平等担当大臣を務める労働党の下院議員ドーン・バトラーが、スタジオでの討論会で「子どもは性別なく生まれる」と主張した。そして、生体構造を盾に反論する記者をたしなめようと、うんざりしたようにこうコメントした。「ペニスやヴァギナの話をしても討論の役には立たない」。まるで、そんなことは前世紀の遺物だとでも言わんばかりの態度である。

私自身も、本書が出版されてからまもなく、こうした狂気の一端を経験した。たまたま同じ週に、ポップシンガーのサム・スミスが、自分は「ノンバイナリー」だとカミングアウトしたのだ。だがスミスは、二〇一四年にはゲイ、二〇一七年には「ジェンダークィア」だとカミングアウトしている。「ノンバイナリー」については、男性とも女性とも見なせない人を指すといわれているが、私はいまだ、それ以上に詳しい説明を聞いたことがない。また、「ジェンダークィア」と「ノンバイナリー」の違いについても、説明を聞いたことがない。私は以前から、「ノンバイナリー」だとカミングアウトするのは「私を見て」と言っているのと同じだという私の主張に、納得のいく形で反証してくれる人がいたら、その人に報酬を支払ってもいいと言っているが、これに挑戦する人はまだ誰もいない。それはともかく、ここでもやはり興味深いのは、スミスの行動ではなく、一部のメディアを含めた責任ある人々の反応である。たとえば、BBC放送のウェブサイトは、これからは自分に対して「ゼイ（they）」という代名詞を使ってほしいというスミスの要求をただちに受け入れ、スミスを「ゼイ」と呼ぶことで、英語の文法を破壊した（訳注／「they」は性別による区別はないが複数形であるため、文法的にはおかしい）。そこで私は、BBC放送の番組《トゥデイ》に出演した際に、そんな英語を容認するのは望ましいことではないと述べた。同席していた女性ゲストは、スミスが要求していた代名詞を私が使っていないことをとがめていたが、おもしろいことにそう言う彼女も、スミスのことを何度も「ヒー（he）」と呼び、この問題がいかに複雑かを図らずも証明していた。

このエピソードについては、私が個人的に関心のある論点がもう一つある。もはや時代遅れの遺物と化しているアメリカとイギリスのゲイ関連の出版社が、BBC放送での私の発言をすぐさま記事に取り上げ、それぞれ私のことを「イギリスの右派ライター」、「保守派のジャーナリスト」と表現した。またどちらも、私が「古風な教育」を受けており、「ミスジェンダー」の罪を犯しており、「みごとなまでに閉鎖的」だったと主張した。私はいずれの記述にもまるで関心を寄せなかったが、興味深い点が一つだけあった。それは、どちらの出版社も、私がゲイであるという事実に一言も触れていないことである。私は、本書でも紹介したような、「間違った」政治的見解を抱いているがためにその性格特性を抹消された人々の列に加わることができて、むしろうれしかった。

いまでは、トランスジェンダー問題がこれほどの勢いを得ている理由は明らかだ。新たな運動を必要としている専門家がいたのも確かだが、それだけではない。以前の社会は、人種差別、性差別、同性愛差別に気づくのがあまりに遅すぎた。そのため、トランスジェンダーの問題についても同じ過ちを重ねることに、誰もが不安を抱いている。それが、この問題の勢いを高める原動力になっている。そういう意味でこれは、もっと幅広い主張のなかで私が「過剰な是正」と呼んでいたものに相当する。私たちが経験している狂気とは、過去に存在した偏見に対する過剰反応である。そこには、その偏見に対処し、なるべく早く平等に至るためには、しばらくの間過剰な埋め合わせをするのがいちばんいいとの考えがある。だが、そうは思いながらも実際には、社会の一部のグループはほかのグループより価値がないと言っているに過ぎない。男性は女性ほど賢明ではない、白人は黒人より非難されるべきだ、異性愛者は少々退屈でつまらない、と。

本書を出版し、あらゆる種類の人たちと話をして、明らかになったことがもう一つある。専門家が政治的に対立しているこの時代に、大衆をさらに分断させる主張をする気など、私にはない。むしろ私は、どのような取り組みや指針において私たち全体の意見が一致しているのか、という点に多大な興味を抱いている。私が思うに、私たちの大半どころか圧倒的多数が、ある共通の願いにおいて一致しているようだ。それは、ある仕事を達成できる能力がありながら、自分ではどうにもできないある特徴のために、達成できることも達成できなくなってしまう人がいない世界になってほしい、という願いである。若い女性や、有色人種の人や、異性愛者でない人が、その性や人種、性的指向のためだけに、ある職業につけなかったり、職場で出世できなかったりするようなことがあってはならない。これは、政治的な立場を超え、大多数が同意できる願いである（短期的な政治的便宜のために、同意できないふりをする人もいるかもしれないが）。それならあとは、この願いを実現し、その状態を維持するためにはどうすればいいいのかを考えればいい。

一部の政治的左派にその答えを聞けば、人種割当や性割当、新たな正統的見解に同意しない人々に対する摘発・報復、人間性に関する明らかに間違った主張の展開などを挙げるだろう。だが一部の人たちから見れば、この方法は、共通の願いをかなえられそうにないばかりか、さらなる分断を引き起こし、最終的に激しい反発を招く可能性が高い。それでは、政治的右派は、この願いを実現し、その状態を維持する方法について、どんな見解を持っているのだろう？保守派の人々はよく、この問題についてもほかの問題と同じように、その答えは個人にあると言う。この意見に賛同する人々は、たとえばこんな事実を指摘する。現在のアメリカ大統領は、共和党か民主党かを問わず過去のいかなる大統領よりも、ゲイを公言している人物を上級職に任命している。また、現在のイギリスの内閣は、イギリス史上もっとも民族的に多様な構成になっている、と。だが、これにもそれなりの問題がある。とりわけ、私たちが過去に葬り去ろうとしていた、肌の色や性や性的指向に固執する社会に注意を向け、それを永続化してしまうことになりかねない。個人の可能性に対する残りの障害を克服するための保守派の提案も、いまだやや明瞭さを欠いており、おそらくは今後もそのままの状態が続くだろう。だが、この一年で明らかになったことがある。それは、アイデンティティ・ポリティクスがこの社会に生み出した極端な分断に対する解決策を、早急に見つける必要があるということだ。二〇二〇年初め、新型コロナウイルスにより世界が危機的状況に陥ると、私を含め多くの人々が、これでアイデンティティ・ポリティクスが自然に中断するのではないかと考えた。全世界が本物の大惨事に直面し、誰もが本物の不満を抱くようになれば、芝居がかった不満やでっちあげられた不満に耳を傾けようとする人は減ると予想されたからだ。実際、こんなエピソードがある。コロナ禍に襲われた最初のころ、サム・スミスが、外出を制限されて自宅で泣いている自分の写真をソーシャルメディアに投稿した。だが、それに対する励ましのメッセージは、当人が期待していたほど来なかった。インターネット上には、少なくとも「ゼイ」は一人じゃないという機知に富んだ書き込みもあったが、全体的に見れば、世界的なパンデミックのなかで非主流の問題を取り上げようとする試みは、一歩後退した。

しかし、それも長くは続かなかった。何よりもまず、新型コロナウイルスを人種問題化しようとする試みが絶えずあった。イギリスやアメリカの記者や政治家は繰り返し、民族的マイノリティにおいて死亡率が高いことを指摘した。もちろんこの事実については、基本的な衛生の問題（や遺伝的問題）など、いくらでも理由が考えられる。だが、これらの統計はほぼ間違いなく、それぞれの社会における人種差別のさらなる証拠だとでもいうように提示された。また、このウイルスを中国（または武漢）ウイルスと呼ぶことが半ば公式に禁止されたのと同じころ、欧米民主主義社会はきわめて人種差別的であり、ウイルスが入り込みさえすれば、それを人種差別と結びつけないではいられなくなる、と主張する組織的な取り組みがあったという。さらには、このウイルスには女性のほうが圧倒的にかかりやすいという主張を推進する取り組みもあった。統計によれば死亡者数は男性のほうが多いのに、そう主張した識者が、死亡者では男性のほうが多いかもしれないが、罹患者はなぜか女性のほうが多いと述べていた。こうした事例を見れば、私たちが暮らす自由社会に病的性質が内在していることがわかる。私たちはパンデミックに直面したときでさえ、分断をもたらすこの使い慣れたゴーグルを通さなければ、それを直視できないのである。

だが、それでも私は、この世界を見るゴーグルを一つしか持っていない活動家や狂信者がその信念を強化する一方で、一般大衆はこうした活動家に対してさほど寛容ではなくなっていると思っていた。やがて激しい暴動が起こり、活動家がさらに足場を固めることになろうとは、誰も予想していなかった。

世界中でロックダウンが三カ月目に入ったころ、ある映像が暴露された。ミネソタ州の警官が、ジョージ・フロイドという丸腰の黒人男性を拘束・殺害している映像である。まもなくミネソタ州で抗議の声があがり、それはやがてアメリカの各都市へ、さらには世界へと広がった。いまだ集会が違法とされている国でも、突如として数千人もの人々が抗議行動を始め、それらの多くは暴動や略奪、警察への攻撃に発展した。そのいずれもが、人種間の平等という名目で行なわれたのである。このエピソードから学べることは無数にある。たとえば、ある国の問題（この場合はアメリカの警察行動）があっという間に、ほかのあらゆる国に波及し、その政治的・社会的状況に重ね合わされた。その結果、《ブラック・ライブズ・マター》運動に参加している人たちの多くは平和的に主張を通すつもりだったにもかかわらず、この抗議運動はどこでも暴力行為を引き起こした。実際、ストックホルムやブリュッセルといったアメリカから遠く離れた場所でも、抗議行動が暴動や略奪に陥っている。

もう一つ特筆すべきことがある。それは、本書の「人種」の章に記した分断のプリズムを通して、一連の行動を正当化する理由がいとも簡単に紡ぎ出され、それが社会全体に事実上強制されたことだ。ジョージ・フロイドが殺害されてから数日の間、イギリス各地にある彫像や記念碑が攻撃の対象になった。ブリストルでは、地域の慈善家でもあった奴隷所有者エドワード・コルストンの彫像が倒され、足蹴《あしげ》にされた。ロンドンでは、世界大戦戦没者記念碑が傷つけられ、ウィンストン・チャーチルの彫像は保護のため、一時的に箱で覆われた。アメリカでも、建国の父の彫像に対する攻撃が繰り返された。本書でも言及したロビン・ディアンジェロ(『ホワイト・フラジリティ』が有名)らの著作が一夜にして主流となり、必須の読み物となった。「白人の罪」という表現が、瞬く間にかつてないほどの力を得て、アメリカの学界の傍流から抜け出し、アメリカ文化全体へと広がった。欧米の政治家や著名人は、「服従」を求められた。企業は先を争うように、《ブラック・ライブズ・マター》運動への忠誠を誓い、「平等」や「多様性」といった課題に取り組む姿勢を強調あるいは再強調した。前述したクラウドファンディング・サイト運営のパトレオンからアイスクリームブランドのベン&ジェリーズまで、さまざまな企業が、その主たる目的は人種差別と闘うことであり、それは、拡大する新型コロナウイルスの問題さえ凌駕《りょうが》するほど重大な喫緊《きっきん》の問題であると主張した。この瞬間に、何がこの社会の聖なる理念になったのかが明らかになった。それからまもなくして、古典とされる一部の映画やテレビのコメディ番組（なかには最近のものもあった）がストリーミングサービスから姿を消し、ロンドン市長など政府の要人が、公共の場にあるあらゆる彫像の調査を発表した。イギリスなど欧米諸国は過去の植民地政策を償うよう努力すべきだとの要求が、完全に主流となった。

それによりどうなったかは、まだ結果が出ていない。《ブラック・ライブズ・マター》運動へのこうした反応や、その行きすぎた行為により、いずれまた、私やほかの人たちが警告しているような、白人アイデンティティに基づくアイデンティティ・ポリティクスが復活するおそれもある。ジョージ・フロイドの死が、アメリカの警察の改革を要求するためだけでなく、「白人文化」と呼ばれるもの全体を攻撃するためにも利用されたからだ。

一部の人たちにとっては、これはきわめて不吉な展開である。私たちは、誰もが利用できる普遍的な文化こそが望ましいという思想に希望を抱いてきた。だが、多数派の人々が、自分たちの文化や歴史のほとんどが批判や攻撃にさらされていると感じるようになれば、今後数年で人種政治は弱まるどころか、さらなる後押しを受けることになりかねない。私はいま、何よりもこれを憂慮している。いまや公正を呼びかける声は、歴史への復讐を呼びかける声に変わっている。人種を問題視しないよう呼びかける声が「人種差別反対主義者」によりかき消され、人種が社会を理解するのに欠かせない問題にされている。そして（私が本書で述べたように）、話し手の主張している内容がほとんど重視されず、それよりも話し手のアイデンティティの問題が重視されている。

私の世代は、人種にとらわれないようにと育てられてきた。だがいまでは、人種に目を向けないのは人種差別的だと言われている。私には、これが進歩だとは思えない。だが、しばらくは様子を見ることにしよう。私は二〇二〇年の初めごろ、アイデンティティ・ポリティクスや「社会的公正」運動、インターセクショナリティなどが主張する社会を分断させるメッセージは、それ自身に内在する矛盾や、その行きすぎた行為の重みに耐えかねて、後退を始めるのではないかと期待していた、だが、この期待は実現しそうにない。その主張がいくら不出来で不適切であろうと、いまやそれが、信じられないほどの力やエネルギーや決意で、欧米世界全体を覆い尽くそうとしている。しかもそこには、相当に厄介な復讐心というものがある。本書だけでは、この動きを止められなかったかもしれない。だが少なくとも、これだけは言える。本書は、私たちがいままっしぐらに突き進みつつある世界の始まりを解説したものだ、と。

謝辞

本書は、ブルームズベリー社から刊行した二冊目の本にあたる。再び同社のスタッフと仕事ができて、これほどうれしいことはない。なかでも、支援や助言、編集指導をしてくれたロビン・ベアード=スミス、ロンドン支局のジェイミー・バーケットには大変お世話になった。また、代理人として活躍してくれたハミルトン・エージェンシーのマシュー・ハミルトンにも感謝したい。

本書のタイトルは、一九世紀スコットランドのジャーナリスト、チャールズ・マッケイの著書『Extraordinary Popular Delusions and the Madness of Crowds（大衆の異常な妄想と群衆の狂気）』（訳注／邦訳は『狂気とバブル——なぜ人は集団になると愚行に走るのか』、塩野未佳・宮口尚子訳、パンローリング、二〇〇四年）から借用している。マッケイが一八〇年前に描写した現象が現在も蔓延しているという嘆かわしい状況に鑑み、この盗用を許してもらいたい。

私はこれまでの執筆経験から、自分の著書にさまざまな意見や支援を提供してくれた人すべてはもちろん、その一部にさえ謝辞を述べることをためらうようになった。というのは、その人たちに感謝していないからではなく、その名を挙げてしまえば、のちに私と同罪だとして非難されるおそれもあるため、そのような人名の一覧を公表するのが嫌になったからである。本書の場合はなおさらそうだ。とはいえ、本書の調査や執筆をしている間にさまざまな会話の相手をしてくれた四大陸の人々には、大いに感謝している。また、すてきな家族や友人すべてに、心からの謝意を捧げたい。

だが、ここに名前を挙げておきたい人物が一人いる。というのは、本書にも何度か登場しているうえに、本書の主要な思想の多くが、その人物の並外れた知性の分析を通じて、このうえなく研ぎ澄まされたものになったからだ。このテーマを論じる際にお世話になった人物のなかで、エリック・ワインスタインほど何度も私の心を開いてくれた人はいない。私の思想や見解のなかにすばらしい部分があるとすれば、私は喜んでそれをワインスタインの功績としたい。だが、最悪の部分があるとすれば、それはすべて私の責任である。

原注

イントロダクション

1　以下を参照。Jean-Francois Lyotard (trans. Geoff Bennington and Brian Massumi), *The Postmodern Condition: A Report on Knowledge*, Manchester University Press, 1984, pp. xxiv and 37.（訳注／邦訳は『ポスト・モダンの条件――知・社会・言語ゲーム』ジャン＝フランソワ・リオタール著、小林康夫訳、水声社、一九九四年）

2　Jaron Lanier, *Ten Arguments for Deleting your Social Media Accounts Right Now*, Henry Holt, 2018, p.26.（訳注／邦訳は『今すぐソーシャルメディアのアカウントを削除すべき10の理由』ジャロン・ラニアー著、大沢章子訳、亜紀書房、二〇一九年）

3　Coleman Hughes in conversation with Dave Rubin, The Rubin Report, YouTube, 12 October 2018.

4　'Hunger strikers died for gay rights, claims Sinn Fein senator Fintan Warfield', *Belfast Telegraph*, 15 August 2016.

5　以下に掲載されているグラフを参照。https://twitter.com/EricRWeinstein/status/1066934424804057088

6　以下を参照。Greg Lukianoff and Jonathan Haidt, *The Coddling of the American Mind: How Good Intentions and Bad Ideas are Setting up a Generation for Failure*, Allen Lane, 2018, pp. 5–7ff.

7　APA Guidelines for psychological practice with men and boys, August 2018: https://www.apa.org/about/policy/boys-men-practice-guidelines.pdf

8　以下を参照。'Views of racism as a major problem increase sharply, especially among Democrats', Samantha Neal, Pew Research Center, 29 August 2017.

9 Ekow N. Yankah, *The New York Times*, 11 November 2017.

10 Helen Pidd, 'Women shun cycling because of safety, not helmet hair', *The Guardian*, 13 June 2018.

11 Tim Hunt interview by Robin McKie, 'I've been hung out to dry', *The Observer*, 13 June 2015. 問題になったのは、以下の発言である。「女性とのトラブルについてお話ししますと、女性が研究室にいると発生する問題が三つあります。第一に、男性がその女性と恋に落ちる。第二に、その女性が男性と恋に落ちる。第三に、女性を批判すると泣きだす」。

12 二〇一六年二月一一日にオーストラリア連邦議会上院で行なわれた、上院議員ケイティ・ギャラガーと上院議員ミッチ・フィフィールドとのやりとりを参照。

13 たとえば、以下のスレッドを参照。https://twitter.com/HarryTheOwl/status/1088144870991114241

14 CNN interview with Rep Debbie Dingell, 17 November 2017.

15 Kenneth Minogue, *The Liberal Mind*, Liberty Fund, Indianapolis edn, 2000, p. 1.

第1章　ゲイ

1 *Good Morning Britain*, ITV, 5 September 2017.

2 John Stuart Mill, *On Liberty*, Penguin, 2006, pp. 60–1.（訳注／邦訳は『自由論』J・S・ミル著、関口正司訳、岩波書店、二〇二〇年）

3 'Nicky Morgan says homophobia may be sign of extremism', BBC News, 30 June 2015.

4 Robert Samuels, *Washington Post*, 29 August 2016.

5 'Desert Island Discs: Tom Daley felt "inferior" over sexuality', BBC News website, 30 September 2018.

6 'Made in Chelsea's Ollie Locke to become Ollie Locke-Locke', BBC News website, 1 October 2018.

7 *The New York Times* (International Edition), 16 October 2017, pp. 15–17.

8 たとえば、以下を参照。Russell T. Davies, 'A Rose by any other name', *The Observer*, 2 September 2001.

9 以下を参照。'Generation Z – beyond binary: new insights into the next generation', Ipsos Mori, 6 July 2018.

10 その情報とは、以下を指す。B. S. Mustanski, M. G. Dupree, C. M. Nievergelt et al., 'A genome-wide scan of male sexual orientation', *Human Genetics*, 116 (2005), pp. 272–8; R. Blanchard, J. M. Cantor, A. F. Bogaert et al., 'Interaction of fraternal birth order and handedness in the development of male homosexuality', *Hormones and Behavior*, 49 (2006), pp. 405–14; J. M. Bailey, M. P. Dunne and N. G. Martin, 'Genetic and environmental influences on sexual orientation and its correlates in an Australian twin sample', *Journal of Personality and Social Psychology*, 78 (2000), pp. 524–36.

11 Royal College of Psychiatrists' statement on sexual orientation, Position Statement PS02/2014, April 2014 (https://www.rcpsych.ac.uk/pdf/PS02_2014.pdf).

12 Ibid.

13 Website of the American Psychological Association, 'Sexual Orientation & Homosexuality' (http://www.apa.org/topics/lgbt/orientation.aspx) 二〇一八年八月にアクセス。

14 Bruce Bawer, *A Place at the Table: The Gay Individual in American Society*, Touchstone, 1994, p. 82.

15 Seth Stephens-Davidowitz, *Everybody Lies: What the Internet Can Tell Us About Who We Really Are*, Bloomsbury, 2017, pp. 112-16.（訳注／邦訳は『誰もが嘘をついている――ビッグデータ分析が暴く人間のヤバい本性』セス・スティーヴンズ＝ダヴィドウィッツ著、酒井泰介訳、光文社、二〇一八年）

16 'This is why straight men watch porn', *Pink News*, 19 March 2018.

17 'Majority in U.S. Now Say Gays and Lesbians Born, Not Made', *Gallup*, 20 May 2015.

18 以下に掲載されているこのエピソードに関する議論を参照。Alice Dreger, *Galileo's Middle Finger: Heretics,*

Activists, and One Scholar's Search for Justice, Penguin, 2016, pp. 182-3.

19 'Attitudes towards homosexuals and evolutionary theory', in *Ethology and Sociobiology*. 以下に、ギャラップとアーチャーが交換した見解の内容をジェシー・ベリングがまとめた要約が掲載されている。*Scientific American*, 9 March 2011.

20 Aristotle, *Nicomachean Ethics*, Book 7, chs 5-6.（訳注／邦訳は『ニコマコス倫理学』アリストテレス著、渡辺邦夫・立花幸司訳、光文社、二〇一五年など）ちなみに、最近の英訳では、ケンブリッジ大学出版局版（二〇一四年）では「肛門性交」、オックスフォード大学出版局版（二〇〇九年）では「少年愛」と訳されている。

21 たとえば、以下を参照。'What are the most cited publications in the social sciences (according to Google Scholar)?', Elliott Green, LSE blogs, 12 May 2016.

22 Michael Foucault, *The History of Sexuality, Volume I – The Will to Knowledge*, trans. Robert Hurley, Penguin, 1998, p. 43.（訳注／邦訳は『性の歴史1　知への意志』ミシェル・フーコー著、渡辺守章訳、新潮社、一九八六年）

23 David Halperin, 'Historicising the sexual body: sexual preferences and erotic identities in the pseudo-Lucianic *Erotes*', in Domna C. Stanton (ed.), *Discourses of Sexuality: From Aristotle to AIDS*, University of Michigan Press, 1992, p. 261. 以下も参照。Andrew Sullivan, *Virtually Normal: An Argument about Homosexuality*, Picador, 1996.（訳注／邦訳は『同性愛と同性婚の政治学――ノーマルの虚像』アンドリュー・サリヴァン著、本山哲人・脇田玲子監訳、板津木綿子・加藤健太訳、明石書店、二〇一五年）

24 Foucault, *The History of Sexuality*, p. 156.

25 Hunter Madsen and Marshall Kirk, *After the Ball: How America Will Conquer its Fear and Hatred of Gays in the '90s*, Doubleday, 1989.

26 以下を参照。Paul Berman, *A Tale of Two Utopias: The Political Journey of the Generation of 1968*, W. W.

Norton & Company Ltd, 1996, pp. 154–5.

27 Bawer, *A Place at the Table*, p. 191.

28 Ibid., p. 193.

29 Ibid., pp. 220–1.

30 Andrew Sullivan, *Virtually Normal: An Argument about Homosexuality*, Picador, 1996, p. 204.

31 Berman, *A Tale of Two Utopias*, pp. 160–1.

32 @TheEllenShow, Twitter, 25 October 2017, 5.53 p.m.

33 *Daily Telegraph*, 14 February 2018.

34 Stop Funding Hate, Twitter, 16 February 2018.

35 'Children of same-sex couples happier and healthier than peers, research shows', *Washington Post*, 7 July 2014.

36 *Sunday Morning Live*, BBC1, 27 October 2010.

37 'Study identifies predictors of relationship dissolution among same-sex and heterosexual couples', The Williams Institute, UCLA School of Law, 1 March 2018.

38 *Pink News*, 25 March 2018.

39 Bawer, *A Place at the Table*, p. 188.

40 'Sir Ian McKellen: Brexit makes no sense if you're gay', *Daily Telegraph*, 10 June 2016.

41 Jim Downs, 'Peter Thiel shows us there's a difference between gay sex and gay', *Advocate*, 14 October 2016.

42 'Bret Easton Ellis goes on Twitter rampage after GLAAD media awards ban', *Entertainment Weekly*, 22 April 2013.

43 'How straight people should behave in gay bars', *Pink News*, 30 November 2018.

44 'In the reign of the magical gay elves', Bret Easton Ellis, *Out*, 13 May 2013.

45 Ovid, *Metamorphoses*, trans. A. D. Melville, Oxford University Press, 1998, pp. 60–1.（訳注／邦訳は『変身物語』オウィディウス著、中村善也訳、岩波書店、一九九〇年）

46 Daniel Mendelsohn, *The Elusive Embrace: Desire and the Riddle of Identity*, Alfred A. Knopf, 1999, pp. 73–5.

間奏――マルクス主義的な基盤

1 'The social and political views of American professors', a working paper by Neil Gross (Harvard) and Solon Simmons (George Mason), 24 September 2007.

2 以下を参照。https://www.racialequitytools.org/resourcefiles/mcintosh.pdf

3 Ernesto Laclau and Chantal Mouffe, 'Socialist strategy: Where next?', *Marxism Today*, January 1981.

4 Ernesto Laclau and Chantal Mouffe, *Hegemony and Socialist Strategy* (second edition), Verso, 2001, p. 133.（訳注／邦訳は『民主主義の革命――ヘゲモニーとポスト・マルクス主義』エルネスト・ラクラウ&シャンタル・ムフ著、西永亮・千葉眞訳、筑摩書房、二〇一二年）

5 Ibid., p. 141.

6 Ibid.

7 Ibid., pp. 159–60.

8 Laclau and Mouffe, 'Socialist strategy: Where next?'

9 Laclau and Mouffe, *Hegemony and Socialist Strategy*, p. 1.

10 'What happens to #MeToo when a feminist is the accused?', *The New York Times*, 13 August 2018.

11 Steven Pinker, *The Blank Slate: The Modern Denial of Human Nature*, Penguin, 2003, p. x.（訳注／邦訳は

『人間の本性を考える――心は「空白の石版」か』スティーブン・ピンカー著、山下篤子訳、日本放送出版協会、二〇〇四年）
12 Judith Butler, 'Further reflections on conversations of our time', *Diacritics*, vol. 27, no. 1, Spring 1997.
13 たとえば、以下を参照。Sheldon Lee Glashow, 'The standard mode', *Inference: International Review of Science*, vol. 4, no. 1, Spring 2018.
14 https://www.skeptic.com/reading_room/conceptual-penis-social-contruct-sokal-style-hoax-on-gender-studies
15 'Hoaxers slip breastaurants and dog-park sex into journals', *The New York Times*, 4 October 2018.
16 'American Psychological Association guidelines for psychological practice with boys and men', APA, August 2018, p. 10.

第2章　女性

1 Steven Pinker, *The Blank Slate: The Modern Denial of Human Nature*, Penguin, 2003, pp. 346–50.
2 Ibid., p. 350.
3 AccessOnline.com video, 'Rosario Dawson talks grabbing Paul Rudd's "package" onstage at the 2011 Independent Spirit Awards', 27 February 2011.
4 *The Late Show* with Stephen Colbert, CBS, 20 March 2018.
5 *Huffington Post*, 11 May 2007.
6 RSA Conference, 28 February 2014.
7 Mayim Bialik, 'Being a feminist in Harvey Weinstein's world', *The New York Times*, 13 October 2017.
8 *The Late Late Show* with James Corden, CBS, 8 February 2016.

9 以下を参照。'Loud and proud! Brand releases sets of $9.99 plastic stick-on NIPPLES that are sold in two sizes – "cold" and "freezing"', *Mail Online* (*FeMail*), 4 April 2017.

10 'The hottest new trend is camel toe underwear and we're all over it', *Metro*, 24 February 2017.

11 *VICE News* interview with Dr Jordan Peterson, 7 February 2018.

12 Christine Lagarde, 'Ten years after Lehman – lessons learned and challenges ahead', IMF blog, 5 September 2018.

13 BBC *Question Time*, 19 March 2009.

14 'When women thrive' report, Mercer, October 2016.

15 'Wall Street rule for the MeToo era: avoid women at all costs', *Bloomberg*, 3 December 2018.

16 United States Office of Personnel Management, 'Government-wide Inclusive Diversity Strategic Plan', July 2016.

17 以下を参照。https://implicit.harvard.edu/implicit

18 以下を参照。'Can we really measure implicit bias? Maybe not', *Chronicle of Higher Education*, 5 January 2017; 'Unconscious bias: what is it and can it be eliminated?', *The Guardian*, 2 December 2018.

19 たとえば、以下を参照。Odette Chalaby, 'Your company's plan to close the gender pay gap probably won't work', *Apolitical*, 22 May 2018.

20 'Smaller firms should publish gender pay gap, say MPs', *BBC News*, 2 August 2018.

21 Susan Faludi, *Backlash: The Undeclared War Against Women*, Vintage, 1992, pp. 16–17.（訳注／邦訳は『バックラッシュ――逆襲される女たち』スーザン・ファルーディ著、伊藤由紀子・加藤真樹子訳、新潮社、一九九四年）

22 Marilyn French, *The War Against Women*, Hamish Hamilton, 1992, pp. 1–2.

23 Ibid., pp. 5–6.
24 Ibid., p. 7.
25 Ibid., p. 9.
26 Ibid., p. 14.
27 Ibid., pp. 121–55.
28 Ibid., pp. 159ff.
29 Ibid., pp. 210–11. ちなみに、「平和を体現する存在としての女性」というテーマには、かなりの歴史がある。たとえば、以下を参照。Olive Schreiner's *Woman and Labour* (1911). (訳注／邦訳は『婦人と寄生』オリーブ・シュライネル著、神近市子訳、三育社、一九一七年)
30 たとえば、以下を参照。Christina Hoff Sommers, *Who Stole Feminism? How Women Have Betrayed Women*, Simon & Schuster, 1995, pp. 11–12.
31 Laurie Penny (@PennyRed) on Twitter, 6 February 2018: https://twitter.com/PennyRed/status/960777342275768320
32 Salma El-Wardany, 'What women mean when we say "men are trash"', *Huffington Post*, 2 May 2018.
33 Ezra Klein, 'The problem with Twitter, as shown by the Sarah Jeong fracas', *Vox*, 8 August 2018.
34 Georgia Aspinall, 'Here are the countries where it's still really difficult for women to vote', *Grazia*, 6 February 2018.
35 *GQ* magazine foreword by Dylan Jones, December 2018.
36 'APA issues first ever guidelines for practice with men and boys', American Psychological Association, January 2019.
37 'We are a nation of hidden feminists', Fawcett Society press release, 15 January 2016.

38 'Only 7 per cent of Britons consider themselves feminists', *The Telegraph*, 15 January 2016.

39 YouGov/*Huffington Post*, Omnibus Poll, conducted 11–12 April 2013.

40 'Men with muscles and money are more attractive to straight women and gay men – showing gender roles aren't progressing', *Newsweek*, 20 November 2017.

間奏――テクノロジーの衝撃

1 James Thurber, *My Life and Hard Times* (1933), reprinted Prion Books Ltd, 2000, pp. 33–44.

2 二〇一九年一月のコヴィントン・カソリック高校の男子生徒の事例を参照。

3 Jon Ronson, *So You've Been Publicly Shamed*, Riverhead Books, 2015.（訳注／邦訳は『ルポ　ネットリンチで人生を壊された人たち』ジョン・ロンソン著、夏目大訳、光文社、二〇一七年）

4 Barrett Wilson (pseudonym), 'I was the mob until the mob came for me', *Quillette*, 14 July 2018.

5 Tess Townsend, 'Google is still mostly white and male', *Recode*, 29 June 2017.

6 二〇一九年二月五日、ブリュッセルのある主要ＩＴ企業に関する私的談話による。

7 以下を参照。'Twitter "bans women against trans ideology", say feminists', BBC News, 30 May 2018.

8 Meghan Murphy, 'Twitter's trans-activist decree', *Quillette*, 28 November 2018.

9 'Twitter has banned misgendering or "deadnaming" transgender people', *The Verge*, 27 November 2018.

10 Jack Conte interviewed by Dave Rubin on 'The Rubin Report', YouTube, 31 July 2017.

11 Google video at https://developers.google.com/machine-learning/fairness-overview

1 Anne Helen Petersen, 'Ten long years of trying to make Armie Hammer happen', *Buzzfeed*, 26 November 2017.

2 '*Call Me By Your Name* star Armie Hammer leaves Twitter after "bitter" *Buzzfeed* article', *Pink News*, 28 November 2017.

3 Ashley Lee, 'Why Luca Guadagnino didn't include gay actors or explicit sex scenes in "Call Me By Your Name" (Q&A)', *The Hollywood Reporter*, 8 February 2017.

4 '"White privilege" lessons for lecturers', *The Sunday Times*, 11 March 2018.

5 以下のユーチューブの動画を参照。 https://www.youtube.com/watch?v=LTnDpoQLNaY

6 以下を参照。 'Campus argument goes viral as Evergreen State is caught in racial turmoil', *Vice News*, 16 June 2017; https://www.youtube.com/watch?v=2cMYfxOFBBM

7 以下のユーチューブの動画を参照。 https://www.youtube.com/watch?v=BzrPMetGtJQ

8 以下のユーチューブの動画を参照。 https://www.youtube.com/watch?v=RZtuDqbfO5w

9 以下のユーチューブの動画を参照。 https://www.youtube.com/watch?v=Pf5fAiXYr08&t=1941s

10 Evergreen State College, Board of Trustees meeting, 12 July 2017, on YouTube at https://www.youtube.com/watch?v=yL54iN8dxuo

11 *Vice News*, 16 June 2017.

12 以下のユーチューブの動画を参照。 https://www.youtube.com/watch?v=hiMVx2C5_Wg

13 以下のユーチューブの動画を参照。 https://www.youtube.com/watch?v=V6ZVEVufWFI

14 Nicholas A. Christakis, 'Teaching inclusion in a divided world', *The New York Times*, 22 June 2016.

15 'Identity politics: the new radicalism on campus?', panel at Rutgers University, published on YouTube, 13 October 2017; https://www.youtube.com/watch?v=2ijFQFiCgoE

16 Michael Harriot, '"Diversity of thought" is just a euphemism for "white supremacy"', *The Root*, 12 April 2018.

17 二〇一七年四月一七日に送付されてきたこの手紙は、以下で閲覧できる。http://archive.is/Dm2DN

18 Andrew Sullivan, 'We all live on campus now', *New York* magazine, 9 February 2018.

19 *National Geographic*, April 2018.

20 David Olusoga, 'National Geographic's righting of its racist wrongs is well meant but slow in coming', *The Guardian*, 1 April 2018.

21 Emily Lakdawalla, Twitter, 13 February 2018.

22 *The Root*, Twitter feed, 22 November 2018.

23 *Vice*, Twitter, 6 December 2018.

24 Mathieu Murphy-Perron, 'Let Nora Loreto have her say', *National Observer*, 11 April 2018.

25 *Vice* review of *Dumbo*, 13 June 2018. ちなみに、この映画評のオンライン版は、インターネット上で幅広い嘲笑の的になったのちに修正された。

26 Eliana Dockterman, 'Altered Carbon takes place in the future. But it's far from progressive', *Time*, 2 February 2018.

27 'Sierra Boggess pulls out of BBC West Side Story Prom over "whitewashing"', *BBC News* website, 25 April 2018.

28 Ritu Prasad, 'Serena Williams and the trope of the "angry black woman"', *BBC News* online, 11 September

2018.

29 Carys Afoko, 'Serena Williams's treatment shows how hard it is to be a black woman at work', *The Guardian*, 10 September 2018.

30 ソイヒートが製作したこの動画（シリーズ化されている）は、ユーチューブで閲覧できる（二〇一六年九月二三日に投稿）。

31 以下を参照。Andy Ngo, 'Would you like some strife with your meal?', *Wall Street Journal*, 31 May 2018.

32 Robby Soave, 'White-owned restaurants shamed for serving ethnic food: it's cultural appropriation', *Reason*, 23 May 2017.

33 Dawn Butler Twitter, 18 August 2018.

34 'Teenager's prom dress sparks cultural appropriation debate', *Independent*, 30 April 2018.

35 Lovia Gyarke, 'Lionel Shriver shouldn't write about minorities', *New Republic* blog, September 2016.

36 Yassmin Abdel-Magied, 'As Lionel Shriver made light of identity, I had no choice but to walk out', *The Guardian*, 10 September 2016.

37 *The Atlantic*, 7 May 2018.

38 この書評の原文は以下に掲載されている。http://eprints.lse.ac.uk/44655/1/__Libfile_repository_Content_LSE%20Review%20of%20Books_May%202012_week%204_blogs.lse.ac.uk-Intellectuals_versus_society_ignorance_and_wisdom.pdf

39 Aidan Byrne, 'Book Review: Intellectuals and Society by Thomas Sowell', LSE Review of Books, 26 May 2012.

40 *The View*, ABC, 15 June 2015.

41 MSNBC, 17 June 2015.

42 'Benedict Cumberbatch apologises after calling black actors "coloured"', *The Guardian*, 26 January 2015.

43 Sarah Jeong tweets from 23 December 2014; 25 November 2015; 31 December 2014; 18 November 2014; 1 April 2014.

44 Sarah Jeong tweets from 28 November 2014.

45 Sarah Jeong tweet from 24 July 2014.

46 Statement from *The New York Times*, 2 August 2018.

47 以下に引用されている。Zack Beauchamp, 'In defence of Sarah Jeong', *Vox*, 3 August 2018.

48 Ezra Klein, 'The problem with Twitter, as shown by the Sarah Jeong fracas', *Vox*, 8 August 2018.

49 Ta-Nehisi Coates, *The Beautiful Struggle: A Memoir*, Spiegel & Grau, 2008, p. 6.（訳注／邦訳は『美しき闘争』タナハシ・コーツ著、奥田暁代訳、慶應義塾大学出版会、二〇一七年）

50 Ibid., p. 70.

51 Ibid., pp. 74-5.

52 Ibid., p. 168.

53 Ibid., p. 177.

54 Ta-Nehisi Coates, *Between the World and Me*, The Text Publishing Company, 2015, pp. 86-7.（訳注／邦訳は『世界と僕のあいだに』タナハシ・コーツ著、池田年穂訳、慶應義塾大学出版会、二〇一七年）

55 コーネル・ウェスト博士のフェイスブック。以下に引用されている。https://www.alternet.org/2017/12/cornel-west-ta-nehisi-coates-spat-last-thing-we-need-right-now/

56 その具体的な事例については、以下を参照。Kyle Smith, 'The hard untruths of Ta-Nehisi Coates', *Commentary*, October 2015.

57 'Leak: The Atlantic had a meeting about Kevin Williamson. It was a liberal self-reckoning', *Huffington Post*,

5 July 2018.

58 Reni Eddo-Lodge, *Why I'm no Longer Talking to White People about Race*, Bloomsbury, 2017, pp. 14–15.

59 Photo via Martin Daubney on Twitter, 21 January 2018.

60 この記事は二〇一八年五月七日、「白人女性は涙を武器に、いかに有色人種の女性を黙らせているか」というタイトルに修正された。

61 以下を参照。*The Tab*, n.d. 2016.

62 以下を参照。'Asian Americans suing Harvard say admissions files show discrimination', *The New York Times*, 4 April 2018.

63 以下を参照。Malcolm W. Browne, 'What is intelligence, and who has it', *The New York Times*, 16 October 1994.

64 スティーヴン・J・ローゼンソールによる『釣鐘曲線』の書評。https://msuweb.montclair.edu/~furrg/steverbc.html

65 Douglas Murray in conversation with Jordan Peterson, *UnHerd*, YouTube, 4 September 2018.

66 David Reich, 'How genetics is changing our understanding of race', *The New York Times*, 23 March 2018.

67 Pete Shanks, 'Race and IQ yet again', Center for Genetics and Society, 13 April 2018.

68 Sam Harris, 'Waking up' podcast, with Charles Murray, 23 April 2017.

69 Ezra Klein, 'Sam Harris, Charles Murray and the allure of race science', *Vox*, 27 March 2018.

70 Diana Soriano, 'White privilege lecture tells students white people are "dangerous" if they don't see race', *The College Fix*, 6 March 2019.

間奏――ゆるしについて

1 Quinn Norton on Twitter, 27 July 2013.
2 Ibid., 4 September 2009.
3 Quinn Norton, 'The New York Times fired my Doppelganger', *The Atlantic*, 27 February 2018.
4 'Labour, Work, Action', in *The Portable Hannah Arendt*, Penguin, 2000, pp. 180–1.
5 W. H. Auden. 'In Memory of W. B. Yeats', in *The English Auden: Poems, Essays and Dramatic Writings 1927–1939*, ed. Edward Mendelson, Faber, 1986, pp. 242–3.
6 'Manchester University students paint over Rudyard Kipling mural', *The Guardian*, 19 July 2018.
7 以下を参照。'Toby Young quotes on breasts, eugenics, and working-class people', *The Guardian*, 3 January 2018.
8 Toby Young, 'Confessions of a porn addict', *The Spectator*, 10 November 2001.
9 *The Times*, 6 January 2018.
10 *The Evening Standard*, 5 January 2018.
11 以下を参照。Toby Young, 'The public humiliation diet', *Quillette*, 23 July 2018.
12 'Conor Daly loses Lilly Diabetes sponsorship over remark his father made over 30 years ago', Associated Press, 25 August 2018.
13 「マタイによる福音書」第一八章二一～二三節。
14 'Lewis Hamilton apologises for "boys don't wear dresses" remark', BBC News, 26 December 2017.
15 *GQ*, August 2018.

第4章　トランスジェンダー

1 'Moeder van Nathan spreekt: "Zijn dood doet me niks"', *Het Laatste Nieuws*, 2 October 2013.
2 'Mother of sex change Belgian: "I don't care about his euthanasia death"', *Daily Telegraph*, 2 October 2013.
3 たとえば、以下を参照。*The Sunday Times*, 25 November 2018, p. 23.
4 二〇一八年性別承認法に関する公開協議に関連して。
5 以下を参照。'Schools tell pupils boys can have periods too in new guidelines on transgender issues', *Daily Mirror*, 18 December 2018.
6 https://www.congress.gov/bill/115th-congress/senate-bill/1006
7 Alice Dreger, *Galileo's Middle Finger: Heretics, Activists, and One Scholar's Search for Justice*, Penguin, 2016, p. 21.
8 Ibid., p. 20.
9 Ibid., p. 6.
10 'Masculine Women, Feminine Men', lyrics by Edgar Leslie, music by James V. Monaco, 1926.
11 Jan Morris, *Conundrum*, Faber and Faber, 2002, p. 1.（訳注／邦訳は『苦悩――ある性転換者の告白』ジャン・モリス著、竹内泰之訳、立風書房、一九七六年）
12 Ibid., p. 42.
13 Ibid., p. 119.
14 Ibid., p. 122.
15 Ibid., p. 123.

16 Ibid., p. 127.

17 Ibid., p. 134.

18 Ibid., p. 138.

19 Ibid., p. 128.

20 Ibid., p. 143.

21 Dreger, *Galileo's Middle Finger*, p. 63.

22 'Criticism of a gender theory, and a scientist under siege', *The New York Times*, 21 August 2007.

23 Dreger, *Galileo's Middle Finger*, p. 69.

24 Andrea Long Chu, 'My new vagina won't make me happy', *The New York Times*, 24 November 2018.

25 以下を参照。Anne A. Lawrence, *Men Trapped in Men's Bodies: Narratives of Autogynephilic Transsexualism*, Springer, 2013.

26 *Time* magazine cover, 9 June 2014.

27 'Stonewall to start campaigning for trans equality', *The Guardian*, 16 February 2015.

28 *New York Post*, 16 July 2015.

29 'When women become men at Wellesley', *The New York Times*, 15 October 2014.

30 Julie Bindel, 'Gender benders, beware', *The Guardian*, 31 January 2004.

31 Suzanne Moore, 'Seeing red: the power of female anger', *The New Statesman*, 8 January 2013.

32 以下を参照。Suzanne Moore, 'I don't care if you were born a woman or became one', *The Guardian*, 9 January 2013.

33 Julie Burchill, 'The lost joy of swearing', *The Spectator*, 3 November 2018.

34 Germaine Greer, *The Whole Woman*, Doubleday, 1999, p. 66.

35 Ibid., p. 74.

36 'Germaine Greer defends views on transgender issues amid calls for cancellation of feminism lecture', ABC News, 25 October 2015.

37 Ibid.

38 Eve Hodgson, 'Germaine Greer can no longer be called a feminist', *Varsity*, 26 October 2017.

39 'Woman billboard removed after transphobia row', BBC News website, 26 September 2018.

40 Debate between Kellie-Jay Keen-Minshull and Adrian Harrop, *Sky News*, 26 September 2018.

41 'Blogger accused of transphobia for erecting a billboard defining "woman" as "adult human female" is branded "disgraceful" by This Morning viewers – as she insists trans women do not fit the criteria', *Mail Online*, 28 September 2018.

42 Julie Bindel, 'Why woke keyboard warriors should respect their elders', *UnHerd*, 24 October 2018.

43 以下を参照。'April Ashley at 80', Homotopia festival. On YouTube at https://www.youtube.com/watch?v=wX-NhWb47sc

44 以下の動画の11分目以降を参照。https://vimeo.com/185149379

45 これは、「ラクタティア」・ネミス・クイン・メランコン・ゴールデンの事例である。以下の記事などを参照。'Nine-year-old drag queen horrifically abused after modelling for LBGT fashion company', *Pink News*, 9 January 2018.

46 'The school was already calling her "him"', *The Sunday Times*, 25 November 2018.

47 'Trans groups under fire for 700% rise in child referrals', *The Sunday Times*, 25 November 2018.

48 Ibid.

49 Michelle Forcier interview on NBC, 21 April 2015: https://www.nbcnews.com/nightly-news/video/one-doc-

tor-explains-the-journey-for-kids-who-are-transitioning-431478851632?v=railb&

50 https://vimeo.com/185183788

51 May 2018.

52 Jesse Singal, 'When children say they're Trans', *The Atlantic*, July/August 2018.

53 Johanna Olson-Kennedy, MD, 'Mental health disparities among transgender youth: rethinking the role of professionals', *JAMA*, May 2016.

54 'Deciding when to treat a youth for gender re-assignment', Kids in the House (n.d.).

55 Singal, 'When children say they're Trans'.

56 Wylie C. Hembree, Peggy T. Cohen-Kettenis, Louis Gooren, Sabine E. Hannema, Walter J. Meyer, M. Hassan Murad, Stephen M. Rosenthal, Joshua D. Safer, Vin Tangpricha, Guy G. T'Sjoen, 'Endocrine treatment of gender-dysphoric/gender-incongruent persons: An Endocrine Society clinical practice guideline', *The Journal of Clinical Endocrinology & Metabolism*, vol. 102, no. 11, 1 November 2017.

57 Video at https://archive.org/details/olson-kennedy-breasts-go-and-get-them

58 この１例としては、以下を参照。Susan Faludi, *In the Darkroom*, Metropolitan Books, 2016, p. 131.

59 以下を参照。http://uspath2017.conferencespot.org/

60 以下で音声が聞ける。https://vimeo.com/226658454

61 この事例に関するスクリーンショットなどの資料の多くは、以下で閲覧できる。http://dirtywhiteboi67.blogspot.com/2015/08/ftm-top-surgery-for-sky-tragic-story-in.html

62 'GP convicted of running transgender clinic for children without licence', *The Telegraph*, 3 December 2018.

63 'Things not to say to a non-binary person', BBC Three, 27 June 2017.

1 Figures from the World Economic Forum, June 2018.
2 以下を参照。'Do trans kids stay trans when they grow up?', *Sexology Today* (www.sexologytoday.org), 11 January 2016.
3 *Advocate*, 16 November 2008.
4 Voddie Baucham, 'Gay is not the new black', The Gospel Coalition, 19 July 2012.
5 《ハイペイシア》誌に対する公開書簡は、以下で閲覧できる。https://archive.is/lUeR4#selection-131.725-131.731
6 'Philosopher's article on transracialism sparks controversy (Updated with response from author)', *Daily Nous*, 1 May 2017.
7 *The Real*, KPLR, 2 November 2015.
8 Patrick Strudwick, 'The newly appointed editor of *Gay Times* has been fired for posting dozens of offensive tweets', *Buzzfeed*, 16 November 2017.
9 '*Gay Times* fires "Jews are gross" editor who sent vile tweets', *Pink News*, 16 November 2017.
10 Statement from *Gay Times* on Twitter, 16 November 2017.
11 Josh Rivers interview with Lee Gray, 'The Gray Area', YouTube, 8 June 2018.
12 'Transgender women in sport: Are they really a 'threat' to female sport?', BBC Sport, 18 December 2018.
13 Stephie Haynes, 'Dr. Ramona Krutzik, M.D. discusses possible advantages Fallon Fox may have', *Bloody Elbow*, 20 March 2013.
14 Joe Rogan conversation with Maajid Nawaz and Sam Harris, *Joe Rogan Experience* 1107, YouTube, 18 April

2018.

15 'Business insider deletes opinion piece defending Scarlett Johansson's role as trans man in new film', *Pink News*, 9 July 2018.

16 'Trans activists call for boycott of film starring Matt Bomer as transgender sex worker', *Pink News*, 15 April 2018.

17 William A. Jacobson, 'Cornell Black Students group issues a 6-page list of demands', *Legal Insurrection* blog, 27 September 2017.

18 The BBC's *This Week*, 26 October 2017.

19 Laith Ashley interviewed on Channel 4 News, 13 April 2016.

20 'Vox writer navel-gazes his way into a hole over fat-shaming', *The Daily Caller*, 5 November 2018.

21 たとえば、以下を参照。Marieka Klawitter, 'Meta-analysis of the effects of sexual orientation on earnings', 19 December 2014 (https://onlinelibrary.wiley.com/doi/abs/10.1111/irel.12075).

22 以下を参照。United States Department of Labor, Bureau of Labor Statistics: https://www.bls.gov/opub/ted/2017/median-weekly-earnings-767-for-women-937-for-men-in-third-quarter-2017.htm

23 スカイテレビの世論調査は、二〇一八年二月一四～一六日に実施された。結果については以下を参照。https://interactive.news.sky.com/100Women_Tabs_Feb2018.pdf

24 Camille Paglia, *Free Women, Free Men: Sex, Gender, Feminism*, Canongate, 2018, p. 133.

25 Ibid., pp. 131-2.

26 CNBC on Twitter, 24 January 2019.

27 'Here's how much you save when you don't have kids', CNBC, 17 August 2017.

28 *The Economist*, Twitter feed, 17 November 2018.

29 Wendell Berry, 'A Few Words for Motherhood' (1980), *The World-Ending Fire*, Penguin, 2018, pp. 174–5.
30 以下を参照。Madeleine Kearns, 'The successful, dangerous child sex-change charity', *National Review* online, 23 January 2019.
31 House of Commons, Hansard, 21 November 2018.
32 以下を参照。'Transient sexual mimicry leads to fertilization', *Nature*, 20 January 2005.
33 Freddy Gray, 'Nigel Farage's groupies party in DC', *The Spectator*, 28 January 2017.
34 Jean-Jacques Rousseau, *Emile, or On Education*, trans. Allan Bloom, Basic Books, 1979, pp. 92–3.（訳注／邦訳は『エミール』ルソー著、今野一雄訳、岩波書店、一九六二年）
35 L. H. Keeley, *War Before Civilization: The Myth of the Peaceful Savage*, Oxford University Press, 1996, p. 90. この調査をもとにしたグラフは、以下に掲載されている。Steven Pinker, *The Blank Slate: The Modern Denial of Human Nature*, Penguin, 2003, p. 57.（『人間の本性を考える』）
36 H. W. Brands, *Traitor to His Class: The Privileged Life and Radical Presidency of Franklin Delano Roosevelt*, Doubleday Books, 2008, p. 152.
37 Ezra Klein, 'The problem with Twitter, as shown by the Sarah Jeong fracas', *Vox*, 8 August 2018.
38 Alexis de Tocqueville, *Democracy in America*, trans. Harvey C. Mansfield and Delba Winthrop, University of Chicago Press, 2000, p. 181.（訳注／邦訳は『アメリカのデモクラシー』トクヴィル著、松本礼二訳、岩波書店、二〇〇五年）
39 Martin Luther King Jr, 'Where do we go from here?', delivered at the 11th Annual SCLC Convention, Atlanta, Georgia, 16 August 1967.
40 Emma Green, 'Are Jews white?', *The Atlantic*, 5 December 2016.
41 'Anti-Semitic flyers attacking "Jewish privilege" appear to UIC', Campus Reform, 17 March 2017.

[著者紹介]

ダグラス・マレー

DOUGLAS MURRAY

1979年生まれ。英国人ジャーナリスト、政治・社会評論家。英国の代表的雑誌の一つ《スペクテイター》誌の共同編集者。《タイムズ》紙、《ウォール・ストリート・ジャーナル》紙などへ多数寄稿し、英国議会、欧州議会、ホワイトハウスでの講演実績もある。前作『西洋の自死』(邦訳は東洋経済新報社)は世界的ベストセラーとなったが、本作も26カ国語で翻訳され、英語版のセールスだけでも28万部を超えており、前作同様、《サンデー・タイムズ》紙のベストセラーリストにランクインした。前作と本作の2作はオーディオブックとしても提供されており、その売り上げは7万ダウンロード以上。これまでの著書は30カ国語に翻訳され、世界中の政治家やジャーナリスト、著作家に引用されている。ツイッターのフォロワー数は42万人以上。自らゲイであることを公表している。

HP：douglasmurray.net

Twitter：@DouglasKMurray

[訳者紹介]

山田美明（やまだ・よしあき）

英語・フランス語翻訳家。東京外国語大学英米語学科中退。

訳書に『つくられた格差――不公平税制が生んだ所得の不平等』『アスペルガー医師とナチス――発達障害の一つの起源』『24歳の僕が、オバマ大統領のスピーチライターに?!』(以上、光文社)、『スティグリッツ PROGRESSIVE CAPITALISM』(東洋経済新報社)、『喰い尽くされるアフリカ――欧米の資源略奪システムを中国が乗っ取る日』(集英社)など多数。

装丁／井上新八

大衆の狂気

ジェンダー・人種・アイデンティティ

第1刷　2022年3月31日
第2刷　2023年3月10日

著　者　　ダグラス・マレー
訳　者　　山田美明
発行者　　小宮英行
発行所　　株式会社徳間書店
〒141-8202　東京都品川区上大崎3-1-1
目黒セントラルスクエア
電話　編集(03)5403-4344／販売(049)293-5521
振　替　　00140-0-44392
印刷・製本　大日本印刷株式会社

ISBN978-4-19-865446-7